普通高等教育汽车与交通类专业“十二五”规划教材

汽车运用工程

储江伟　主　编

殷德顺　副主编

中国林业出版社

内 容 简 介

本书重点介绍了汽车运用工程所涉及的基础理论、专业技术和管理方法等方面的基本知识。主要内容共分 8 章，包括：绪论；汽车运行条件与行驶工况；汽车技术状况的变化及其规律；汽车选型及其评价方法；汽车运用合理性分析及要求；特定条件下的汽车使用；汽车维修制度及工艺要求；汽车评估、更新与回收利用以及汽车运用管理及相关要求。

本书可作为普通高等院校汽车服务工程、车辆工程、交通运输、交通工程以及相关专业的教材，也可作为从事汽车运用工程、汽车营销、汽车保险、汽车事故鉴定等专业工程技术人员的自学或培训参考教材。

图书在版编目（CIP）数据

汽车运用工程 / 储江伟主编．—北京：中国林业出版社，2013.9
（普通高等教育汽车与交通类专业“十二五”规划教材）
ISBN 978-7-5038-7145-0

Ⅰ．①汽…　Ⅱ．①储…　Ⅲ．①汽车工程-高等学校-教材
Ⅳ．①U46

中国版本图书馆 CIP 数据核字（2013）第 181835 号

中国林业出版社·教材出版中心
策划编辑：牛玉莲　杜　娟
责任编辑：张东晓　杜　娟
电　　话：83221489　83280473　传真：83220109

出版发行：中国林业出版社（100009　北京西城区德内大街刘海胡同 7 号）
E-mail：jiaocaipublic@163.com　　电话：（010）83224477
http：//lycb.forestry.gov.cn
经　　销：新华书店
印　　刷：北京华正印刷有限公司
版　　次：2013 年 9 月第 1 版
印　　次：2013 年 9 月第 1 次印刷
开　　本：787mm×1092mm　1/16
印　　张：17
字　　数：390 千字
定　　价：35.00 元

前　言

随着我国汽车保有量的迅猛增加，汽车得到了普及应用，但同时也带来了城市道路交通拥堵、汽车排放污染加剧以及道路交通事故增加等一系列社会问题。虽然汽车技术进步一直以“节能、环保、安全”为主题并使汽车性能不断提升，但是由于汽车使用条件的复杂性和汽车性能要求的多样性，在目前的汽车产品设计制造过程中，还没能完全满足实际使用过程对汽车性能理想化的要求，以及寿命周期内完全保持车辆技术状况处于良好状态而不发生劣化的技术手段。所以，在现有的汽车设计制造技术水平下，车辆技术状况随使用时间增加而发生变化是必然的现象。因此，如何保持或恢复在用汽车处于良好的技术状况，使车辆的排放污染程度得到有效控制、运行安全性得到及时保障、燃料经济性得到充分保持以及动力性得到合理利用等诸多技术问题，需要通过对车辆的“择优选配、正确使用、定期检测、强制维护、视情修理、合理改造、适时更新和依法报废”等与汽车运用工程直接相关的科学技术研究加以解决。此外，汽车运用工程作为汽车设计制造之后的应用研究方向以及汽车运输管理过程的技术支持方式，通过将汽车技术性能与汽车使用要求进行系统协调与有效利用，以达到在低能耗、少污染、高安全和低费用的前提下，充分发挥汽车的使用性能和延长汽车的使用寿命。

近年来，我国道路交通基础设施改善力度明显加强，促进了道路运输业的快速发展。道路运输装备的技术水平不断提高，使汽车运输企业经营模式也在发生不断的变化，汽车运用工程活动范围也在不断地扩大。20 世纪 90 年代中期以前，我国汽车的总产量还较低，大部分车辆是由汽车运输企业集中管理与使用的。在这种运输生产组织模式和车辆运用方式下，汽车运用工程所涉及的相关核心活动是“管、用、养、修”。进入21世纪，我国在用汽车辆的总量迅速上升，而且私人轿车的数量占有较大的比例。在用汽车的所有权者不仅仅只是企业，个人所有的车辆已占有较大比例，形成了“集中管理”与“分散自用”的在用车辆保有形态，其对车辆的运用能力和服务需求有很大差异。因此，以前汽车运用工程所涉及的核心工作，由运输企业生产过程的“技术管理、合理运用、正确维修、强制检验”为主的车辆技术管理，扩大到了提供包括“旧车评估、事故鉴定、理赔定损、信息咨询”等个人消费服务需求。汽车运用工程理论与技术的科学研究对象和实际应用领域的扩展，形成了广义的汽车运用工程活动范畴，即“管、用、维、检、评、鉴、定、咨”。因此，广义的汽车运用工程演变成为以汽车运用工程技术为基础的汽车服务工程。

面对我国道路交通运输业的发展和汽车运用工程服务对象需求的变化，既要对汽车运用工程基础理论进行深入的研究以指导汽车运用生产实践，也要求应用新技术、新材料、新方法和新观念来解决汽车使用中出现的新问题。所以，本书在总结以往教学实践经验的基础上，根据道路交通运输业发展新趋势和汽车技术水平不断提高的现实，在教材的章节结构、知识体系以及内容深度等方面，博采众家之长，结合了编者在汽车运用工程领域的科研成果和社会服务经验，充分反映了当代汽车运用工程的新理论、新技术和新需求。

本书由东北林业大学储江伟主编，南京林业大学殷德顺副主编。东北林业大学储江伟编写前言、绪论、第8章第7节，杜丹丰编写第3章、第4章第1节、第2节、第3节，陈萌编写第1章和第4章第4节，韩锐编写第7章和第4章第5节；南京林业大学殷德顺编写第5章，张永辉、姚嘉凌编写第8章第1节至第6节；浙江农林大学黄金鹏编写第2章；华南农业大学王海林、武涛，东北林业大学强添刚编写第6章。全书由储江伟统稿，并对部分章节的主要内容进行了补充编写。

本书在编写过程中，参考和引用了与之相关的资料和文献，并在参考文献中列出。在此向有关作者致以谢意！

限于编者水平，书中难免存在不足之处，恳请读者指正，并提出宝贵意见和建议，以便及时修改。

储江伟

2013年2月

目 录

绪 论

[本章提要]

本章主要介绍汽车运用工程及其活动范畴、汽车运用工程在社会发展中的作用以及本课程主要学习内容与基本要求。通过本章学习，初步了解汽车运用工程的整体概念，为后续章节的学习打下基础。

0.1 汽车运用工程及其活动范畴

0.1.1 关于工程的含义

工程是将科学原理应用到生产过程中的活动，其目的是以高效、可靠且有用的方法，使自然界的物质和能源的特性能够通过各种结构、机器、产品、系统和过程为某种目的所需。在现代社会中，工程一词有狭义和广义之分。狭义上讲，工程的定义为：以设想的目标为依据，应用有关的科学知识和技术手段，通过有组织活动将某个（或某些）现有实体（自然的或人造的）转化为具有预期使用价值的产品或有益服务的过程。广义而言，工程的定义是：为达到某种目的，在一个较长时间周期内进行协作活动的过程。另外，从学术研究角度来看，工程是将科学的理论应用到具体生产或服务过程中形成的各学科的统称。例如，机械工程、车辆工程、交通工程、运输工程、管理工程等。

0.1.2 汽车运用工程的释义

（1）基于生产活动 汽车运用工程是在汽车使用过程中，为保持车辆处于最佳技术状态和充分发挥使用性能所进行的技术管理、维修生产及技术开发与应用等相关活动。

（2）基于研究性质 汽车运用工程是以汽车使用过程中的运用基础理论、工艺技术与相关生产组织管理方法为主要研究内容，属于技术应用性研究。

（3）基于知识体系　汽车运用工程学是对汽车使用过程中所涉及的应用性技术与综合性管理等知识的系统化，是以在用汽车为主要研究对象，重点阐述车辆全寿命周期中的出厂以后各阶段使用过程中的相关基础理论与专业知识。

0.1.3　汽车运用工程活动范畴

0.1.3.1　狭义的活动范畴

随着我国国民经济的迅速发展，交通运输对其影响的程度越来越突出。在道路、铁路、水路、航空及管道运输方式中，道路运输所完成的客货运输量和周转量居于5种运输方式的首位。并且，随着我国公路、交通枢纽及物流中心等建设力度的加大，道路运输网不断完善，基础设施的建设质量和水平进一步提高，为道路运输业的发展提供了更强有力的支持并打下了良好的基础。

道路运输的生产过程的实现，需要两大系统提供支持，即为运输过程提供全程服务的营运支持系统和为运输装备提供保障的技术支持系统。其中，汽车作为主要的道路运输装备，应能安全、低耗、环保、舒适、高效、及时与可靠地为运输生产提供运力，这需要汽车运用工程提供相应的技术支持。

20世纪90年代中期以前，我国汽车的总产量还较低，大部分车辆是由汽车运输企业集中管理与使用的。在这种运输生产组织模式和车辆运用方式下，汽车运用工程所涉及的相关核心活动是“管、用、养、修”。

“管”即车辆的技术管理，其主要任务是全面地组织、协调车辆合理使用的各项技术性工作，目的是保持车辆处于良好的技术状况，保证运行安全，提高运输效能，降低运输成本及减少环境污染。车辆的技术管理是从车辆选型直至报废回收利用的全寿命过程的管理，坚持预防为主，技术与经济相结合的原则，对车辆实行择优选配、正确使用、定期检测、强制维护、视情修理、合理改造、适时更新和依法报废，具有全过程与综合性的管理特点。

“用”即车辆的合理使用，其主要任务是使汽车的使用性能得到充分与有效的发挥，目的是提高运输生产效率与效益。汽车的使用性能主要包括：装载质量、动力性、燃料经济性、安全性、环保性、使用方便性、可靠性、维修性、耐久性等，它们由设计、制造所决定，但对汽车运用指标有直接的影响。汽车运用指标是一系列数量化的评价汽车运输效率与效果的指标体系，包括综合性指标、时间利用指标、速度利用指标、行程利用指标、装载质量利用指标和动力利用指标等。采用汽车运用指标可以对运输企业车辆的技术状态、运输成本及运输效果进行综合评价。

“养”即对车辆的定期维护，其主要任务是制定合理的维护工艺及技术要求，按计划进行定期保养。其目的是通过清洁、润滑、紧固和安全检视等作业，使车辆保持良好的技术状况。目前，由于大多数在用车辆为个人所有，对车辆进行定期维护的意识弱、主动性差，因此造成车辆的技术状况较差，对车辆的动力性、燃料经济性、环保性等产生了不利的影响。

“修”即车辆的计划修理，其主要任务是制定科学的修理标准，编制合理的修理工艺，采用先进的修理技术，根据汽车的行驶里程，按计划进行主要总成修理或整车大修。其目的是修复汽车零部件的磨损、腐蚀、疲劳、变形及老化等损伤，以恢复汽车的使用性能并降低故障率。过去，由于汽车生产能力和技术水平较低，以及汽车零部件主要是机械性损伤，所以，维修是保持企业运力、减少固定资产投资的方式之一。

0.1.3.2 广义的活动范畴

1）活动范畴广义化的原因

进入 21 世纪，我国的汽车产能不断提高，使在用车辆的保有量迅速上升，而且私人轿车的数量占有较大比例。为了使在用车辆能保持良好的技术状况，除对车辆进行安全技术状况检验和环保检测外，还对营运车辆进行综合性能检验。通过强化对车辆技术状况的监督，目的是使车辆保持良好的安全技术状况，控制排放性能的劣化，促使对车辆进行及时的维护和修理。另外，随着汽车科技的进步以及设计、制造水平的不断改进和各类材料性能的不断提高，汽车的使用寿命得到了延长。汽车零部件的机械故障减少，修复量下降，使“以换代修”成为汽车维修方式的主流。同时，在用汽车的所有权者不仅是企业，占有较大比例的车辆是个人所有，形成了“集中管理”与“分散自用”的在用车辆的保有形态，且其对车辆的运用能力和服务需求有很大差异。

汽车作为当代道路运输的主要工具之一，根据使用目的具有不同的属性。作为从事道路运输营运或生产过程运输的工具，利用其可以创造运营和生产效益，是生产装备；作为个人出行的代步工具，主要解决个人交通需求的方便性，是个人消费品。而且，汽车还具有在公共环境下使用的特点，各项性能必须符合公共管理的要求和技术法规标准。

由于汽车运用工程理论和技术的应用领域不仅是针对车辆集中使用的企业，而且也面对个人所有车辆的技术服务需求。因此，目前汽车运用工程的活动范围已经扩大并且内涵也在增加，其所涉及的相关核心工作由原来的“技术管理、合理运用、正确维修、强制检验”的运输企业生产过程的车辆技术管理，扩大到了包括“旧车评估、事故鉴定、理赔定损、信息咨询”等个人消费服务需求。汽车运用工程理论与技术的科学研究对象和实际应用领域的扩展，形成了广义的汽车运用工程活动范畴，即“管、用、维、检、评、鉴、定、咨”。因此，广义的汽车运用工程演变成为以汽车运用工程技术为基础的汽车服务工程。

2）活动范畴广义化的内涵

（1）管理性质　除了包括原有的企业车辆技术管理内容外，还有公共管理要求，如机动车安全技术检验、机动车排放检验和营运车辆综合性能检测等。特别是在汽车保有量迅速增加、车辆所有权构成发生变化的条件下，加强对车辆公共管理是保持汽车群体处于良好技术状态的重要方式。

（2）运用方式　对企业集中使用车辆来说，与原来“用”的内涵相同；对于个体私人所有的车辆而言，分为两种情形：第一，个体运输车辆的运用原则在理论上应符合运输车辆的运用要求，但是，由于个体人员的素质不高，社会化的运输或物流服务体系的不完善使运力得不到充分的发挥，个体车辆运输效率和效益较低，导致车辆的非法或违规使用问题。例如，非法改装、超载超限等。第二，私人小汽车与运输车辆的运用目的与要求有着明显的差别，如何做到合理使用的问题还值得研究。

（3）维修方法　由于汽车整体设计、制造水平的提升，使车辆的可靠性和使用寿命增加。通过专业的制造企业提供质量符合技术要求的零部件产品，既可以减少维修成本，也使汽车维修企业的修理作业量大幅度减少。重视车辆的维护，提高保养作业质量，减少修理工作量，是目前维修企业生产与经营的主要特点，也是汽车运输企业在车辆维修生产组织方式的主要选择。因此，目前汽车运用工程所指的“维”的内涵是强制维护和视情维修的统一。

（4）检验类型　特别强调以车辆检测技术为基础，以加强对公共管理的技术支持。目前，我国从公共管理层面上强制对机动车进行安全、环保以及综合性能等检验，以强化对车辆技术状况变化的监控。其目的是预防技术状况变化可能导致的各类故障，以减少交通事故发生和降低汽车排放污染程度。

（5）评估服务　主要是指对二手车的评估。随着汽车保有量的增加，二手车的交易量不断增加。由于交易的双方一般不具备对车辆技术状况判断的专业技能和设备条件，需要第三方中介机构提供相关的技术服务，以保证交易的公平性。因此，进行二手车评估既需要有汽车运用工程技术知识，又需要具备财产评估理论基础。

（6）事故鉴定　主要是指对交通事故鉴定。目前，国家允许有资质的第三方中介机构从事交通事故鉴定。交通事故鉴定作为汽车服务市场的需求之一，需要具有汽车技术、事故工程和法律知识的复合型人才和专业机构。以技术分析为基础，在查明事故原因的前提下，依据法律法规确定相关人员责任。

（7）理赔定损　主要是指对保险范围内车辆损失的确定。保险公司或交通事故责任人的赔偿额度，主要是依据车辆相关损失费用和责任比例来确定。

（8）信息咨询　主要是指利用现代信息技术及其网络，提供车辆技术性能、管理法规、使用方法、维修技术等方面的信息，为运输企业和消费个人在车辆购置、使用、维修等方面提供咨询服务等。

0.2　汽车运用工程在社会发展中的作用

0.2.1　在道路运输业发展中的作用

1）我国道路运输业的发展概况

道路运输业是综合运输体系的重要组成部分，在国民经济中处于先导性和基础性产业地位，对社会经济的发展具有重要的支撑和保障作用。不断满足经济社会发展要求和人民群众日益增长的交通运输需求，是道路运输业发展的推动力和本质特征。道路运输是综合运输体系的基础，在现代交通运输业发展中具有举足轻重的作用。道路运输完成的客货运量、周转量及在综合运输体系中的比重持续增加，是综合运输体系中最能体现普遍服务和最具基础保障功能的运输方式，而且形成了综合运输体系框架下集约的基础设施系统、现代的运输装备系统和科学的组织保障系统。根据中华人民共和国交通运输部《道路运输业“十二五”发展规划纲要》中的统计数据，

2005 年与 2010 年我国道路运输发展情况对比见表 0-1。

表 0-1 2005 年与 2010 年我国道路运输发展情况对比

分类	具体指标	2005 年	2010 年	增长幅度
运营客货车辆	营运客车数量/万辆	72.8	83.1	14.2%
	营运货车数量/万辆	587.2	1 050.2	78.9%
客货运输	客运量/亿人次	169.7	305.3	79.9%
	客运量在综合运输体系中占比/ %	91.9	93.4	1.5 个百分点
	旅客周转量/亿人千米	9 292.1	15 020.8	60.7%
	旅客周转量在综合运输体系中占比/ %	53.2	53.8	0.6 个百分点
	货运量/亿 t	134.2	244.8	82.4%
	货运量在综合运输体系中占比/ %	72.1	75.5	3.4 个百分点
	货物周转量/亿 t 千米	8 693.2	43 389.7	3.99 倍①
	货物周转量在综合运输体系中占比/ %	10.8	30.6	19.8 个百分点
	客运线路条数/条	162 330	168 247	3.6%
	客运线路平均日发班次/（班次/日）	1 410 590	1 835 650	30.1%
	国际道路运输完成客运量/万人	795.72	780.14	–2.0%
	国际道路运输完成货运量/万 t	973.0	2 963.09	304.5%
运输结构	普通货运业户占比/ %	85.4②	85.3	–0.1 个百分点
	集装箱运输业户占比/ %	0.07	0.14	0.07 个百分点
	载客汽车平均座位/（位/辆）	21.8	24.3	11.5%
	载货汽车平均吨位/（t/辆）	4.0	5.7	42.1%
	客运班车中中高级客车占比/ %	39.5	53.5	14 个百分点
	专用载货汽车占比/ %	4.1	5.1	1 个百分点
农村客运	乡镇通班车率/ %	97.8	98.1	0.3 个百分点
	建制村通班车率/ %	84.7	90.1	5.4 个百分点
客货运输站场	道路客运站/个	14 895	240 152	16 倍
	二级以上客运站数量/个	2 570	2 776	8.0%
	客运站平均日旅客发送量/（万人次/日）	1 808	2 259	25%
	道路货运站/个	1 840	3 317	80.3%
	货运站年平均日换算货物吞吐量/（万 t/日）	513	742.5	44.7%
运输辅助业	机动车维修业户/万户	34.6	40.5	17.1%
	机动车驾驶员培训经营业户/户	5 939	9 492	59.8%
	汽车租赁经营业户/户	2 126	2 937	38.1%
	物流服务经营业户/户	4 203	16 536	2.93 倍
	信息配载经营业户/户	16 526	22 006	33.2%
	站场经营业户/户	20 817③	29 136	40%

备注：①按照 2008 年交通运输部新的统计范围和口径，统计数据有较大变化；②、③为 2006 年数据。

另外，近10年来我国的公路客货运输量也在增长，从2001年的140.3亿人/年和105.6亿t/年，增长到2011年的328.6亿人/年和282.0亿t/年，分别增加了1.3倍和1.7倍。客货运站场、机动车维修、机动车驾驶员培训、汽车租赁等运输辅助服务业全面发展，道路运输业综合服务能力显著增强。但是，在过去相当长一个时期，由于我国道路运输基础设施总量不足、运输装备水平相对落后以及运输保障能力不强，导致了道路运输业在发展过程中积累的问题主要是：结构不尽合理、发展方式粗放以及资源环境约束越来越强。按照科学发展观的要求，道路运输业的发展必须走依靠科技进步、降低资源消耗、减少环境污染的可持续发展之路，建设资源节约型、环境友好型和创新型行业，以实现永续发展和代际公平发展。未来，我国国民经济仍将保持平稳增长，工业化、信息化、城镇化、市场化、国际化进程进一步加速，重化工业特征依然突出，内需拉动作用显著增强，对道路运输的需求将保持旺盛的态势。同时，“汽车社会”和“机动化”特征更加凸显，汽车后服务产业发展需求更加迫切。此外，我国应对各种自然灾害、事故灾难、公共卫生事件、社会安全事件的形势仍较严峻，道路运输业应急保障与维护公共安全的责任更加突出。

2）在道路运输业中的地位

道路运输是人（包括运输组织与管理、运输生产和运输需求等相关人员）、运输装备（包括车辆和装卸设备等）、基础设施（包括道路和场站设施等）及运输环境（包括交通环境、地理和气候条件等）相互作用的动态过程，是由“人”“车”“路”和“环境”组成的复杂系统。其中，“人”在运输过程中具有主导作用，“车”是完成运输需求的基本工具，“路”是实现运输的基础，“环境”对运输过程有制约作用。因此在道路运输过程中不能忽视车辆是生产力要素的本质特征，即车辆作为运输生产工具是运输生产力的3个要素之一。

汽车运用工程是为保持车辆处于最佳技术状态和充分发挥使用性能所进行的技术管理、维修生产及技术开发与应用等的相关活动，可以达到保障运输生产能力、节约燃料消耗、降低排气污染以及促进运输安全等目的，因此具有提高运输生产效率、降低生产成本、预防交通事故和改善环境质量的积极作用。虽然在道路运输业中将汽车维修企业列为运输辅助业，但是也不能否认车辆合理运用、技术管理、维修生产以及运用技术开发与应用等工作对运输过程的技术支持作用。同时，大中型道路运输企业技术部门的主要工作也是以汽车运用工程相关活动为主要内容。

3）在道路运输业发展中的主要任务

根据中华人民共和国交通运输部《道路运输业“十二五”发展规划纲要》，我国道路运输业发展的指导思想是：深入贯彻落实科学发展观，以加快转变发展方式、发展现代道路运输业为主线，立足理念、政策、体制机制和技术的全面创新，促进结构调整和产业升级，努力构建高效便捷、安全可靠、绿色环保、规范诚信的道路运输服务体系，更好地保障经济社会发展，满足人民群众的需求。发展现代道路运输业的重点是：城乡客运一体化、货运组织集约化、管理服务精细化、依托载体信息化、发展方式低碳化。道路运输服务发展的目标是：更安全、更高效、更便捷、更可靠、更绿色。道路运输业发展的重点任务中与汽车运用工程相关的有：

（1）加快优化货运车型结构，推进车型标准化改造，完善营运车辆技术标准和综合性能检测标准，加快发展标准化程度高、自重轻、承载量大、安全性能好和能耗低的货运车辆，推进货运车辆大型化、厢式化和专业化，鼓励发展集装箱、厢式、冷藏、散装、液罐、城市配送等专用运输车辆和多轴重载大型车辆。

（2）鼓励机动车维修连锁经营，大力倡导机动车维修企业的加盟连锁经营，树立维修品牌，统一服务质量标准，开展服务质量达标活动，提高服务水平。鼓励企业依托品牌优势积极拓展电话咨询、维修、检测、救援等全方位服务。

（3）强化机动车维修质量管理，建立机动车维修配件质量保证和追溯体系，对配件经销企业经销配件、维修企业使用配件进行全程跟踪管理，建立机动车维修质量动态监管体系，确保机动车维修质量。

（4）推进机动车维修救援网络建设，规划建设全国机动车维修救援网络，完善区域性救援服务网络，加快建设机动车维修救援信息服务系统，提高救援响应速度，50km以内1h内实现救援。

（5）加强营运车辆安全技术管理，强化部门联动，对营运车辆生产、改装、运行等进行多层面、多角度的综合管理。不断完善营运车辆安全技术标准和安全装备技术要求。加强维护检测和等级评定的监督管理，逐步建立综合性能检测许可证制度，加强资格管理。构建全国道路运输车辆管理和综合性能检测信息平台，实现全国范围的车辆技术管理信息共享。

（6）加快道路运输信息系统联网工作，深化部省道路运输信息系统联网工作，建立长效的数据交换与共享制度。探索建立部省两级道路运输数据中心的建设、运营及维护模式，完善数据的采集、更新机制。

（7）积极推动信息技术广泛应用到维修、租赁等汽车后市场服务体系。充分利用交通通信专网和社会公网资源，稳步推进道路运输管理信息系统向综合客运枢纽、物流园区、运输企业、汽车检测站、驾驶员培训机构、汽车维修企业等的延伸。

（8）加快重点营运车辆联网联控系统建设。建成全国重点营运车辆联网联控系统，危险品运输车辆、班线客运和旅游包车的入网率达到100%，构建联网联控系统运营的长效机制，提高数据质量和车辆上线率，确保系统稳定可靠、有效运行。

（9）加强车辆燃料消耗和排放的技术管理，严格执行《道路运输车辆燃料消耗量检测和监督管理办法》，建立健全燃料消耗量检测、车型动态管理、车辆配置及相关参数核查等配套监管制度，完善准入和退出机制，建立《道路运输证》配发与车辆燃油消耗量监测紧密结合的工作机制。

（10）开展形式多样的节能降耗宣传活动，增强节能减排意识。鼓励运输企业加快淘汰老旧、高耗能、高排放车辆，推广应用先进成熟的节油型车辆。鼓励道路旅客运使用新能源环保型车辆，加快推广使用新能源和混合动力出租汽车。鼓励有利于节能减排的新设备、新技术的开发应用。

（11）推广绿色驾驶和绿色维修经验。在驾驶员培训中增加节能操作技术内容，在从业人员资格考试中加强节能相关知识的考核。广泛组织运营车辆节能操作竞赛，推广节能减排经验。鼓励企业加强节能驾驶和节能操作管理。推广应用驾驶员培训模拟器和多媒体教学，有效降低驾培能耗。加强机动车维修企业废气、废水、废油的循环利用。

总之，我国道路运输发展目标和重点任务为汽车运用工程带来了新的研究课题和必须承担的工作，因此这将对汽车运用工程起到有力的促进作用并能积极地推动其全面发展。

0.2.2 在“汽车化社会”进程中的作用

1）我国“汽车化社会”的进程

随着我国城市化进程的推进，工作、生活及休闲所必需的短途交通大规模增加。尽管相关部门非常重视日益严重的交通堵塞以及机动车尾气排放造成的环境污染，致力于为解决交通需求剧增的公共交通建设，但是应对日益增长的交通需求的措施还不完善，许多交通需求还不得不依靠个人交通工具来解决。

根据《中国统计年鉴》的数据，1990～2009 年，全国人均 GDP 增加近 16 倍，城镇居民人均可支配收入增加约 11 倍，而民用私人汽车拥有量更是增加了 56 倍，私人汽车的增速远快于经济和收入的增速。2009 年，我国汽车产销分别达到 1 379.10 万辆和 1 364.48 万辆，成为全球汽车生产和销售第一大国。2011 年 8 月底，全国机动车保有量已达到 2.19 亿辆。其中，汽车保有量占机动车总量的 45.88%，超过 1 亿辆。这是我国汽车保有量首次突破 1 亿辆大关，仅次于美国的 2.85 亿辆，位居世界第二。

改革开放 30 多年来，以城市人口增长与机动化水平提高为特征的城市化进程越来越快，快速机动化已成为城市交通的显著特征。特别是汽车进入家庭，使汽车保有量以“井喷”的方式激增。汽车消费的高速增长，使“汽车化社会”提前到来。发达国家几十年的汽车化社会进程，在我国十几年间就已具雏形。

2）在“汽车社会化”中的作用

首先，汽车的大量使用给社会的产业形态、城市布局乃至人们的生活方式带来了巨大的影响，并推动着所谓“汽车化社会”的进程。根据“汽车化社会”国家的发展历程，“汽车化社会”对整个社会的影响超过了汽车产业本身，并对人们的生产和出行方式、居住选择、城市和乡村结构、生活和休闲方式，乃至消费结构和商业模式等都带来了影响，进而造成了对就业结构、社会关系、沟通方式以及知识结构和文化习俗等方面更深层次的影响。因此，汽车的大量使用将影响到文化、法律、道德、环境及交通等各个方面，并导致相关的社会问题接踵而至。例如，城市汽车保有量的增加使交通需求与交通供给的矛盾日益尖锐，引发出交通拥挤、大气污染严重、交通事故频繁等问题，造成了对城市功能正常发挥和可持续发展的严重影响。为此，汽车运用工程应对这些汽车大量使用中存在的相关问题进行研究并提出解决的途径。

其次，随着汽车消费程度的增加，逐步形成了所谓的“汽车文化”。汽车是由上万个零件组合的机电产品，是科学与艺术的和谐统一体。文化是人类在社会发展实践过程中所创造的精神财富和物质财富的体现，而汽车文化包含着在汽车制造和使用等实践活动中形成的行为方式、习俗、法规、价值观念等方面。汽车文化以汽车产品为载体并与之结合，影响着人们的思想观点和行为理念，使其在汽车的设计、生产和使用中都深深打上了文化的烙印。随着我国“汽车化社会”进程的发展，汽车消费的各个环节都要考虑到汽车运用所涉及的“汽车文化”的问题，通过积极的引导建立起汽车消费适度、节约能源尽责、保护环境有责以及安全驾驶是责的“汽车文化”氛围。因此，基于汽车运用工程中与“汽车文化”相关的研究成果，将为“汽车化社会”文明程度的提高给予技术的支持。

最后，汽车保有量的持续增长，使汽车销售、维修、保险、金融、旧车交易以及驾驶培训等消费服务的需求也日益扩大。一般而言，汽车后市场的利润可占汽车产业链总利润的60%～70%。目前，中国汽车后市场的利润率可达40%，甚至更高，而且整个市场还处于发展阶段。为满足汽车后市场服务能力和服务质量提高的要求，需要大量的汽车市场营销、汽车技术服务、汽车服务企业管理、汽车保险理赔、交通事故鉴定等方面掌握现代汽车基本理论和技术以及汽车运用工程相关知识的专业技术人才。汽车运用工程专业人才的培养，将为汽车后市场的可持续发展提供高素质的人力资源。

0.3 本课程主要学习内容与基本要求

0.3.1 学习目的

汽车运用工程是以机械工程、管理工程等学科所涉及的基础理论和相关专业知识为基础。通过学习汽车运用工程的基本理论、工艺技术和管理方法等知识，掌握汽车运用过程中汽车技术状况变化及基本规律、汽车运用合理性分析方法、降低能源消耗与减少环境污染的技术措施以及提高运用效益的技术管理方式等，并具有达到能使车辆的技术性得到充分发挥、技术状况得到有效保持或恢复的基本能力。

0.3.2 学习内容

1）汽车运用工程专业的知识结构

从事汽车运用工程的专业技术人员除需要具备必需的自然和人文科学知识外，还需要具备机械工程的基础理论、车辆工程的专业技术以及相关的管理与服务的基本知识。汽车运用工程专业的知识结构如图 0-1 所示。

2）汽车运用工程专业人才培养的相关专业

根据教育部 2012 年颁布的《普通高等学校本科专业目录（2012 年）》，与从事汽车运用工程专业人才培养的相关学科门类和专业主要有：工学（08）门类中的机械类（0802）和交通运输类（0818）专业，管理学（12）门类的管理科学与工程类（1201）专业等。此外，还涉及工学门类（08）环境科学与工程类（0825）中的环境工程（082502）专业，管理学门类（12）物流管理与工程类（1206）的物流工程（120602）专业，以及与特设专业相关的汽车维修工程教育（080212T）专业等。与汽车运用工程所需人才培养的主要相关学科门类和专业如图 0-2 所示。

汽车运用工程课程的主要内容包括：汽车运行条件与行驶工况，汽车技术状况变化及特点，汽车选型及评价方法，汽车运用合理性分析及要求，特定条件下的汽车使用，汽车维修制度及工艺要求，汽车评估、更新与回收利用，汽车运用管理及相关要求。

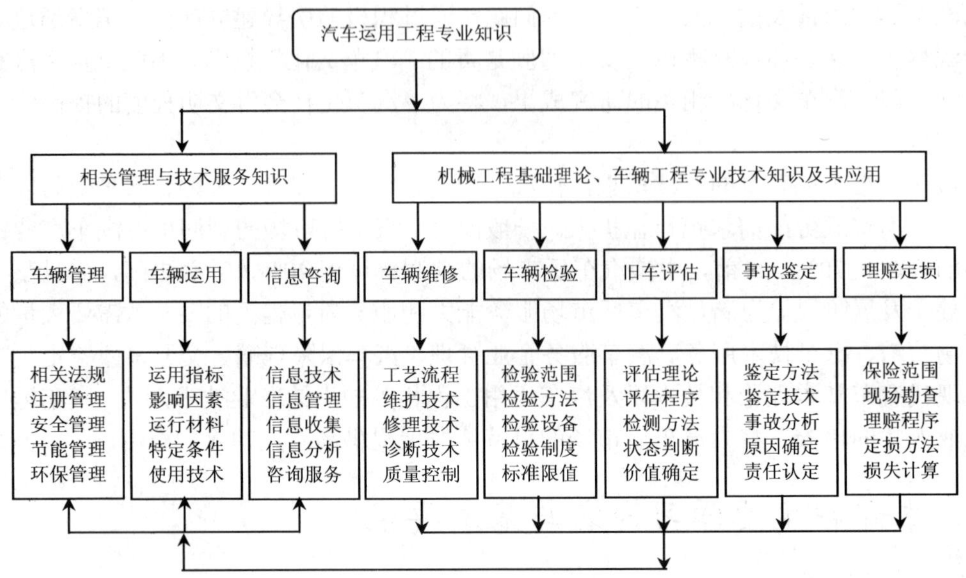

图 0-1 汽车运用工程专业的知识结构

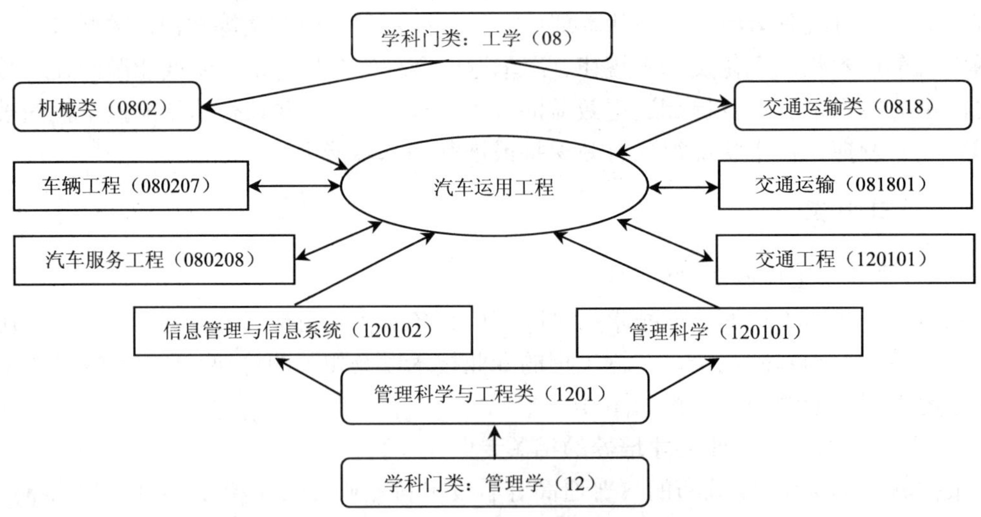

图 0-2 与汽车运用工程人才培养的相关专业

0.3.3 基本要求

汽车运用工程是基础理论的应用性和专业技术的实践性都很强的专业课程，同时汽车技术的进步使汽车结构的复杂性不断增加，主要总成、系统工作原理的先进性日益提高。因此，对汽车运用工程课程的学习提出了更高的要求。汽车运用工程课程学习的基本要求主要是：

（1）应具有扎实的相关专业基础理论和技术知识　为了更好地掌握汽车运用工程课程内容，须先期学好高等数学、理论力学、材料力学、计算机应用、汽车构造、汽车理论、发动机原理、汽车电子控制技术、企业管理等课程。

（2）认真参加汽车运用工程课程教学的各个环节　首先，应掌握课程教学的内容，以基础理论的应用分析汽车各种性能变化的本质原因及其影响因素；其次，从实践教学中获得对汽车运用工程实际问题的感性认识，加深和巩固对基础理论与专业技术知识的理解；再次，掌握将汽车技术性能与汽车使用要求进行系统协调与有效利用的基本方法。

（3）主动了解汽车运用工程的新发展　汽车技术的进步日新月异，新知识、新技术、新产品不断涌现，因此，在课程的学习过程中，应主动了解汽车运用工程及与其相关的科学研究动向、技术发展趋势以及新理论和新知识的应用现状，以增强学习兴趣和动力，把握学习重点方向。

（4）积极参与社会实践活动　汽车运用工程是一门理论和实践紧密结合的课程，需要对汽车运用实际状况进行深入的调查，科学总结汽车运用工程发展中存在的主要问题。因此，在课程学习过程中，应充分利用和把握社会实践的机会，进行汽车运用工程生产实践和社会需求的调查分析，学习分析问题的方法，提高解决问题的能力。

（5）探索创新性学习方法　随着科技的迅猛发展和知识经济的兴起，社会对人才需求的标准也在不断发生变化。传统教学模式的弊端日益突出，教学改革势在必行。因此，在课程学习中，应改变只注重书本知识和被动学习的现状，有意识地探索适应社会发展、不断提高自身学习能力的方法。

思考题

1．如何理解“工程”的内涵？从不同的角度分析“汽车运用工程”的定义。

2．简述汽车运用工程在社会发展中的作用。

3．怎样学习好汽车运用工程课程？

第1章 汽车运行条件与行驶工况

［本章提要］

本章主要介绍汽车运行条件、汽车行驶阻力、汽车荷载特点以及汽车行驶工况。通过本章学习，掌握汽车运行条件与行驶工况的知识。

1.1 汽车运行条件

汽车运行条件是指在安全、可靠、低耗及环保前提下影响汽车完成运输工作的各类条件，主要包括道路、气候、地理、交通及汽车技术状态等因素。

汽车在复杂的外界条件下工作，而且这些外界条件还随时间和空间变化，从而影响汽车运行过程。汽车运输效率的发挥取决于驾驶员操作水平、汽车性能以及汽车对运行条件的适应性，即汽车运输的主要技术经济指标受外界条件变化的影响。在汽车运行过程中，汽车的使用性能必须适应外界条件的不断变化，才能达到最佳的运输效率。

1.1.1 道路条件

道路条件是指由道路状况决定并影响汽车运用的相关因素，主要包括路面材料、路面宽度、道路线形等。汽车结构设计、运行工况、技术状况都与汽车运行的道路条件密切相关。

汽车运输对道路的要求是：在充分发挥汽车使用性能的前提下，应保证车辆安全行驶；满足交通需求对此道路所要求的最大通行能力；车辆通行便利，乘客有舒适感；车辆通过此道路的运行材料消耗量最低，对零件造成的损伤程度最小。

车辆运行速度和道路通行能力是评价道路条件的主要指标，也是确定道路等级、车道宽度、车道数、路面强度以及道路纵断面和横断面的主要依据。

道路条件对汽车运行速度、行驶平顺性及装载质量利用程度的主要影响因素是道路等级和道路养护水平。例如，汽车在良好的路面上行驶，可实现较高的运行车速并能获得良好的燃料经济性；汽车在崎岖不平的道路上行驶，平均技术速度低，需要频繁地进行换挡和制动操作，加剧了零件的磨损，增加了油耗和驾驶员工作强度；路面不平也使相关零部件冲击载荷增加，加剧了汽车行驶系损伤和轮胎磨损。

1）道路等级

根据公路的任务、功能和适应的交通量，我国将公路分为高速公路、一级公路、二级公路、三级公路和四级公路，共 5 个等级。

（1）高速公路　高速公路为专供汽车分向、分车道行驶并全部控制出入的干线公路。四车道高速公路一般能适应按各种汽车折合成小客车的远景设计年限的年平均昼夜交通量为 25 000～55 000 辆的车流量要求；六车道高速公路一般能适应按各种汽车折合成小客车的远景设计年限的年平均昼夜交通量为 45 000～80 000 辆的车流量要求；八车道高速公路一般能适应按各种汽车折合成小客车的远景设计年限的年平均昼夜交通量为 60 000～100 000 辆的车流量要求。

（2）一级公路　一般能适应按各种汽车折合成小客车的远景设计年限的年平均昼夜交通量为 15 000～30 000 辆的车流量要求，能成为连接高速公路、大城市接合部、开发区的经济带以及边远地区的干线公路。同时可供汽车分向、分道行驶，并能成为部分控制各种车辆出入的公路。

（3）二级公路　一般能适应按各种汽车折合成小客车的远景设计年限的年平均昼夜交通量为 3 000～7 500 辆的车流量要求，能成为连接中等城市的干线公路或通往大工矿区、港口的公路，或交通运输繁忙的城郊公路。

（4）三级公路　一般能适应按各种汽车折合成小客车的远景设计年限的年平均昼夜交通量为 1 000～4 000 辆的车流量要求，能成为沟通县及城镇的集散公路。

（5）四级公路　一般能适应按各种汽车折合成小客车的远景设计年限的年平均昼夜交通量为 1 500 辆以下的车流量要求，能成为沟通乡、村等地的地方公路。

到 2011 年年底，全国公路通车总里程达到 405.54 万 km，高速公路里程达 8.5 万 km。我国已经制定了中长期公路发展规划，它的实现将使我国的道路现状发生根本性的转变，对促进我国道路运输业发展和现代化建设将起到巨大的推动作用。

2）公路技术特性

影响车辆使用性能和车辆使用效率的线路主要技术指标是：公路水平面内曲线线段的平曲线半径；纵断面内的纵坡坡度、纵坡长度、竖曲线半径；在横断面内是车道宽度、车道数和路肩宽度等。

汽车在弯道行驶时，受离心力的作用可能会引起侧滑，使汽车的操纵稳定性恶化，降低乘员的乘坐舒适性，严重时可能导致翻车。在水平曲线段行驶时，车辆轮胎侧向变形增大，磨损增加，车轮滚动阻力增加，车辆油耗增加。曲线路段影响驾驶员的视线，夜间行车光照距离在曲线段也比直线段短，对行车安全不利。此外，长距离直线路段对行车安全也不利，所以高速公路设计时尽量避免采用长直路线型。

公路纵坡使汽车动力消耗增大，后备功率降低，燃料消耗增加。另外，公路的凸形变化也影响驾驶员的视距。《公路工程技术标准》（JTJ 001—1997）规定了各级公路纵坡的许用值。权衡汽车运输指标和修建费用 2 个方面的要求是公路修建前进行可行性论证的重要内容之一。

汽车的运行工况和安全性与路面质量有关。路面要求具有足够的强度、很高的稳定性、良好的平整度以及适当的粗糙度，以保证汽车的附着条件和最小的运动阻力。路面平整度是路面的主要使用特性之一，它影响汽车运行速度、动载荷、轮胎磨损、货物完好性及乘员舒适性，从而影响汽车利用指标和使用寿命。汽车允许运行速度与路面不平度的关系如图 1-1 所示。

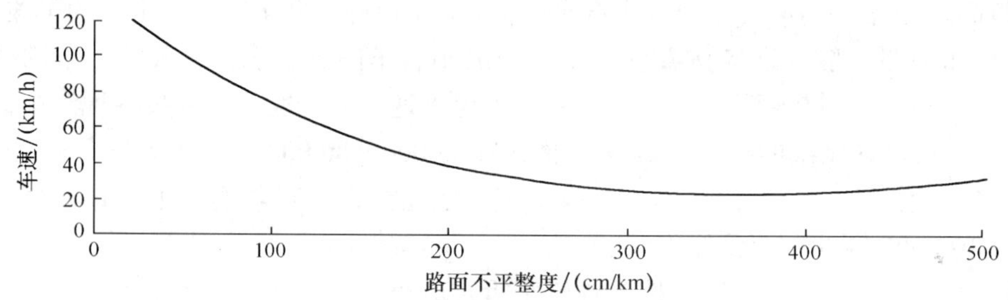

图 1-1 汽车允许速度与路面不平度的关系

3）道路景观

现代道路不仅为汽车运行而修建，还要求线形和谐优美，与环境相互融合。道路线形的设计准则是根据汽车的动力特性以及舒适安全的要求而确定。但是，仅按照有关标准和公式设计道路线形，不一定会产生所需要的效果。高质量的线形要符合汽车的动力特性和车辆驾驶安全对线形的要求。

随着道路等级和车速的提高，应该重视道路的线形要素之间的组合以及路线平、纵之间的配合。路线设计的目的就是要使路线各个要素融为一体，使得驾驶员体验到一条在视觉上连续不间断的自由流动、和谐的形体。例如，应避免长直线间有一段短的圆曲线，应通过缓和曲线从比较平顺的圆曲线逐步过渡到陡的圆曲线。

在道路上以一个较快的速度行驶所感受到的周围景观和静止状态所看到的有所不同。人的视觉有这样几个方面的特性：

（1）当车速增加时驾驶员注意力增加，速度越快越要注意道路前方。因此，虽然道路应是丰富多彩的，但是太细的枝节将会分散驾驶员的注意力。

（2）车速增加时，驾驶员注意力的集中点将伸向远方，即要从足够远的前方观察道路，以便能在必要时做出回避动作，使驾驶员从反应到采取制动的时间内车辆行驶距离减少。

（3）车速增加，驾驶员的视野减小，视力主要集中在道路的轴线上。如果在这个狭窄的视野中路线的景观不发生变化，将会使驾驶员变得迟钝，失去对速度的感觉和应变的警觉，从而失去采取回避动作的时间和距离。

（4）车速增加时，景观的细部开始模糊。前面的物体向后飞逝得很快，驾驶员必须向更远处看才能得到清晰的景象，因此道路景观的细部对高速行驶车辆的驾驶员已无价值。

道路的环境应把驾驶安全的需要放在首位，即应把驾驶员的视线直接引向道路路线的方向。要将道路的远景和近景互相融合，既有吸引人的远景，也有同样的近景。依次相连景观的出现和消失，车辆运行变化的速度、方式以及远近景的配合都是影响道路节奏韵律的要素。

4）公路养护水平

公路养护水平的 2 个评定指标是“好路率”和“养护质量综合值”。根据交通运输部颁发的《公路养护质量检查评定暂行办法》，将现有公路养护质量分为优、良、次、差 4 个等级。评定项目包括路面平整、路拱适度、行车顺适、路肩整洁、边坡稳定、标志完善鲜明、行道树齐全。满分 100 分，其中路面、路基和其他分别为 50 分、20 分和 30 分。公路养护评分值和优、良等级公路要求见表 1-1。

表 1-1 公路养护等级评分值

公路养护等级	优	良	次	差
总分/分	＞90	＞75	＞60	＜60
路面/分	＞45	＞38	—	—

若已知某公路的总里程 L、优等里程 L_Y、良等里程 L_L、次等里程 L_C、差等里程 L_{CH}。好路率 Q 的计算式为

$$Q = \frac{(L_Y + L_L)}{L} \times 100\% \tag{1-1}$$

养护质量综合值 P 的计算式为

$$P = \frac{4L_Y + 3L_L + 2L_C + L_{CH}}{L} \tag{1-2}$$

好路率和养护质量综合值直接影响汽车速度、平顺性和总成使用寿命，因而可粗略地表征道路状况及评价道路对汽车运行的影响。

5）高速公路

高速公路与高速运输是密切相关的。高速运输的显著特点就是运输车辆的持续高速运行。高速运输对汽车的动力性、制动性、操纵稳定性、加速性、舒适性的要求更加严格。许多在普通公路上运行不存在的问题在高速行驶中却变得至关重要。

为了避免发生追尾事故，汽车之间应保持一定的车间距。当车辆速度超过 100km/h 时，行车间距至少应为 100m，车速低于 100km/h 时，与同车道前车距离可以适当缩短，但最小距离不得少于 50m。当遇到大风、雨、雾或路面积雪、结冰时，应以更低的速度行驶，以保证行驶安全。

高速公路行驶对车速也有限制。《中华人民共和国道路交通安全法实施条例》第七十八条规定，最高车速不得超过 120km/h，最低不得低于 60km/h。小型载客汽车最高车速不得超过 120km/h；其他机动车不得超过 100km/h。

1.1.2 气候条件

气候主要包括气温、降水量和湿度、风力和风向 3 个方面。在不同季节及不同的地

理位置，气候有明显的变化。

1）气温

我国气候突出特点是：夏季炎热，冬季严寒，南北温差大。在夏季，7 月的平均气温，除青藏高原和大、小兴安岭外，大部分地区在 20℃以上，在南方许多地区还超过了 35℃。在炎热的夏季行车，发动机容易过热，供油系统易产生气阻；发动机动力下降；轮胎升温快，易爆裂；在没有空调的驾驶室内，驾驶员极易疲劳困倦，影响行车安全。而在冬季，黑龙江省北部 1 月平均气温在–30℃以下，而南海诸岛却在 20℃以上，南北气温相差超过 50℃。0℃等温线大致沿青藏高原的东南边缘，向东经秦岭、淮河一带，以该线为界，越向北气温越低，甚至地冻冰封，而该线以南全年一般不结冰。

汽车在寒冷和严寒地区运行，发动机启动困难，冷却液温度偏低，油耗增加且磨损加剧；低温下塑料、橡胶制品容易变脆变硬。

2）降水量和湿度

降水量按季节变化明显。全国多数地区降水量集中在 5～10 月，其中以 7 月、8 月最多。东南沿海和长江中下游地区，常年温暖潮湿，梅雨季节阴雨连绵，行车视线不清，高速行驶容易发生水滑，还常常遇到塌方、滑坡和泥石流等危险；潮湿使车身和裸露的金属零件迅速腐蚀损坏，并使电气设备工作不良。雪天行车视线不清，冰雪路面车轮容易打滑；驾驶操纵条件恶化，极易发生事故。

3）风力和风向

风力和风向不仅影响行驶阻力和油耗，侧向风还影响行驶稳定性。在干旱地区，风大，沙尘多，各总成因侵入沙尘而加剧零件磨损。

上述的不同气候条件对车辆的结构和使用提出了不同要求，因而针对具体的气候和季节条件，使用相应的变型汽车或对标准型汽车进行改造，以提高车辆对气候的适应程度。汽车运输企业还应针对当地的气候特点，合理选用汽车类型，制定相应的技术措施，克服和减少气候条件造成的各种困难。只有这样，才能合理使用汽车，并取得最佳的经济效果。

1.1.3　地理条件

除气候不同外，因地形（如山岭、重丘、微丘和平原）、地势（海拔高度）不同影响汽车运用性能。

在高原地区，当海拔高度达到或超过 1 000m 时，明显呈现空气稀薄现象，气压降低，充气系数下降，冷却液易沸腾，发动机易过热，导致功率下降，油耗增加；气压制动系统气压不足，由于频繁使用制动器，造成车轮制动器温度过高，制动能力衰减，以致驾驶员体力消耗增加，易出现头昏和四肢无力等现象；加上山区、高原气候变化剧烈，易发生行车事故。

在山区，道路的突出特点是山高、坡陡、路窄、弯急、视线不佳，冬季冰雪路，秋季山雾路，夏季雨天泥泞路，汛期塌方多。因此，影响山区行驶的主要问题是汽车制动性能。在山区行驶，汽车需要经常制动减速，制动系统的使用特点是制动频繁，致使摩擦衬片和制动鼓（盘）经常处于发热状态。下长坡时，制动蹄摩擦衬片温度可达 400℃。

在这种情况下，摩擦衬片的摩擦因数急剧下降，严重时可能出现制动失效。此外，由于摩擦衬片连续高温，磨损加剧并常有碎裂现象，易发生行车事故。

1.1.4 交通安全设施条件

交通安全设施对于保障行车安全、减轻潜在事故的发生程度起着重要作用。良好的安全设施系统应具有交通管理、安全防护、交通诱导、隔离封闭、防止眩光等多种功能。道路交通安全设施包括：信号灯、交通标志、路面标线、护栏、隔离栅、照明设备、视线诱导标、防眩设施等。

（1）交通标志 交通标志有警告标志、禁令标志、指示标志、指路标志、旅游区标志、道路施工安全标志以及辅助标志等。设置交通标志的目的是给道路通行人员提供确切的信息，保证交通安全畅通。高速公路上车速高，车道数多，标志尺寸比一般道路上的大得多。

（2）路面标线 路面标线有禁止标线、指示标线、警告标线，是直接在路面上用漆类喷刷或用混凝土预制块等铺列成线条、符号，并与道路标志配合的交通管制设施。路面标线种类较多，有行车道中线、停车标线、减速标线、路缘标线等。标线有连续线、间断线、箭头指示线等，多使用白色或黄色漆。

（3）安全护栏 公路上的安全护栏既要阻止车辆越出路外，防止车辆穿越中央分隔带闯入对向车道，同时还要能引导驾驶员的视线。

（4）隔离栅 隔离栅是高速公路的基础设施之一，它使高速公路全封闭得以实现，并阻止人、畜进入高速公路。它可有效地排除横向干扰，避免由此产生的交通延误或交通事故，保障高速公路效益的发挥。隔离栅按其使用材料的不同，可分为金属网、钢板网、刺铁丝和常青绿篱几大类。

（5）道路照明 道路照明主要是为保证夜间交通的安全与畅通，大致分为连续照明、局部照明及隧道照明，对道路交通安全有着很大的影响。

（6）视线诱导标 一般沿车道两侧设置，具有明示道路线形、诱导驾驶员视线等用途。对有必要在夜间进行视线诱导的路段，设置反光式视线诱导标。

（7）防眩设施 防眩设施的用途是遮挡对向车前照灯的眩光，分防眩网和防眩板两种。防眩网通过网股的宽度和厚度阻挡光线穿过，减少光束强度而达到防止对向车前照灯眩目的目的；防眩板是通过其宽度部分阻挡对向车前照灯的光束。

1.1.5 车辆运行技术条件

为保证车辆的安全行驶、运行可靠，机动车运行必须符合国家标准《机动车运行安全技术条件》（GB 7258—2012）的规定。其中主要技术条件是：

（1）车辆外观整洁，装备齐全，紧固可靠，各部件应完好，并具有正常的技术性能。

（2）发动机动力性能良好，运行平稳，不得有异响，燃、润料消耗正常，无漏油、漏水、漏气、漏电现象。

（3）底盘各总成联结牢固，无过热，无异响，性能良好，各润滑部位不缺油，钢板弹簧无断裂或错开现象，轮胎气压正常，汽车、挂车连接和防护装备齐全、可靠。

（4）转向轻便灵活，转向节及转向节臂、横直拉杆及球头、球销不得松旷，性能良好，前轮定位符合要求。

（5）车辆制动性能符合规定，挂车与牵引车意外脱离后，挂车应能自行制动，牵引车的制动仍然有效。

（6）客车车厢、货车驾驶室内不进尘土，不漏雨；门窗关闭严密，开启灵活；风窗玻璃视线清晰；客车座椅齐全整洁、牢固；货车车厢无漏洞，栏板销钩牢固、可靠。

（7）车辆的噪声及废气排放应符合有关规定。

（8）灯光、信号、仪表和其他电气设备应配备齐全，工作正常、可靠。

1.1.6　驾驶与维修条件

汽车驾驶操作水平会明显影响汽车零件磨损、燃料经济性和污染物排放率。熟练的驾驶员在平路、下缓坡等条件下，能够经常保持车速稳定或滑行状态，很少采取紧急制动措施。这样，不仅能保证汽车安全运行，而且能提高汽车行驶的技术速度15%～20%，延长汽车大修里程40%～50%，在相同的交通和道路条件下可节约燃料20%～30%。

汽车维修费用占汽车运输成本的 15%～20%。目前我国维修市场放开后，维修技术水平较低的地区还占有一定比例，加之配件质量不稳定，检验设备少，诊断技术水平低，由此导致维修质量低下，降低了汽车利用的经济效益。汽车维修技术水平达标的一般要求是，汽车完好率为90%～93%，总成大修间隔里程较定额高20%～25%，配件消耗减少15%～20%，燃料、润滑材料的消耗减少20%～30%。

1.1.7　运输条件与要求

运输条件是指由运输对象的特点和要求所决定的，影响车辆运行的各种因素。汽车运输可分为货运和客运。货运条件主要包括货物的种类、货物的运量、货物距离、装卸条件、运输类型和组织特点。客运对汽车使用性能的最基本要求是为旅客提供最佳乘坐舒适性、安全性和方便性。

货车运输条件主要有以下几个方面：

1）货物类别

货物是指从接受承运起到送交收货人止的所有商品或物资。通常，根据汽车运输过程中的货物装卸方法、运输和保管条件以及批量对货物进行分类。

（1）按装卸方法分类　货物按装卸方法可分为堆积、计件和灌装3类。对没有包装的，用堆积装卸的货物如煤炭、纱、沙、土等，按体积或重量计量的货物宜采用自卸汽车运输；对可计个数，并按质量计量装运的货物，如桶装、箱装、袋装的包装货物及无包装货物，可采用普通栏板式货车、厢式车及保温厢式车运输；对于无包装的液体货物，通常采用自卸罐车运输。

（2）按运输和保管条件分类　按运输保管条件分，货物可分为普通货物和特殊货物。前者是指那些在运输过程中无特殊要求，可用普通车厢运输的货物；后者是指那些在运输过程中必须采取特别措施才能保证完好无损的承运货物。

特殊货物包括特大、长型、沉重、危险和易腐的货物。特大货物是指那些标准车厢不能容纳的货物。长型货物通常是指其长度超过标准车身长度1/3以上的货物。沉重货物是指单件质量大于250kg的货物。易腐货物是指在运输和保管过程中，需专门库房和车辆维持一定温度的货物。

（3）按货物批量分类 按一次托运货物的数量可分为小批和大批货物。小批货物又称为零担货物，如食品邮件和行李等个别少量运输的货物。大批货物是指大批量运输的货物，又称大宗货物。

2）货运量

在汽车运输中，完成或需要完成的货物运输数量称为货运量，通常以吨（t）为计量单位。在汽车运输中，完成或需要完成的货物运输工作量，即货物的数量和运输距离的乘积称为货物周转量，以复合指标吨·千米（t·km）为计量单位。货运量和货物周转量统称为货物运输量。

按托运货物的批量，货运量可分为零担和整车两类。在我国，一次托运货物在3t以上为整车货物，不足3t为零担货物。需要较长时间和较多车辆才能运完的整车货物为大批货物，而短时间内或少数车辆能全部运完的货物为小批货物。

3）货物到达期限和运距

到达期限和运距是汽车运输必须完成的时间和空间指标。一般市内运输的特点是运输距离短，货物种类繁多，道路条件较好，到达期限很短；在区间运输中，多为农村货物的流转服务，因此季节性强，时间要求紧迫；城市间运输常为完成紧急的运输任务，或与铁路接运、分流，完成门到门运输任务。城市间运输特点是定期性、运距长、行驶速度快。不同的货运任务对车辆的要求不同。市内运输要求车辆专业化，并要求车辆的机动性好；农村运输中，道路情况对车辆通过性能提出了更高要求；在城市间运输应采用重载质量的车型并实行拖载运输；涉外货运则应配备集装箱货车。

4）货物装卸条件

货物的装卸条件决定汽车装卸作业的停歇时间、装卸货的劳动量和费用，从而影响汽车的运输生产率及运输成本。运距短，装卸条件对运输效率的影响越明显，如图1-2所示。

装卸条件受货物类别、运量、装卸点的稳定性、机械化程度以及装卸机械等诸多因素的影响。

一定类别和运量的货物要求相应的装卸机械，也决定了运输车辆的结构特点，如运输土、砂石、煤炭等堆积货物的车辆，要考虑用铲斗装卸货物时，对汽车系统及机构的冲击载荷，以及汽车的装载质量和车厢容积与铲斗容积的匹配，以保证获得最高的装运生产率。

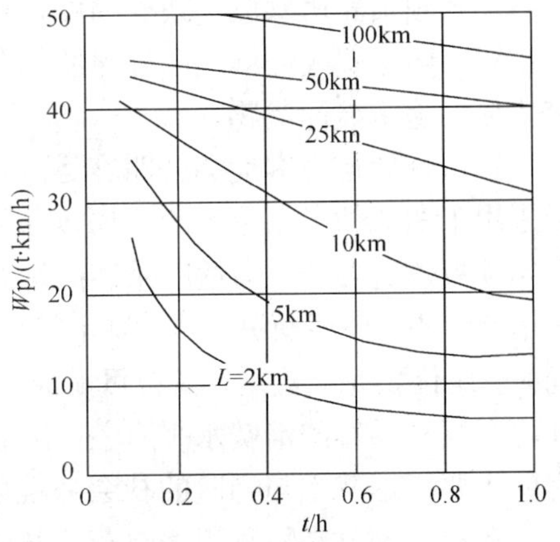

图1-2 载质量4t货车运输生产率 W_p 与每次装卸货停歇时间 t 的关系（L 为运距）

带自装卸机构的汽车可缩短汽车装卸作业时间；但是，自装卸机构使汽车的成本提高，装卸载质量比相同吨位的汽车小。实践表明，只有在短距离运输时，自装卸汽车才能发挥其优越性，如图1-3所示。

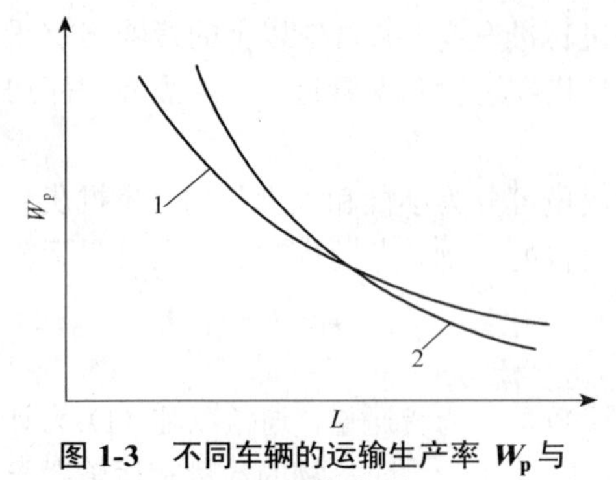

图1-3　不同车辆的运输生产率 W_p 与运距 L 的关系

1. 普通汽车　2. 自卸汽车

5）货运类型及组织特点

货物的运输类型有多种分类方法，如短途货运、长途货运、城市货运、城间货运、营运货运、自用货运、分散货运、集中货运。

自用货运是指车辆拥有单位的车辆完成本单位的货运任务。分散货运是指在同一运输服务区内，若干汽车货运企业或有车单位各自独立地调度车辆，分散地从事货运工作。显然，分散货运的车辆、里程、载质量利用率都较低，从而降低了汽车运输生产率，增加了运输成本。集中运输是指在同一运输服务区内的车辆和完成某项货运任务的有关单位车辆，集中由一个机构统一调度，组织货物运输工作。这种运输类型可提高车辆的载质量利用率和时间利用率，从而有利于提高汽车的运输生产率，降低运输成本。

运输组织特点主要取决于车辆运输路线。由于货运任务的性质和特点不同，道路条件不同以及所用车辆类型不同，即使在相同收发货点间完成同样的货运任务，也可采用不同的运行路线方案，并产生不同的运输效益。

货运车辆的运行路线可分为往复式、环形式和汇集式。往复式运行路线是指货运车辆多次重复于2个货运点间行驶的路线。环形式是指将几个货运方向的运行路线依次连接成一条封闭路线。车辆沿环形式路线运行时，每个运次是运输同一起讫点的货物。汇集式是指车辆沿运行路线各个货运点依次分别或同时装卸货物，并且每次运量都小于一整车时的运行路线。

货运车辆的结构应与选用的路线相适应，长运距的往复式运行路线宜使用速度性能优良，载质量大的汽车。为了提高车辆运输的时间利用率，牵引车驾驶室设有卧铺，便于两个驾驶员轮班驾驶，减少因停车休息而延长路线运行时间，也可在中途设站换乘驾驶。用于环形式或汇集式运行路线的车辆，其载质量应与每次的运量相适应，这种运行模式便于途中装卸货物。

客运分为市内客运和公路客运，各种客运应配备不同结构的客车。市区公共汽车适于采用车厢式的多站位车厢，座位与站立位置之比为2∶1，通道要宽，车门数目要多，车厢地板位置要低。为适应乘客高峰时满载的需要，客车要有较高的动力性。为适应市区道路特点，还要操纵轻便；城市间公路客车，要有较高的行驶速度和旅客乘坐舒适性。同时，座位要宽大舒适，椅背可调成半仰位置，车门数目比较少，其他辅助设备要齐全；计程车则与乘客的消费水平有关，应有一定比例的低、中、高档车满足不同消费层次乘客的需要，这些都与当时的社会环境条件有关。

还有一部分是特种用途汽车，其中包括公共事业用车、环境卫生车、消防车、救护车、流动修理车、流动售货车、冷藏运送车、建筑工程用车（如沥青摊铺车、平地车、压缩空气车、混凝土搅拌车）等，这些特种用途车的结构都是根据工作需要和工作现场的条件确定的。

6）运输的基本要求

公路运输行驶的主要问题是安全问题。因此，应注意如下事项：

（1）要严格遵守交通法规，按照限速规定行驶。

（2）为了防止汽车在公路上发生故障，妨碍交通安全畅通，在进入长途运输前要对汽车的燃料、润滑油、冷却液、转向器、制动器、灯光、轮胎等部件以及汽车的装载和固定情况进行仔细检查，使车况处于最佳状态。

（3）在正常情况下，汽车应在行车道上行驶，只有当前方有障碍物或需要超越前车时，才可以变换到超车道上行驶。通过障碍物或超越前车后，应驶回行车道。不准车辆在超车道长时间行驶或骑、压车道分界线行驶。

（4）为了减轻碰撞时的人员伤亡，配有安全带的汽车前排司乘人员应佩戴安全带。货运汽车除驾驶室外，其他部位一律不得载人。客车行车中，乘客不许在汽车中站立。

（5）为了防止追尾或侧滑的危险，当汽车发生故障时，不得采取急制动，而应立即打开右转向灯，将车停放在右侧紧急停车带或右侧路肩。停车后无关人员应迅速撤至护栏外侧。当故障排除重新行驶时，应及时将车速提高到 50km/h 以上。然后，在不影响其他车辆行驶的情况下驶入行车道。当车辆因故障或事故无法离开行车道时，须开启车辆危险报警闪光灯，夜间还应开启示宽灯和尾灯，并在车后 100m 外设置故障警告标志。同时，应利用路旁的紧急电话或其他通信工具通知有关管理机构，不得随意拦截车辆。

（6）当交通受阻时，要按顺序停车，等待有关人员处理，不得在路肩上行驶，以免影响救护车、公安交通和管理巡逻车通行。

（7）在高速公路上汽车不许调头、倒车和穿越分隔带，不许进行试车，也不许在匝道上超车或停车。

（8）当遇到大风、雨、雾或路面积雪、结冰时，要注意可变交通标志或临时交通标志，遵守管理部门采取的限速和封闭车道的管理措施。

7）汽车危险货物运输要求

车辆运载易爆、易燃、有毒、放射性等危险货物时，必须符合中华人民共和国交通行业标准《汽车运输危险货物规则》（JT 617—2004）的规定。其主要技术条件如下：

（1）车辆的车厢、底板平坦良好，栏板牢固，衬垫不得使用松软易燃材料。

（2）运载危险货物的车辆左前方悬挂黄底黑字“危险品”字样的信号标志。

（3）根据车内装运危险货物的性质，车辆必须配备相应的消防器材等用具。

（4）车辆行驶和停车必须严格遵守交通、消防、治安等法规要求。

（5）必须指派熟悉车内危险物性质的人员担任押运人员，严禁搭乘无关人员。

（6）车辆总质量超过桥梁、渡船标定承载质量时，车辆装载超高、超宽、超长时，应报请当地交通、公安主管部门采取安全有效措施。未经允许，不得冒险通过。

8）在特殊道路条件下的运输要求

车辆在等外道路、危险渡口和桥梁上通过时，在遇有临时开沟、改线、水毁、塌方、冰坎、翻浆等情况时，必须采取确实有效技术措施，以保障行车安全。

1.2　汽车行驶阻力

1.2.1　传动系阻力

汽车的传动系一般由离合器、变速器、万向传动装置、主减速器、差速器和半轴组成。通常来说，汽车动力性主要决定于发动机和传动系的技术状况。汽车传动系技术状况的量化形式是传动系阻力。传动系阻力由两部分组成，即配合副相对运动存在的机械摩擦引起的机械阻力和旋转件搅油引起的液力阻力组成。机械阻力是由齿轮传动副、轴承、油封等配合副相对运动的摩擦引起，显然机械阻力与配合副的状况密切相关。液力阻力是由齿轮等旋转件搅动润滑油，以及润滑油与旋转件表面间的摩擦引起。液力阻力的大小取决于润滑油的品质、状况、温度、箱体内的润滑油面高度和旋转件的转速。

汽车传动系阻力常采用反拖法实车测试，即用底盘测功机反拖汽车驱动轮。测得的反拖阻力减去相应的轮胎滚动阻力即是测定的传动系阻力。为使测试结果符合在用汽车的实际，在不同地区汽车综合性能检测站针对各系列车型不同型号汽车，随机实车测试传动系阻力。除对轮胎状况按国家标准《机动车运行安全技术条件》（GB 7258—2012）规定提出要求外，其他条件，如车辆技术状况、测试场地、环境温度等也应符合要求。测试前，底盘测功机及被测车辆均进行30min的暖机运行。测试时，汽车变速器置于空挡。每车按10km/h测试车速分挡连续测试2～4次，每速度挡的测试数据取均值。

大量实车测试数据，已证明了传动系阻力系由与车速无关的机械阻力和与速度有关的液力阻力构成的机理。各型汽车传动系阻力 F_{ti} 均服从一元一次线性方程的数学模型。即

$$F_{ti} = F_{t0} + F_{tv} \times V_i \tag{1-3}$$

式中：F_{ti} 为汽车传动系阻力，N；F_{t0} 为与速度无关的传动系阻力系数，N；F_{tv} 为传动系阻力的速度影响系数，$N/(km \cdot h^{-1})$；V_i 为测试车速，km/h。

模型中的零次项即为机械阻力，一次项为液力阻力。传动系阻力的一元一次线性模型的规律性不因车型、传动系结构不同而异。尽管测试车辆中的客车、轻型、中型和重型货车传动系结构差异明显，测出的传动系阻力大小各异，可阻力构成的规律性具有一致性。

具体车型传动系阻力的大小，首先取决于传动系的结构。结构不同，传动系阻力自然也不同。同一车型的车辆，传动系阻力则取决于传动系技术状况。传动系各动配合副在传递动力时的相对运动，产生的摩擦力，以及旋转件与润滑油间产生的摩擦力都与配合副状况密切相关。因此，同型车辆的传动系阻力也是千差万别。

1.2.2　滚动阻力

轮胎滚动时，与支承地面的接触区产生法向和切向相互作用力，并使接触区的轮胎和地面发生相应的变形。这种变形取决于轮胎和地面的相对刚度。轮胎在硬路面上滚动时，轮胎变形是变形的主要成分；而当轮胎在松软地面滚动时，主要变形为地面的沉陷变形。无论是轮胎还是路面的变形都伴随着能量损失，这些能量损失是产生滚动阻力的原因。

当弹性车轮在硬路面上滚动时，轮胎的变形是主要的。此时由于轮胎有内部摩擦产生弹性迟滞损失，使轮胎变形时对它做的功不能全部收回。9.00-20 轮胎在硬路面上受径向载荷作用时的变形曲线，如图 1-4 所示。图中 *OCA* 为加载变形曲线，*OCABO* 的面积为加载过程中对轮胎做的功，*ADE* 为卸载变形曲线，*ADEBA* 的面积为卸载过程中轮胎恢复变形时放出的功。两面积之差 *OCADEO* 即加载与卸载过程中的能量损失。此能量是消耗在轮胎各组成部分相互间的摩擦以及橡胶、帘线等物质的分子间摩擦，最后转化为热能而消失在大气中，这种损失即称为弹性物质的迟滞损失。

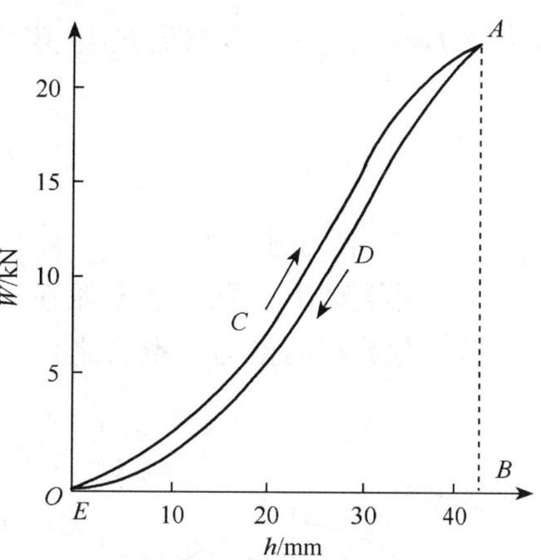

图 1-4　9.00-20 轮胎径向变形曲线

进一步分析表明：正是这种弹性迟滞损失表现为阻碍车轮滚动的一种阻力偶。当车轮受径向载荷作用但不滚动时，地面对车轮的法向反作用力的分布是前后对称的；当车轮滚动时，在法线 *nn'* 前后相对应点 *d* 和 *d'* 变形虽然相同，如图1-5（a）所示。

但是由于弹性迟滞现象，处于压缩加载过程的前部 *d* 点的地面法向反作用力就会大于处于恢复卸载过程的后部 *d'* 点的地面法向反作用力。这从图 1-5（b）中可以看出，设取同一变形δ，压缩时的受力为 *CF*，恢复时的受力为 *DF*，而 *CF* 大于 *DF*。

这样，就使地面法向反作用力的分布前后并不对称，从而使它们的合力 *F* 相对于法线 *nn'* 向前移了一个距离 *a*，如图 1-6（a）所示。它随弹性迟滞损失的增大而增大。合力 *F* 与法向载荷 *W* 大小相等，方向相反。如将法向反力 F_z 平移至通过车轮中心的垂线重合，则从动轮在硬路面上滚动时的受力情况可表示为图 1-6（b）所示的形式，即滚动时有滚动阻力偶矩 $T_f = F_z a$ 阻碍车轮滚动。

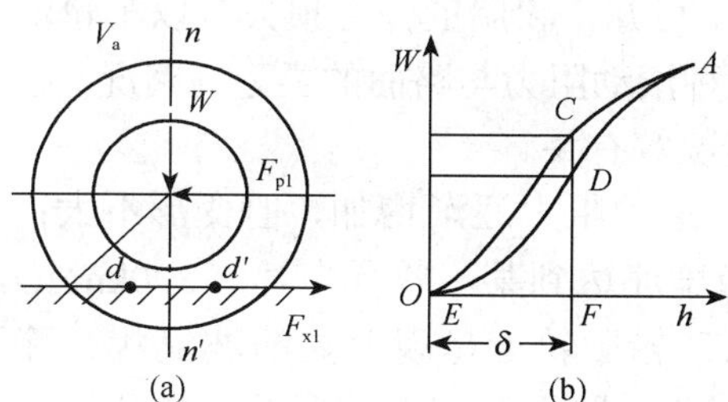

图 1-5　弹性轮胎在硬路面上的滚动

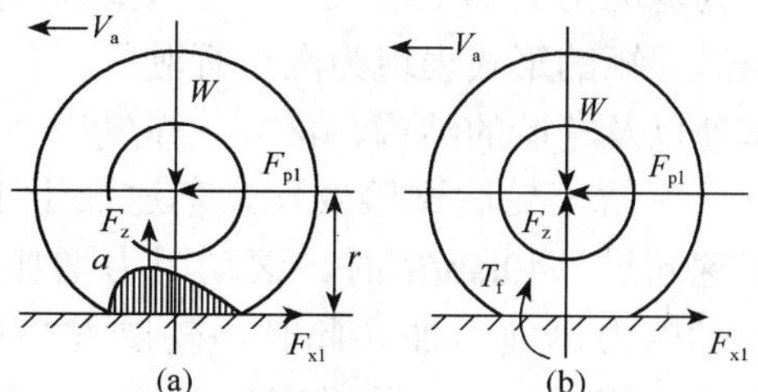

图 1-6　从动轮在硬路面上滚动时的受力情况

由图 1-6 可知，欲使从动轮在硬路面上等速滚动，必须在车轮中心加一推力 F_{pl} 与地面切向反作用力构成一力偶矩来克服上述滚动阻力偶矩。由力矩平衡得

$$F_{pl} r = T_f \tag{1-4}$$

$$F_{pl} = \frac{T_f}{r} = F_z \cdot \frac{a}{r} \tag{1-5}$$

若令 $f=\dfrac{a}{r}$，并且考虑到 F_z 与 W 大小相等，常将上式写作

$$F_{pl}=W\cdot f \quad 或 \quad f=\frac{F_{pl}}{W} \tag{1-6}$$

式中：f 为滚动阻力系数。

可见滚动阻力系数是车轮在一定条件下滚动时所需的推力与车轮负荷之比，即单位汽车重力所需的推力。换言之，滚动阻力等于滚动阻力系数与车轮负荷的乘积。

$$F_f=W\cdot f \tag{1-7}$$

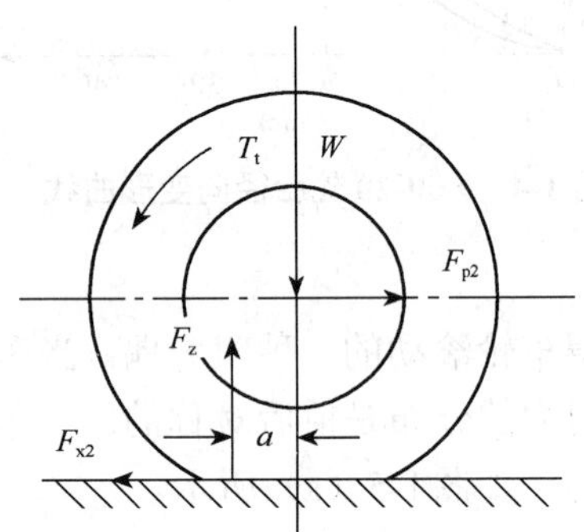

图 1-7　驱动轮在硬路面上等速滚动时的受力

这样，在分析汽车行驶阻力时，不必具体考虑车轮滚动时所受到的滚动阻力偶矩，而只要知道滚动阻力系数求出滚动阻力便可以了（当然，滚动阻力无法在真正的受力图上表现出来，它只是一个数值），这将有利于动力性分析的简化。

驱动轮在硬路面上等速滚动时的受力图如图 1-7 所示。图中 F_{x2} 为驱动力矩所引起的道路对车轮的切向反作用力，F_{p2} 为驱动轴作用于车轮的水平力，法向反作用力 F_z 也由于轮胎迟滞现象而使其作用点向前移动了一个距离 a，即在驱动轮上也作用有滚动阻力偶矩 T_f。由平衡条件得：

$$F_{x2}r=T_t-T_f \tag{1-8}$$

$$F_{x2}=\frac{T_t-T_f}{r}=F_t-F_f \tag{1-9}$$

由上式可知真正作用在驱动轮上驱动汽车行驶的力为地面切向反作用 F_{x2}，它的数值为驱动力 F_t 减去驱动轮上的滚动阻力 F_f。综上可知，轮胎的弹性损失是以车轮滚动阻力偶矩的形式表现为汽车行驶的一种阻力。这种滚动阻力与路面的类型与路况、行车车速以及轮胎的结构、材料、充气压力、磨损情况等有关。

对轿车轮胎试验发现，车速低于 100km/h，滚动阻力逐渐增加，但变形不大；当车速超过 140km/h 时，滚动阻力增加很快；当车速达到某一临界车速（200km/h），滚动阻力迅速增加。此时，轮胎发生驻波现象，轮胎轮缘呈现明显的波浪状。除了阻力快速增加，轮胎温度也很快增加到 100℃以上，胎面与帘布层脱落，数分钟后就会出现爆胎。

轮胎的结构、材料、帘线对 f 影响也很大。子午线轮胎 f 小，天然橡胶 f 低。

轮胎充气压力对滚动阻力系数 f 影响也较大，如图 1-8 所示。轮胎充气压力降低时，轮胎变形增大，迟滞损失增加，而使滚动阻力增加。据德国奥迪公司试验，轮胎气压比规定压力增加 10%，

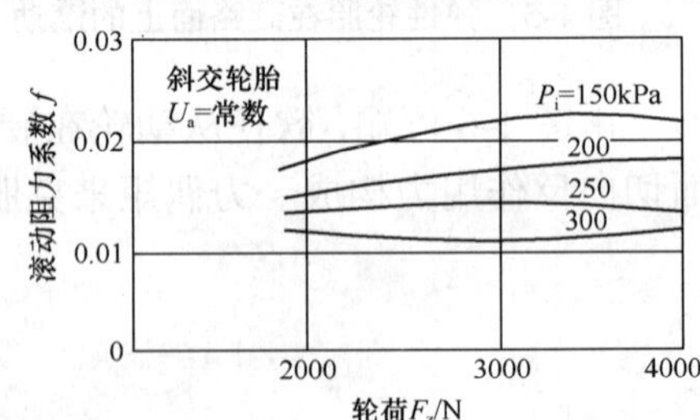

图 1-8　滚动阻力与轮胎充气压力的关系

可有较好的节油效果，且不降低轮胎的使用寿命。但是，轮胎充气压力不可过高，否则就会降低轮胎寿命和增加道路早期损坏。

通常，滚动阻力系数通过试验确定。试验方法有室内底盘测功机、道路滑行试验以及汽车牵引负荷车试验等。道路设计和施工部门也有利用势能与摩擦功守恒的原理，采用摆式摩擦因数测试仪测试轮胎滚动阻力系数。人们通常根据经验也可直接选用滚动阻力系数。汽车在不同路面上以中、低车速行驶时，滚动阻力系数的大致数值，见表 1-2。

表 1-2 车轮滚动阻力系数

路面类型	滚动阻力系数	路面类型	滚动阻力系数
沥青或混凝土路面（新）	0.010～0.018	压实土路（雨后）	0.050～0.150
沥青或混凝土路面（旧）	0.018～0.020	泥泞土路	0.100～0.250
碎石路面	0.020～0.025	干砂	0.100～0.300
卵石路面（平）	0.035～0.040	湿砂	0.060～0.150
卵石路面（坑洼）	0.035～0.050	结冰路面	0.015～0.030
压实土路（干燥）	0.025～0.035	压实雪道	0.030～0.050

行车速度对滚动阻力系数影响很大。低速行驶时，滚动阻力近似与车速成正比例关系；高速时滚动阻力近似与车速的二次方成正比。一些常见的轮胎滚动阻力系数经验公式见表 1-3。

表 1-3 车轮滚动阻力系数近似公式

序号		公式	适用条件	
1		$f = 0.0076 + 0.000056u_a$	载货汽车轮胎	
2		$f = 0.01(1 + u_a / 162)$	载货汽车轮胎	
3		$f = 0.0066 + 0.0000286u_a$	重型载货汽车子午线轮胎	
4		$f = 0.041 + 0.0000256u_a$	轿车子午线轮胎	
5		$f = f_0 + f_1 + f_2u_0^2$	轿车子午线轮胎	
		SR	HR	SR 冬夏两用轮胎
	f_0	0.0072～0.0120	0.0081～0.0098	0.0085～0.0120
	f_1	0.00025～0.0028	0.0012～0.0025	0.0025～0.0034
	f_2	0.00065～0.002	0.0002～0.0004	0.005～0.0010

与硬路面相比，车轮在柔软路面（土路、草地、砂土、雪地）上运动时，还需要克服附加滚动阻力。附加滚动阻力包括接触面材料被压缩和移动行程的车辙阻力和轮胎之间的摩擦力，见图 1-9 所示。

柔性路面的附加滚动阻力与轮胎对地面的压强有关，见图 1-10 所示。在柔性路面行驶时，降低轮胎充气压力对滚动阻力有利。

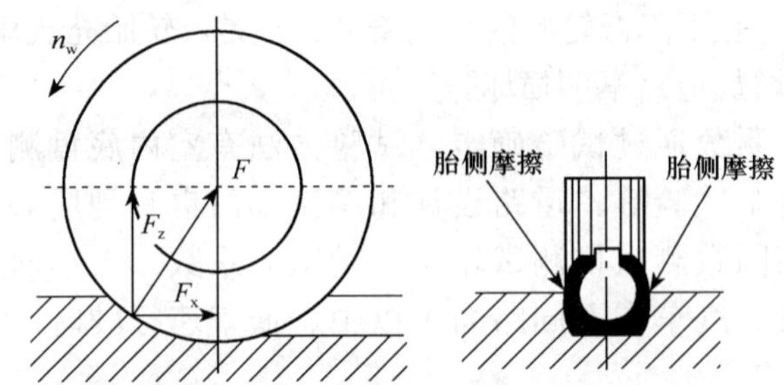

图 1-9　柔性路面变形和轮胎侧壁摩擦产生的附加滚动阻力

在积水硬路面运动的车轮与路面之间存在 3 个区域：水膜区、过渡区和接触区，如图 1-11 所示。在过渡区轮胎已有变形，与道路有局部接触；而在接触区轮胎与路面之间才完全接触传递力。

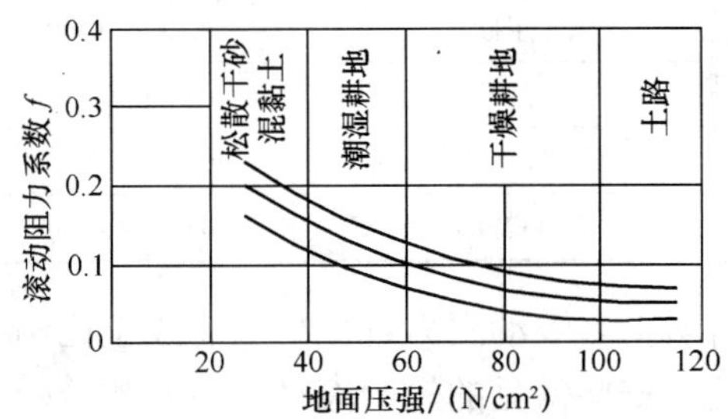

图 1-10　柔性路面变形滚动阻力和地面压强的关系

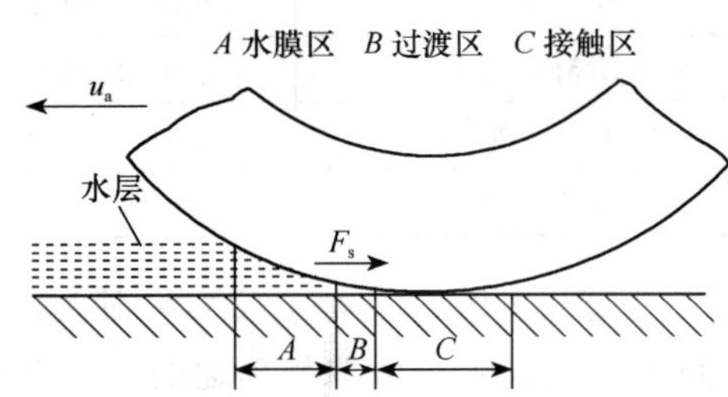

图 1-11　轮胎在积水硬路面上的滚动条件

轮胎排挤水层就形成了排水阻力 F_s，即

$$F_s = hb\frac{1}{2}\rho u^2 \tag{1-10}$$

式中：h 为水膜厚度；b 为轮胎被水膜覆盖部分的宽度；ρ 为水的密度；u 为轮胎排水速度。

排水阻力系数 f_s（$f_s = F_s/F_z$）随水层的厚度和速度变化的关系，如图 1-12 所示。当水层厚度较大时，速度超过一定值后，将出现水滑现象，使轮胎完全被水层浮起，使 f_s 值为定值，而与轮胎排水速度 u 无关。此时，汽车基本丧失转向、制动能力。

如果车轮也受到侧向力 F_Y 的作用，例如转弯或变更车道行驶，车轮运动方向不垂直车轮轴线，同时车轮平面与运动方向成某一角度，即侧偏角。此时，滚动阻力将增加。

如图 1-13 所示，当侧偏角为α时，滚动阻力 F_f 为

$$F_f = F_{f0}\cos\alpha + F_Y\sin\alpha \tag{1-11}$$

式中：F_{f0} 为直线行驶的滚动阻力；F_Y 为侧向力。

$$F_q = F_Y\sin\alpha$$

就是曲线行驶的附加阻力在行驶方向的分量。若定义附加滚动阻力系数 f_q 为：

$$f_q = F_q/F_z \tag{1-12}$$

则附加滚动阻力系数 f_q 与侧偏角α的关系，如图 1-14 所示。当侧偏角α较小时，侧

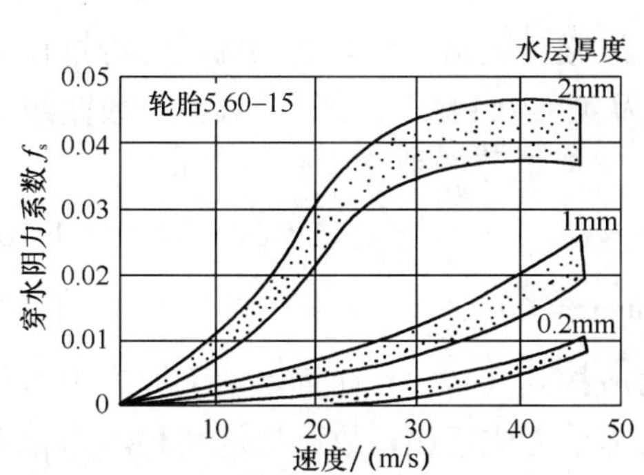

图 1-12 不同水层厚度下排水阻力与速度的关系

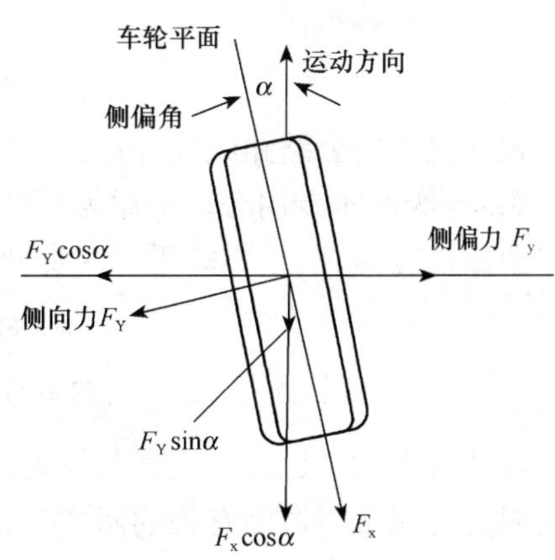

图 1-13 车轮侧向力及其引起的阻力

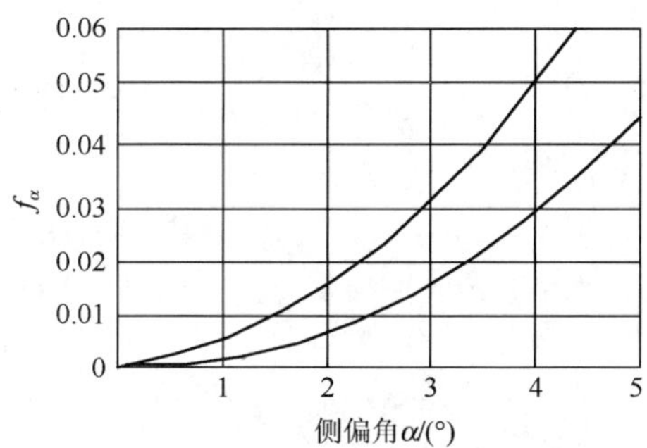

图 1-14 f_α与侧偏角α的关系

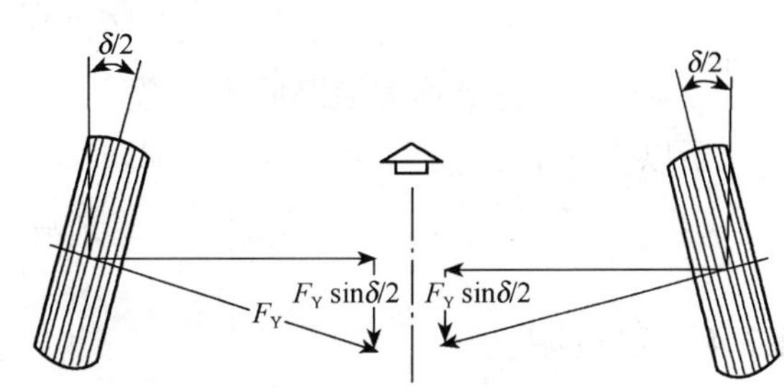

图 1-15 前束引起的附加阻力

向力 F_Y 与侧偏角α近似成正比，即 $f_q \propto \alpha^2$。

对于前束角度为 δ 的汽车，在直线行驶时，相当于同一轴的每个车轮的偏转角为 $\delta/2$，如图 1-15 所示。因前束而引起的附加阻力 F_{qi} 为：

$$F_{qi} = 2F_Y \sin\frac{\delta}{2} \tag{1-13}$$

当 $\delta = 1$ 时，F_{qi} 约为整车阻力的 3%。

1.2.3 坡道阻力

当汽车上坡行驶时（图 1-16），汽车重力沿坡道的分力表现为汽车坡道阻力，即

$$F_i = G\sin\alpha \tag{1-14}$$

式中：G 为作用于汽车上的重力，$G=mg$，m 为汽车质量，g 为重力加速度。

道路坡度是以坡高与底长之比来表示的，即

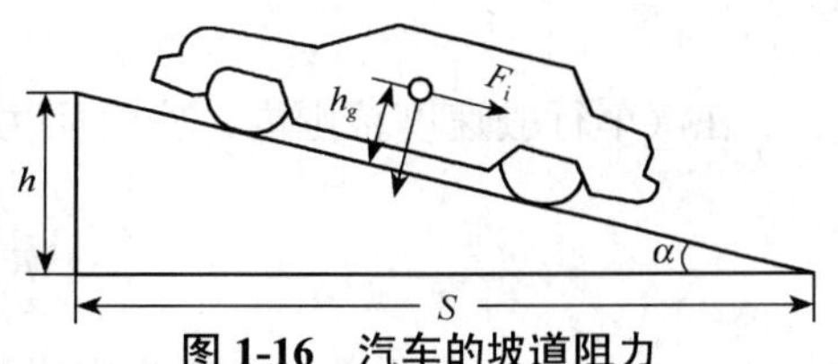

图 1-16 汽车的坡道阻力

$$i=\frac{h}{s}=\tan\alpha \tag{1-15}$$

根据我国的公路路线设计规范，高速公路平原微丘区最大纵坡为 3%，山岭重丘区位 5%；一级汽车专用公路平原为丘区最大坡度为 4%，山岭重丘区位 6%；一般四级公路平原微丘区为 5%，山岭重丘区位 9%。所以，一般道路的坡度均较小，此时

$$\sin\alpha \approx \tan\alpha = i \tag{1-16}$$

$$F_{\mathrm{i}} = G\sin\alpha \approx G\tan\alpha = Gi \tag{1-17}$$

在坡度大时，近似等式误差较大，坡度阻力应按式（1-17）计算。由于坡度阻力与滚动阻力均属于与道路有关的阻力，而且均与汽车重力成正比，故可把这两种阻力合在一起称为道路阻力，以 F_{ϕ} 表示，即

$$F_{\phi} = F_{\mathrm{f}} + F_{\mathrm{i}} = f \cdot G\cos\alpha + G\sin\alpha \tag{1-18}$$

当α不大时，$\cos\alpha \approx 1$，$\sin\alpha \approx \tan\alpha = i$，则

$$F_{\phi} = Gf + Gi = G(f+i) \tag{1-19}$$

令 $\phi = f + i$，ϕ称为道路阻力系数。

所以

$$F_{\phi} = G\phi$$

1.2.4　空气阻力

汽车直线行驶时受到的空气作用力在行驶方向上的分力称为空气阻力。空气阻力分为压力阻力与摩擦阻力两部分。作用在汽车外形表面上的法向压力的合力在行驶方向的分力称为压力阻力。压力阻力又分为 4 部分：形状阻力、干扰阻力、内循环阻力和诱导阻力。形状阻力占压力阻力的大部分，与车身主体形状有很大关系；干扰阻力是车身表面凸起物，如后视镜、门把、悬架导向杆、驱动轴等引起的阻力；发动机冷却系、车身内部通风等所需空气流经车体内部时构成的阻力即为内循环阻力；诱导阻力是空气升力在水平方向的分力。在一般轿车中，这几部分阻力的大致比例为：形状阻力占 58%，干扰阻力占 14%，内循环阻力占 12%，诱导阻力占 7%。

汽车空气阻力中的摩擦阻力是由于空气中的黏性在车身表面产生的切向力造成的，当气流流过车身时，因黏性的作用，空气微团与车身表面发生摩擦而阻碍了气体的流动，而形成的一种阻力称为空气摩擦阻力。汽车的空气摩擦阻力很小，约占全部空气阻力的 9%。

在汽车行驶速度范围内，空气阻力与气流相对速度的动压力 $\frac{1}{2}\rho u_{\mathrm{r}}^{2}$ 成正比，即

$$F_{\mathrm{w}} = \frac{1}{2}C_{\mathrm{D}}A\rho u_{\mathrm{r}}^{2} \tag{1-20}$$

式中：C_{D} 空气阻力系数，一般为雷诺数 Re 的函数（车速较高、动压力较高而相应气体的黏性摩擦较小时，C_{D} 将不随其变化）；ρ 为空气密度，一般视为常数；A 为汽车正投

影面积，通常称为迎风面积，m^2；u_r 为汽车相对空气的速度，m/s。

影响空气 F_w 的设计因素是空气阻力系数 C_D 和迎风面积 A。由于乘坐空间的制约，A 的变化不大。近年来空气动力学设计取得了很大进展，其中 C_D 变化较大。20 世纪 50～70 年代 $C_D \approx 0.4$～0.6，90 年代 $C_D \approx 0.25$～0.4，目前某些概念车 $C_D \approx 0.20$。C_D 的大小对轿车的性能影响较大。汽车空气阻力系数 C_D 和迎风面积 A 的变化范围如表 1-4 所示。

表 1-4 汽车空气阻力系数和迎风面积的变化范围

车型	迎风面积/m^2	空气阻力系数	说明
轿车	1.7～2.1	0.28～0.41	跑车 C_D 较小
载货汽车	3～7	0.6～1.0	—
大客车	4～7	0.5～0.8	—

降低汽车空气阻力系数的要点如下：

（1）车身前部　车身前部发动机罩适当向前下倾。面与面的交接处平滑圆弧状。前风挡玻璃与发动机罩和车顶的过渡应圆滑，玻璃应尽可能地倾斜。减少灯、后视镜等凸出物。凸出物应接近流线型，保险杠下应有合适的扰流板。车轮罩应光滑且与车轮相平。

（2）整车　整个车身应向前倾。水平投影应为腰鼓形，后端应稍微收缩，前端呈半圆形。

（3）汽车后部　汽车尾部较好的形状为舱背式或直背式。行李仓上盖板应短而高。“扰流板”（或汽车尾翼）具有降低空气阻力和提高稳定性的作用。

（4）车身底部　底部要求盖住零部件使其平整化，并由中部或后轮向后逐步升高。

（5）发动机冷却系统　改进散热器和通风的进口和出口位置。载货汽车车顶部安装导流罩，汽车侧面应安装防护板。

1.2.5 加速阻力

汽车加速行驶时，需要克服其质量加速运动时的惯性力，就是加速阻力 F_j。汽车的质量分为平移的质量和旋转的质量两部分。加速时不仅平移的质量产生惯性力，旋转的质量也要产生惯性力偶矩。为便于计算，一般把旋转质量的惯性力偶矩转化为平移质量的惯性力，并以系数 δ 作为计入旋转质量惯性力偶矩后的汽车换算系数，因而汽车加速阻力（单位为 N）可写作

$$F_j = \delta m \frac{dV}{dt} \tag{1-21}$$

式中：δ 为汽车旋转质量换算系数；m 为汽车质量；$\frac{dV}{dt}$ 为行驶加速度。

δ 主要与飞轮的转动惯量、车轮的转动惯量以及传动系的传动比有关。汽车旋转质量换算系数 δ 的定义可写成

$$\delta = \frac{F_j' + F_j''}{F_j'} \tag{1-22}$$

式中：F_j' 为汽车加速时，平移质量产生的惯性力；F_j'' 为汽车加速时，旋转质量产生的惯性力偶矩的转化力。

如果以 I_f 和 $\sum I_W$ 分别表示发动机飞轮的转动惯量与所有车轮的转动惯量之和，ε_f 和 ε_w 分别表示发动机飞轮和车轮的角加速度，则汽车加速时，发动机飞轮和全部车轮产生的惯性力偶矩分别为 $I_f\varepsilon_f$ 与 $\sum I_W\varepsilon_w$，它们转化到车轮边缘的力之和为

$$F_j'' = \frac{1}{r}(I_f\varepsilon_f i_g i_0 \eta r + \sum I_W \varepsilon_w) \tag{1-23}$$

由于 $\varepsilon_f = \varepsilon_w i_g i_0$，$\varepsilon_w = \frac{1}{r}\frac{dV}{dt}$ 则

$$F_j'' = \frac{1}{r^2}\frac{dV}{dt}(I_f i_g i_0 \eta r + \sum I_W) \tag{1-24}$$

又因为 $F_j' = m\frac{dV}{dt}$，由此可以推出汽车旋转质量换算系数

$$\delta = \frac{F_j' + F_j''}{F_j'} = 1 + \frac{1}{m}\frac{\sum I_W}{r^2} + \frac{1}{m}\frac{I_f i_g^2 i_0^2 \eta r}{r^2} \tag{1-25}$$

式中：I_W 为车轮的转动惯量；I_f 为飞轮的转动惯量。

在进行动力性初步计算时，若不知道准确的 I_W、I_f 值，可做如下经验处理：在式（1-25）中，令 $\delta_1 = \frac{\sum I_W}{mr^2}$，$\delta_2 = \frac{I_f i_0^2 \eta r}{mr^2}$ 时，则

$$\delta = 1 + \delta_1 + \delta_2 i_g^2 \tag{1-26}$$

系数 δ_1 和 δ_2 对一般汽车为 0.03～0.05，可取其平均值，则

$$\delta = 1.04 + 0.04 i_g^2 \tag{1-27}$$

1.3 汽车载荷特点

汽车在行驶过程中，作用在车辆构件上的载荷通常有由于路面干扰所产生的载荷、司机操作造成的载荷、碰撞时引起的异常冲击载荷，自然环境变化产生的载荷以及装载的载荷等。在实际过程中，这些载荷并不是分别单独作用的，而是同时作用的。另外，这些载荷还因产生的方式、车辆的使用状态不同而有很大变化。

1.3.1 静载荷（匀变载荷）

静载荷主要指在各种条件下车辆匀速行驶时，路面—车辆系统在力的传递过程中产生的载荷。

1）载货和乘员

载货和乘员的变化导致车轮载荷增加或减少，主要有使平均应力级产生变动的作用。当把车辆作为振动模型来看时，则随着装载质量的变化，共振频率也发生变化，特别是对载货汽车，有更明显的影响。

2）车速

车速的变化对平均应力级的影响几乎显示不出来，但振幅与路面状态有密切的关系。弹簧上、下构件的固有振动频率是重叠出现的，随着车速的增高所有振动频率移向高频一侧的情况；速度非常低时，路面的凹凸由载荷波形原样地反映出来。

3）路面

路面不影响平均应力的变动，而仅仅和车速及车辆的振动特性有关。对于载货汽车，由 0.5～3Hz 的弹簧上成分，8～20Hz 的弹簧下成分以及构件和总成构件的系统的固有振动频率，表现为以各种比例的重叠波形，且因构件而异。但一般来说，在铺筑的路面上，弹簧上的比例成分大；而随着路面凹凸的加剧，弹簧下构件的固有振动频率的成分变强，整个级别也将变大且与车速密切相关。若路面凹凸的周期接近于弹簧上、下构件和系统的固有振动，则载荷波形就接近于正弦波，应力振幅也变得很大。另外，以低速在扭曲路那样的长波形路上行驶时，路面形状仍然表现为载荷波形。

当车轮掉进大坑时，波形急剧地变化，以接近弹簧上振动的频率边振动、边衰减，但是此时，在构件上产生塑性变形，平均应力级发生变化。

1.3.2 动载荷（惯性载荷）

动载荷是指车辆行驶状态或运行条件变化时，车辆相关机构直接承受的力，或者由于操作而在某个传力系产生的载荷，也可以说是在人—车辆系统上产生的载荷。其主要有 2 种情况，一种是把作用在踏板、开关按钮、方向盘、操纵杆等上的操作力作为载荷的情况；另一种是行驶状态或运行条件变化时，经过某传力系以动载荷表现的情况。在实际应用中后者发生的情况居多，例如：

1）起步动载荷

（1）行驶系　由于起步时的加速引起重心移动，前后轮的载荷分配发生改变，这个变化是作为应力变化出现的。但是，当接近一定的速度时，平均应力级也就随之接近一个定值。此外，作为变动的载荷，有扭矩变动及前、后悬架扭曲引起的载荷等。

（2）传动系　随起步方法、发动机的惯性质量、驱动系的弹性常数、减速比等的不同，使应力振幅和频率也不相同，成为有周期变化的加载波形。但是，若离合器有抖动现象产生，则有比驱动系的扭转固有振动频率高的多频率成分的波形出现。随着车辆进入稳定行驶状态，波形衰减，只有衰减到对应于一定扭矩值的应力，作为平均应力成分保留下来，应力振幅在一定程度上表现为稳定系统固有振动时和扭矩变动时的振动波形。

2）制动动载荷

制动动载荷导致垂直或纵向载荷发生变化。在制动的初期阶段，其波形是和静载荷波形重叠在一起的应力波形。由于车辆惯性矩和重心位置的移动，前后轮载荷分配发生变化，并以应力级的变化表现出来。另外，制动时随车辆的不同，在制动鼓、蹄片、回位弹簧等构件上会伴随着波产生抖动、制动声响等现象，其固有振动频率重叠到制动载荷上，并表现为接近正弦的简单载荷的振动波形。此外，尤其由于反复制动，容易使制动鼓等的热应力升高。

3）转向动载荷

随着重心的移动，引起垂直、横向载荷的变化，产生平均应力级的变动。另外，由构件几何学的构成产生的力矩，也使平均应力级发生变动。前者比较小，后者随构件（转向节销等）的不同而有很大的值。这与应力振幅关系不大，但从另一方面看也可以认为是驾驶操作引起的极低频率的振幅变动载荷。

1.3.3 随机载荷

随机载荷是上述两种载荷以外的，从汽车使用本身目的来看，完全是属于偶然造成的载荷，如驾驶错差、碰撞等造成的载荷。

1）偶然因素引起的随机载荷

它通常可以分为两种情况，一种是出现一次像碰撞、侧翻那样的现象，也同时产生塑性变形的情况；另一种是由于驾驶差错或由于人的无意识动作而造成载荷的情况。前者将导致完全破坏，主要是从压缩、拉伸、刚度等方面去处理，分析的主体不是构件的强度，而是人的安全性方面。后者输入的是冲击力，载荷波形和发生概率等因现象的不同而变化。

2）自然环境引起的随机载荷

所谓自然环境，即热、水、腐蚀性物质、雪、风等。热有太阳辐射热、大气温度等，由此引起不均匀的温度分布，并产生与构件热膨胀系数有关的应力。可是，这些因素以一种载荷形式出现，在行驶系的构件上，是极少的，而往往是使材料的低温脆性等机械性质有所下降。关于泥水和腐蚀性物质，有两种情况，一种是由于雨、泥水从路面溅到零件上引起生锈，进而引起腐蚀；另一种是由于腐蚀疲劳与拉伸载荷共存，使局部应力增大，从此处产生裂纹，并进一步扩展。

关于雪的影响，由于降雪，溅起的雪冻结后使各部分的载荷增大，另外由于积雪、冻结的车辙，引起轮胎输入载荷发生变化，这些都给强度带来影响。另外，由于侧向风的作用，弹簧下构件和悬架装置等的载荷会有一些变化，但是基本上不会给强度带来很大的影响。

1.4 汽车行驶工况

1.4.1 汽车行驶工况调查

1）汽车行驶工况含义

汽车是在一定的道路和交通条件下来完成运输任务，为了提高汽车运输生产率，降低运输成本，必须研究汽车在所运行的交通和道路条件下的行驶状况。

汽车行驶工况通常定义为，汽车驾驶员以自己的经验、技艺操纵车辆，完成一定任务时，汽车及其各零部件、总成的各种参数变化及技术状态。

汽车行驶工况的参数包括汽车速度、变速器的挡位、发动机转速、节气门开度、制动频度等。在特定的汽车行驶工况研究中，还包括发动机曲轴瞬时转速、输出功率、输出转矩、油耗、冷却液温度、各总成润滑油温度、各挡使用频度、离合器结合频度等。

汽车行驶工况的调查内容可根据研究任务的需要而增减。通过测试数据的统计分析，求得汽车行驶工况参数样本的分布规律及其数学特征，进而在无偏性、一致性和有效性的原则下，推断出参数的总体分布和数学特征。

汽车行驶工况是受到许多因素的影响，如道路状况、交通流量、气候条件以及汽车自身技术性能的变化等。行驶工况常采用测试统计方法和计算机数字仿真方法进行研究。

2）汽车行驶工况调查方法

在汽车行驶工况研究中，工况调查是首先要进行的工作。通过行驶工况调查，掌握在特定的使用条件下，表征汽车行驶状况的各参数的变化范围和变化规律，为评价车辆的合理运用以及车辆性能、结构能否满足使用要求提供基础资料。

汽车行驶工况测试是汽车行驶工况调查的重要步骤，要通过汽车行驶试验及试验后的数据处理和统计分析完成行驶工况调查。

汽车行驶工况的调查内容有：选择反映汽车行驶状况，具有代表性的路线，并取得道路资料和交通状况的调查数据；同步测取汽车行驶中的车速、发动机转速、油耗、节气门开度及挡位使用和变化情况；在调查路线（或路段）内的累计停车次数和累计制动次数等。必要时还要记录交通流情况，如交通量、交通构成等。

在汽车行驶试验中，主要使用非电量的电测法，即在测量部位安装将非电量状态参数转换为电信号的传感器，将信号直接或经放大后传送至测量仪表和记录器，供统计分析使用。

在进行汽车行驶工况测试时，风速、气温、海拔高度等试验条件应符合有关规定，或对测试参数进行修正。汽车行驶试验所用车辆必须符合国家标准规定。

行驶试验中所做的记录称为汽车行驶记录。图 1-17 为某载货汽车在市区行驶时的运行记录，图 1-18 为某市区公共汽车行驶速度记录及统计分析结果。

行驶工况的计算机数字仿真是采用数学模型方法，将汽车行驶工况看成由汽车动力传动系模型、道路模型、驾驶员模型及交通流干扰模型组成的系统的输出。同时输入有关道路及设施数据、发动机数据、汽车传动系数据、轮胎数据、气温、风速、驾驶员习惯、换挡过程时间分布以及自由行驶、跟车行驶、超车行驶的概率，在计算机上模拟汽车的行驶，并统计出反映汽车行驶状态的各个参数。

汽车行驶试验中得到的试验数据必须经处理，才能得到汽车行驶工况的统计特征和分布。目前来说，纸带记录形式已不再使用，而因磁介质记录方式的数据信息量大，可采用计算机处理，且其数据精度高，结果准确，是现在普遍使用的方法。

汽车行驶记录中的速度、转速、节气门开度、曲轴转矩等模拟量曲线需要进行数字化处理，然后才能进行分布及统计特征分析。

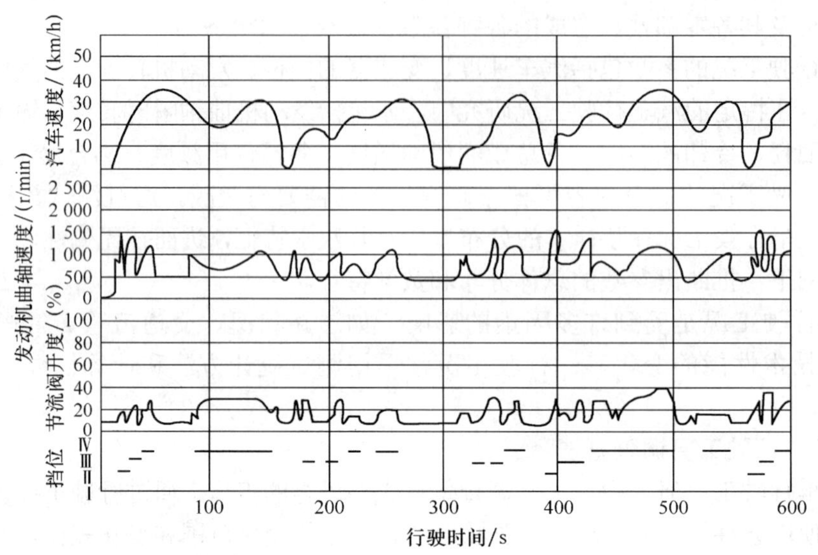

图 1-17　某载货汽车在市区行驶时的运行记录

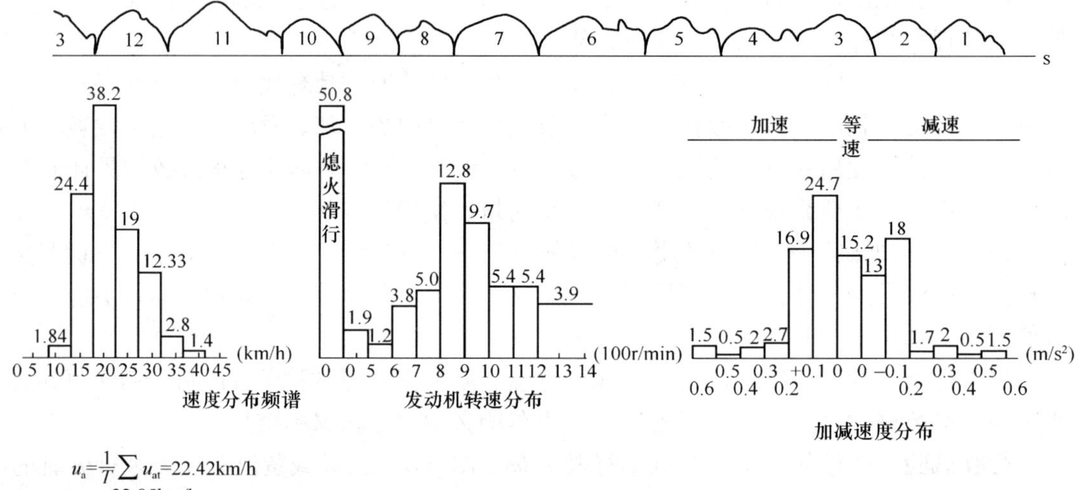

图 1-18　某市区公共汽车行驶速度记录及统计分析结果

速度模拟量数据处理的基本步骤为：模拟量速度曲线的离散化，即根据香农采样定理确定采样间隔；判别并剔除异常数据；求均值；求频率分布，并绘制频率分布图。

通过频率分布图可了解行驶工况样本的一些分布特征。例如，数据的密集位置、离散程度以及分布的大体情况等。这样，就可以对汽车行驶工况记录中的挡位使用情况，发动机转速变化情况及节气门开度变化情况等进行数据处理。在工况调查中，当有特殊要求时，除了按需要增加测量参数外，在数据处理时，还可进行数字特征计算，区间估计和分布检验，以便对行驶工况进行定量分析。

1.4.2　汽车行驶工况分析

汽车行驶工况数据主要用于确定汽车的常用工况及其特征，并结合汽车的结构性能评价汽车常用工况的合理性及其影响因素。

汽车行驶中经常出现的工况称为常用工况。影响汽车行驶工况的因素很多，如车辆的性能、道路性质与状况、交通状况、气候条件和驾驶员的技术水平等。因此，汽车的常用工况也随时间和行车路线变化。例如，对汽车行驶工况统计分析的主要内容有：

（1）车速分布统计特征　在市区行驶车速分布是多种随机因素综合作用的结果，多为具有对称性的正态分布，通常用正态概率纸法检验。公路行驶的车速分布则多为具有偏态特征的近似威布尔分布，通常用威布尔概率纸法检验。

（2）常用车速的分布范围和均值　在市区行驶条件下，交通流密度是一个重要影响因素。一般车速均值多为 20～30km/h，但因各个城市交通状况不同而略有差异。市区车辆的平均车速受到车辆本身结构和动力性能的影响不大。在公路行驶时，高速行驶工况概率可达到 50%，甚至更高。公路行驶车速主要受到交通安全限制，并与汽车的动力性和平顺性有密切关系。

常用车速偏低，反映出车辆动力利用率不高，将造成车辆运输效率下降。同时也表明，常用车速也是油耗量最多的行驶工况，汽车节约燃料的重点应放在努力改善常用车速下的燃料经济性。

（3）按时间统计挡位利用率　在公路上行驶的车辆，其高挡利用率可为 92%～96%，低挡只占 1%～2%。市区行驶，低挡利用时间略有增加。公共汽车因行驶方式所决定，空挡的利用率时间占 50%，而最高挡的利用率明显低于公路行驶，其他各挡的利用率高于公路行驶。

汽车的行驶工况在外界条件不变的情况下，还会因自身的装载或拖载质量的改变而发生变化。汽车拖挂行驶试验表明，当拖载质量增加时，将导致汽车行驶中换挡次数增加，高挡使用的时间相对减少，节气门开度加大，发动机功率利用率增加。

在同样的使用条件下，即使同类汽车、完成同样的运输任务，其行驶效果也会有很大差异。如果车型不同，差异会更大。这种差异表现在：是否保证所运货物按时到达目的地；旅客是否舒适；车辆运输能力是否得到充分利用；每百吨千米或每百车千米的平均油耗量高低如何；是否安全行驶；车辆是否正常磨损，有无过度磨损和早期损坏等。

思考题

1. 简述汽车的运行条件及其对汽车运输过程的影响。
2. 简述我国道路等级的划分与技术标准。
3. 汽车行驶阻力包括哪些？简述其对汽车运行状态有何影响。
4. 滚动阻力系数与哪些因素有关？简述其对汽车运行状态有何影响。
5. 简述汽车载荷的分类及其特点。
6. 简述汽车运行工况的主要调查内容及其方法。

第 2 章 汽车技术状况的变化及其规律

［本章提要］

本章主要介绍汽车技术状况与汽车运用性能的变化、汽车技术状况变化的原因及影响因素以及汽车技术状况变化规律。通过本章学习，掌握汽车技术状况的变化及其规律。

2.1 汽车技术状况与汽车运用性能的变化

2.1.1 汽车的技术状况

汽车技术状况是指定量测得的表征某一时刻汽车外观和性能的参数值的集合。汽车技术状况包含汽车外观和汽车性能两大方面，并可采用以定量方式加以评定。汽车在使用过程中，其技术状况将随着行驶里程或使用时间的增加而变化，其变化规律与汽车本身结构和运行条件等相关。

汽车是一个复杂的机—电—液系统，其基本的组成单元是零件。同时，现代汽车种类繁多，零部件组成各异，汽车零件性能的变化决定了汽车技术状况的变化，零件的技术状况是汽车技术状况变化的关键性影响因素。汽车在使用过程中，除了与外界环境相接触，汽车本身内部的零件也要相互作用，引起零件发热、磨损和腐蚀等一系列变化。这些变化既有物理方面的，也有化学方面的。其变化宏观表现为：零件尺寸的改变、零件相互装配位置的变化、配合间隙的改变等。例如，在汽车使用过程中，发动机的汽缸活塞组件的尺寸、曲柄连杆机构的尺寸、制动蹄摩擦衬片的尺寸、制动蹄与制动鼓尺寸等都在发生变化。

由于汽车的大部分机构或总成不便于局部或全部拆解进行零件的直接测量，因此，对于汽车的技术状况的评价需要采用一些与直接测量参数有关的间接诊断参数来确定。例如，通过对发动机的功率改变情况、机油消耗量、汽*缸压缩压力或机油

---

* 旧用“气”。

中所含杂质成分等来评价发动机的技术状况。汽车或总成性能的参数，有静态参数（如装载质量、轴距、车轮外倾角等）和动态参数（如发动机功率、汽车制动距离），过程参数（如发热、振动、机油内所含杂质等），几何参数以及位置参数（如间隙和行程）等。

2.1.2　汽车运用性能变化的特点

汽车主要运用性能取决于原车产品质量，是由设计与制造工艺所确定，包括装载质量、容积、动力性、燃料经济性、舒适性、安全性、排放性和可靠性等。每个性能都有一个或几个参数或物理量来表明其特征，这些参数可以作为评价汽车工作能力的指标。汽车工作能力是指按技术文件规定的汽车使用性能指标完成规定功能的能力。

在汽车运用过程中，不仅关注汽车初始的各项性能指标，而且更要研究在整个运用过程中各项性能指标的变化情况。一般用汽车连续工作时间表示在用车性能变化程度，即

$$A_k(t) = A_{k0}\mathrm{e}^{-k(t-1)} \tag{2-1}$$

式中：$A_k(t)$ 为在用车的性能；A_{k0} 为新车初始性能；t 为汽车连续工作时间（年）；k 为汽车工作强度变化系数。

式（2-1）表明，汽车使用时间越长，运用性能下降越多。因此，在估计汽车运用性能时，必须考虑汽车的使用时间。

在用车的实际性能是由汽车总使用时间（总行驶里程）所确定的平均性能指标来表示，即

$$A_k(t) = \frac{A_{k0}\mathrm{e}^k}{T}\sum_{t=1}^{T}\mathrm{e}^{-kt} \tag{2-2}$$

汽车初始性能是根据汽车运用要求在其生产制造时确定的，汽车的使用寿命取决于汽车的结构、制造工艺、运用条件以及运输工作情况等诸多因素。

在汽车制造方面，可以通过改进汽车结构设计和完善制造工艺来改善汽车的运用性能，如提高零件的强度、耐磨性和改善材料的质量等。

在汽车运用方面，可以通过合理运用来保持并提高汽车的运用性能，如图 2-1 所示。汽车运用性能是从汽车初始性能点（图 2-1 中点 1）开始，随着使用时间变化（如图 2-1 中曲线 4）。由于合理运用，即图 2-1 中曲线 2 的使用强度系数是图 2-1 中曲线 4 使用强度系数的几分之一（如 1/4），可使汽车实际运用性能由图 2-1 中直线 5 提高到图 2-1 中直线 3 的程度（如 1.7 倍）。这需要依靠有一定技术专长的人员和汽车技术管理等的措施来保证汽车工作能力。

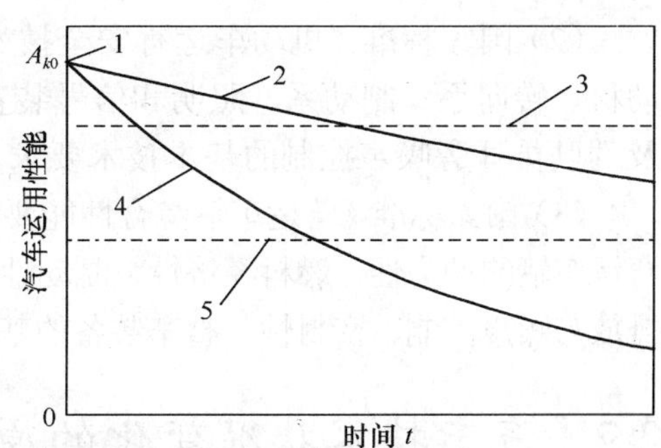

图 2-1　汽车运用性能随时间的变化情况

1．汽车初始性能　2．汽车合理运用对性能的影响　3．通过合理运用可提高的实际运用性能　4．汽车运用性能随时间的变化曲线　5．汽车实际运用性能

在汽车运用过程中，应按运用时间（或行

驶里程）经常测量、记录汽车运用性能的变化情况，并根据汽车技术状况的变化及时采取相应的技术措施。此外，对于汽车运用的可靠性来说，是指在用汽车在使用期限内，其运用性能达到规定指标的能力。汽车可靠运用的指标范围可根据相应文件（标准、规则、技术条件等）和实际经验来制定。汽车可靠性一般是指在规定的运用条件下，达到规定的运用性能指标的程度，并可以采用定性和定量的方法评价。因此，汽车的可靠性不仅与设计制造有关，而且还和运用有关，合理的运用（如正确驾驶、合理装载等），对保证汽车可靠性有良好作用。

2.1.3 汽车技术状况变化的表现

1）汽车技术状况变化的特征参数

表示汽车技术状况变化特征的参数有两大类：一是汽车结构参数；二是汽车性能参数。汽车的结构参数是表达汽车结构特性的物理量，如几何尺寸、声学、电学和热学中的物理参数等。汽车性能参数是评价汽车使用性能的物理量和化学量，如发动机的最高转速、输出功率、扭矩、油耗、声响、排放限值和踏板自由行程等。

因此，根据技术状况变化特征参数的技术规定，汽车技术状况可分为完好技术状况与不良技术状况两类：完全符合技术文件规定要求的状况为完好技术状况；不符合技术文件规定的任一要求的状况为不良技术状况。

2）汽车技术状况变化的主要表现

（1）汽车动力性变差；

（2）汽车的操纵稳定性能变差；

（3）汽车的制动性能变差；

（4）汽车燃料消耗量和润滑油消耗量显著增加；

（5）汽车排放和噪声值超限；

（6）汽车在行驶中出现异响和异常振动，存在着引起交通事故或机械故障的隐患；

（7）汽车的可靠性变差，使汽车因故障停驶的时间增加。

3）汽车技术状况变化特征参数的限值

（1）汽车使用说明书的“技术特性”是对新车技术状况的说明；

（2）国家标准《机动车运行安全技术条件》（GB 7258—2012）是对机动车整车及发动机、转向系、制动系、照明和信号装置等有关运行安全和排放污染物控制、车内噪声及驾驶员耳旁噪声控制的基本技术要求。

（3）国家标准《营运车辆综合性能要求和检验方法》（GB 18565—2004）中明确规定了营运车辆的动力性、燃料经济性、制动性、转向操纵性、照明和信号装置及其他电器设备、排放与噪声控制、密封性、整车装备的基本技术要求和检验方法，非营运车可参照执行。

2.2 汽车技术状况变化的原因及影响因素

2.2.1 汽车技术状况变化的原因

在运用过程中，影响汽车技术状况变化的因素有汽车制造质量的影响，也有偶然因素或外界运用条件的影响。偶然因素是指某个零件制造时有隐蔽缺陷，或汽车运用中有超载、超速等意外情况。在这些影响因素中，汽车零件、机构或总成技术状态的改变往往是引起汽车技术状况变化的基本原因。如自然损坏、塑性变形、疲劳损坏、腐蚀以及零件或材料方面的其他变化等，都直接影响汽车技术状况的改变。在某种特定条件下，各种汽车零件损坏所占百分比的大致情况，如表 2-1 所示。

表 2-1　某种特定使用条件下零件各种损坏所占百分比　%

车辆类型	磨损	强度破坏与塑性变形		疲劳损坏			高温损坏			其他	总计
		折断、破碎、脱离、剪断	拉伸、弯曲、压缩变形	裂痕	断裂	剥落	烧蚀	烧损	炭化		
载货汽车	40	20	6	12	5	1	5	4	3	4	100
大型载货或公共汽车	37	19	10	7	8	1	7	3	1	7	100

汽车零件主要损坏的形式可分为磨损、强度破坏与塑性变形、疲劳损坏及腐蚀和老化等。

（1）磨损　磨损是相互接触的物体在相对运动中表层材料不断损耗的过程，它是伴随摩擦而产生的必然结果。影响汽车技术状况变化的零件磨损形式主要有磨料磨损、黏*附磨损和腐蚀磨损 3 种形式。

磨料磨损是相互摩擦表面之间有坚硬、锐利的微粒物，对摩擦表面产生破坏作用的结果，如行车制动器摩擦副的磨损。

黏附磨损是在相互摩擦的零件表面靠得太近，承受压力极大，润滑不良的条件下，摩擦表面分子相互吸引作用而黏结在一起造成的一种损坏形式。如曲轴主轴颈与轴承的磨损。

腐蚀磨损是在摩擦表面有氧化物、酸、碱等有害物质腐蚀的情况下发生的磨损。如汽缸、气门、气门座的磨损。

（2）塑性变形　零件所受载荷超过材料的弹性变形极限时发生塑性变形或损坏。这通常都是由原零件设计计算的错误或违反运用规定所造成的。如汽车超载引起车轴、车架变形。

（3）疲劳损坏　疲劳损坏是由于零件在交变载荷作用下，承受超过材料的耐疲劳极限的循环应力而产生的损坏。如主减速器齿轮齿面的疲劳点蚀。

（4）腐蚀　腐蚀是零件在腐蚀性的环境里工作所产生的损坏。如车身锈蚀、蓄电池导线接头腐蚀。

（5）老化　老化是零件材料受物理、化学、温度和光照等条件变化的影响，引起缓慢损坏的一种形式。橡胶和塑料制品（如轮胎、油封、膜片等）和电器元件（如电容器、晶体管等），长期受环境和温度的影响，会逐渐失去原有性能。例如：温度的冷、热作用；油类及液体的化学作用；太阳光的辐射作用等，这些作用会使橡胶制品失去弹性并出现表面龟裂。

汽车在使用过程中，润滑油等液体的性能也将逐渐下降，因而会引起被润滑零件的

---

* 旧用“粘”。

损坏。为此，在润滑油中要加入抗油品老化变质的添加剂。汽车的零件与运行材料性能的改变，不仅在汽车使用过程中发生，在贮存过程中也同样在发生变化，例如：橡胶制品会失去弹性和坚固性；燃料、润滑油、制动液等液体会发生氧化变质与沉淀；金属零件会产生锈蚀等。

掌握零件损坏原因的目的是保证汽车技术状况的完好，主要包括：第一，为了改进汽车设计；第二，改善使用条件，以便在汽车运用过程中减少零件的损坏并防止故障的发生。

2.2.2 汽车技术状况变化的影响因素

汽车在使用过程中，技术状况发生变化受诸多因素影响，主要有：

1）汽车结构设计与制造工艺

汽车的结构设计与制造工艺的合理性是提高汽车使用性能和使用寿命的重要保障。由于汽车的结构设计与制造工艺不合理或零件材料选择不当，汽车在使用过程中就会经常出现同一故障。

2）气候条件

气候条件包括气温、空气湿度等因素，其对汽车技术状况都有一定的影响。气温对汽车故障率的影响，如图2-2所示。在气温变化的范围内，总是存在一个故障率低的温度区域，该温度区域就是汽车的最佳工作温度范围。

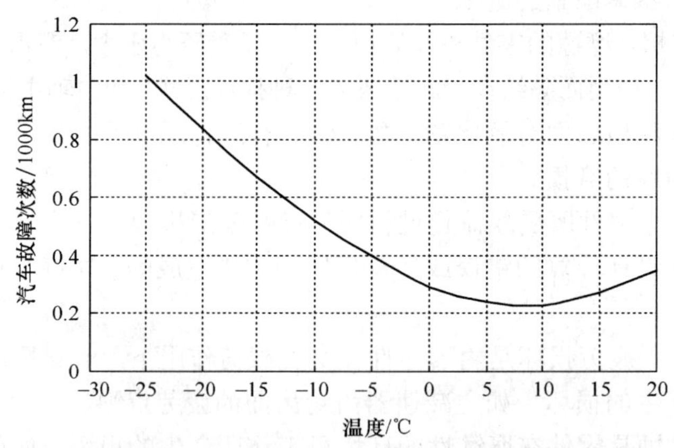

图2-2 气温对汽车故障率的影响

汽车上的每一个总成都有一个适合工作的温度范围，如电控汽油发动机的最佳热状态为95～105℃。发动机以最佳热状态工作，零件的磨损最小，故障率最低。

3）道路条件

道路条件是影响汽车技术状况的重要因素。道路条件的技术性能指标主要包括道路等级、路面覆盖层状况、路面等级、路面附着系数和道路的几何构成（道路宽度、路线的曲率半径、路面的纵向与横向最大坡度等）。路面覆盖层状况对汽车各总成、零件的工作有很大的影响，如表2-2所示。

从表2-2中可以看出，路面覆盖层状况影响汽车的行驶速度、发动机转速、操纵装置的操纵次数、汽车道路阻力和受力性质等，从而影响汽车零件、总成的使用寿命，引起汽车技术状况的变化。汽车在坏路上行驶时，故障率明显增加，一般比在良好道路上增加 2～3 倍。

表 2-2 路面覆盖层状况对汽车工作状况的影响（俄罗斯 эил-130 汽车）

指标	混凝土与沥青路面	沥青矿渣混合路面	碎石路面	卵石路面	天然路面
滚动阻力系数	0.014	0.020	0.032	0.040	0.080
平均技术速度/(km/h)	66	56	36	27	20
发动机曲轴平均转速/(r/min)	2 228	2 561	2 628	3 185	4 822
转向轮转角均方差/°（市区行驶）	8	9.5	12	15	18
离合器使用次数/km	0.35	0.37	0.49	0.64	1.52
制动器使用次数/km	0.24	0.25	0.34	0.42	0.90
变速器使用次数/km	0.52	0.62	1.24	2.10	3.20
垂直振幅大于 30mm 的振动次数/100km	68	128	214	352	625

4）运行条件

运行条件是影响汽车及总成使用情况的一个因素。装载质量相同的汽车，在繁华市区行驶速度要比郊区行驶车速低 50%～52%；发动机曲轴转速增加 30%～36%；变速器、制动器使用次数增加；转弯行驶次数增加。显然，汽车以这种工况运行将加速汽车技术状况的恶化。

5）运输条件

在汽车运输条件中，除运行速度之外，还包括运距、行程利用系数、载质量利用系数、挂车利用系数及货物种类等条件。

6）汽车运行材料

随着汽车性能的不断提高，对汽车运行材料品质的要求也更加严格。如汽车燃料内含有杂质，对发动机的磨损影响极大。同样，汽车所用润滑油、各种工作液（制动液、冷却液等）等运行材料的品质以及正确选用也严重地影响汽车技术状况变化。

7）驾驶技术

驾驶技术水平直接影响着汽车技术状况的变化，如表 2-3 所示。驾驶技术水平高的驾驶员在驾驶操作过程中，经常采用预热升温、轻踏缓抬、平稳行驶、及时换挡、控制温度等一系列正确合理的驾驶方法，并能根据道路情况正确选择行驶路线和车速，使汽车经常处于较有利的工作状态，从而使汽车技术性能良好，使汽车使用寿命延长。驾驶

表 2-3 驾驶员技术水平对汽车运用的影响

驾驶员技术水平	行驶车速/（km/h）	行程曲轴转数/（r/km）	行程制动器使用次数/（次/km）	制动行程占总行程比例/%	故障停歇总次数/年	总成使用寿命/年
A（好）	35.3	1 780	1.7	2.1	100	100
B（差）	33.6	2 220	2.6	3.8	140	40～70

员不仅需要良好的驾驶操作技术，而且还需要具有正确合理地检查、调整、维护汽车的能力。

8）汽车维修质量

汽车维护是为了维持汽车完好的技术状况而进行的作业，汽车修理是为了恢复汽车完好的技术状况而进行的作业，汽车维修具有维持和恢复汽车技术状况的作用。因此，汽车维修质量是汽车技术状况变化的重要影响因素。

2.3 汽车技术状况的变化规律

2.3.1 汽车技术状况变化规律的分类

汽车技术状况变化的规律，按变化过程不同，可分为两类：渐变性变化过程（第一种变化规律）和随机性变化过程（第二种变化规律）。

渐变性变化过程的特点是，汽车技术状况的变化与固定的变量（如汽车行驶里程或使用时间）之间有严格的对应关系，如图 2-3（a）所示。

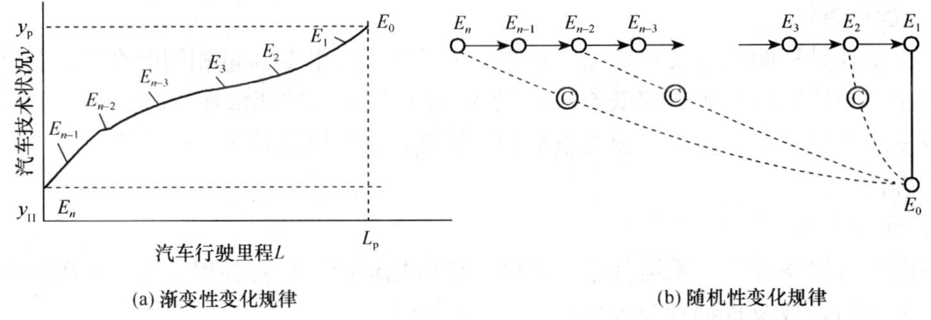

(a) 渐变性变化规律　　(b) 随机性变化规律

图 2-3 汽车技术状况变化规律分类

$E_{n-1}, E_{n-2}, \cdots, E_2, E_1$. 汽车工作能力情况　E_0. 故障情况　E_n. 初始状况

随机性变化过程的特点是，汽车技术状况的变化受很多随机因素的影响，汽车技术状况变化与汽车行驶里程或使用时间之间没有严格的对应关系，汽车可能从任意一种工作能力（E_i）突然下降到丧失工作能力（E_0），如图 2-3（b）所示。

如果汽车运用合理，其主要技术状况的变化均属第一种变化规律。而汽车运行中出现的故障是随机性的，它与很多因素有关，如零件本身的品质、零件工作表面的尺寸精度与表面粗糙度、汽车及总成的装配质量、汽车按计划执行维修的情况、汽车运用条件和汽车运用维修人员的技术水平等。尽管这些因素都与故障有关，但却没有严格的对应关系。

2.3.2 汽车技术状况的变化过程

1）汽车技术状况的渐变性变化规律（第一种规律）

汽车技术状况的变化，大多是按照汽车工作时间或行驶里程而逐渐平缓地发生变化，具有某种函数映射关系。具体变化形式可能有以下几种情况，如图 2-4 所示。

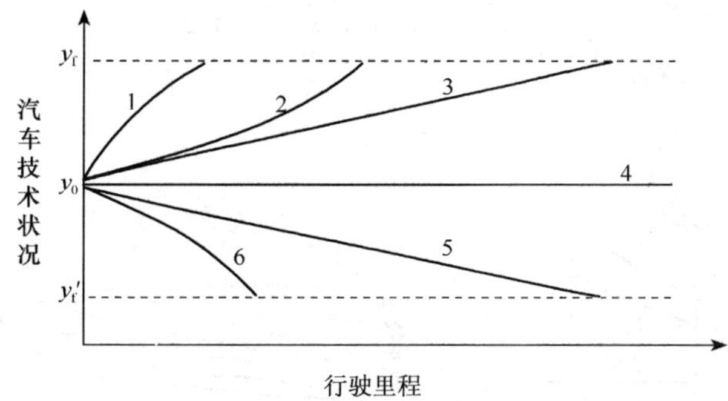

图 2-4　汽车技术状况 y 随行驶里程或使用时间 L 变化的几种形式

1，2，3．汽车使用中逐渐变大的技术状况参数　4．汽车使用中稳定不变的技术状况参数　5，6．汽车使用中逐渐变小的技术状况参数　y_0．汽车初始技术状况参数　y_f，y_f'．汽车技术状况参数变化的范围

实际经验和研究结果表明，运用中的汽车技术状况 y 与汽车工作情况 l 之间的函数关系，可用多项式方程或指数方程表示。

（1）多项式方程

$$y = y_0 + a_1 l + a_2 l^2 + a_3 l^3 + \cdots + a_n l^n \tag{2-3}$$

式中：y_0 为汽车初始技术状况参数；l 为汽车行驶里程或使用时间；a_1、$a_2 \cdots a_n$ 为汽车技术状况。

参数变化的强度，与汽车结构和使用条件有关。实际使用式（2-3）计算时，一般取第 1～4 项，其计算精度已足够。

（2）指数方程

$$y = y_0 + a l^{\mathrm{b}} \tag{2-4}$$

式中：y_0 为汽车初始技术状况参数；a，b 为与汽车工作强度和技术状况变化程度相关的系数。

2）汽车技术状况的随机性变化规律（第二种规律）

在汽车运用过程中，能够影响汽车技术状况发生变化的运行条件、驾驶员的技术水平以及汽车零件的质量、零件工作表面的尺寸精度与表面粗糙度、汽车及总成的装配质量、汽车的维修质量等，都是不尽相同的。因此，当确定了某项汽车运用性能的要求时，如将汽车技术状况的极限（即汽车使用寿命）定为 y_d，则各种不同汽车工作到这一极限状态 y_d 的行驶里程分别为 L_{p1}，L_{p2}，L_{p3}，…，L_{pn}，如图 2-5（a）所示。也就是说，各种汽车工作到使用极限的情况是有很大差别的。因此，在这种情况下，不易预测出汽车的维护时刻。

另外，如果把汽车工作到需要维护时的行驶里程定为 L_0，如图 2-5（b）所示。则汽车工作到这种状态下的技术状况将是 $y_i\ (i=1,2,3,\cdots,n)$，此时汽车技术状况恶化，达到了技术状况需要恢复的阶段。也就是说，汽车应该进行维护的时机。因此，解决这个问题需要涉及很多随机因素，假如各种随机因素为 x_i，则它们对汽车技术状况影响所起的平均作用 $\bar{x}$ 可写成

$$\overline{x}=\frac{x_1+x_2+x_3+\cdots+x_n}{n}=\frac{1}{n}\sum_{i=1}^{n}x_i \tag{2-5}$$

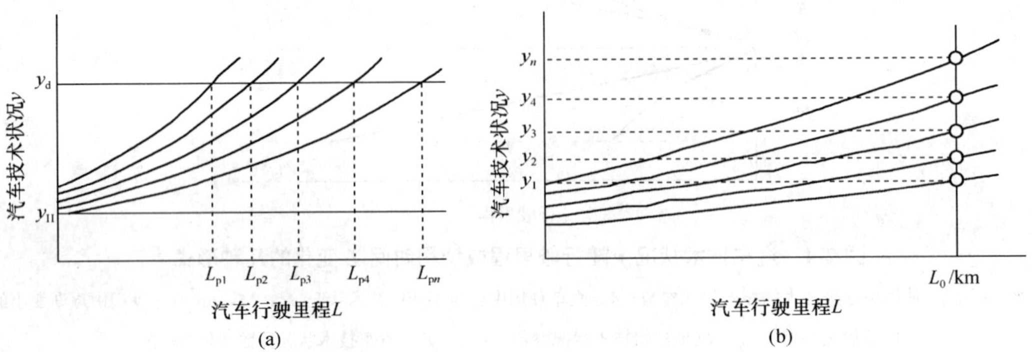

图 2-5 汽车技术状况的随机变化

衡量随机因素离散程度的标准差为

$$\sigma=\sqrt{\frac{1}{n}\sum_{i=1}^{n}(x_i-\overline{x})^2} \tag{2-6}$$

区分各种随机因素离散程度显著性的标准差变异系数υ为：

$$\upsilon=\frac{\sigma}{\overline{x}} \tag{2-7}$$

当$\upsilon\leqslant 0.1$时，表明离散程度显著性（随机性）小；当$0.1<\upsilon\leqslant 0.33$时，表明离散程度显著性中等；当$\upsilon>0.33$时，表明离散程度显著性大。

此外，还有一个重要的特性就是各随机因素对汽车技术状况影响的概率。汽车连续工作可靠性的概率$R(x)$与汽车工作中产生的故障次数有关，其表达式为

$$R(x)=\frac{n-m(x)}{n}=1-\frac{m(x)}{n} \tag{2-8}$$

式中：$m(x)$为汽车工作期内为x时所出现的故障次数；n为汽车在考核期内所出现的故障次数。

汽车工作过程中的故障累积频率$F(x)$与汽车连续工作可靠性概率$R(x)$含义相反，表达为

$$F(x)=1-R(x)=\frac{m(x)}{n} \tag{2-9}$$

式中：x为汽车工作到出现故障时的行驶里程或时间。

随机因素对汽车技术状况的影响也可用故障概率密度$f(x)$评价。若汽车无故障工作可靠性概率$R(x)=1-\frac{m(x)}{n}$，n为常数，对$R(x)$微分，得故障概率密度函数$f(x)$。

$$f(x)=\frac{\mathrm{d}R}{\mathrm{d}x}=-\frac{1}{n}\frac{\mathrm{d}m}{\mathrm{d}x} \tag{2-10}$$

式中：$\dfrac{\mathrm{d}m}{\mathrm{d}x}$为基本概率，即在汽车不更换总成和零件情况下工作到发生故障的概率。由式（2-9）得

$$f(x)=F'(x),F(x)=\int_{-\infty}^{x}f(x)\mathrm{d}x \tag{2-11}$$

式（2-11）中，$F(x)$称为积分分布函数；$f(x)$称为微分分布函数。将式（2-11）代入式（2-9），则

$$R(x)=\int_{x}^{+\infty}f(x)\mathrm{d}x \tag{2-12}$$

利用$F(x)$与$f(x)$的关系就可以对汽车进行可靠性评价。可确定出汽车故障概率和求出连续工作到出现故障的平均周期$\overline{x}$为

$$\overline{x}=\int_{-\infty}^{+\infty}xf(x)\mathrm{d}x \tag{2-13}$$

已知随机变量的分布规律后，就可初步确定汽车的维护时期与维护工作量，计算出各个时期的备件必要数量和决定其他的工艺组织问题。

汽车在运用过程中，技术状况的变化要受到运用条件的影响，而运用条件在汽车运行过程中有着一定的随机性，因而汽车技术状况的变化也具有随机性。各种随机现象既有其随机性的一面，也有其必然性的一面。这种必然性表现为大量试验中的随机事件出现的频率具有稳定性，即一个随机事件出现的频率常在某固定值附近波动。这种规律性就是统计的规律性。

通常，汽车技术状况的随机变化具有2种典型规律。

（1）正态分布　汽车运用过程中的运用条件变化的概率分布属于正态分布，如图2-6所示。其概率密度函数$f(x)$、可靠性概率$R(x)$和故障频率$F(x)$可分别写成：

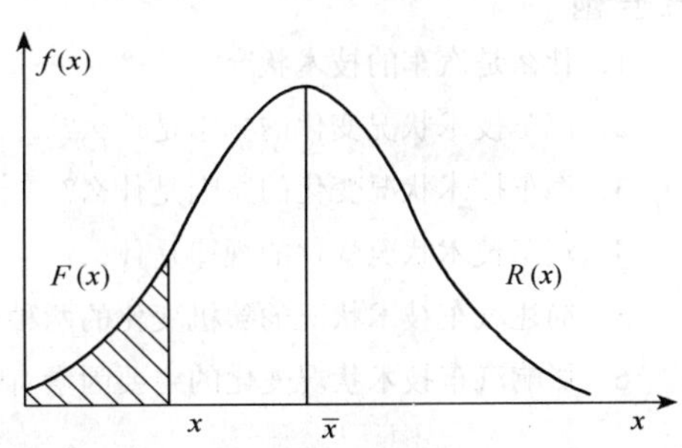

图2-6　正态分布概率密度函数

$$f(x)=\frac{1}{\sigma\sqrt{2\pi}}\mathrm{e}^{-\frac{(x-\overline{x})^2}{2\sigma^2}} \tag{2-14}$$

$$R(x)=\frac{1}{\sigma\sqrt{2\pi}}\int_{x}^{\infty}\mathrm{e}^{-\frac{(x-\overline{x})^2}{2\sigma^2}}\mathrm{d}x \tag{2-15}$$

$$F(x)=\frac{1}{\sigma\sqrt{2\pi}}\int_{-\infty}^{x}\mathrm{e}^{-\frac{(x-x)^2}{2\sigma^2}}\mathrm{d}x \tag{2-16}$$

取新的随机变量为$z=\dfrac{x-\overline{x}}{\sigma}$，$x=\overline{x}+z\sigma$，则有标准正态分布函数$\varPhi(z)$为

$$\varPhi(z)=\frac{1}{\sigma\sqrt{2\pi}}\int_{-\infty}^{z}\mathrm{e}^{-\frac{z^2}{2}}\mathrm{d}(\overline{x}+z\sigma)=\frac{1}{\sqrt{2\pi}}\int_{-\infty}^{z}\mathrm{e}^{-\frac{z^2}{2}}\mathrm{d}z \tag{2-17}$$

汽车在行程为 $x_1 \sim x_2$ 时的故障概率取决于式：

$$P(x_1 < x < x_2) = P(x_2) - P(x_1) = \Phi(z_2) - \Phi(z_1) \tag{2-18}$$

（2）威布尔分布 一个由若干个零件组成的系统中的任何一个零件发生故障或损坏，就将导致整个系统发生故障，则该系统可靠性的概率分布就属于威布尔分布。也就是说，一个系统中某一个薄弱环节发生故障，而引起整个系统可靠性概率分布的变化，因此也称“薄弱环节”的概率分布。汽车使用寿命的变化情况，就属于威布尔分布，因为汽车技术状况就是由一系列零件所组成的链来决定的，其概率密度函数如式（2-19）所示。

$$f(x) = \begin{cases} \dfrac{\beta}{\eta}(\dfrac{x}{\eta})^{\beta-1}\mathrm{e}^{-(\frac{x}{\eta})^{\beta}}, & x > 0, \\ 0, & \text{其他}. \end{cases} \tag{2-19}$$

故障分布属于这种的系统状况，受系统中独立环节 x_i（如汽车使用中的里程或时间等）作用的影响。这些最小独立环节为 $x_\mathrm{c} = \min(x_1, x_2, x_3, \cdots, x_n)$，分布函数如式（2-20）所示：

$$F_n(x) = P(x_\mathrm{c} < x) = 1 - P(x_1 \geqslant x, x_2 \geqslant x, \cdots, x_n \geqslant x) \tag{2-20}$$

思考题

1．什么是汽车的技术状况？

2．汽车技术状况变化的标志是什么？

3．汽车技术状况变化的原因是什么？

4．汽车技术状况变化的规律是什么？

5．简述汽车技术状况的随机变化的两种典型规律。

6．影响汽车技术状况变化的主要因素有哪些？

第 3 章 汽车选型及其评价方法

［**本章提要**］

本章主要介绍汽车运用主要指标及其影响、汽车使用性能的评价以及汽车选型评价方法。通过本章学习，掌握汽车选型及其评价方法。

3.1 汽车运用主要指标及其影响

3.1.1 汽车运用的主要指标

为了定量评价汽车运输工作的效果，必须采用一系列的评价指标。评价指标按其评价范围可以分为综合指标及单项指标，综合指标包括汽车运输生产率及汽车运输成本；单项指标包括时间利用指标、速度利用指标、行程利用指标、装载质量利用指标及动力利用指标等。汽车运用指标的构成及各项指标的定义见表 3-1。

表 3-1 汽车运用指标的构成及各项指标的定义

指标构成		指标定义
综合指标	汽车运输生产率	是指单位时间（小时、日、月、年等）内汽车所完成的产量（运量、周转量等）
	汽车运输成本	是指完成每单位运输工作量所支出的费用
时间利用指标	完好率	是指完好车日在总车日中所占的百分比
	工作率	是指工作车日与总车日之比
	总车时利用率	是指工作车日内汽车在路线上的工作车时与总车时之比
	工作车时利用率	是指汽车在路线上的行驶车时与路线上的工作车时之比
速度利用指标	技术速度	是指汽车在行驶时间内的平均速度，等于汽车在行驶时间内的总行程与行驶时间（包括与交通管制有关的短暂停歇时间）之比
	营运速度	是指汽车在路线上工作时间内的平均速度，等于汽车在工作时间内的总行程与汽车在路线上的工作时间（包括行驶时间、货物装卸或停站时间、途中因技术故障和组织原因的停歇时间等）之比
	平均车日行程	是指平均每一工作车日内汽车所行驶的里程

（续）

指标构成		指标定义
行程利用指标	里程利用率	是指汽车的载货或载客行程与总行程之比
装载质量利用指标	装载质量利用率	是指汽车在载货行程中实际完成的周转量与额定周转量之比
	实载率	是指汽车实际完成的周转量与全行程周转量之比。它可以综合表示汽车行程和装载质量的利用程度，等于里程利用率与装载质量利用率之积
动力利用指标	拖运率	是指挂车所完成的周转量与主车和挂车合计完成的周转量之比

3.1.2 单项指标对汽车运输生产率及成本的影响

3.1.2.1 对汽车运输生产率的影响

1）汽车运输生产率的分类

汽车运输生产率按单位时间性质的不同，可以分为工作生产率和总生产率。

工作生产率是以汽车在路线上的工作时间为单位，即汽车每一工作车时所完成的运量或周转量。

总生产率是以汽车在企业的在册（营运）时间为单位，即汽车每一营运车时（在册车时）所完成的运量或周转量。

汽车运输生产率按运输形式的不同，可以分为载货汽车运输生产率、大客车运输生产率及轿车生产率。

在实际应用中，一般用单车产量来评价汽车运输生产率。对载货汽车，是在一定时期内平均每辆汽车所完成的货物周转量，以 t · km/辆表示。

2）载货汽车生产率的表达式

一般情况下，载货汽车的运输工作是以运次为基本运输过程来组织的，若完成一个运次所需时间为 t_c（h），则一个运次所完成的货运量 Q_c 为：

$$Q_c = q_0 r \tag{3-1}$$

式中：q_0 为汽车额定装载质量，t；r 为汽车装载质量利用率。

一个运次所完成的货物周转量 P_c 为：

$$P_c = Q_c L_l = q_0 r L_l \tag{3-2}$$

式中：L_l 为个运次的载货行程，km。

完成一个运次所需时间为

$$t_c = t_T + t_{lu} \tag{3-3}$$

式中：t_T 为汽车行驶时间，h；t_{lu} 为汽车装卸货物停歇时间，h。

$$t_T = \frac{L_l}{\beta u_T} \tag{3-4}$$

式中：β为里程利用率；u_{T}为汽车技术速度，km / h。

所以，平均每工作小时汽车所完成的货运量W_{q}为

$$W_{\mathrm{q}}=\frac{Q_{\mathrm{c}}}{t_{\mathrm{c}}}=\frac{q_0 r}{\dfrac{L_1}{\beta u_{\mathrm{T}}}+t_{\mathrm{lu}}} \tag{3-5}$$

而平均每工作小时所完成的货物周转量W_{p}为

$$W_{\mathrm{p}}=\frac{P_{\mathrm{c}}}{t_{\mathrm{c}}}=\frac{q_0 r L_1}{\dfrac{L_1}{\beta u_{\mathrm{T}}}+t_{\mathrm{lu}}}=\frac{q_0 r L_1 \beta u_{\mathrm{T}}}{L_1+t_{\mathrm{lu}}\beta u_{\mathrm{T}}} \tag{3-6}$$

平均每总车时汽车所完成的货物周转量W_{p}'（总生产率）为

$$W_{\mathrm{p}}'=\frac{q_0 r L_1 \beta u_{\mathrm{T}} \alpha_{\mathrm{d}} \rho}{L_1+t_{\mathrm{lu}}\beta u_{\mathrm{T}}} \tag{3-7}$$

式中：α_{d}为工作率；ρ为总车时利用率。

3）汽车生产率特性图

为了确定各单项指标对生产率的影响，可采用生产率特性图进行分析。生产率特性图是生产率随单项运用指标变化的综合图。图 3-1 中的生产率为以平均每工作小时所完成的货运量表示工作生产率。

由式（3-5）可知，影响工作生产率的因素共有 6 项，即汽车额定装载质量q_0、装载质量利用率r、里程利用率β、技术速度u_{T}、汽车装卸货物停歇时间t_{lu}及载货行程L_1与汽车总生产率有关的单项指标。除上述 6 项外，还有工作率α_{d}及总车时利用率ρ。

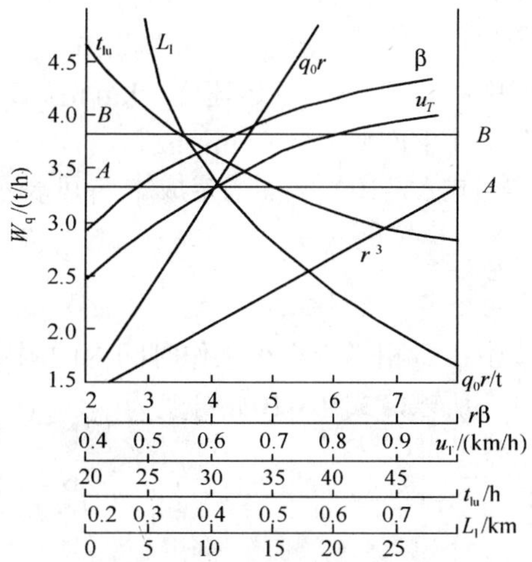

图 3-1 载货汽车工作生产率特性图

生产率特性图的绘制均是在假定其他指标保持不变的情况下，以所研究的指标为变量，确定每一个指标与生产率的关系式。因此，所选用的单项指标数值应该具有代表性。图 3-1 的主要指标如下：$L_1=10\mathrm{km}$；$u_{\mathrm{T}}=30\mathrm{km/h}$；$\beta=0.5$；$q_0 r=4\mathrm{t}$；$t_{\mathrm{lu}}=0.5\mathrm{h}$。

从图 3-1 可以看出，各种单项运用指标对生产率的影响程度是不同的，其顺序是：汽车额定装载质量q_0及装载质量利用率r、汽车装卸货物停歇时间t_{lu}、里程利用率β及技术速度u_{T}。利用生产率特性图可确定达到预期生产率的某一项或某几项指标数值，而汽车使用性能是影响汽车运用指标的重要因素之一。

3.1.2.2 单项指标对汽车运输成本的影响

1）汽车运输成本的构成

汽车货运企业的运输成本用下式表示：

$$S = \frac{\sum C}{\sum Y} \tag{3-8}$$

式中：$\sum C$ 为汽车货运企业所支出的全部费用，元；$\sum Y$ 为载货汽车所完成的周转量，t · km。

$$\sum C = C_c + C_f \tag{3-9}$$

式中：C_c 为与汽车行驶有关的变动费用；C_f 为与汽车行驶无直接关系的固定费用。

变动费用 C_c 包括运行材料费、汽车折旧费、汽车维修费、养路费及其他与汽车行驶有关的各项费用，按每公里行程计算。固定费用 C_f 包括职工月工资、行政办公费、房屋维修费、牌照费、职工培训费等，按汽车的在册车日或车时计算。

对载货汽车的运输成本，可表示为变动成本与固定成本之和，即

$$S = S_c + S_f \tag{3-10}$$

式中：S_c 为变动成本，元/(t · km)；S_f 为固定成本，元/(t · km)。

2）载货汽车运输成本的表达式

式（3-10）中的变动成本 S_c 可表示为

$$S_c = \frac{u_D C_c}{W_p} \tag{3-11}$$

式中：u_D 为汽车营运速度，km/h；C_c 为汽车每公里行程的变动费用，元/km；W_p 为汽车工作生产率，(t · km)/h。

式（3-10）中的固定成本 S_f 可表示为

$$S_f = \frac{C_f}{W_p}$$

式中：C_f 相当于汽车工作时间内的固定费用，元/h。

所以，式（3-10）可变为

$$S = S_c + S_f = \frac{u_D C_c}{W_p} + \frac{C_f}{W_p} \tag{3-12}$$

而

$$u_D = \frac{L}{t_T + t_{lu}} = \frac{L}{\dfrac{L_1}{\beta u_T} + t_{lu}} = \frac{L\beta u_T}{L_1 + t_{lu}\beta u_T} = \frac{L_1 u_T}{L_1 + t_{lu}\beta u_T} \tag{3-13}$$

式中：L 为汽车的总行程，km。

又因为平均每工作小时所完成的货物周转量 W_p 为

$$W_p = \frac{q_0 r \beta u_T L_1}{L_1 + t_{lu}\beta u_T} \tag{3-14}$$

则载货汽车的运输成本 S 为

$$S=\frac{1}{q_0 r\beta}\left[C_c+\frac{C_f(L_1+t_{lu}\beta u_T)}{u_T L_1}\right] \tag{3-15}$$

3）汽车运输成本特性图

由式（3-15）可知，影响运输成本的因素与影响生产率的因素相同，也有6项，即汽车额定装载质量 q_0、装载质量利用率 r、里程利用率β、技术速度 u_T、汽车装卸货物停歇时间 t_{lu} 及载货行程 L_1。

为了掌握各汽车运用各单项指标对运输成本的影响程度，也可以采用同生产率特性图一样的方法，绘制运输成本特性图（图3-2）。图3-2中所选用的主要指标如下：$L_1=10$km；$u_T=20$km/h；$\beta=0.5$；$r=0.5$；$q_0 r=4$t；$t_{lu}=0.5$h；$C_c=0.4$ 元/km；$C_f=4$ 元/h。

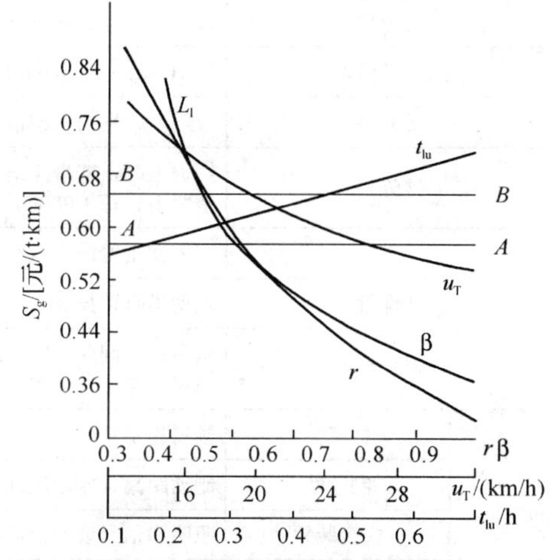

图3-2 载货汽车运输成本特性图

从图3-2可以看出，各种单项运用指标对运输成本的影响程度是按下列顺序排列的，即：装载质量利用率 r、里程利用率β、汽车装卸货物停歇时间 t_{lu}、技术速度 u_T。

利用运输成本特性图也可确定达到预期运输成本的某一项或某几项指标的数值，而汽车使用性能也是影响汽车运输成本的主要因素。

3.1.3 汽车使用性能对汽车运用指标的影响

汽车使用性能对汽车运用指标的影响因素主要有：

（1）影响汽车装载质量利用率及装载质量的因素有：汽车的容载量及对运载对象的适应性，汽车的拖挂质量。

（2）影响装卸货物停歇时间的因素有：汽车装卸货物的方便性及汽车的机动性。

（3）影响汽车里程利用率的主要因素是汽车对运载对象的适应性。

（4）影响汽车技术速度的主要因素有：汽车的动力性、行驶平顺性及通过性。

3.2 汽车使用性能的评价

3.2.1 汽车使用性能指标

汽车使用性能是指汽车在一定的使用条件下以最高效率工作的能力。随着汽车选型综合定量评价法的采用，对预选车型使用性能的分析，更准确的定量评判，是汽车选型评价中的重要步骤。

汽车使用性能的划分及其指标，见表3-2所示。

表 3-2 汽车使用性能及其指标

使用性能		常用指标
整车尺寸		外廓尺寸、轴距、轮距、前悬、后悬
整车质量		整备质量；总质量：质量利用系数
容载量	载货汽车	额定装载质量；单位面积装载质量；单位容积装载质量
	载客汽车	座位数及可站立人数
动力性		最高车速；加速时间；爬坡度；汽车或汽车列车的比功率
燃料经济性		每 100km 燃料消耗量；每单位容积的燃料能行驶的距离；每 100t · km 燃料消耗量
可靠性		故障率、平均首次故障里程（MTTFF）、平均故障间隔里程（MTBF）
维修性		维护工时，修理工时；维修频率，平均维修间隔时间；维修费用（维护及小修费用、大修费用、每 1 000km 维修费用）
耐久性		汽车使用寿命、汽车大修间隔里程、发动机大修间隔里程、主要总成更换里程
环保性		发动机有害排放物浓度；汽车噪声
通过性		最小离地间隙、纵向通过角、接近角、离去角；比驱动力（或低速挡的动力性能）、最低稳定车速、车轮尺寸、轮胎气压、前后轮辙的重合度、轴载质量分配
安全性	稳定性	倾斜稳定角
	制动性	制动距离、制动减速度、制动力、制动时间；跑偏量、制动力差
	安全装置	照明和信号装置；防护装置
方便性	操纵轻便性	操作力；操作频度
	机动性	最小转弯直径、转弯通道圆
	出车迅速性	低温条件下起动及预热的时间
	便捷性（上下车或装卸货物）	车门尺寸、踏板的离地高度；货厢地板高度；货厢栏板可翻倾的数目
舒适性	行驶平顺性	车身振动的固有频率；车身振动加速度
	驾乘环境友好型	空调节指标；车内噪声

3.2.2 汽车几何参数

汽车尺寸是《机动车安全运行技术条件》（GB 7258—2012）的检验项目之一，而且关系到汽车的质量利用和容载量利用等使用性能。汽车的整车尺寸主要包括汽车外廓尺寸、轴距、轮距、前悬、后悬等。

（1）外廓尺寸　指汽车的长、宽、高，《汽车和挂车的术语及其定义 车辆尺寸》（GB/T 3730.3—1992）对车辆的长、宽、高的含义有具体规定。为了使汽车的外廓尺寸适合于本国的公路、桥梁、涵洞等技术标准，保证行车安全，各国对汽车的外廓尺寸均有法规限制。

国家标准《道路车辆外廓尺寸、轴荷及质量限值》（GB/T 1589—2004）规定如下：总高≤4m；总宽（不包括后视镜）≤2.5m；载货汽车总长（包括越野载货汽车）≤12m；公共汽车总长≤12m；铰接式公共汽车总长≤18m；半挂汽车列车总长≤16.5m；全挂汽车列车总长≤20m。

（2）前悬 指通过两前轮中心的铅垂面与抵靠在汽车最前端（包括前拖钩、车牌照架等任何固定在汽车最前部的刚性零部件）并垂直于Y基准平面的铅垂面之间的距离。

（3）后悬 指通过汽车最后车轮轴线的垂面与抵靠在汽车最后端（包括牵引装置、车牌及固定在汽车后部的任何刚性部件）并垂直于汽车纵向对称平面的垂面之间的距离。

汽车的后悬过长，上下坡时容易刮地，转弯时使汽车通道宽度过大，容易引起交通事故。

《机动车运行安全技术条件》（GB 7258—2012）规定：客车及封闭式车厢的汽车，其后悬不得超过轴距的65%，最大不得超过3.5m；其他汽车的后悬不得超过轴距的55%。对三轴汽车，若二、三轴为双后桥，其轴距以第一轴至双后桥中心线的距离计；若一、二轴为双转向桥，轴距以一、三轴的轴距计。

3.2.3 汽车质量参数

我国的法定计量单位中取消了“重量”名称，对过去惯用的重量视应用场合以质量及重力来代替。《道路车辆 质量 词汇和代码》（GB/T 3730.2—1996），将过去涉及重量的参数改为整车装载质量、整车整备质量、最大允许总质量、最大允许装载质量。

整车装配质量是指在底盘和驾驶室干质量基础上，带车身、装有车辆正常运行所需的全部电气装备和辅助装置的车辆质量，加上制造厂作为标准装备或选装装备提供的以及清单中规定要素的质量。

汽车整备质量是指汽车装配质量与下列部分的质量之和：冷却液；润滑剂；清洗液；燃料（不少于油箱容量的90%）；备用车轮；灭火器；标准备件；三角垫木；标准工具箱。

为了提高汽车燃料经济性，减少材料消耗，降低汽车运输成本，汽车的整备质量逐渐向轻量化方向发展。汽车质量的利用水平用质量利用系数来评定，载货汽车的质量利用系数是指汽车最大装载质量与汽车整备质量之比。

随着生产水平的提高，质量利用系数不断提高，一般轻型载货汽车为0.8～1.1；中型载货汽车为1.2～1.4；重型载货汽车为1.5以上。降低汽车质量的主要措施是选用高强度钢及铝、塑料等轻型材料。同样，为了减小汽车的质量，载货汽车的材料构成也有显著的变化。

3.2.4 汽车容载量

汽车的容载量是指汽车一次所能运载的货物数量和乘客人数。载货汽车容载量是指最大装载质量，有厂定最大装载质量与允许最大装载质量之分。

厂定最大装载质量是汽车制造厂按一般使用条件所确定的最大总质量与汽车整备质量之差；允许最大装载质量是按使用条件所确定的最大总质量与汽车整备质量之差。

客车容载量是指座位数及可站立的人数。具体方法可按坐垫长度及站立者面积来核定客车可乘坐人数：按坐垫长度每400mm核定1人；按站立者面积核定，一般以1m^{2}核定4人，但对城市公共汽车则以1m^{2}核定5人。

对载货汽车常用容载质量利用率作为评价容载量利用程度的指标，即

容载质量利用率=可能装载质量/最大装载质量

实际可能的装载质量与国家有关法规对车辆装载的规定、货物的种类及特性等有关。实践表明，为了保证可靠运输，散装货物在车厢内的装载高度必须低于栏板高度约50mm，成包货物则允许高出栏板高度约 100mm。

汽车的最大装载质量与货厢的有效容积之比称为载货汽车的单位容积装载质量，单位为 t/m^3。它反映为保证汽车最大装载质量时得到充分利用货物应有的最小密度（t/m^3）。凡运送的货物密度大于载货汽车的单位容积装载质量时，汽车的容载量利用率均可为 1，即实际装载质量可达到最大装载质量，汽车满载。而运送货物密度小于载货汽车的单位容积装载质量时，只有加高栏板高度，才可能提高容量利用率，否则汽车不能满载。

运送成件成包货物时，由于包装尺寸与车厢内部尺寸很难恰好成比例，因而容易造成汽车容量利用率低。

3.2.5　汽车动力性

3.2.5.1　汽车的动力性指标

汽车的动力性主要由 3 项指标来评定：

（1）最高车速　指汽车满载在良好水平路面上所能达到的最高行驶速度，单位为km/h。对汽车最高车速的选择要考虑各级道路的设计行车速度（表 3-3）及道路交通管理条例对汽车行驶最高车速的限制。

表 3-3　我国各级公路的设计行车速度[①]

公路等级	高速公路			一级公路			二级公路		三级公路		四级公路
设计行车速度/(km/h)	120	100	80	100	80	60	80	40	60	30	20

① 本表数据摘自《公路工程技术标准》(JTG B01—2003)。

（2）加速时间　指汽车在各种使用条件下迅速增加行驶速度的时间，是汽车加速能力的评价指标。它对平均行驶速度有很大影响，特别是轿车应对加速时间予以重视。

汽车加速时间分为原地起步加速时间与超车加速时间。原地起步加速时间是指汽车由第一挡起步，并以最大的加速强度（包括选择恰当的换挡时机）逐步换至最高挡后，到达某一预定的距离或车速所需要的时间。

一般常用 0～400m 的秒数来表示，也有用 0～80km/h 所需的时间来表示。超车加速时间是指用最高挡或次高挡由某一车速开始全力加速至某一高速所需要的时间。因为超车时与被超汽车并行，容易发生安全事故，所以超车加速能力强，并行行程短，行驶就安全。

（3）最大爬坡度　指汽车满载不拖挂在良好路面上以一挡能通过的道路最大坡度，用道路斜坡角或道路高度差与水平距离的百分比来表示。

汽车的爬坡能力用最大爬坡度来评价。轿车最高车速大，加速时间短，经常在较好

的路面上行驶，一般不强调它的爬坡能力。载货汽车常在各种路面上行驶，所以要求它具有足够的爬坡能力，一般最大爬坡度在 30%（17.5°）左右。越野汽车要在坏路或无路条件下行驶，因而爬坡能力是一项很重要的指标，它的最大爬坡度为 60%（36°）左右或更大。

3.2.5.2 汽车拖挂的动力性要求

利用发动机的后备功率组织拖挂运输，是提高汽车运输生产率、降低运输成本的有效途径之一。采用拖挂运输，必须合理确定汽车列车的总质量，即汽车拖带挂车以后仍然具有足够的动力性。交通部发布的《汽车运输业车辆技术管理规定》提出的确定拖挂总质量的原则是：

（1）平原地区保持直接挡（包括超速挡）作为经常行驶挡位；

（2）丘陵地区用直接挡（包括超速挡）行驶时间占 60%以上，平均技术速度不低于单车的 70%；

（3）在山区一般坡度路段上可以二挡通过，最大坡度路段可用一挡起步。

按以上原则可分别计算出每种情况下的汽车列车总质量，取其中的最小值作为汽车列车的总质量。

3.2.5.3 汽车及汽车列车动力性的综合评价指标（比功率）

汽车比功率是汽车发动机的最大功率与汽车的总质量之比；汽车列车的比功率是牵引车发动机的最大功率与汽车列车总质量之比，比功率的单位为 kW/t。

比功率可以综合地评价汽车和汽车列车的动力性，为了保证载货汽车在高速公路上有足够高的行驶速度，提高运输效率，不少国家对汽车比功率值有所规定，我国规定低速货车及拖拉机运输机组的比功率不应小于 4.0kW/t，除无轨电车外的其他机动车的比功率不允许小于 5.0kW/t。

根据汽车功率平衡方程式：

$$P_{\mathrm{e}}=\frac{1}{\eta_{\mathrm{T}}}\left(\frac{Gfu}{3600}+\frac{Giu}{3600}+\frac{C_{\mathrm{D}}Au}{76140}+\frac{\delta mu}{3600}\frac{\mathrm{d}u}{\mathrm{d}t}\right) \tag{3-16}$$

而比功率 $P_{\mathrm{c}}=\dfrac{1000P_{\mathrm{e}}}{m}$

$$P_{\mathrm{c}}=\frac{fgu}{3.6\eta_{\mathrm{T}}}+\frac{igu}{3.6\eta_{\mathrm{T}}}+\frac{C_{\mathrm{D}}Au^3}{76.14m\eta_{\mathrm{T}}}+\frac{\delta u}{3.6\eta_{\mathrm{T}}}\frac{\mathrm{d}u}{\mathrm{d}t} \tag{3-17}$$

式中：P_{c} 为比功率，kW/t；η_{T} 为传动效率；f 为阻力系数；g 为重力加速度，m/s^2；u 为汽车行驶速度，km/h；i 为道路坡度；C_{D} 为空气阻力系数；A 为迎风面积，m^2；m 为汽车或汽车列车的总质量，kg；δ 为汽车旋转质量换算系数；$\dfrac{\mathrm{d}u}{\mathrm{d}t}$ 为汽车行驶加速度，m/s^2。

根据式（3-17）可作以下 3 项验算：

1）以汽车列车总质量和规定的车速验算比功率

在该种情况下，由于汽车在平路上等速行驶，所以按式（3-17）计算时，可不考虑加速阻力及坡道阻力，即

$$P_{\mathrm{c}}=\frac{fgu}{3.6\eta_{\mathrm{T}}}+\frac{C_{\mathrm{D}}Au^{3}}{76.14m\eta_{\mathrm{T}}} \tag{3-18}$$

对拖带全挂车：

$$P_{\mathrm{c}}=\frac{fgu}{3.6\eta_{\mathrm{T}}}+\frac{(1+0.2n)C_{\mathrm{D}}Au^{3}}{76.14m\eta_{\mathrm{T}}} \tag{3-19}$$

式中：n 为挂车辆数。

2）以汽车列车比功率限值验算汽车列车的最高车速

采用有关公式并根据规定的比功率限值可计算各种总质量的公路货运半挂汽车列车的最高车速，当然对于低速的汽车列车其比功率选择 4.0kW/t，其他汽车列车比功率限值按 5.0kW/t 计算。

3）以确定的道路坡度及比功率限值验算汽车列车的通过能力

因为通过坡道时车速较低，故略去风阻的影响；又因为通过较大坡度的道路时，其动力主要用于克服坡道阻力，可视为等速行驶，加速阻力也不予考虑，则

$$P_{\mathrm{c}}=\frac{fgu}{3.6\eta_{\mathrm{T}}}+\frac{igu}{3.6\eta_{\mathrm{T}}} \tag{3-20}$$

若取 i=8%；η_{T}=0.85；P_{c}=4.78kW/t 代入式（3-10）可求出汽车列车在 12.5km/h 的速度下能通过等级路面 8%的坡度。

由以上 3 项验算可以看出，考虑我国的公路条件及以节能为原则的汽车列车的经济性，对总质量 26t 以下的汽车和总质量为 45t 以下的汽车列车，确定比功率不小于 5.0kW/t 是适宜的。因此也可按下式初步估算汽车列车总质量，即

$$m=\frac{P_{\mathrm{e}}}{5.0} \tag{3-21}$$

用该式计算出的结果是满足比功率限值的最大汽车列车总质量，还应考虑运输生产率、运输成本、汽车技术状况的变化等诸因素，遵守前面所述的确定拖挂总质量的原则，确定合理的拖挂质量。

3.2.5.4 汽车传动系的传动比对动力性的影响

除发动机的功率外，传动系的传动比对汽车的动力性也有很大的影响。传动系的总传动比是传动系中各部件传动比的乘积，即

$$i_{\mathrm{t}}=i_{\mathrm{g}}i_{0}i_{\mathrm{c}} \tag{3-22}$$

式中：i_{t} 为传动系的总传动比；i_{g} 为变速器的传动比；i_0 为主减速器的传动比；i_{c} 为分动器或副变速器的传动比。

1）主减速传动比的影响

普通汽车没有分动器或副变速器，如果变速器最高挡是直接挡，则主减速器的传动比就是传动系的最小传动比。主减速器传动速比 i_0 改变时的功率平衡图，如图 3-3 所示。

图上画有水平路面行驶阻力功率曲线 $P_\psi = \dfrac{P_f + P_w}{\eta_T}$，还画出了不同主减速器传动比（$i_{01} > i_{02} > i_{03}$）时发动机功率曲线1、2 及 3。由图中可看出，主减速传动比对最高车速 u_{max}、汽车的后备功率、发动机功率利用率的影响。传动系的最小传动比 i_0 对燃料经济性的影响也很大。

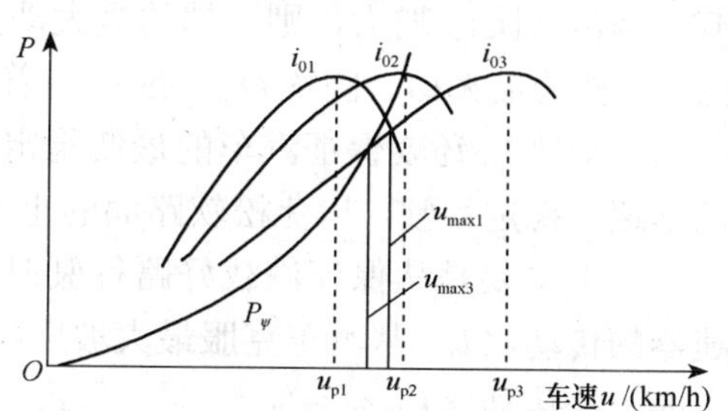

图 3-3 主减速器传动比 i_0 改变时的功率平衡图（$i_{01} > i_{02} > i_{03}$）

当主减速器传动比 i_0 值使汽车的最高车速相当于发动机最大功率时的车速时（即 $u_{max} = u_{p2}$），最高车速最大。当 $i_{01} > i_{02}$ 时，发动机功率曲线的位置向左移，虽然最高车速较低，但后备功率却有较大的增加，汽车的动力性提高，但燃料经济性较差。当 $i_{02} > i_{03}$ 时，发动机功率曲线的位置向右移，不仅 u_{max} 降低，汽车的后备功率也较小。不过，发动机功率利用率高，燃料经济性较好。

综上所述对主减速器传动比的评价主要考虑汽车的用途及经常使用的道路条件。如果 i 为传动系最小传动比则应考虑以下两方面：

（1）为了充分发挥发动机的功率，i_0 的选择应使发动机最大功率时的车速 $u_{p2} \leqslant u_{max}$。载货汽车的 i_0 稍大些，使 $u_{p2} < u_{max}$，一般 $\dfrac{u_{max}}{u_{p2}} = 1.1 \sim 1.25$，最高车速虽稍有下降，但后备功率增加较多，有利于加速及爬坡。近年来，为了提高燃料经济性，出现了减小最小传动比的趋势。

（2）在评价最小传动比时，要考虑到最高挡行驶的汽车应有足够的动力性能，即应有足够的最高挡动力因数 D_{0max}。

最小传动比 i_{tmax}，即一般汽车的 i_0，与 D_{0max} 有如下关系

$$D_{0max} = \frac{\dfrac{T_{tqmax} i_0 \eta_T}{r} + \dfrac{C_D A u_t^2}{21.15}}{\eta_T} \tag{3-23}$$

式中：T_{tqmax} 为发动机的最大扭矩，N · m；i_0 为一般汽车的主减速器传动比；η_T 为传动效率；r 为车轮半径，m；C_D 为空气阻力系数；A 为迎风面积，m^2；u_t 为直接挡或最高挡时，发动机发出最大扭矩时的汽车车速，km/h。

2）变速器一挡传动比及最大传动比的影响

变速器一挡传动比对汽车的动力性影响也很大。对普通汽车（变速器最高挡传动比为1）

$$i_0 = i_{tmin}$$

$$i_{g1} = \frac{i_{tmax}}{i_{tmin}} = \frac{i_{tmax}}{i_0} \tag{3-24}$$

式中：i_0 为主减速器的传动比；$i_{t\min}$ 为传动系的最小传动比；i_{g1} 为变速器的一挡传动比；$i_{t\max}$ 为传动系的最大传动比。

变速器一挡传动比 i_{g1} 与主减速器传动比之积，决定了传动系的最大传动比 $i_{t\max}$。若一挡传动比 i_{g1} 增大，则一挡的最大动力因数 $D_{1\max}$ 增大，保证汽车的最大爬坡度。当然，一挡的最大动力因数 $D_{1\max}$ 应在附着条件的限制以内，汽车的动力性才能充分发挥。一挡传动比 i_{g1} 还要保证汽车的最低稳定车速。特别是越野汽车，i_{g1} 应保证汽车能在极低车速下稳定行驶，以免松软路面的土壤受到冲击破坏而使附着力减小。

以上主要是从保证满载好路行驶时最高车速来分析传动系最小传动比 $i_{t\min}$ 即主减速器的传动比 i_0；从汽车克服最大坡度阻力的要求分析传动系最大传动比 $i_{t\max}$ 及与之相应的一挡传动比 i_{g1}。

实际的汽车使用情况，比上述考虑的问题要复杂得多。例如，有些汽车常是满载来空载去，如果按满载时功率平衡决定的最高车速考虑主减速器传动比，则空载时发动机功率利用率必然较差。如果能降低传动系最小传动比 $i_{t\min}$，既可提高燃料经济性，又可提高汽车空驶的最高车速。因此，现代载货汽车有的增设超速挡，超速挡传动比一般为 0.8。有超速挡时，传动系最小传动比 $i_{t\min}$ 为超速挡传动比与主减速器传动 i_0 的乘积。汽车动力性参数的一般范围见表 3-4 及表 3-5。

表 3-4 汽车动力性参数的一般范围

汽车类型			直接挡最大动力因数 $D_{0\max}$	一挡最大动力因数 $D_{1\max}$	最高车速 $u_{\max}$ /（km/h）	比功率 p_e/m /（kW/t）
货车		总质量				
	小型	＜2t	0.06～0.10	0.3～0.4	80～120	14.7～35.28
	轻型	2～6t	0.05～0.08	0.3～0.4	85～120	9.55～22.05
	中型	6～14t	0.04～0.06	0.3～0.35	75～110	7.35～11.76
	重型	14t	0.04～0.06	0.3～0.35	70～100	7.35～13.23
客车		总质量				
	小型	＜4t	0.05～0.08	0.2～0.35	80～120	14.7～23.52
	中、大型	4～16t	0.04～0.06	0.2～0.35	70～100	6.615～8.82
	铰接通道式	＞16t	0.03～0.04	0.12～0.15	55～85	4.78～8.1
轿车		发动机排量				
	微型级	＜0.9L	0.07～0.10	0.3～0.4	90～120	18.38～51.45
	轻　级	0.9～2L	0.08～0.12	0.3～0.45	120～170	36.75～66.15
	中　级	2～4L	0.10～0.15	0.3～0.5	130～220	64.1～73.5
	高　级	＞4L	0.14～0.20	0.3～0.5	140～190	51.45～110.25
矿用自卸车			0.03～0.05	0.3～0.5	45～70	4.78～5.88

表 3-5 汽车传动系传动比的一般范围

车型	最大传动比 $i_{t\max}$	最小传动比 $i_{t\min}$	传动比变化范围 $i_{t\max}/i_{t\min}$
货车	35～50	6～7	6～7
轿车	12～18	3～6	3～4

3.2.6 汽车燃料经济性

汽车的燃料经济性是指单位燃料消耗量所完成的运输工作量。

1）汽车燃料经济性的评价指标

评价汽车燃料经济性的好坏，一般采用以下两项指标：

（1）单位行驶里程的燃料消耗量，多以 L/100km 来表示。美国以一定的燃料消耗量能行驶的里程来衡量，单位为 mile/U.S. gal，指的是每美加仑的燃料能行驶的英里数（1mile/U.S. gal=0.422km/L）。

这类指标适用于评价容载量相同的汽车燃料经济性。

（2）单位运输量的燃料消耗量，多以 L/（100t · km）来表示。它通用于评价容载量不同的汽车燃料经济性。

2）汽车结构因素对燃料经济性的影响

汽车等速行驶的燃料消耗方程式为

$$Q_s = \frac{b}{360\,000\eta_T r}\left(Gf + \frac{C_D A u^2}{21.15}\right) \tag{3-25}$$

式中：Q_s 为汽车百公里油耗，L/100km；b 为发动机耗油率，L/（kW · h）；η_T 为传动效率；r 为燃料密度，kg/L；G 为汽车重力，N；f 为滚动阻力系数；C_D 为空气阻力系数；A 为迎风面积，m^2；u 为汽车速度，km/h。

从该式可知，汽车的燃料经济性主要取决于发动机的耗油率及汽车的行驶阻力，相关的汽车结构因素，如表 3-6 所示。

表 3-6 影响汽车燃料经济性的结构因素

主要零部件	发动机	传动系	整车及其他
主要特性与参数	发动机种类 压缩比 负荷率 油、电系统结构及参数 附件功率消耗	变速器挡数及最小传动比 主减速器传动比 传动效率 变速器类型	车身及驾驶室外形 汽车整备质量 轮胎结构类型

3.2.7 汽车可靠性及耐久性

评价汽车质量的好坏，一般是从动力性、经济性等基本技术性能和可靠性两大方面来考虑的。过去人们惯用的“可靠性”是用性能稳定、经久耐用、不出故障来定性衡量。随着可靠性科学的发展，对可靠性已有明确的概念及具体的评价指标。

1）可靠性

所谓汽车的可靠性，是指汽车产品（总成或零部件）在规定的条件下及规定的时间里完成规定功能的能力。对此定义的理解可概括为“三个规定”“一个能力”。

“规定条件”是指道路、气候、载荷及驾驶维修技术等使用条件和存放条件等。

“规定时间”是指汽车在某一规定的使用时期。例如，第一次故障前、相邻两次故障间隔时间、第一次大修期等。对于汽车，时间一般是用行驶里程来表示。

“规定功能”是指设计任务书所规定的各种使用性能。

“能力”需用定量的尺度（即指标）来衡量，并且对丧失功能（即发生故障）要有明确的规定。否则，对“完成规定功能的能力”就无法评定。

关于评定汽车可靠性的指标仅介绍目前我国汽车产品质量监督检验常采用的2个评定汽车可靠性的指标，即平均首次故障里程（MTTFF）及平均故障间隔里程（MTBF）。

平均首次故障里程是指汽车从开始投入使用到发生故障的平均行驶里程。平均故障间隔里程是指汽车从上次故障到下次故障间的平均行驶里程。

平均首次故障里程与平均故障间隔里程的统计时期不同，则故障率 $\lambda(t)$ 类型及故障分布密度 $f(t)$ 不同。平均首次故障里程是汽车第一次故障前的平均行驶里程；平均故障间隔里程是相邻两次故障之间的平均行驶里程，两者计算公式分述如下：

（1）平均故障间隔里程　计算定时截尾试验的点估计值，计算公式如下（有替换）：

$$\mathrm{MTBF}=\frac{nt}{r} \tag{3-26}$$

式中：MTBF为平均故障间隔里程的点估计值，km；n 为试验汽车数量；t 为试验终止里程，km；r 为试验里程内发生的总当量故障数；

$$r=\sum_{i=1}^{4} r_i \varepsilon_i \tag{3-27}$$

式中：r_i 为第 i 类故障总数；ε_i 为第 i 类故障当量危害度系数。

（2）平均首次故障里程 计算定时截尾的试验点估计值，计算公式如下（无替换）：

$$\mathrm{MTTFF}=\frac{1}{r'}\left[\sum_{i=1}^{r'} t_i+(n-r')t\right] \tag{3-28}$$

式中：MTTFF为平均首次故障里程点估计值，km；n 为试验汽车数量；r' 为当量故障数≥1的汽车总数；t_i 为当量故障数 r–1 时的汽车行驶里程，km；t 为试验终止里程，km。

2）耐久性

汽车耐久性是指汽车长期保持正常工作的能力。其实质也是可靠性，是长期的可靠性。汽车耐久性有2个主要评定指标：一是大修间隔里程；二是汽车的使用寿命。

汽车大修间隔里程的长短与许多因素有关，其中主要的是汽车的设计制造质量和维修质量。此外，使用条件、维护制度及对于极限状态的规定等因素对大修间隔里程都有影响。因此，如果要准确地评价汽车设计制造及维修质量，必须考虑使用条件，并且对汽车维修制度及汽车极限状态有明确规定。

1990年，交通部发布的《汽车运输业车辆技术管理规定》明确了汽车及总成大修的送修标准：

（1）货车大修送修标准　货车送修标准是以发动机总成为主，结合车架总成或其他2个总成符合大修标志。

（2）发动机总成送大修标准　汽缸内径磨损，圆柱度达到0.175～0.250mm或圆度达到0.050～0.063mm（以汽缸磨损量最大的一个汽缸为准）；最大功率或汽缸压力较标准降低25%以上；燃料及润滑油消耗量显著增加。

汽车第一次大修前的行驶里程主要反映汽车的制造质量，而以后几次大修间隔里程则主要反映汽车的修理质量。一般来说，汽车在发生第一次停车损坏后，虽经修复但技术状况也不能得到全面恢复。这一方面是由于汽车维修批量较小，与制造相比技术水平偏低；另一方面是由于汽车大修只更换或修理个别损坏的零件，而其他零件由于磨损等原因，可靠性又有所降低。

关于汽车的使用寿命，由于汽车终止使用的原则不同，一般分为自然寿命、技术寿命及经济寿命等，其中仅汽车自然寿命、经济寿命可作为评定汽车耐久性的指标。但是，只有在对使用条件、维修制度以及修理方法、修理成本等明确规定后，各种汽车所达到的使用寿命才能进行比较。

3.2.8 汽车乘坐舒适性

汽车的乘坐舒适性是以驾驶员及乘客的感觉为评价标准的综合使用性能。影响舒适性的主要因素是汽车的平顺性及设施的完善性。

1）行驶平顺性

汽车行驶平顺性是避免汽车在行驶过程中所产生得振动和冲击，使人感到不舒服、疲劳甚至损害健康，或者使货物损坏的性能。它不仅关系到乘客的舒适及货物的完整无损，还关系到运输效率、燃料经济性及汽车的可靠性。

汽车行驶平顺性的评价方法，通常是根据人体的生理反应及对货物保持完整性的影响来制定的，并且用表征振动的物理量，如频率、振幅、加速度变化率等作为行驶平顺性的指标。

目前，常用汽车车身振动的固有频率及振动加速度来评价行驶平顺性。为了保持汽车具有良好的行驶平顺性，车身振动的固有频率应为人体所习惯的步行时的运动频率。一般步距为0.75m，中等步行速度为3～4km/h，则行走所引起的身体上下运动的频率为l～1.6Hz，振动加速度的极限允许值为3～4m/s^2。若车身自由振动频率在l～1.6Hz范围内，可以认为能被人体器官所习惯，频率高于2.5Hz的振动较为猛烈，不舒适；低于0.66Hz的振动，有时使人晕车或恶心。

从保持所运货物完整性的观点出发，车身振动加速度也不能过大。如果车身加速度达到lg（g为重力加速度），则未经过固定的货物可能离开货厢底板。所以，为保证所运货物完整无损，应取车身振动加速度的极限值为（0.6～0.7）g。

影响行驶平顺性的汽车结构因素主要是悬架的结构（悬架类型、弹性特性、弹性元件的刚度、悬架的阻尼作用）、轮胎的径向刚度、悬架上部与下部的质量之比、座椅的布置及坐垫的选择（坐垫的软硬）等。

2）设施完善性

评价汽车设施的完善性着重于以下几方面：车身的类型；座位的材质、尺寸、布置是否合理；车内通风、保暖、隔音及照明设备的状况；车身的防尘、防雨性能等。表3-7列出了对车内环境条件的一般要求。

表3-7 对车内环境条件的一般要求

项　目	技术要求
车内噪声	不大于65dB
车内温度	冬季轿车及载货汽车驾驶室内应在10℃以上，城市公共汽车在0～5℃；高级轿车及长途客车在

（续）

项　　目	技术要求
	17℃以上。夏季车内温度应不高于26℃
车内空气流速	冬季不大于0.15m/s；夏季不大于0.5m/s
车内空气相对湿度	30%～70%

3.2.9 汽车使用方便性

使用方便性是汽车的一项综合使用性能，它是指汽车在结构上为使用者提供的各种条件的方便程度。

3.2.9.1 操纵轻便性

操纵轻便性是指驾驶员操作过程中具有较小的劳动强度及良好的工作条件。主要有：

（1）操纵力　对离合器、变速器、转向器及制动器的操纵应轻便，采用液力变矩器和设置助力或加力式操纵机构均可减小驾驶员的疲劳强度。

《机动车运行安全技术条件》（GB 7258—2012）对操纵力的要求是：

① 机动车在平坦、硬实、干燥和清洁的水泥或沥青道路上行驶，以10km/h的速度在5s之内沿螺旋线从直线行驶过渡到直径为24m的圆周行驶，施加于方向盘外缘的最大切向力不应大于245N。机动车转向轴最大设计轴荷大于4 000kg时，应采用转向助力装置。

② 行车制动在产生最大制动效能时的踏板力，对于乘用车不应大于500N；对于其他机动车不应大于700N，手握力不得超过300N。

③ 驻车制动应通过纯机械装置把工作部件锁止，并且驾驶员施加于操纵装置上的力：手操纵时，乘用车不应大于400N，其他机动车不应大于600N；脚操纵时，乘用车不应大于500N，其他机动车不应大于700N。

（2）操作频度　指在一般道路上及一定里程内，驾驶汽车需要换挡、使用离合器及制动的次数。汽车的结构、性能及道路条件是影响操作频度的主要因素。要求汽车前轮具有良好的稳定效应，直接挡的动力性能足够等。

（3）驾驶员工作条件　驾驶室的空间及装备应有助于减轻驾驶员疲劳、方便驾驶。例如，风挡玻璃应视野开阔，座位高度可调整，汽车照明、灯光信号及安全指示等应齐全可靠。

3.2.9.2 出车迅速性

出车迅速性是指汽车开动前必须准备的时间长短，它主要取决于发动机的起动性。我国有关标准规定，不采用特殊的低温起动措施，汽油机在–10℃、柴油机在–5℃的气温条件下，起动时间应不大于15s。

汽车在低温条件下使用时发动机起动困难，尤其是柴油机，由于起动阻力大、起动转速高等原因，低温起动性能更差。如果露天停放，除使用中应采取预热等措施外，选购汽车时应考虑柴油机是否有改善起动性能的起动辅助装置。例如，独立预热装置、起动液喷射器、电热塞及进气管火焰加热器等。

3.2.9.3 乘客上下车及货物装卸的方便性

对客车，乘客上下是否方便，取决于车门尺寸、开门方式及踏板高度。客车的第一阶踏板高度不应大于 400mm。

对载货汽车，降低货厢地板高度，增加货厢栏板可翻倾的数目，加大密封式车厢车门尺寸，装用随车装卸机构等，均可减少装卸货物的时间及劳动量。但应注意，汽车上装用装卸机构虽然使运输生产率提高，但由于有效装载质量的降低，又会使汽车运输生产率下降。即只有在一定条件下采用这类汽车才是合理的。为此，可通过比较汽车运输生产率及运输成本来决策。

3.2.9.4 机动性

汽车的机动性是指汽车在最小面积内活动的能力。它决定了驾驶员为装卸货物而移动汽车时，或者在停车场地及维修车间内调动汽车时所需场地的面积、车道宽度以及驾驶员的劳动强度。汽车机动性还影响汽车能通过狭窄弯曲地带或绕开不可越过的障碍物的能力。

《汽车和挂车的术语及其定义 车辆尺寸》（GB/T 3730.3—1992）规定，评价汽车机动性的指标主要是转弯直径及转弯通道圆。

转弯直径（图 3-4）是指汽车内外转向轮（方向盘转到极限位置）的中心平面在汽车（或车辆）支承平面上的轨迹圆直径。非转向内轮的中心平面在汽车支承平面上的轨迹圆直径亦有实际意义。汽车有左转弯直径及右转弯直径之分。

汽车转弯通道圆（图 3-5）是指当方向盘转至极限位置时的如下 2 个圆周：①汽车所有点在其支承平面上的投影均位于圆外的最内圆周；②包含汽车所有点在汽车支承平面上的投影的最外圆周。汽车均有左右转弯通道圆。

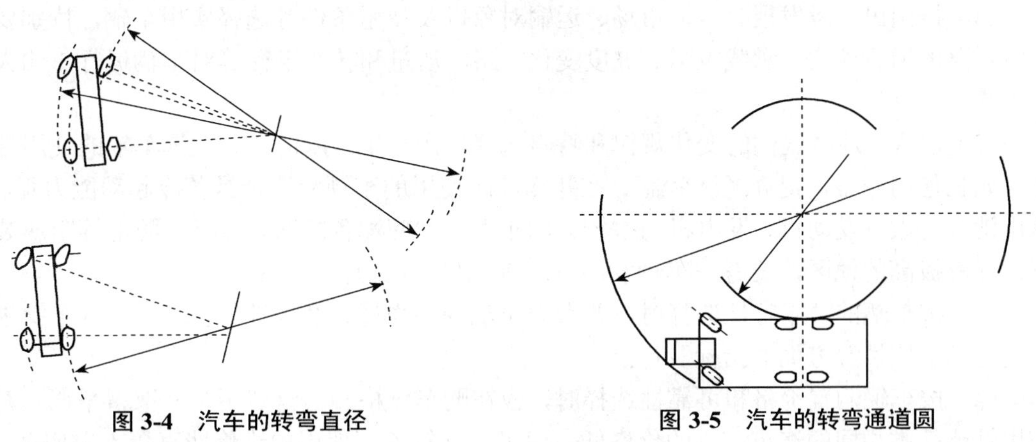

图 3-4 汽车的转弯直径　　图 3-5 汽车的转弯通道圆

3.2.10 维修性

汽车的维修性是指汽车在规定的维修方式、配件供应等保障条件下，规定的维修时间内，能恢复良好技术状况的难易程度。汽车的维修性直接影响到维修的可能性、维修效率、维修费用、汽车完好率等。

评价汽车维修性的指标较多，可概括为维修工时指标（维护工时、修理工时）、维修频率指标（维护周期、大修间隔里程）及维修费用指标等。这些指标又与维修部位的可接近性、零部件的互换性（标准化、通用化程度）、拆装简便性、检测方便性等有关。

3.3 汽车选型评价方法

3.3.1 基本要求

汽车选型是指公路运输企业根据经营性质、运量、运距和汽车运行条件等合理配置车辆。如大、中、小型车辆的比例；汽、柴油车的比例；通用、专用车比例等。通过合理规划，优化车辆构成，充分发挥载货量和载客量的利用率，满足运输需要。

1）类型合理配置

（1）车型先进、安全可靠、货物装卸（或旅客上下）方便。

（2）车辆规格齐全，能与本地的客、货源适应，且配比合理（吨位大小、座位多少、高中低档比例等），载货量和载客量的利用率高。

（3）车辆油耗、维修费用低，运输成本低，生产效益好。

（4）适应能力强，既能完成正常的生产任务，又能突出重点完成临时的特殊任务。

2）性能择优选配

汽车的择优选配是指企业在购置车辆时，需要综合考虑运输市场、汽车性能和企业的具体情况，正确配置企业的运营车辆。

由于各种车辆在设计时，都是根据不同的道路和气候等运行条件而赋予了不同的使用性能。企业在选配车辆时，应以提高车辆的投资效益为出发点，从各方面进行技术经济论证。主要包括以下几个方面：

（1）按国民经济发展、运输市场、运输对象以及使用条件等选择实用车辆，特别要注意道路的通行能力、承载重量、坡度变化、路面质量和转弯半径等对车辆运行影响大的因素。

（2）按营运地区气候的变化规律和特点选择适用车辆，以便充分发挥车辆的使用性能，延长使用寿命，提高经济效益。在寒冷地区使用的车辆应选择具备冷起动能力强，蓄电池容量大，发动机、发电机功率较大的车型，并应配备防寒、保温、防滑等附属装置。在海拔高的地区，要考虑车辆发动机的进气量、动力性等指标。

（3）按车辆的技术特性选择时，要考虑车辆的动力性、经济性、可靠性、汽车操纵轻便性和维修性等方面的指标及特点。

（4）按车辆购置价格和可靠性选择时，应在购车价格和运营费用之间取得平衡。对使用性能基本相同的汽车，有的价格低，但可靠性较差，使用中维修费直接支出增多，车辆运营费用高；而有的价格虽高，但故障率较低，可靠性较高，维修费用低，运营的总费用也少。

（5）兼顾自身的维修能力和使用经验，即考虑车辆使用的继承性，有的企业以前没用过某类新车型，若盲目购进，在管理、使用、维修上都会造成被动。

（6）重视汽车制造商有无优良的售后服务，包括技术培训、技术服务和配件供应情况，尤其是进口车更为重要。可在订货合同中应提出对售后服务的具体要求，以求得法律上的保证。

3）全过程综合性

应以全过程综合性管理为原则，从汽车选购时就明确“择优选配”。汽车的择优选配包含择优选购和合理配置两重意思。择优选购是指根据运输生产需要和运行条件，按照对汽车的适应性、可靠性、经济性、维修及配件供应的方便性以及产品质量优劣等因素，进行择优选型购置汽车；合理配置是指根据所承担运输任务的性质、运量、运距、道路、气候以及油料供应情况等条件，合理配置汽车类型的构成。

为做好汽车选型工作，首先应研究选择汽车时考虑的主要因素及要求，即选型标准。然后，按照这些标准初步确定几种选型方案。最后，再对预选方案进行技术经济评价。

3.3.2 汽车选型要素

汽车的选型标准是与车辆技术管理的原则相联系的。原则不同，汽车选型时所追求的使用效果的含义也不同。我国将车辆从购置至报废为止的全过程综合性管理作为车辆技术管理原则。在这样的原则指导下，根据运输生产需要和运行条件，选择技术性能好、可靠性高、使用寿命长、维修费用低、公害小、节省能源及适应性强的优质车辆，以提高车辆的投资效益。即以综合效率作为评价汽车使用效果的最终目标是汽车选型的基本标准。按照《设备工程学》关于设备综合效率的概念（产量、质量、成本、交货期、安全及劳动情绪），选择汽车时应考虑的具体要素有：

1）生产性

对于汽车，生产性是指运输生产率。与汽车选择相关的因素主要是汽车类型、客载量、动力性及可靠性等。而汽车类型及性能的选择又与货物的类型、特性、批量、道路条件及运输组织形式有关。因此，购置汽车前要首先考察运输市场的具体情况。

汽车类型的选择主要指对通用汽车及专用汽车的选择。专用汽车主要用于运输特殊货物，或在有利于提高运输使用效果的情况下装置随车装卸机械而用于运输一般货物。针对不同类型货物的运输采用相应的专用汽车可提高运输生产率和运输质量。但是，只有在一定条件下采用专用汽车才是合理的。

确定汽车的最大装载质量的首要因素是货物批量。当进行大批量的货物运输时，在道路条件允许的情况下采用装载质量大的汽车是合理的，而且应考虑采用拖挂运输。组织拖挂运输时，汽车列车总质量应与牵引车的动力性适应。

2）适应性

适应性是指汽车的使用性能与汽车运输工作条件的适应性。除以上讲述的汽车种类、客载量与运输对象条件（运输对象的性质、种类及特性；批量及流向、流时；运达期限、运输距离及运输区域等）的适应性外，还要考虑以下几个方面：

（1）与社会经济条件的适应性　汽车运输的社会经济条件主要是指公路运输事业的物质基础（汽车工业、石油工业、公路建设及维修条件等）、运输结构、运输市场及公路运输管理法规等。

汽车的装备、技术状况及外廓尺寸、最大装载质量、比功率、比扭矩及最高车速等使用性能必须符合《中华人民共和国道路交通管理条例》《机动车运行安全技术条件》及《汽车运输业车辆技术管理规定》等公路运输管理法规的规定。

（2）与特殊使用条件的适应性　所谓特殊使用条件是指低温、高温、高原、山地、坏路或无路等条件。汽车在这类条件下使用时，对汽车的使用性能、技术状况均有较大的影响。有些影响只靠使用措施是难以改善的，还须选用与具体使用条件相适应的汽车类型及特殊的结构。

汽车在热带地区使用时，发动机功率下降，燃料消耗增加；发动机易产生不正常燃烧，磨损加剧；发动机燃料供给系和液压制动系易产生气阻；轮胎易损伤等。对汽车适应性的要求是：发动机冷却系的冷却强度要大；设置发动机润滑油散热器；空气滤清器、燃油滤清器、润滑油滤清器的滤清能力强；汽油泵的性能及燃料供给系的布置有利于防止气阻的发生等。

汽车在高原及山地使用时，发动机功率下降，燃料消耗增加；汽车制动性能降低。对汽车适应性的要求是：发动机应具有较大的压缩比，采用增压柴油机；具有制动可靠的结构措施，例如空气压缩机有较高的泵气效率，增设辅助制动器及装设双管路行车制动装置等。

汽车在坏路及无路地带使用时，滚动阻力增加，附着系数下降，汽车通过性变差。对汽车适应性的要求是：发动机的比功率较大，低速挡车速低且稳定；传动系具有差速锁；轮胎采用越野花纹等，即应当选择越野汽车。

3）可靠性

汽车的基本技术性能与可靠性之间有着密切的联系。若汽车可靠性差，经常出现故障，汽车的动力性、燃料经济性等技术性能再好也无从发挥。从这层意义上来说，汽车可靠性是汽车技术性能的保证，是汽车质量的核心。

汽车的可靠性有固有可靠性与使用可靠性之分，评价汽车是评价其固有可靠性。如果汽车质量先天不足，使用维修得再好也难以发挥其技术性能。购置汽车时，应从寿命周期费用的观点考虑汽车的质量。购价便宜但所需使用维修费用高与购价较高而使用维修费用低的汽车相比，可能前者寿命周期费用高。可靠性较好的汽车，停歇时间少，利用率高，可获得好的经济效益。

4）维修性

汽车维修性是指汽车发生故障后可修复的难易程度。因此，汽车的维修性属于汽车的使用性能，是一种设计特性，要求在汽车最初设计阶段就应将维修性作为必要的使用性能指标，在汽车结构设计中加以实现。广义地讲，维修性含于可靠性之中。

对汽车维修性要求主要体现在用于维修的时间、费用或其他的资源（人员、材料、设施、试验设备等）较少，而维修之后能够达到规定的性能。

5）节能性

我国解决能源问题的方针，是开发和节约并重，近期把节约放在优先地位。汽车选型也要贯彻这个方针，选择节能性好的汽车。

节能是指在保证能够生产出相同数量和质量的产品，或者获得相同经济效益，或者满足相同需要的同时，使能源的消耗量下降。而汽车节能是指在完成一定周转量的前提下，使能源消耗量下降。节能的实质就是提高能源的利用效率。因此，节油仅是汽车节能的主要部分，但节油并不能概括汽车节能的广义性。选购汽车时，不但要注意汽车的燃料经济性，还要考虑其他运行材料消耗及可靠性、耐久性，提高能源利用率。

6）安全性

随着汽车保有量的增加，道路交通事故已经成为突出的社会问题，全世界每年有60多万人因车祸丧生。因此，提高汽车行驶安全性在汽车运用中日益受到重视。在造成交通事故的“人—车—环境”三大因素中，车是重要的因素之一。对汽车安全性的评价包括：汽车本身防止或减少道路交通事故的性能，即主动安全性；发生事故后汽车本身减轻人员受伤或货物受损的保护性能，即被动安全性。

汽车的主动安全性主要取决于汽车的尺寸、整备质量、制动性、操纵稳定性以及驾驶员的工作条件等。汽车的被动安全性取决于车身布置、材料选择及防护装置的完备性等。

7）环保性

1987年，我国制定了环境保护法。限制汽车的排放污染物及噪声，是保护环境的主要措施之一。汽车排放污染物是指由排气管或其他部位排放出的污染物，例如CO、HC、NO_x、铅化物及炭烟等。汽车噪声主要包括发动机噪声、排气噪声、车体振动噪声、传动装置噪声及轮胎噪声等。

《汽车加速行驶车外噪声限值及测量方法》（GB 1495—2002）、《点燃式发动机汽车排气污染物排放限值及测量方法（双怠速法及简易工况法）》（GB 3487—2005）、《车用压燃式发动机和压燃式发动机汽车排气烟度排放限值及测量方法》（GB 18285—2005）、《重型车用汽油发动机与汽车排气污染物排放限值及测量方法（中国Ⅲ、Ⅳ阶段）》（GB 14762—2008）、《车用压燃式、气体燃料点燃式发动机与汽车排气污染物排放限值及测量方法（中国Ⅲ、Ⅳ、Ⅴ阶段）》（GB 17691—2005）规定了汽车噪声及有害排放物的限值，选购汽车时要符合这些标准的规定。

8）经济性

经济性也是选择汽车时要考虑的重要因素，评价汽车的经济性，不仅要考虑购置费，而且要考虑经营费，即要全面地比较汽车的寿命周期费用。经济性好的汽车应是单位当量费用最低的。

3.3.3 汽车选型评价模型

将汽车选型应考虑的诸因素构成有层次、有联系的评价系统，称为汽车选型评价的结构模型，它是汽车选型各种评价方法的基础。按评价准则来划分，汽车选型评价结构模型一般有2种：

1）按汽车使用性能及指标建立

按汽车使用性能及指标建立结构模型，一般可分为依据、准则（性能及指标）及预选车型的方案3个层次，如图3-6所示。依据层要明确使用条件和使用要求；准则层要根据使用条件及使用要求，筛选出应侧重评价的使用性能及指标。层次数与问题的复杂程度和所需分析的详尽程度有关。

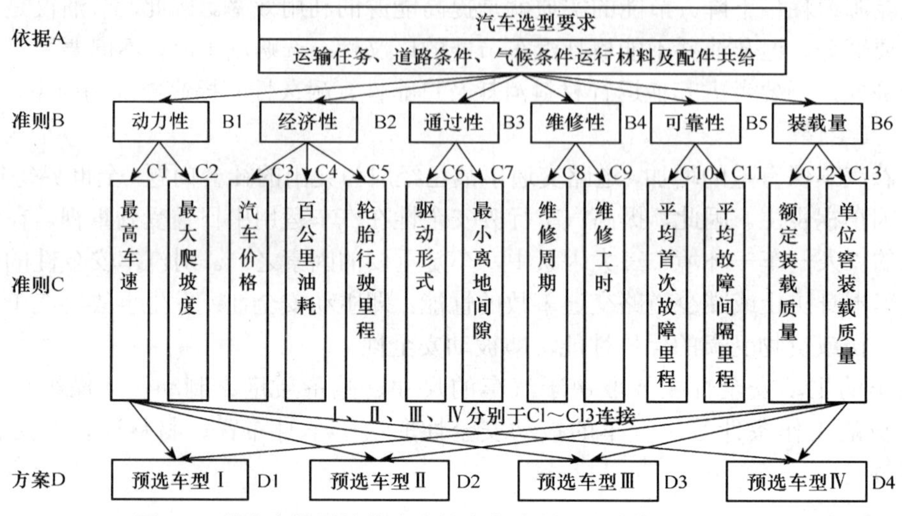

图 3-6　按汽车使用性能建立的汽车选型评价结构模型示意图

2）按汽车结构—性能—效果建立

用汽车使用性能，将汽车结构与使用效果联系起来，建立结构—性能—效果的评价系统是评价汽车结构完善程度较全面的方法。

汽车使用效果是在一定时期内的统计结果，在具体使用条件下主要选型量标常采用：运输生产率、劳动量、能源耗量、金属耗量、运输质量、无害性及单位当量费用等。在实际应用中一般将汽车运输单位当量费用作为评定使用效果的综合量标。

各项汽车使用效果均与汽车结构特性（包括技术参数）有关。例如，载货汽车的运输生产率与汽车结构特性间的关系如图 3-7 所示；汽车经济性与汽车结构特性间的关系如图 3-8 所示。

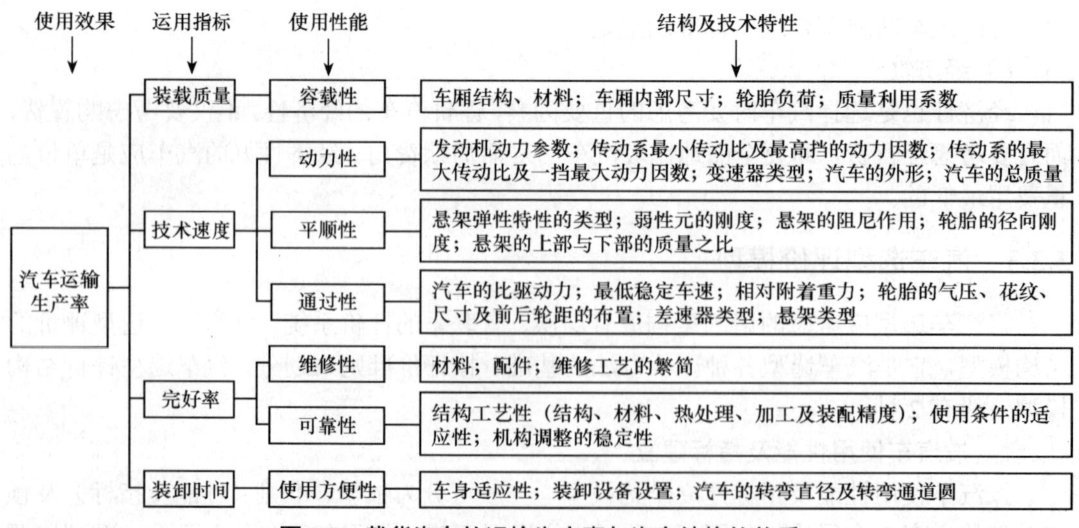

图 3-7　载货汽车的运输生产率与汽车结构的关系

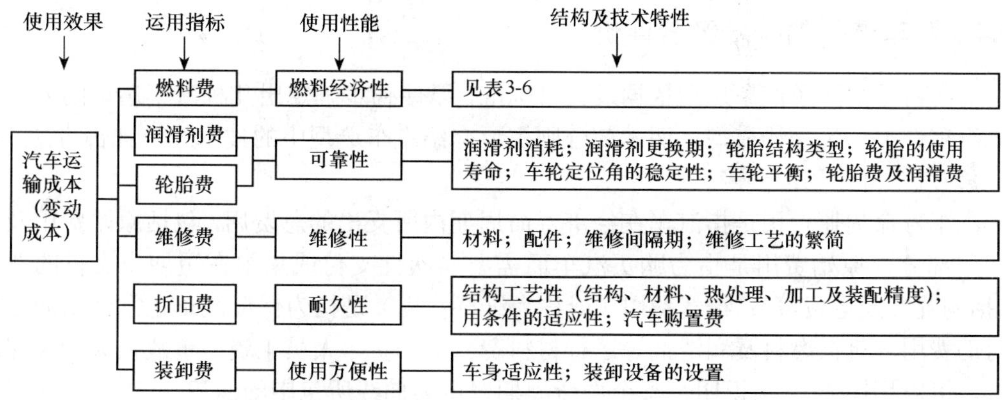

图 3-8　汽车运输成本与结构的关系

由此看出，对汽车的评价最终归结于评价汽车结构的完善性。但是，由于每一项使用效果取决于汽车结构特性的综合，则汽车使用效果与个别结构间往往难以直接联系。

然而，汽车使用性能正是由汽车结构特性的组合而表现出来的。就是说，汽车结构特性决定汽车使用性能，而使用性能又决定汽车的使用效果。于是，汽车使用效果与汽车结构特性间的关系便通过相应的使用性能联系了起来，组成了评价汽车结构完善系的系统。

据此，可建立汽车结构—性能—效果的汽车选型评价结构模型，如图 3-9 所示。它不但可以全面地评价汽车结构的完善性，而且可以提高汽车性能评价的准确度。

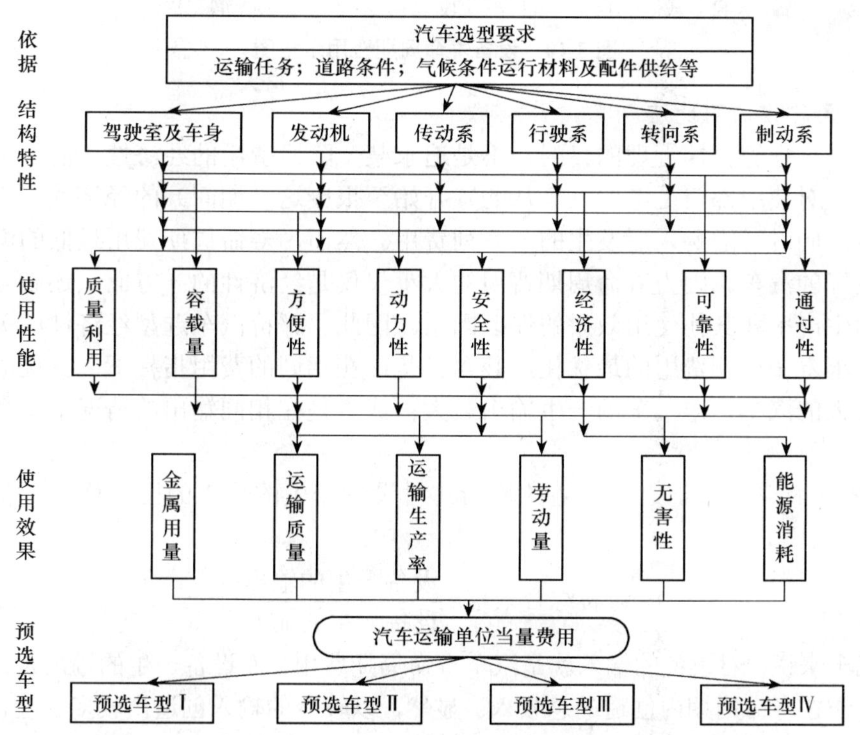

图 3-9　按汽车结构—性能—效果建立的汽车选型评价结构模型

3.3.4　汽车选型的技术经济评价

前面着重阐述了汽车选型依据及评价标准，以便初步确定出几种汽车选型的方案及建立汽车选型评价结构模型。而本部分则主要介绍汽车选型中的技术经济评价方法。

1）汽车寿命周期费用

汽车寿命周期费用是指汽车在经济寿命周期内所支出的总费用，包括原始费用及经营费用部分。原始费用是指为购买汽车而需要一次性支付或集中在短期内支付的费用（包括购置费及运费等）；经营费用（或称为维持费用）是指为保证汽车正常使用而定期支付的费用。包括燃料及润滑剂等运行材料费、维修费、人员工资、事故损失费及保险费等，可以用图 3-10 来说明，整个寿命周期费用为曲线所包围的面积。

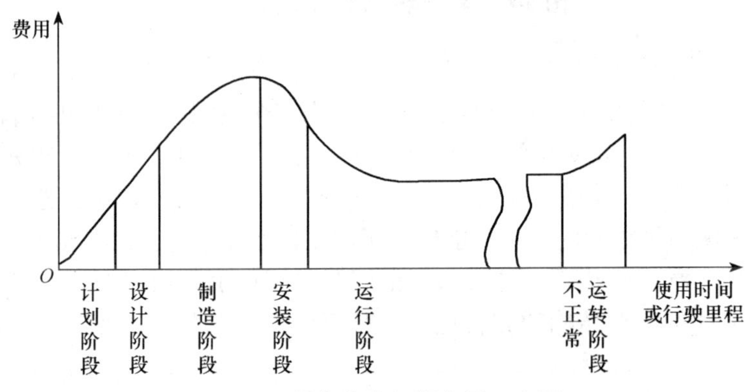

图 3-10　设备寿命周期费用示意图

2）投资总收益对比法

汽车全过程综合性管理的目的，不是追求某一阶段费用的经济性，而是综合考虑汽车一生（对使用部门是考虑汽车从购置开始至报废这一期间）的经济性。不仅考虑购置费用，同时考虑购入后发生的一系列费用。然而，寿命周期费用最低的汽车未必是经济性好的汽车。因为寿命周期费用的大小仅仅是经济性的一方面，还必须考虑汽车的运输生产率和其他使用效果的保证因素。因此，评价汽车选型经济性的关键问题是比较汽车寿命周期费用的最优化，其含义是：在相同的费用指标下，择优的汽车应是贡献最大的汽车，即汽车的一生输出最大；或者是在相同输出的情况下寿命周期费用最小。

《设备工程学》中把设备一生的输出与对设备一生的输入的比值称为设备综合效率，即

$$设备综合效率=\frac{设备一生的输出}{设备一生的输入}$$

以汽车来说，对设备的输入就是汽车寿命周期费用，而设备一生的输出是指汽车参加运输工作在寿命周期内创造的总收入。显然，以较少的输入创造出较多的输出，即净收益大为经济性好的选型方案，如图 3-11 所示。

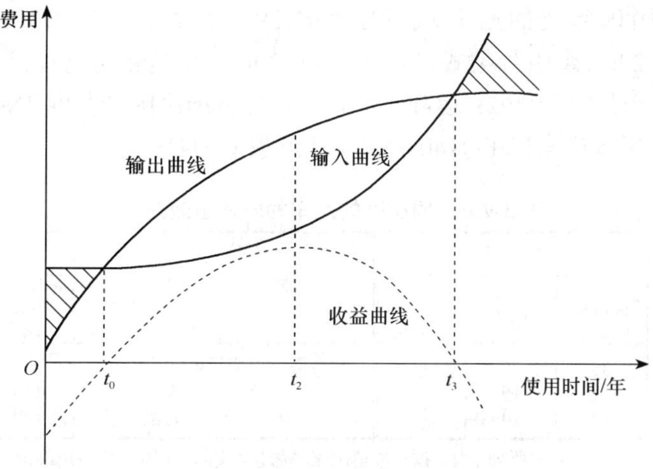

图 3-11 汽车选择的盈亏分析示意图

应用此方法时，必须确定汽车寿命周期费用及营运的总收入，对此常采用费用项目分别估算法。估算中要考虑物价变动及资金的时间价值因素，以进行分析的那一年（基准年）的物价为基准，年度增长率可按价格指数的年平均数计算。由于项目分别估算法是将寿命周期的费用具体分项计算，则准确性较好。但应用此方法要求有具体资料，花费时间较长。另外，有些过去没有的费用项目资料是凭主观估计的，因而受主观性的影响较大。

下面以集装箱牵引车的选型为例，说明投资总效益对比法的应用。表 3-8 分进口车、国内组装车及国产车 3 种情况列出预选的集装箱牵引车的型号。

表 3-8 常用集装箱牵引车的型号

类别	额定装载质量			
	10t	15t	20～25t	30～40t
进口车	依维柯 120.13AN	卡玛斯 53212 扶桑 FV413PPL 星牌 C200	扶桑 FV112NL 依尔奇 C417D 奔驰 1928S 五十铃 VPR301	斯勘尼亚 P113H 扶桑 FV315HRL 日野 HH440 奔驰 262BS
国内组装车	—	—	斯太尔 1291.260/S35 罗曼 R10.215FS	斯太尔 1491.280/S29 太脱拉 T815P13
国产车	东风 EQl40-1K/34 解放 CAl4lC	黄河 JN44l 东风 EQ6D142K 解放 CA4110K	红岩 CQl9210/Q35 黄河 N462 交通 SHl6I	红岩 CH30290 / Q32

进口汽车的购价高，但获得的投资总效益高于国内组装车及国产车。究竟选购哪一种汽车最合算，还须比较相同的投入所获得的总效益，同时还要考虑到国家政策的影响。由于外汇汇率的变化，1 辆进口牵引车的价格可以购置 2 辆国内组装牵引车或三四辆国产牵引车。而国家规定的运价是统一的，并不能因车价高而提高运价。表 3-9 及表 3-10 对不同类别汽车的经济效益进行评价。从中可以看出，相同的投资购置国内组装车或国产车作为集装箱牵引车所获得的投资总效益，要比购置进口牵引车大。例如，对运载 30t

的集装箱可选用国内组装的斯太尔 191.280/S29、太脱拉 815P13 或国产红岩 CQ 30290/Q32；运载 24t（牵引骨架式半挂车）及 20t 的集装箱可选用国内组装的斯太尔 1291.260/S35 或国产黄河 JN462；运载 15t 的集装箱可选用国产黄河 JN441 等；运载 10t 以下的集装箱可选用国产东风 EQ140-1K/34 或解放 CAl41C。

表 3-9 不同类别的汽车的寿命总效益①

评价项目	类别			评价项目	类别		
	进口车	国内组装车	国产车		进口车	国内组装车	国产车
汽车原值/万元	35	20	15	寿命周期费用/万元	50	35	30
经济寿命/年	12	10	7	寿命效率收入/万元	180	150	105
维持费用/万元	15	15	15	寿命总效益/万元	130	115	75

① 本表没具体区分车型，仅对表中所列车型，按一般情况概略估算。实际应用中，应按所确定的预选车型作具体预算。

表 3-10 相同投资的经济效益对比①

类别	进口车	国内组装车	国产车
以进口汽车原值计算的汽车相当数/辆	1	1.75	2.3
投资总效益/万元	130	201.25	172.3

①以表 3-9 所列数据为基础。

3）综合定量评价法

由于对新型汽车的寿命周期费用难以准确地估算，所以广泛采用的方法是将对评价项目评分法与数学方法结合起来，对各预选车型均得出一个综合的数量化指标，以此进行对比。

下面以我国大兴安岭林区运材汽车选型为例，采用模糊关系评价矩阵的数学方法，介绍选型综合定量评价法的应用。

假设预选车型为斯康尼亚 LT-112H、五十铃 SBR330、解放 CA142K 及东风 EQ140 4 种车型。

首先根据已确定的汽车选型评价准则，建立评价结构模型。本例采用以使用性能为评价准则，使用性能及其指标的筛选结合汽车的具体用途及使用条件，将确定的各预选车型的使用性能及指标资料或评语列于表 3-11 中。

表 3-11 各预选车型的使用性能及指标

性能	评价指标	预选车型			
		斯康尼亚 LT-112H	五十铃 SBR330	解放 CA142K2	东风 EQ140
动力性	最高车速/（km/h）	82	98	90	90
	最大爬坡度/%	25	32	28	28
	直接挡加速能力	较差	一般	好	好
通过性	相对附着重力	好	较差	一般	一般
	最小离地间隙/mm	246	190	360	360
	最小转弯直径/m	20	12.4	16	16
	驱动形式	6×4	4×2	4×2	4×2

（续）

性　能	评 价 指 标	预 选 车 型			
		斯康尼亚 LT-112H	五十铃 SBR330	解放 CA142K2	东风 EQ140
经济性	汽车价格/元 车吨价格/（元/t） 燃料种类 百公里油耗/(L/100km) 百吨公里油耗/[L/(100t · km)]	145 000 8 192 柴油 48 3	64 000 11 636 柴油 27 4.9	41 000 6 833 柴油 20 4.4	38 000 7 600 汽油 28 5.0
使用方便性	操作性 维修方便性 配件供应	好 一般 差	好 一般 较差	好 好 好	好 好 好
容载量	额定装载质量/t	17.7	5.5	6	5

对各预选车型的评价项目确定权值，并进行评分。权值是以百分比表示各项目的侧重程度，它是建立在专业知识及实践经验的基础上，反映汽车的使用条件及使用要求与汽车性能指标相适应的情况。为便于对各预选车型的主要性能指标作定量化判断，还要对其评分。此例采用了 1～4 评分法。各预选车型的使用性能及其指标的权值及对指标的评分，见表 3-12。

表 3-12　各预选车型的使用性能及指标的权值、评分

性能	权值代号/数值	评价指标	权值代号 / 数值	预选车型			
				斯康尼亚 LT-112H	五十铃 SBR330	解放 CA142K2	东风 EQ140
B_1 动力性	A_1/0.2	r_1 最高车速 r_2 最大爬坡度 r_3 直接挡加速能力	a_{11}/0.1 a_{12}/0.8 a_{13}/0.1	2 2 2	4 4 3	3 5 4	3 3 4
B_2 通过性	A_2/0.25	r_4 相对附着重力 r_5 最小离地间隙 r_6 最小转弯直径 r_7 驱动形式	a_{21}/0.1 a_{22}/0.4 a_{23}/0.4 a_{24}/0.1	4 2 1 3	2 1 3 2	3 3 2 2	3 3 2 2
B_3 经济性	A_3/0.3	r_8 汽车价格 r_9 车吨价格 r_{10} 燃料种类 r_{11} 百车公里油耗 r_{12} 百吨公里油耗	a_{31}/0.2 a_{32}/0.3 a_{33}/0.1 a_{34}/0.2 a_{35}/0.2	1 2 2 1 4	2 1 2 3 2	3 4 2 4 3	2 3 1 2 1
B_4 方便性	A_4/0.15	r_{13} 操作性 r_{14} 维修方便性 r_{15} 配件供应	a_{41}/0.2 a_{42}/0.3 a_{43}/0.5	4 3 1	4 3 2	4 4 4	4 4 4
B_5 容载量	A_5/0.1	r_{16} 额定装载质量	a_5/1	2	3	4	4

在此基础上，建立各评价项目组（本例为各项使用性能）的分组评价矩阵 $\boldsymbol{R}_i$。例如，由表 3-12 得动力性评价矩阵为

$$\boldsymbol{r}_i=\begin{bmatrix} r_{11} & r_{12} & r_{13} & r_{14} \\ r_{21} & r_{22} & r_{23} & r_{24} \\ r_{31} & r_{32} & r_{33} & r_{34} \end{bmatrix}=\begin{bmatrix} 2 & 4 & 3 & 3 \\ 2 & 4 & 3 & 3 \\ 2 & 3 & 4 & 4 \end{bmatrix} \tag{3-29}$$

式中：r_{11}，r_{12}，r_{13}，r_{14}分别为第一、二、三、四种预选车型的第一个评价项目（评分的分数）。其他依次类推。

用下式计算各评价项目组的综合评价值$\boldsymbol{B}_i$：

$$\boldsymbol{B}_i = \boldsymbol{A}_i \cdot \boldsymbol{r}_i \tag{3-30}$$

式中：$\boldsymbol{A}_i$为某一评价项目组诸项目的权值，例如表 3-12 所列的动力性的权值向量为：

$$\boldsymbol{A}_1 = (a_{11}, a_{12}, a_{13}) = (0.1, 0.8, 0.1)$$

计算中要采用模糊线性加权变换方法，即模糊关系矩阵$\boldsymbol{R}$的列与模糊关系向量$\boldsymbol{A}$（即行）按普通加、乘方法运算。

具体以动力性的综合评价值$\boldsymbol{B}_1$的计算，说明其运用方法。

$$\boldsymbol{B}_1 = A_1 \cdot R_1 = \begin{bmatrix} 0.1 & 0.8 & 0.1 \end{bmatrix} \begin{bmatrix} 2 & 4 & 3 & 3 \\ 2 & 4 & 3 & 3 \\ 2 & 3 & 4 & 4 \end{bmatrix}$$

$$= (b_1, b_2, b_3, b_4)$$

其中：b_1=0.1×2+0.8×2+0.1×2=2；

b_2=0.1×4+0.8×4+0.1×3=3.9；

b_3=0.1×3+0.8×3+0.1×4=3.1；

b_4=0.1×3+0.8×3+0.1×4=3.1。

则各预选车型的动力性综合评价值：

$$\boldsymbol{B}_i = (b_1, b_2, b_3, b_4) = (2, 3.9, 3.1, 3.1)$$

用相同的方法可计算出各预选车型其他性能的综合评价值，将其列于表 3-13。

接着便可进行整车综合评价值的计算。由表 3-12 得整车权重向量为中

$$\boldsymbol{A}_i = (A_1, A_2, A_3, A_4, A_5) = (0.2, 0.25, 0.30, 0.15, 0.10)$$

由表 3-13 得整车评价矩阵：

$$\boldsymbol{R} = \begin{bmatrix} B_1 \\ B_2 \\ B_3 \\ B_4 \\ B_5 \end{bmatrix} = \begin{bmatrix} 2 & 3.9 & 3.1 & 3.1 \\ 1.9 & 2 & 2.5 & 2.5 \\ 2 & 1.9 & 3.4 & 2.4 \\ 2.7 & 3.2 & 4 & 3.5 \\ 2 & 3 & 4 & 3 \end{bmatrix} \tag{3-31}$$

表 3-13 各预选车型每项性能的综合评价结果

汽车使用性能	预选车型			
	斯康尼亚 LT-112H	五十铃 SBR330	解放 CAl42K2	东风 EQl40
动力性 B_1	2	3.9	3.1	3.1
通过性 B_2	1.9	2	2.5	2.5
经济性 B_3	2	1.9	3.4	2.4
使用方便性 B_4	2.7	3.2	4	3.5
容量 B_5	2	3	4	3

而整车的综合评价值 $\boldsymbol{B}^*$为

$$\boldsymbol{B}^* = \boldsymbol{A} \cdot \boldsymbol{R} \tag{3-32}$$

逐一计算可得出各预选车型的整车综合评价值，并整理于表 3-14。从该表中可以看出解放 CA142K2 型汽车的综合评价值最大，则为较优车型。

表 3-14 各预选车型的整车综合评价值

车 型	斯康尼亚 LT-112H	五十铃 SBR330	解放 CA142K2	东风 EQ140
整车综合评价值	2.08	2.63	3.36	2.79

由上例可知，汽车选型综合定量评价法是对决策思维过程的数学描述，用综合值表示全面定量化分析的结果。采用的数学方法和评判标度不同，综合值也不同。但是汽车选型综合定量评价法的主要步骤基本一样，主要有：

（1）确定选型准则，建立汽车选型评价结构模型。

（2）进行诸选型因素层间（例如使用性能间、同一使用性能的指标间）的权重分配，确定权值。

（3）对预选车型的各评价项目进行评分。

（4）确定综合数量化指标，建立相应的数学模型。

（5）计算各组评价项目（例如每种使用性能）及整车的综合评价值。

（6）比较各预选车型的整车综合评价值，确定最佳车型。

由于这种方法的综合评判计算以人为定量化评价为基础，则人的因素占相当的比重，这是该方法的不足之处。

4）汽车选型使用效果评价

前面介绍的各项汽车使用效果都具有一定的含义，而且大部分是可以通过公式计算的，因此可通过对各预选车型计算结果的比较进行汽车选型的技术经济评价。

（1）汽车运输生产率　评定汽车使用效果所采用的汽车运输生产率与本章 3.1 所介绍的总生产率相同，但它是以一年为统计期，以 $W'_{\rm pe}$ 表示，得

$$W'_{\rm pe} = \frac{q_0 \gamma T_{\rm d} L_{\rm l} \beta u_{\rm e} D_{\rm e}}{L_{\rm l} + t_{\rm lu} \beta u_{\rm e}} \tag{3-33}$$

式中：$D_{\rm e}$ 为一昼夜内的工作时间，h；$T_{\rm d}$ 为全年内的工作天数，d。

（2）劳动量　汽车运输劳动量是指完成单位货物周转量所付出的各种劳动（驾驶、装卸、维修及管理等人员的劳动）的总量。

一年内的汽车运输劳动量 T 用下式计算：

$$T = \frac{100 T_{\rm n}}{W'_{\rm pe}} \quad [\text{人}\cdot\text{时}/(100\text{t}\cdot\text{km})] \tag{3-34}$$

式中：$T_{\rm n}$ 为一年内为完成汽车运输所付出各种劳动的总量，人 · 时。

对载货汽车：

$$T = \frac{100(T_{\rm B} + T_{\rm nP} + T_{\rm oP} + T_{\rm aP})}{W'_{\rm pe}} \quad [\text{人}\cdot\text{时}/(100\text{t}\cdot\text{km})] \tag{3-35}$$

式中：T_B 为一年内驾驶员所付出的劳动量，人 · 时；T_{nP} 为一年内装卸工及机务人员所付出的劳动量，人 · 时；T_{oP} 为一年内为完成汽车维修所付出的劳动量，人 · 时；T_{aP} 为一年内管理及服务人员所付出的劳动量，人 · 时。

（3）能源耗量　汽车运输能源耗量是指完成单位货物周转量所消耗的能量。一年内的汽车运输能源耗量 E 用下式计算：

$$E = \frac{100Q\rho_T\lambda}{W'_{pe}}[\text{kJ}/(100\text{t}\cdot\text{km})] \tag{3-36}$$

式中：Q 为一年内汽车的燃料耗量，L；ρ_T 为燃料的密度，g/cm^3；λ 为燃料的低热值，kJ/kg；对汽油 λ=44 000kJ/kg；对轻柴油 λ=42 500kJ/kg。

（4）金属用量　金属用量是指汽车从制造到报废前的整个使用期间内，完成单位货物周转量所消耗的金属总量。一年内汽车运输的材料用量 M 用下式计算

$$M = \frac{100(m_a - m_H - m_e + m_d)}{W'_{pe}T_a\eta_M}[\text{kg}/(100\text{t}\cdot\text{km})] \tag{3-37}$$

式中：m_a 为汽车的整备质量，kg；m_H 为汽车非金属零件的质量，例如轮胎、木制货厢及蓄电池等，kg；m_e 为燃料、水及润滑剂等运行材料的质量，kg；m_d 为汽车在折旧期内为维护修理所消耗的金属配件或金属的质量，kg；T_a 为汽车使用寿命，年；η_M 为机械加工中的原材料利用率，%。

（5）单位当量费用　汽车运输单位当量费用是指完成单位货物周转量所付出的与汽车行驶有关的费用及基本投资。一年内的汽车运输单位当量费用 ε_{nP} 用下式计算：

$$\varepsilon_{nP} = \frac{100[\sum C_a + E_H(K - H_n)]}{W'_{pe}}[\text{元}/(100\text{t}\cdot\text{km})] \tag{3-38}$$

式中：$\sum C_a$ 为年均经营费，元。

$$\sum C_a = C_M + C_{OP} + C_d + C_P + C_H + C_n + C_r \tag{3-39}$$

式中：C_M 为运行材料（燃料及润滑剂、轮胎等）费；C_{OP} 为维护及小修费；C_d 为汽车折旧及大修提成费；C_P 为驾驶员工资；C_H 为与汽车行驶有关的杂费；C_n 为装卸费；C_r 为道路养护费；E_H 为投资回收系数，按投资的偿还期及利率来确定；K 为为完成运输工作的基本投资，包括汽车、物资技术基础及道路建设的投资，元；H_n 为运输设备的残值。

除上述之外，还有汽车运输质量及无害性。衡量汽车运输质量的标准，对货运是保证货物无损。无害性是指确保行车安全，汽车废气排放及噪声在有关标准的限制范围内。

汽车的运输生产率、劳动量、能源耗量、材料用量、运输质量及无害性均会对单位当量费用产生影响，因此单位当量费用可综合反映汽车的使用效果。在汽车选型时，可采用单位当量费用对汽车作总的技术经济评价，其实质就是寿命周期费用分析法的具体应用。

3.3.5 营运车辆与私家车选型差异

3.3.5.1 营运车辆选型

营运车辆选型一般可分为初步选型和综合选型。初步选型仅考虑汽车的某一性能和单一因素，综合选型应全面考虑各个方面的性能和因素，以达到满足用户的需要。

1）初步选型

（1）费用选择 汽车选型的费用主要考虑汽车使用前所需的费用，即购置费，包括购车、运输、验车、车辆购置附加费以及牌照费等；同时还要考虑汽车使用后，为维持汽车正常运行所需费用，即使用费，包括养路费、保险费、油料费、折旧费、维修和备品配件费及汽车管理费等。

汽车选型不仅希望购置费用最佳，而且希望汽车使用后实际发生的费用，即总费用（购置费和使用费之和）最佳。这样才能更好地降低汽车使用成本，提高经济效益。

汽车使用者选择车辆时，应参考汽车销售部门的最终报价，同时还要考察国家和地方政府以及制造企业对汽车销售的政策和措施，诸如银行给用户提供贷款、制造企业给予让利销售等鼓励用户购买汽车。当然，出于地方利益的考虑，也有限制措施出台的情况，汽车使用者应有所了解。

总之，汽车使用者应充分考虑汽车使用的总费用，选择一个购买的有利时机，使汽车使用所实际发生的总费用最少。

（2）品牌选择 道路运输企业要做好车辆的选型，必须全面了解和掌握目前国际国内汽车制造业的现状和技术水平。汽车制造企业的设计能力是汽车制造水平高低的集中反映，纵观我国的汽车制造业现状，有3类情况：第一类是完全国产配件生产的汽车；第二类是引进主要总成件或者整车底盘，车身由国内生产的汽车；第三类是整车零部件进口组装生产的汽车。

（3）容载选择 汽车按基本结构可分为载货汽车、越野汽车、自卸汽车、牵引汽车、专用汽车、客车、轿车、半挂车以及专用半挂车等。实际上，如果从选型的角度，可按用途分成载货、载客和专用汽车三大类：

载货汽车按载重量的大小可分为微型货车（总质量不大于1.8t）、轻型货车（总质量1.8～6t）、中型货车（总质量6～14t）和重型货车（总质量大于14t）。

载客汽车主要有轿车和客车两类：

轿车按发动机的排量可分为微型轿车（排量1.0L及以下）、轻型轿车（排量1.0～1.6L）、中级轿车（排量1.6～2.5L）、中高级轿车（排量2.5～4.0L）和高级轿车（排量大于4.0L）。

客车按其总长度可分为微型客车（总长度不大于3.5m）、轻型客车（总长度3.5～7m）、中型客车（总长度7～10m）及大型客车（总长度大于10m）.

专用汽车包括厢式汽车、罐式汽车、专用自卸汽车、起重举升汽车、仓栅式汽车以及特种结构汽车。如救护车、运油车、自装卸垃圾车、云梯消防车、牲畜运输车及车辆运输车等就是这一类。

汽车用户可根据自己从事汽车运输的目的进行载容选择，即选择载重量或客车的长度（座位数）或轿车的排量，同时还要考虑汽车的专门用途，即从事哪一类运输任务和作业。

2）综合选型

初步确定汽车的载容量后，就需要确定某一载容范围内几（或多）种品牌的具体车型。车型选择时，应充分考虑汽车的动力性、燃料经济性、安全性、操纵稳定性、平顺性、通过性、可靠性、维修性、机动性、使用方便性、汽车排污和噪声、管理因素、道路条件和气候条件，利用综合定量评价法建立汽车选型模型。

3.3.5.2 私家车辆选型

随着国民经济和人民生活水平的提高，人们对汽车的需求量越来越大，对汽车质量的要求也越来越高。当需要购买私家车时，初步选型可以参考营运车辆初步选型过程，而综合选型则可以主要考虑以下因素：

（1）安全性　生命重于泰山，无论选什么样的车，安全是最重要的。安全性差，一旦发生事故将是致命的。

（2）节能性　面对油价的不断变化，买或换车时就不能不考虑车辆油耗。购车还要考虑怎样养车，所以，油耗低的新车应该是首选。同类车型的汽车自重低的经济性一般会好些。据测定，小型车自重每增加40kg，要多耗1%左右的燃油。特别是选用小客车时，要注意根据实际情况选型，如道路条件、润滑油及燃油的质量等，否则会在车辆的使用中造成浪费或缩短使用寿命。

（3）动力性　小型汽车发动机有汽油和柴油发动机两种。在其他条件相同时，柴油发动机汽车的经济性好。同类车型中，发动机排量小，经济性相对较好。

（4）成熟性　全国各地方都可以容易找到专业维修站或购买到配件，这就是车型的市场成熟度。因此，要看汽车制造厂家的实力或车型成熟度，对新、特车型应慎重考虑。

（5）服务性　现在，在我国私家车的销售已经进入薄利时代，汽车制造厂家逐渐将主战场转移到售后服务市场。买车后免不了要遇到修车的问题，应选择零配件有保障、维修方便的车型，这样可以减少维修费用和减少停驶时间。

（6）美观性　对于车的外形，不同的人有不同的审美观点。日、韩的产品外形可能由于比较符合东方人的审美观点，因此更容易获得国人的喜爱；欧美车主要还是针对欧美人自身的喜好进行设计。但是，随着中国汽车市场的迅速扩大，如今车型外观设计上更加贴近中国人的思维习惯和喜好。

思考题

1. 汽车运用的主要指标有哪些？
2. 汽车运用单项指标有哪些？它们对汽车运输生产率及运输成本有哪些影响？
3. 汽车使用性能指标有哪些？
4. 简述汽车选型基本要求。

5．简述汽车选型的标准。

6．汽车选型评价模型有哪几种？试画出每一种选型评价结构模型示意图。

7．汽车选型的技术经济评价有几种？

8．营运车辆如何选型？

9．私家车如何选型？

第 4 章 汽车运用合理性分析及要求

［本章提要］

本章主要介绍汽车动力性分析与合理利用、汽车能耗分析与节能途径、汽车安全性分析及保障措施、汽车环保性分析及改善方法以及汽车运行材料选用要求。通过本章学习，掌握汽车运用合理性分析及要求。

4.1 汽车动力性分析与合理利用

4.1.1 汽车动力性指标

汽车运输效率在很大程度上取决于汽车的动力性。因为汽车行驶的平均速度越高，汽车的运输生产率越高。除运输组织原因外，影响平均速度的因素主要是汽车的动力性。

从获得尽可能高的平均行驶速度的观点出发，汽车的动力性主要由以下 3 方面的指标评定。

1）最高车速

最高车速是指在水平良好的路面上汽车能达到的最高行驶速度。它仅仅反映汽车本身具有的极限能力，并不反映汽车实际行驶中的平均速度。根据汽车功率平衡原理，发动机功率曲线（直接挡或最高挡）与汽车行驶阻力功率曲线相交点处的车速，便是汽车最高车速。

现代轿车的最高车速一般在 140～250km/h，货车的最高车速一般在 80～120km/h。

2）加速性能

加速性能对汽车平均行驶速度有着很大影响，它的评价指标很多，但通用和统一的评价准则还没有。欧美等多数国家的评价指标采用汽车油门全开时的加速距离和时间；而前苏联学者认为除此以外，还应包括汽车加速度系数（最大加速度与发动机最大功率之比）、汽车油门全开加速到最高车速一半的时间和距离。

当今，汽车通常用原地起步加速时间与超车加速时间来表示汽车的加速性能。原地起步的加速时间系指用一挡或二挡起步，按最佳换挡时间逐次换至高挡，油门开度保持全开，加速至某一预定的距离或车速所需要的时间。超车加速时间系指用最高挡或次高挡由某一较低车速在油门全开情况下，加速至某一高速所需用的时间。

（1）原地起步加速时间　由汽车行驶方程得

$$\delta\frac{G}{g}\frac{\mathrm{d}u}{\mathrm{d}t}=F_{\mathrm{t}}-F_{\mathrm{f+w}} \tag{4-1}$$

设 $i=0$ 得

$$j=\frac{\mathrm{d}u}{\mathrm{d}t}=\frac{g}{\delta G}(F_{\mathrm{t}}-F_{\mathrm{f+w}}) \tag{4-2}$$

再利用公式 $F_{\mathrm{t}}=\frac{T_{\mathrm{tq}}i_{\mathrm{g}}i_0\eta_{\mathrm{T}}}{r}$，$F_{\mathrm{f+w}}=Gf+\frac{C_{\mathrm{D}}Au_{\mathrm{a}}^2}{21.15}$ 可得 u_{a}—j 曲线，即汽车的加速度曲线，如图 4-1 所示。同时，也可画出 u_{a}—$1/j$ 曲线，即汽车的加速度倒数（$1/j$）曲线，如图 4-2 所示。

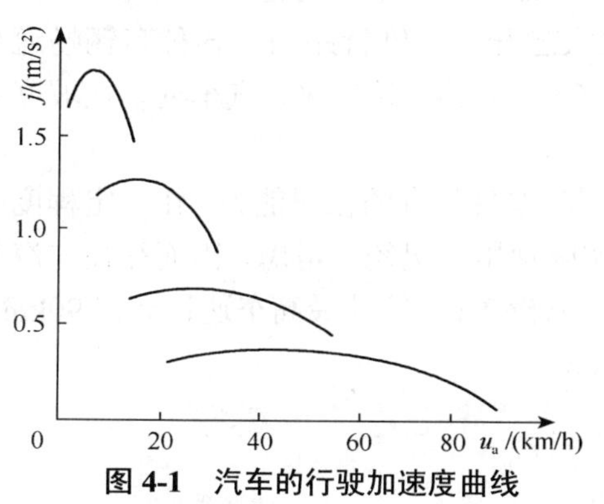

图 4-1　汽车的行驶加速度曲线

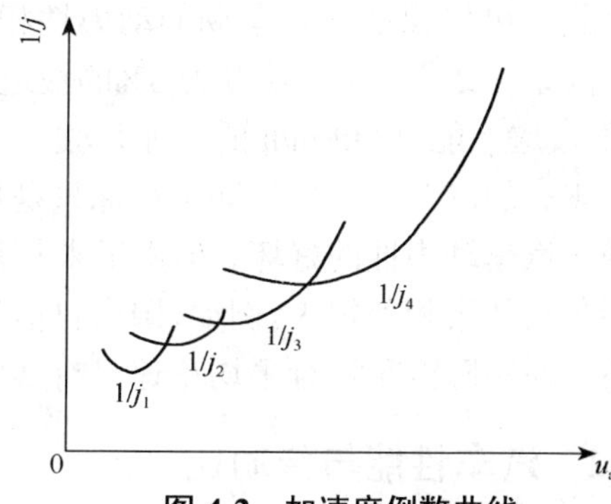

图 4-2　加速度倒数曲线

为了计算加速时间 t，由式（4-2）可得

$$\mathrm{d}t=j\mathrm{d}u=\frac{\delta G}{g(F_{\mathrm{t}}-F_{\mathrm{f+w}})}\mathrm{d}u \tag{4-3}$$

实际上，原地起步加速时间 T 由 4 个部分组成：

T_1——汽车从原地加速至离合器完全结合达最小稳定车速的时间；

T_2——每挡的加速时间之和；

T_3——两邻挡的接合过程离合器动态工作时间之和；

T_4——每个换挡动作反应时间之和。

原地起步加速时间 t 为

$$t=T_1+T_2+T_3+T_4=\sum_{i=1}^{N}\frac{\delta_k' G\Delta u_{\mathrm{a}}}{3.6g(T_{\mathrm{tq}ki}^{\mathrm{D}}i_{gk}i_0\eta_{\mathrm{T}k}/r-F_{\psi i+wi})}+\sum_{k=1}^{N}\sum_{i=1}^{N_2}\frac{\delta_k G\Delta u_{\mathrm{a}k+1}}{3.6g(T_{\mathrm{tq}ki}i_{gk}i_0\eta_{\mathrm{T}k}/r-F_{\psi i+wi})}+\sum_{k=2}^{N}\sum_{i=1}^{N_3}\frac{\delta_k' G\Delta u_{\mathrm{a}}}{3.6g(T_{\mathrm{tq}ki}^{\mathrm{D}}i_{gk}i_0\eta_{\mathrm{T}k}/r-F_{\psi i+wi})}+\sum_{k=1}^{N-1}\Delta T_k \tag{4-4}$$

（2）超车加速时间　超车加速时间是汽车以最高挡由某一低车速全力加速至某一高车速所需的时间，所以可以利用超车加速时间曲线（最高挡 t—u_a 曲线）直接积分得到，积分公式为

$$T_D = \int \frac{\delta_k G u_a}{3.6g(F_{Tk} - F_{\psi+w})\,du_a} \tag{4-5}$$

3）爬坡性能

汽车的爬坡性能是用满载时汽车在良好路面上的最大爬坡度表示。显然，最大爬坡度是指一挡最大爬坡度。

设汽车一挡最大爬坡度为 a，则有 $D_{max} = f\cos a + \sin a$，解之，得

$$a = \arcsin\frac{D_{max} - \sqrt{1 - D_{1max}^2 + f^2}}{1+f^2} \tag{4-6}$$

则最大爬坡度为 $i_{max} = \tan a$ 。

有的国家规定在遇到的坡度上，以汽车必须保证的车速来表明它的爬坡能力。控制这个指标可以保证各种车辆的动力性相差不致太悬殊，以维持路面上各种车辆畅通行驶。例如，要求单车在坡度为3%的坡道上能以60km/h的车速行驶，汽车列车在坡度为2%的坡道上能以80km/h的车速行驶。

现有的汽车动力性的评价指标只是反映了汽车本身具有的极限能力，在一定程度上反映了汽车动力性的好坏。但由于未与复杂的实际使用工况统一考虑，因而往往与汽车实际使用效果相差很大。例如，国内目前的城市公共汽车，尽管其最高车速设计在90km/h左右，而实际汽车运行平均车速只有20～30km/h。

4.1.2　汽车性能与传动比

汽车设计中常按保证汽车预期的最高车速来初步选择发动机功率。最高车速虽然是动力性中的一个指标，但它也能反映汽车的加速能力与爬坡能力。这是因为最高车速越高，要求的发动机功率越大；汽车后备功率大，加速与爬坡能力好。

若给出最高车速，选择的发动机功率应等于以最高车速行驶时的驶阻力功率之和，即

$$P_e = \frac{1}{\eta_T}\left(\frac{Gf}{3600}u_{a\max} + \frac{C_D A}{76140}u_{a\max}^3\right) \tag{4-7}$$

在给定 C_D 、 η_T 、 f 、m 之值后，按式（4-7）就可求出发动机应有的功率值。

汽车比功率是单位汽车总质量具有的发动机功率。由式（4-8）求得汽车比功率 P_c 为：

$$P_c = \frac{1000P_e}{m} = \frac{fg}{3600\eta_T}u_{a\max} + \frac{C_D A}{76.14m\eta_T}u_{a\max}^3 \quad (\text{kW/t}) \tag{4-8}$$

轿车行驶车速高，且不同轿车性能相差很大，其最高车速在100～300km/h之间。由公式（4-8）可以绘出 $\frac{f}{\eta_T} = 0.02$， $\frac{C_D A}{m\eta_T} = 2\times10^{-4} \sim 2\times10^{-3}\ \text{m}^2/\text{kg}$ 时的比功率曲线图，

结合设计轿车的总质量与预定的最高车速，可基本确定应有的发动机功率。

1）变速器挡数的选择

传动系的挡位数与汽车的动力性、燃油经济性有着密切的关系。不同类型的汽车，具有不同的挡位数。其原因在于使用条件不同，对整车性能要求不同。就动力性而言，挡位数多，增加了发动机在最大功率附近发挥功率的机会，提高了汽车的加速与爬坡能力。就燃油经济性而言，挡位数多，增加了发动机在低燃油消耗率区工作的可能性，降低了油耗。所以，增加挡位数会改善汽车的动力性和燃油经济性。

挡数多少还影响到挡与挡之间的传动比比值。比值过大会造成换挡困难。一般认为比值不宜大于 1.8。因此，如最大传动比与最小传动比的比值越大，挡位数也应越多。

2）各挡传动比的选择

汽车传动系各挡的传动比大体上是按等比级数分配的，一般汽车各挡传动比大致符合如下关系：

$$\frac{i_{g1}}{i_{g2}}=\frac{i_{g2}}{i_{g3}}=l=q \tag{4-9}$$

式中：q 为各挡之 i_g 的公比。因此，各挡的传动比为 $i_{g1}=qi_{g2}$， $i_{g2}=qi_{g3}$， $i_{g3}=qi_{g3}$。

由此可知，如果是 n 个挡位的变速器，则各挡传动比为：

$$i_{g2}=\sqrt[n-1]{{i_{g1}}^{n-2}}\text{，}\quad i_{g3}=\sqrt[n-1]{{i_{g1}}^{n-3}}\text{，}\quad i_{g4}=\sqrt[n-1]{{i_{g1}}^{n-4}}\text{，}\quad\cdots$$

则第 m 挡传动比为

$$i_{gm}=\sqrt[n-1]{{i_{g1}}^{n-m}} \tag{4-10}$$

这样确定了各挡传动比后，还要校验相邻挡位传动比的比值，即公比 q 的数值如前所述，此值一般小于 1.7～1.8。如 q 过大，则应增加传动系的挡位数。

由图 4-3 可知：若每次发动机都提高到转速 n_2 换挡，只要发动机都降到同一低转速 n_1，离合器就能无冲击地接合。也就是说，换挡过程中发动机总在同一转速范围 n_1～n_2 内工作。这样驾驶员在换挡操作时就方便得多。

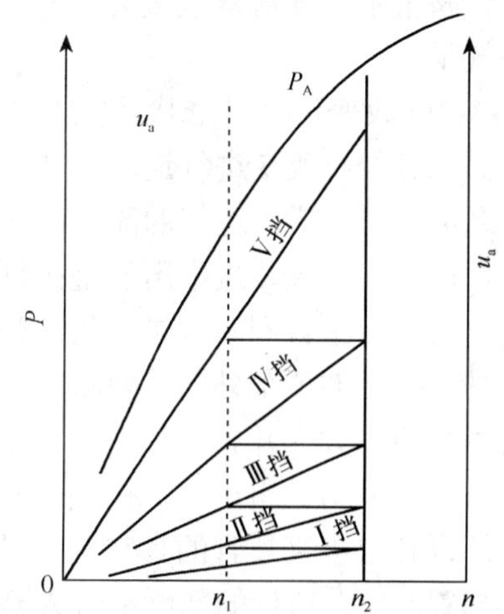

图 4-3　换挡过程中车速与发动机转速之间的关系

按等比级数分配传动比的主要目的在于充分利用发动机提供的功率，提高汽车的动力性。当汽车需要大功率时，如全力加速或上坡，若排挡选择恰当，具有等比级数分配传动比的变速器就能使发动机经常在接近外特性最大功率 P_{emax} 点的范围内运转，从而增加了汽车的后备功率，提高了汽车的加速或上坡能力。同时，按等比级数分配传动比的变速器，也便于和副变速器结合构成更多挡位的变速器。

实际上，各挡传动比之间的比值并不正好相等，并不是正好按等比级数公比 q 来分配传动比。这主要是考虑到各挡利用率差别很大，且齿轮齿数设计不可能取非整数。

汽车主要是用较高挡位行驶的，例如中型货车五挡变速器中的 I、II、III3 个挡位的总利用率仅为 10%～25%。因此，较高挡位相邻两挡间的传动比的间隔应小些，特别是较高挡与次高挡之间更应小些。因此，实际上各挡传动比常按下面的关系分布：

$$\frac{i_{g1}}{i_{g2}} \geqslant \frac{i_{g2}}{i_{g3}} \geqslant \cdots \geqslant \frac{i_{g(n-1)}}{i_{gn}}$$

4.1.3　汽车动力性合理利用措施

随着科学技术的迅猛发展，越来越多的新技术、新产品在汽车上得到了应用，使得汽车的各种性能不断地得到提升，提高汽车动力性的途径也越来越广阔。目前，提升动力性措施主要从汽车总成的结构设计、各总成之间的合理匹配、使用以及管理环节入手。

4.1.3.1　汽车结构进一步优化

1）汽车燃料供给系统改进

汽油发动机燃油供给系统从传统化油器式燃油供给系统发展到电控燃油喷射系统的过程，其中还经历了机械式燃油喷射系统和机电混合式燃油喷射系统的发展。电控燃油喷射系统则经历了由单点喷射到多点喷射，由缸外喷射到缸内直喷的发展过程。在燃油系统不断改进的过程中，发动机的动力性在不断提升，油耗在不断下降，尾气排放向着更加严格的指标发展。虽然电控燃油喷射系统技术已经发展得比较成熟，但如果对其进行合理的改进，仍然能够进一步增大发动机功率。

（1）加大空气流量，降低进气阻力　换装高流量的空气滤芯可降低发动机进气的阻力，同时提高发动机运转时单位时间的进气量及容积效率。如果想达到更好的效果，还可将整个空气滤清器改装为滤芯外露式滤清器，以进一步降低进气阻力，增加发动机的进气量。

（2）改变进气道形状，增加进气的流动速度　进气道的改进可以从形状及材质 2 个方面来进行。改变进气道的形状，一是为了实现进气蓄压，以供急加速时节气门突然全开之需；二是增加进气的流速。改变进气道材质，对材质的要求原则上是不吸热和质量轻。目前汽车改装最常用的是碳纤维材质，其优点是具有不吸热的特性，缺点是价格昂贵。通常赛车会同时改进进气道形状和材质，并将空气滤清器一并转移甚至干脆拆除，将进气口延伸至车外，以便随车速提高增加进气压力，从而提高进气量，以求获得车辆动力性的最大提升。

（3）采用二次进气，提高容积效率　二次进气是除了从空气滤清器吸入的空气外，另外再利用进气歧管的真空压力差，从发动机 PCV（曲轴箱强制通风）管路外接另一进气装置，导入适量的新鲜空气来到达到提高容积效率的目的。二次进气所能产生的动力提升效果最主要的是在节气门开度较小的低转速阶段，因为在节气门全开的高速阶段，空气大量进入使真空度降低时，二次进气装置所能导入的空气量相对来说就变得微不足道了。

（4）改进节气门，提升进气效率 节气门的改进方式有两种：① 通过更换动作更快的伺服电机对电子节气门进行改进；② 将单节气门改为多节气门，这是针对跑车、赛车而言。其改进方法是在每个进气管各自装一个节气门，这种结构也称多喉直喷式。多喉式相比与单喉式充气效率提高很大，但改进成本也较大。

（5）加装废气涡轮增压装置 对于自然吸气式发动机加装废气涡轮增压装置，可以明显提升发动机扭矩及功率，使其增大 20%～30%，最高可达 50%。加装废气涡轮增压装置需同时加装中冷器，这是由于空气在被压缩的过程中温度会升高，影响发动机的充气效率，而中冷器可以起到冷却空气的作用。此外，加装废气涡轮增压装置的发动机一般需要将活塞更换为锻造活塞，以适应汽缸压力的增加。

（6）增加发动机排量 增大发动机排量可以有效提高功率，但同时耗油量及废气排放也会增大。

（7）增大多点燃油喷射系统中的压力，提高喷油量 调压阀是多点燃油喷射系统中的压力调节器，它保持燃油系统为喷油器提供一个固定的压力。这个固定压力越大，喷油器在相同的时间喷出的燃油量也越多。通过调节调压阀提高喷油器的喷油压力，进而使相同喷油脉宽下的喷油量增加 5%～10% 。需要注意的是，通过这种方法增加喷油量后，必然导致混合气浓度增加，通常需要对发动机控制单元的控制策略进行修改，否则可能造成控制单元控制失准，并报故障码。此外，增大喷油压力需适度，压力超出规定值则会造成发动机工作不稳，甚至出现爆燃等现象。

（8）更换喷油器，提高喷油量 在发动机进行了大幅改进之后，如果高速时所需的喷油时间比发动机一个进气行程的时间还长，就会造成喷油器持续的喷油也无法提供足够的油量，这时就需更换更大喷油量的喷油器。

2）提升点火系统的性能

提高点火系统的点火性能，可以有效提高发动机燃烧效率，具体方法如下：

（1）将普通高压点火线改为高能量高压点火线 为了提高发动机点火能量，零件制造商专为改装车提供一种高能量高压点火线，即“矽导线”。这种高压点火线比普通高压点火线的内阻要低很多，点火电量通过性好，可以增加点火能量。

（2）提高高压线圈的电压 通过改进线圈材质，或采用次级线圈与初级线圈匝数比值更大的点火线圈，均能产生更高的点火电压，并且能承受较高的电流输出负荷。点火电压的提高对增加点火能量有直接且正面的影响。

（3）更换高能火花塞 高能火花塞能承受较大的热负荷和机械负荷，并且可以适应更高的点火电压，使点火能量充足。如电极材料为铱合金的火花塞，可以承受极高温度而不被熔毁，且电极耐磨能力很强，使之寿命更长。

3）汽车发动机及传动系统的合理匹配

在对汽车发动机进行改进时，当汽车的总质量、质量分配、空气阻力及轮胎滚动阻力等因素确定后，发动机与动力传动系统的合理匹配对保证汽车的动力性和燃油经济性是非常重要的。汽车的动力性是由整车动力总成的性能决定的，虽然汽车的发动机具有非常重要的作用，但是在发动机排量和输出功率相差不大的情况下，动力总成的配合才是决定汽车输出动力的最核心因素。对车辆的动力系统进行整体的优化，使发动机与变速器和主减速器合理配合，才能使发动机的输出功率充分地释放出来。

4）减轻汽车整备质量

从材料上减轻汽车整备质量，将车辆各总成改用轻质量的材料以减轻汽车整备质量，可以提高汽车动力性。例如，发动机机体采用镁铝合金，某些零部件使用轻质合金材料，可以达到减轻汽车整备质量的目的。

4.1.3.2　发动机控制单元（ECU）的改进

1）发动机控制程序优化

根据汽车在不同地区的使用要求，可以通过修改发动机控制单元的程序来增加发动机功率，达到提升汽车动力性的目的。汽车出厂时，厂家对于发动机控制单元的一些参数标定留有较大的可调整余地，改进发动机控制单元程序可以最大限度地挖掘出发动机的潜在能力。发动机控制单元的程序修改后，需要使用专用仪器进行路试检测，有条件的可以在测功机上进行检测，以便得到更精确的数据，待完全调校好以后再装车路试。

修改发动机控制单元程序的方法通常可以分为 3 种：第一种是通过换芯片、加装机板或者重新写入程序等方法，对原车发动机控制单元进行改进；第二种是不改动原车发动机控制单元，而是在其输出端连接辅助装置，从而改变原车计算机的输出信号，达到不同的控制效果；第三种是更换功能更强大的发动机控制单元。

2）可变控制程序

可变控制程序是指在一辆车上安装 3 块发动机控制单元，分别按照发动机低速、正常及最大功率输出 3 种运转状态设计程序，并按照实际需要切换相应的控制单元工作。如果这 3 种工作模式采用 1 块控制单元来实现，程序控制难度将大幅增加，而当控制单元出现故障时，汽车就不能运行，故从安全可靠的角度和易于实现的角度来考虑，采用 3 块发动机控制单元的设计可能更为合理。

4.1.3.3　加强对汽车的维护

1）提高汽车维护技术水平

及时而正确的维护会使汽车的使用寿命延长，是保证行车安全和发挥汽车动力性的重要环节。维修企业在汽车维护过程中可以采取以下措施来保证服务的质量，并提高维修人员的保养技术水平。

（1）在对车辆进行维护时，为了避免遗漏项目，维修企业应尽量采用“双人操作”法，并要求维修人员保证每一项维护的质量都符合要求，达到技术规范。

（2）对维修技术人员进行定期培训，讨论和解决工作中出现的问题。同时学习一些新车型、新技术知识，以达到提高汽车维修人员技术水平的目的。

（3）对于更换的零部件要使用原厂配件或符合标准的正规厂家生产的配件，保证其使用性能和寿命达到原厂规定的要求。

（4）指导用户掌握最基本的汽车维护知识，使他们能够按照相关规定进行定期检查。

2）使用优质燃油和润滑油

（1）要选择清洁、符合质量要求的优质燃油　不清洁的燃油会导致油路不畅，不符合质量要求的燃油会使发动机产生积炭，甚至产生爆震或出现机件被腐蚀的情况。只有选择正确标号、清洁以及优质的燃油才能使汽车的动力性充分发挥出来。

（3）改善润滑油质量　润滑油包括机油、齿轮油和油脂等产品，选用的润滑油要符合 API 标准。润滑油质量的改善更进一步保证了其在高温、高压下不变质，防止胶质、积炭和酸性物质生成，还可以起到增加油膜厚度、减少运动件之间磨损、保护机件不被腐蚀、增加发动机功率、降低噪声以及延长机件使用寿命的作用。

3）合理选用添加剂

（1）汽油添加剂　在汽油中加入添加剂就可以起到清除积炭、降低油耗、避免汽车发动机金属表面氧化、防止输油管路及油路系统的锈蚀、清洁油路的作用。

（2）柴油添加剂　用于柴油的添加剂，如柴油防凝剂可改善柴油的低温流动性，防止低温时柴油冻结。

（3）机油添加剂　在机油中加入添加剂以后，有利于改善起动性能；可以延长发动机的使用寿命，提高功率，活塞和汽缸之间的密封性提高。因此会明显地提高汽缸压力、从而使发动机的动力性得到提升。

（4）齿轮油添加剂　齿轮油添加剂具有以下作用：降低机械传递过程中的能量损耗，在一定程度上降低发动机油耗；提高油膜强度，提升齿轮油的抗极压性能，避免齿轮表面产生胶合、磨损、塑性变形、疲劳和断裂等损伤。

（5）空调系统添加剂　用于空调系统的添加剂，能降低空调系统的能量消耗、减轻摩擦及噪声、清除异味、延长压缩机油填充周期以及系统中各零部件的使用寿命。

4.2　汽车能耗分析与节能途径

汽车在一定的行驶条件下，以消耗最少的燃油完成单位运输工作的能力称为汽车的燃油经济性，它是评价汽车系统性能的主要参数之一。汽车对燃料的消耗费用约占汽车运输成本的30%，所以减少汽车燃料的消耗，可以提高汽车运输效益。特别是全球性的石油能源危机以来，世界各国汽车制造商和使用部门都对汽车的能耗倍加重视，采用各种办法来降低汽车的能耗。通过对汽车燃油经济性评价指标、燃油消耗测量、方法计算等方面知识进行介绍的基础上，分析降低汽车能耗、提高汽车使用经济性的途径。

4.2.1　汽车耗能评价指标及影响因素

4.2.1.1　汽车能耗评价指标

1）汽车燃料经济性

汽车燃料经济性的评价指标是用行驶单位里程的燃料消耗量或用单位燃料消耗量的行驶里程来表示。

根据各国度量单位制及习惯的不同，汽车燃料经济性的常用以下量值来表示：

（1）汽车行驶单位公里的燃料消耗的升数（L/km）；

（2）汽车行驶 100km 燃料消耗的升数（L/100km），是将 L/km 扩大 100 倍得到的。中国和欧洲有些国家一般用 L/100km 表示汽车燃料经济性的指标；

（3）消耗 1 升燃料的汽车行驶里程数（km/L）；

（4）消耗 1 美加仑（或 1 英加仑）燃料汽车行驶的英里数，即英里/加仑（mile/U.S. gal 或 mile/gal）简称 MPG。美英等国常用这个指标表示汽车的燃料经济性，其中 1U.S.gal=3.785L，1gal=4.541L，1mile=1.609km；

（5）使用气体燃料（天然气或液化丙烷气等）时的汽车燃料经济性（kg/km 或 km/kg），但有时也用来表示使用液体燃料（如酒精等）时的汽车燃料经济性。

此外，汽车运输单位还常用 L/(100t · km)或(kg/100t · km)，即用完成每百吨公里运输工作量时的汽车的燃料消耗量来表示汽车的燃料经济性。这个评价参数不仅表示了燃料消耗量，而且还表示了运输效率，便于比较不同装载质量汽车的燃料经济性。某些特种车辆有时用 L/h 或 gallon per hour 简称 GPH，表示车辆工作 1h 的燃料消耗的经济性。

等速百公里油耗量是最常用的一种评价指标。即汽车在额定载荷下，以最高挡在水平良好路面上等速行驶 100km 的燃油消耗量，测出每隔 10km/h 或 20km/h 速度间隔的等速百公里燃油消耗量，绘制成等速百公里燃油消耗量曲线，比较直观地反映不同汽车的经济性。

但是，等速行驶工况并没有全面反映汽车的实际运行情况，特别是在市区行驶中频繁出现的加速、减速、匀速、停车等行驶工况。因此各国都制定了一些典型的循环行驶试验工况来模拟实际汽车运行状况，并以其百公里燃油消耗量来评定相应行驶工况的燃油经济性。

多工况油耗（循环行驶工况油耗），循环工况规定了车速—时间行驶规范，包括如何时换挡、何时制动以及行车的速度和加速度等。常用 4 工况、6 工况和 15 工况下的油耗来评价汽车的燃油经济性。多工况在路上试验比较困难，一般多规定在室内测功器上进行测试。

欧洲经济委员会（ECE）规定，要测量车速为 90km/h 和 120km/h 等速百公里燃油量和按 ECE—R.15 循环工况的百公里燃油消耗量，并各取 1/3 相加作为混合百公里燃油消耗量来评定汽车燃油经济性。

美国环境保护局（EPA）规定，测量市内循环工况（UDDS）及公路循环工况（HWFET）的燃油经济性（单位为每加仑燃油汽车行驶英里数，mile/gal ），并按下式计算综合燃油经济性（单位为 mile /gal）：

$$\text{综合燃油经济性}=\frac{1}{\left(\dfrac{0.55}{\text{城市循环燃油经济性}}\right)}+\frac{1}{\left(\dfrac{0.45}{\text{公路循环燃油经济性}}\right)}$$

由于等速行驶工况没有全面反映汽车的实际运行情况，特别是在市区行驶中频繁出现的加速、减速、怠速停车等行工况。因此，制定一些典型的循环行驶试验工况来模拟实际汽车运行状况，并以其百公里燃油消耗量来评定相应行驶工况的燃油经济性。我国制定了货车与客车在路上行驶循环工况，货车为 6 工况，1.075km 循环；客车为城市 4

工况，0.70km 循环。

2）电动汽车能耗经济性

电动汽车常用百公里耗电千瓦时（度）作为能耗经济性评价指标，即 kW·h/100km。

4.2.1.2 汽车燃油经济性的影响因素

汽车燃油经济性与发动机性能、汽车结构参数和使用条件等因素有关。

1）发动机对汽车燃油经济性的影响

汽油机的热效率随压缩比的增加而提高。车用汽油机的压缩比逐步提高，但是压缩比的提高也带来了严重污染问题。为了控制燃烧中有害成分的产生，特别是控制在高温下 NO_x 的生成，又迫使汽油机的压缩比不能提高太大。

采用更经济的混合气浓度是提高汽油机经济性的可行性途径。在保证汽车正常驾驶的前提下，汽油机改善进气系统及各缸混合气的均匀性，有助于燃油经济性提高。

石油危机以来，世界各国都积极地推行轻型货车和轿车的柴油化。例如，在总质量 2～5t 的货车中，前联邦德国有 95%、日本有 90%用柴油机。但柴油机质量较大，单位质量的功率较小，振动和噪声都较大，黑烟较浓和价格较高。但因柴油机的热效率高，耗油量少，使用寿命长，汽车上装用柴油机总的经济效果好。

发动机功率和负荷率对汽车能耗经济性有很大影响。合理地选用小功率发动机，使汽车行驶中经常保持较高的功率利用率，对提高汽车的能耗经济性也是很有意义的。采用电控发动机可以较精确控制喷油量，可提高其经济性能。

2）汽车传动系对汽车燃油经济性的影响

汽车传动系对汽车燃油经济性的影响主要取决于传动系的效率 η_T、挡位数和传动比。

传动系的效率越高，则损失于传动系的能量越少，汽车的燃油经济性越好。因此，改进传动系总成的结构，以及提高传动系润滑油的品质可以提高汽车的燃油经济性。

汽车在一定的平直道路条件下，等速行驶所需的发动机功率为

$$P_e = \frac{P_f + P_W}{\eta_T} \tag{4-11}$$

式（4-11）与传动系挡位无关，但是使用不同挡位时，发动机的转速和负荷率将随挡位不同而变化。由汽车功率平衡关系可知，在汽车行驶速度不变的情况下，接合高速挡时，汽车发动机的负荷率较高。根据发动机的负荷特性可知，当负荷率为 80%～90% 时，发动机处于燃料消耗率最低的经济工况。为了使发动机能经常在经济工况下工作，则传动系的挡位数越多越好，即挡位数越多，增加了选用合适挡位使发动机处于经济工况下工作的机会，有利于提高汽车的燃油经济性。

装有五挡变速器的轿车日见增多，重型载货汽车和牵引车的变速器挡位数多达 10～16 个。显然，挡位数无限多时，即构成所谓的无级变速，可实现在任何条件下使发动机工作在最经济工况下的可能性。所以，无级变速器能提高汽车燃油经济性。

由汽车速度与发动机转速的关系式可知，当汽车行驶速度不变时，选用高速挡的传

动比小，发动机转速低；选用低速挡的传动比大，则相应的发动机转速高。由发动机负荷特性可知，在发动机负荷相同的情况下，一般是转速越低，发动机的燃料消耗率越小。因此，在一定的行驶条件下，传动系的传动比越小，汽车的燃油经济性越高。

传动系的传动比是变速器传动比与主减速器的传动比之积。因此，在良好的道路上行驶时，选用小传动比的主减速器也有利于提高汽车的能耗经济性。但是，传动比不能过小，因为主减速器传动比过小时，最高挡的输出扭矩过低。当汽车在运行中阻力增大时，为了获得足够的加速能力或上坡能力要使用中间挡，使发动机负荷率减少，导致汽车的燃油经济性变差。因此，需要汽车的直接挡应仍有足够大的后备功率，作为加速和克服坡度之需。

为了改善汽车在好的路面上以较高的稳定车速行驶时的经济性，近代轿车常不减小主减速器转速比，在变速器中装置传动比小于 1 的超速挡。这样也能提高发动机的负荷率，降低燃料消耗。同时，在车速相同的情况下，由于接合了超速挡，发动机的转速较低，减轻了发动机的磨损。

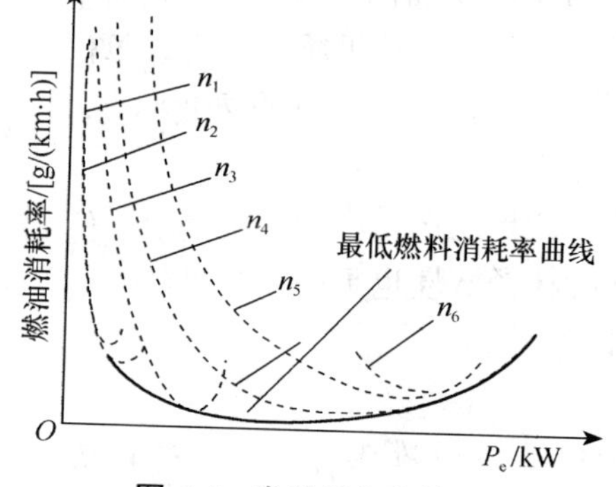

图 4-4　发动机负荷特性

根据发动机负荷特性，分析发动机运行的经济工况，可以得到发动机的“最小燃料消耗特性”。图 4-4 为发动机在各种转速下的负荷特性。

将图 4-4 外包络线上各点的转速和负荷画在发动机的外特性图上，便得到“最小燃料消耗特性”，如图 4-5 中的 A_1A_2 相当于发动机最低转速 n_{min}，A_2A_3 是“最小燃料消耗特性”曲线。发动机如能按 A_2A_3 调节负荷，即能获得最佳的经济性工况。B_1B_2 为发动机外特性曲线，发动机按 B_1B_2 调节负荷，则能得到最佳的动力性工况。理论上，无级变速器能按上述工况调节负荷，无级变速器转速比按一定规律随发动机转速和行驶条件而改变的关系曲线称为无级变速器的调节特性。

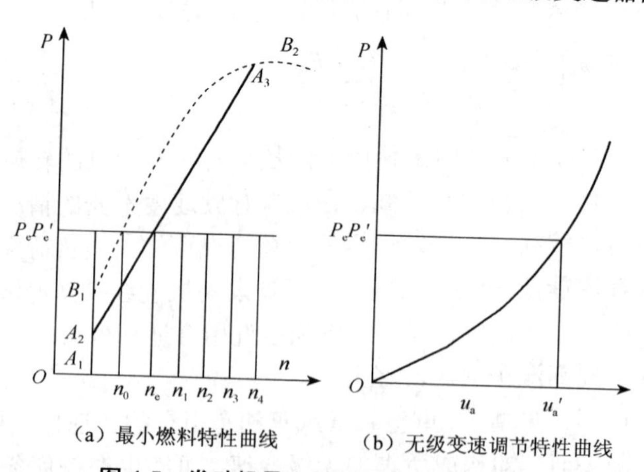

图 4-5　发动机最小燃料消耗特性的确定

3）汽车外形对汽车燃油经济性的影响

为克服空气阻力而消耗的发动机功率与汽车行驶速度的三次方成正比。车速不快，空气阻力对汽车的燃料消耗影响不大。随着道路条件改善和高速公路的出现，空气阻力对汽车燃油经济性的影响较大，并已引起了人们重视。

减少空气阻力主要是通过减少汽车的迎风面积和空气阻力系数来实现。但是迎风面积在很大程度上取决于汽车的容量和尺寸。一般情况，减小空气阻力主要从改进空气阻力系数着手，即重视汽车的车身造型，使汽车外形接近最优化。为此，许多国家建设了大型风洞研究整车的空气动力学。

据 W. H. Husho 的估算，对一辆质量为 1.06t 的轿车，空气阻力系数 C_{p} 由 0.5 降到 0.3，在公路行驶的燃油经济性将提高 22%，但在城区，由于车速低，影响较小。

大多数货车的流线型较差，平头货车的空气阻力系数为 0.8～1.2，而货车和半挂车在高速公路上行驶的比率较高，累计行程长。因此，空气阻力对燃油经济性的影响远比轿车大。所以，改进货车的外形来减少空气阻力系数的节油潜力大。美国在长途货车上装了改善空气阻力的导流板等装置，使空气阻力系数下降。当每辆车每年运行 16 万 km 时，可节约 9 120L 柴油。

4）汽车总质量对汽车燃油经济性的影响

汽车总质量影响滚动阻力、上坡阻力和加速阻力，因此减少总质量可明显地提高汽车的燃油经济性。减少汽车整备质量，可提高汽车的燃油经济性。尽管增加汽车的装载质量使总质量增加，并导致百公里燃料消耗量增加，但是吨百公里燃料消耗量减少，所以汽车运输的经济性提高。

汽车的装载质量与汽车的整备质量之比称为汽车整备质量利用系数。这个系数越大，说明制造汽车的材料消耗越少，运输中的燃料消耗和成本越低。减小汽车的外形尺寸和采用高强度钢、轻质铝合金、塑料制造汽车的零部件可以使汽车整备质量减轻，采用大吨位载货汽车以及应用挂车运输增加汽车的装载质量等，都能提高汽车的整备质量利用系数。

随着汽车生产工艺水平的提高，道路条件的改善，有利于整备质量利用系数的提高。

5）轮胎对汽车燃油经济性的影响

减少滚动阻力可以提高汽车的燃油经济性。在一定的道路条件下，轮胎结构对滚动阻力的影响很大。子午线轮胎与普通斜交轮胎相比，滚动阻力一般要下降 25%～30%。且随着车速的增加，滚动阻力下降愈加明显。因此，汽车采用子午线有明显的节油效果，一般可节油 5%～10%。此外，轮胎的胎压、胎面花纹等对汽车的燃油经济性都有影响。

6）汽车技术状况对燃油经济性的影响

汽车动力性和经济性都与发动机的动力性和经济性密切相关。发动机的燃料供给系、点火系和冷却系等工作状况对燃油经济性影响很大。

根据汽车的使用条件，应定期对供油系进行保养和检查。如正确的调整检查和调整喷油器、检查供油系的密封情况以防漏油、清除滤清器中的沉淀及杂质等。根据试验表明，清除燃烧室、活塞、进气管及气阀上的胶质和积炭前后，发动机功率与耗油量相差 5%～7%。

应该指出，汽车制造厂提供的调整数据，要适应全国各种温度、气候和道路等使用条件是不可能的。因此，在一定的使用条件下，合理的改变制造厂给定的调整数据，以及改进发动机结构是潜力很大的节油途径。

正确地维护和检查点火系，保持火花塞的清洁，根据燃料的品种与工作地区合理地选择点火提前角。

保持冷却系的正常温度，防止因温度过低而增加润滑油的黏度，降低燃料在进气管内的挥发性等。试验证明，当冷却温度由 95℃降到 75℃时，燃料消耗量增加 3.5%；如降到 65℃时，则燃料消耗量增加 12%～15%。

要保持汽缸内的正常压力。当汽缸漏气后，汽缸压力降低，发动机工作性能变坏，油耗增加。汽缸与活塞环密封不良、活塞环对口、气门与气门座不密合，汽缸盖衬垫冲坏等都会使汽缸压力降低，曲轴箱窜气量增加，耗油量增大。

汽车底盘的技术状况的好坏影响汽车技术性能。汽车底盘的技术状况主要反映在传动系和行驶系中的机械摩擦阻力和轮胎的滚动阻力上。显然，经常保持底盘的技术状况良好，可减少汽车滑行阻力的主要因素有：底盘各零部件间隙及润滑，轴承的紧度及润滑，前轮定位和轮胎气压，制动鼓和制动蹄片间的间隙，变速器和主减速器的润滑油质量和黏度等。在汽车底盘技术状况良好的条件下，行驶阻力减小，滑行距离增加，油耗降低。若汽车底盘技术状况不好，则滚动阻力增加，摩擦阻力增加，滑行距离缩短，油耗增加。

在良好道路上以 30km/h 车速脱挡滑行，滑行距离由 220m 增加到 250m 时，可节油 7%；当滑行距离减少到 175m 时，油耗增加 14%。

7）驾驶技术对汽车燃油经济性的影响

驾驶人员如果能够根据汽车的运行条件选定合理的驾驶操作，可节油 10%～25%。实践证明，驾驶技术对汽车燃油经济性有较大的影响。

8）汽车拖挂运输对汽车燃油经济性的影响

汽车运输企业采用拖挂运输不仅可以提高运输生产率、降低运输成本，而且也是节油的有效措施。汽车拖挂后虽然燃油消耗量增加，但由于装载量增加，则每吨百公里的燃料消耗量减少。例如，解放 CA1091 汽车在最大坡度小于 6%的一般公路上行驶，如拖挂 9～10t 挂车时，生产率提高 100%～150%，吨百公里燃料消耗降低 30%～40%；当在经常遇到的坡度小于 8%且最大坡度不超过 11%的道路上行驶时，如拖挂 4.5～5t 挂车时，生产率提高 30%～50%，吨百公里燃料消耗降低 20%～30%。

4.2.2 汽车燃料消耗计算

4.2.2.1 汽车燃料消耗方程式

已知汽车的行驶速度为 u_a（km/h），每小时的燃料消耗量为 Q_e（kg/h），则汽车 100km 的燃料消耗量为

$$Q = \frac{9.8Q_t}{u_a\gamma} \times 100 \qquad (L/100km) \tag{4-12}$$

式中：γ为燃料的密度，g/mL。

由发动机原理知，1h 燃料消耗量关系式为：

$$Q_t = \frac{g_e P_e}{10^3} \quad (\text{kg/h}) \tag{4-13}$$

式中：g_e为燃料消耗率，g/（kW · h）；P_e为发动机功率，kW。

将式（4-13）代入式（4-12），则得

$$Q = \frac{g_e P_e}{1.02\gamma u_a} \quad (\text{L/100km}) \tag{4-14}$$

发动机发出的功率应等于行驶过程中克服全部阻力所消耗的功率，即

$$P_e = \frac{(F_f + F_i + \frac{C_D A u_a^2}{21.15} + \frac{\delta G}{g}\frac{du}{dt})u_a}{3\,600\eta_T} \quad (\text{kW}) \tag{4-15}$$

代入式（4-14），则得

$$Q = \frac{g_e}{3\,672\eta_T\gamma}(F_f + F_i + \frac{C_D A u_a^2}{21.15} + \frac{\delta G}{g}\frac{du}{dt}) \quad (\text{L/100km}) \tag{4-16}$$

燃料消耗率g_e与发动机有效效率η_T有如下关系

$$g_e = \frac{3.6}{\eta_e h_n} \times 10^6 \tag{4-17}$$

式中：h_n为燃料的热值，kJ/kg。

将式（4-17）代入式（4-16），则得

$$Q = \frac{3.6 \times 10^6}{3\,672\eta_T\eta_e h_n\gamma}(F_f + F_i + \frac{C_D A u_a^2}{21.15} + \frac{\delta G}{g}\frac{du}{dt}) \quad (\text{L/km}) \tag{4-18}$$

式（4-16）和式（4-18）称为汽车燃料消耗方程式。该方程式全面地表达了汽车燃油经济性与发动机性能、汽车结构参数和行驶状况之间的关系。但是由于发动机的燃料消耗率随发动机的负荷及转速变化，故尚不能直接利用燃料消耗方程式确定汽车百公里的燃料消耗量Q值。不过利用此方程式研究和分析汽车燃油经济性还是很方便，如用Q除以汽车的装载量G_t，则可得出吨百公里燃料消耗的升数，即

$$Q_t = \frac{Q}{G_t} = \frac{g_e}{3\,672G_t\eta_T\gamma}(F_f + F_i + \frac{C_D A u_a^2}{21.15} + \frac{\delta G}{g}\frac{du}{dt}) \quad [\text{L/（100t · km）}] \tag{4-19}$$

4.2.2.2 汽车不同行驶工况的燃料消耗计算

1）等速行驶工况燃油消耗量的计算

已知汽车的行驶车速，发动机发出的功率与阻力功率平衡：

$$P_e = \frac{1}{\eta_T}(P_W + P_f) = \frac{1}{\eta_T}\left(\frac{C_D A u_a^3}{76\,140} + \frac{Gfu_a}{3\,600}\right) \tag{4-20}$$

根据公式

$$u_a = 0.377\frac{nr}{i_g i_0} \tag{4-21}$$

可确定发动机转速 n，从而确定燃油消耗率 g_e。

2）匀加速行驶工况燃油消耗量的计算

加速行驶时阻力功率为

$$P = \frac{1}{\eta_T}\left(P_W + P_f + P_j\right) \tag{4-22}$$

汽车行驶速度每增加 1km/h 所需时间（s）：

$$\Delta t = \frac{1}{3.6a_j} \tag{4-23}$$

各区间起始或终了车速对应的燃油消耗量为

$$Q_t = \frac{\rho \cdot g_e}{3.6a_j\gamma} \quad (mL/s) \tag{4-24}$$

从 u_{a1} 加速到 u_{a1+1} 所需燃油量为

$$Q_n = \frac{1}{2}\left(Q_{t(n-1)} + Q_{tn}\right)\Delta t \tag{4-25}$$

同理

$$Q_1 = \frac{1}{2}(Q_{t0} + Q_{t1})\Delta t \tag{4-26}$$

整个加速过程的燃油消耗量

$$Q_a = Q_1 + Q_2 + \cdots + Q_n = \frac{1}{2}(Q_{t0} + Q_{tn})\Delta t + \sum_{i=1}^{n-1} Q_{ti}\Delta t \quad (mL) \tag{4-27}$$

3）匀减速行驶工况燃油消耗量的计算

减速工况燃油消耗量等于减速行驶时间与怠速油耗的乘积，减速时间为

$$t = \frac{u_{a2} - u_{a3}}{3.6a_d} \tag{4-28}$$

减速过程燃油消耗量为

$$Q_d = Q_i t \quad (mL) \tag{4-29}$$

4）怠速停车时的燃油消耗量

$$Q_{id} = Q_i t_s \tag{4-30}$$

5）整个循环工况的百公里燃油量

$$Q_s = \frac{\sum Q}{S} \times 100 \quad (L/100km) \tag{4-31}$$

4.2.2.3 装有液力传动汽车的燃油经济性计算

装有液力变矩器的汽车，计算其燃油经济性须知道发动机的速度特性，即不同节气

门开度的发动机转矩与其转速的变化关系和每小时燃料消耗与发动机转速的关系。此外，还应知道液力变矩器的特性曲线和变矩器输入特性曲线。

计算燃料经济特性时，在发动机转矩曲线上画上变矩器的输入特性曲线 $M_P=f(n_P)$，然后根据变矩器特性曲线 $K=f(i)$，确定不同速比下的转矩比 K，再按下式关系：

$$M_t = KM_P \text{和} n_t = in_p$$

给出不同节气门开度 a 下的 $M_t=f(n_t)$ 和 $n_P=f(n_t)$ 曲线，如图 4-6 所示。并将发动机转速坐标按下式转换成汽车的速度坐标，即

$$u_a = 0.377\frac{rn_t}{i_g i_0} \tag{4-32}$$

为确定汽车在各种道路上以不同速度行驶时发动机节气门开度 a 和转速 $n_p(n_t)$，此时应利用转矩平衡关系，即在 $M_t=f(u_a)$ 的图上，按下式绘制汽车在不同道路阻力系数 ψ 路面，等速行驶时克服行驶阻力所需要的涡轮转矩 M_c。

$$M_c = \frac{(F_\psi + F_w)r}{\eta_T \cdot i_g \cdot i_0} \tag{4-33}$$

在选取 η_T 时，应考虑到带动液力传动辅助装置（如齿轮油泵、变矩器散热片）的能量损耗以及变矩器片在油中的转动损失。对于一般轿车，此项损失当发动机以最大功率工作时约占 6%。

所得 M_c 与 M_t 的交点决定了汽车在一定道路阻力系数（例如 ψ_1）下的行驶速度与发动机的节气门开度 a。并由所得速度在 $n_P=f(n_1)$ 曲线上确定 $n_P(n_1)$。于是，其相应的小时燃料消耗量 Q_t 值即可由图 4-7 的 $Q_t = f(n_t, a)$ 曲线上求出。则汽车的百公里燃料消耗量可按下式求得

$$Q_t = \frac{Q_t}{u_a} \times 100 \quad (\text{L/100km}) \tag{4-34}$$

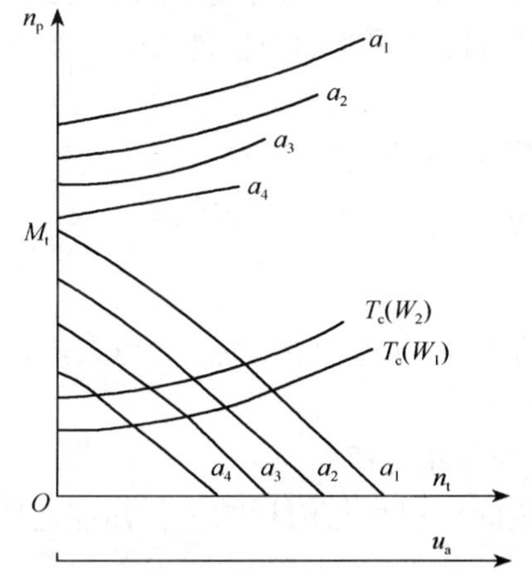

图 4-6 装有液力变矩器汽车的转矩平衡 $n_p=f(n_t)$ 曲线

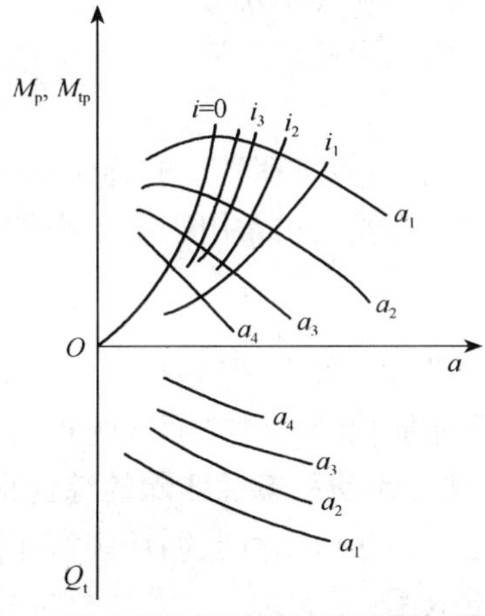

图 4-7 发动机转矩及燃油消耗量与转速及节气门开度的关系

4.2.3　动力性、燃油经济性综合评价

由汽车理论可知，现有的汽车动力性和燃油经济性指标往往是互相矛盾的。因为动力性好，特别是汽车的加速性和爬坡性好，一般要求汽车稳定行驶的后备功率大；但对于燃油经济性来说，后备功率增大，必然降低发动机的负荷率，从而使燃油经济性变差。

从汽车使用要求来看，既不可脱离汽车燃油经济性来孤立地追求动力性，也不能脱离动力性孤立地追求燃油经济性，最佳的设计方案应是在汽车的动力性与燃油经济性之间取得最佳折中。

目前，在进行动力传动系匹配时，一般采用汽车原地起步连续换挡加速时间与多工况燃油经济性的加权值作为综合评价指标。而该指标实际上是汽车的基本性能指标，并不能定量反映汽车动力传动系的匹配完善程度，也不能揭示动力传动系匹配性能改善的潜力和途径。合理的整车性能评价体系应以给定参数作为约束条件，如额定功率、最高车速、最大载重等，综合考虑动力性和燃油经济性。目前，以驱动功率损失率、有效效率利用率和汽车的能量效率作为汽车动力燃油经济性综合评价指标。

比较国内外诸多研究成果，将以下3个指标作为代表汽车动力系统合理匹配的评价参数。

1）动力性能发挥程度的评价指标——驱动功率损失率η_F

其计算式经推导为：

$$\eta_F = \frac{3.6 I_{max}^2 \ln(v_n / v_1) - \sum_{j=1}^{n} \sum_{k=1}^{m+1} b_k (n_{j+1}^{k+1} - n_j^{k+1})}{3.6 I_{max}^2 \ln(v_n / v_1)} \eta_e / \eta_w \tag{4-35}$$

式中：I_{max}为传动系最大传动比；v_n，v_1为汽车最高车速和最低稳定车速，km/h；b_k为与发动机转矩模型有关的系数；n_{j+1}，n_j为第j挡时汽车发动机转速范围，r/min；m为发动机转矩模型中多项式的阶数；n为变速器的前进挡挡位数。

驱动功率损失率η_F反映了实际汽车动力传动系特性与理想动力传动系的差距，也反映了发动机动力性能发挥程度，η_F值越小，发动机与传动系在动力性能方面匹配得就越好。

2）经济性能发挥程度的评价指标——有效效率利用率η_Q

其定义为发动机常用工况下平均有效效率η_e与发动机经济区有效效率η_w之比。

$$\eta_Q = \eta_e / \eta_w \tag{4-36}$$

发动机有效效率利用率η_Q、反映了发动机经济性能发挥程度，η_Q值越大，发动机与传动系在能耗经济性方面匹配得就越好。

3）动力传动系最优匹配的综合指标——汽车的能量效率

其定义为在一个行驶循环中汽车运输货物所做的有用功与消耗的燃料热能之比，经推导能量效率：

$$\eta_\varepsilon = \eta_i \eta_m \eta_t \eta_g \eta_s \eta_d \tag{4-37}$$

式中：η_i 为发动机的指示热效率；η_m 为发动机的的机械效率；η_t 为传动系效率；η_g 为道路阻力利用效率；η_s 为载重量利用效率；η_d 为驱动力利用效率。

实际上，汽车能量效率η_ε已把发动机和底盘的固有特性与汽车实际行驶条件相结合，既反映汽车本身具有的能力，又反映了汽车的实际使用效果，而且也能提示动力传动系统改善的潜力和途径。

4.2.4 汽车节能途径与措施

影响汽车能耗经济性的因素主要包括汽车使用和汽车结构等方面。目前，国内外汽车节油的途径概括起来有管理性措施和技术性措施。

4.2.4.1 管理性措施

1）国家政策

政策措施是制定正确的运输能源政策，包括燃料价格政策、燃料与道路税收政策、各种运输方式的合理分配与转换政策、新能源开发政策以及限制油耗标准法规等。

由于各国采取的燃料政策不同，汽车的平均油耗差异较大。显然，国家的燃料价格政策严重影响汽车设计与使用的平均油耗水平。

2）运行管理

节能管理、营运管理以及交通管理措施对汽车节能具有很大影响，是降低运输企业油耗成本的重要措施。

节能管理包括制定有关运行油耗标准，完善油耗考核奖惩制度，正确选择与合理使用车辆，正确选用燃润料与轮胎，推广节能新技术、新产品，对驾驶员进行节能培训等。

营运管理包括掌握运输市场信息，建立现代化调度系统，搞好运输组织，提高现有车辆的实载率，建立结合全球卫星定位系统（GPS）、地理信息系统（GIS）和先进运输信息系统（ATS）的新型货运管理系统和客运管理系统。例如，优选公共汽车、载货汽车的路线；选择与道路、货运相适应的车型；加快信息反馈，完善物流系统，以便统一调配运输；搞好物流集散点的调整；改善运输方式，加强运输的集中管理，研制封闭容器运输、高架运输等新运输系统。

交通管理措施包括改善交通基础设施、执行合理的管理模式，从而改进交通流的运行特性。例如，改善道路设施，包括建设高速公路、汽车专用公路，改善道路结构，提高路面质量，实行立体交叉等；优化交通管理，如采用信号控制，运行路线诱导、速度限制指示系统；改善交通系统，包括建立城市公共交通系统、快速运输系统及复合运输系统。

4.2.4.2 技术性措施

1）改善发动机的燃油经济性

改进燃烧室，提高压缩比；改善进、排气系统；采用可变配气相位；采用绝热燃烧室；采用新型燃料供给系统；改进点火系，提高点火能量；采用稀混合气；减少怠速油耗和强制怠速油耗；提高发动机功率的有效利用；减少发动机内部摩擦损失；废气能量回收；减少附件功率损失；发展低速大扭矩发动机；发动机的柴油化；发动机电子控制；改善燃料性质；提高空调机、电气装置等辅助设备的工作效率。

2）改进整车的燃油经济性

提高汽车功率有效利用，减轻汽车质量，减少空气阻力。例如，长途运输商用汽车采用导流罩等，减少滚动阻力，回收制动能量，提高传动系效率及选择最佳传动比。

3）提高汽车驾驶技术和维护质量

在相同使用条件下，不同的汽车技术状况和不同的驾驶技术，将使汽车百公里油耗相差较大。所以，提高驾驶员操作技术和正确维护是节约燃料的重要措施。

（1）发动机起动升温 油路、电路、怠速和点火提前角的正确调整及发动机预热是顺利起动的前提。每次起动时间不得超过5s，2次起动间隔不得少于10s。3次起动不成功时，必须进行检查，排除故障。起动后应迅速转入怠速，起动时不应重踏和反复踏加速踏板。

冬季室外停放的车辆在冷起动前，应注意发动机的充分预热。

汽车行驶过程中，经常遇到停车熄火后重新起动（热起动）的情况。此时，发动机的温度较高，起动后应立刻转入怠速运转。

（2）汽车起步加速 试验表明，发动机水温上升到40℃以上起步时，具有较好的节油效果。机体温度低时，燃料雾化不良，燃烧不完全。另外，机油黏度大，摩擦损失功率增加，因而费油。冬季汽车起步后10km以内，载货汽车车速不要超过30～40km/h，并根据气温适当延长低挡行驶时间。气温–5～0℃时，二挡行驶约50s，三挡和四挡各运行约35s；气温约为–20℃时，二挡行驶1～2min，三挡运行3～4min，四挡运行5～6min；直到水温和各总成温度上升至正常后，再进入正常行驶。

满载车在良好路面上起步时使用二挡，阻力较大时或拖带挂车及半挂车时用一挡起步。

汽车坡道起步时，加速踏板、离合器、驻车制动器的操作配合应协调，不使车辆倒退、熄火，达到平稳地顺利起步。

（3）挡位的选择和变换 汽车在良好路面上行驶，在一定的行驶速度范围内，既可使用次高挡也可用最高挡，但用最高挡时比较节约燃料。这是因为最高挡时发动机的负荷率较高，而有效比油耗较低。为了节约燃料，在节气门开度不超过90%的条件下，应尽可能使用最高挡。

汽车上坡行驶时应及时减挡。减挡过早，不能充分利用汽车惯性爬坡；减挡过晚，车速降低过多，常需要多换一次挡，增加油耗。

（4）汽车行驶速度 汽车满载在良好路面上行驶时，存在一个使得等速燃料消耗最小的车速，即技术经济车速 u。车速高于或低于 u 汽车等速油耗均上升。u 只是一个点，在汽车实际运行中很难掌握，为此将经济车速点前后油耗较低的车速称为经济车速范围。不同车型的经济车速和范围一般可通过试验得到。

在良好路面上行驶时应尽可能保持经济车速行驶。国产中型货车的设计车速低，在高速公路行驶时，不宜追求过高车速，否则油耗增大，磨损加剧，甚至发生爆胎等恶性事故。

（5）加速踏板的运用 汽车行驶时，加速踏板要轻踏，柔和控制，减少加速泵供油的机会。避免空挡猛踏加速踏板，据试验某中型汽车每次空挡猛踩加速踏板，就要消耗3～5mL汽油。节气门的开度不宜过大，以避免增加油耗。

（6）行车温度的控制 汽车行车温度包括发动机冷却液温度、机油温度、发动机罩内气温、变速器和驱动桥齿轮油温度等。

冷却液温度过低会使燃料不易雾化，各缸进气不均，燃烧室壁散热损失增加，燃烧速度下降，造成发动机功率和转矩下降，油耗增加；另外，机油流动性和飞溅润滑能力下降，增加了机械损失。

冷却液温度过高会使机体过热，充气量下降，容易出现爆燃、早燃等异常燃烧现象；供油系容易发生气阻；造成功率下降，油耗增加且在高温下机油压力和黏度下降；并加速机油因氧化和热分解而发生的变质，加快发动机的磨损。

正常的发动机水温，有利于燃料的雾化和混合气的分配均匀，使得发动机有良好的能耗经济性和动力性，并保证机油的黏度和润滑能力，减少发动机的磨损。

中型货车试验表明，发动机的冷却液温度在80～90℃时，燃料消耗量最低，功率和转矩最高；水温由90℃下降至80℃时油耗增加2.5%，下降至75℃时油耗增加3%～5%，下降至65%时油耗增加15%。进口轿车和引进技术的国产轿车要求冷却液温度稍高。在行车中应根据水温表的指示值，及时采取相应的控制措施，保证冷却液温度在使用说明书要求的范围内。

冬季可采用加装保温套等保温措施，使机罩下保持 20～30℃。发动机机油温度以75℃为宜。变速器和驱动桥齿轮油温应不低于50℃。这可通过起步后以中速行驶一段路程实现。

（7）合理利用滑行 汽车滑行可分为减速滑行、加速滑行和下坡滑行。

汽车行驶前方遇有窄道、弯道、桥梁、路口、坑洼路面、修路施工、车辆抛锚、会车、行人较多以及预见性停车和到达停车场时，预先将变速器置空挡滑行，称为减速滑行。当车辆接近上述障碍时，车速已降低，可不采取制动而顺利通过或停车，这样就可达到节约燃料和保证安全的目的。

汽车以高速挡加速至较高车速后，空挡滑行至较低的车速，然后再挂高速挡加速，这种高速挡加速和空挡滑行交替进行的方法，称为加速滑行方法。

试验结果表明，在平均车速相同的情况下，采用最佳的加速滑行模式与等速相比，满载时的节油率为11.8%～16.7%，空载时的节油率为21.3%～23.4%。

在车型、载质量、平均车速及行驶距离相同的条件下，加速滑行与等速行驶相比，两者的生产率和所做的功相同。但在良好的道路上中速行驶时，发动机的负荷率一般为40%～50%，比油耗较大，单位功消耗的燃料多，故耗油量大；而加速滑行采用加速的方法人为地提高发动机的负荷率，降低单位功的油耗，故完成该功的耗油量少，即使加上滑行过程中发动机怠速油耗量，仍比等速行驶省油。

不同汽车有各自的最佳加速滑行模式。但加速滑行不适合拖带挂车的重载汽车列车，因汽车列车的负荷率已较高，采用加速滑行方法加速时，负荷率很高，比油耗高，节油效果不明显。

此外，加速滑行操作法使驾驶员的劳动强度增加，对安全不利。

汽车加速滑行只能在道路宽直、无视线遮挡、行人和车辆稀少的条件下采用；要求汽车的技术状况良好，滑行距离应达加速距离的 1.5 倍以上；加速滑行的最大车速不应超出经济车速范围的上限，速度之差以 15～25km/h 为佳；加速时应缓慢踏加速踏板至全开时的 80%～90%加速，以免混合气加浓装置起作用；在高速公路行驶时不能使用加速滑行法。

在坡度小于 5%的缓直坡道或陡坡接近坡尾，可空挡滑行；在路况熟悉的波状起伏微丘地带，可在临近坡顶时空挡滑行过坡顶，至临近坡尾再挂挡加速冲过第二个坡道，但在这种道路滑行时，发动机不得熄火。

在长而陡的坡道上严禁熄火空挡滑行。应在高挡不熄火滑行，利用发动机阻力，并施加间歇制动控制车速。如果熄火空挡滑行，长时间用行车制动器控制车速，制动器容易发热，使制动效能下降，甚至失效或烧毁制动摩擦片。

（8）汽车底盘技术状况　常用滑行性能检查底盘的综合技术状况，它对汽车运行油耗的影响很大。汽车的滑行性能常用滑行距离和滑行阻力系数表示。滑行阻力系数不得大于 0.014。

某车型试验表明，当底盘调整良好时，30km/h 的滑行距离为 254m，油耗为 15.5L/100km；而当前束不合乎规定、轮毂轴承调整不佳时，滑行距离降低至 173m，油耗为 19.5L/100km，比底盘调整良好时增加了 25.8%。

4）新能源汽车应用

在当前石油资源短缺以及环境污染的压力下，以石油为燃料的汽车工业正在通过各类替代燃料技术的开发和多元化的应用，走向一个以清洁、可再生能源为动力的汽车工业。发展各种节能与新能源汽车是提高汽车燃油经济性的一个主要途径。

目前在国内发展较快的节能与新能源汽车主要包括电动汽车，压缩天然气和液化石油气汽车，甲醇、氢气及太阳能汽车等。

（1）电动汽车　采用轮式驱动、无级控制等方式，以蓄电池、电机和控制器取代传统内燃机。它使用过程中清洁无污染，能量效率高，能源多样化，结构简单且维修使用方便，是 21 世纪重要的新型绿色环保交通工具。

目前正在研究使用燃料电池替代蓄电池。常规燃料电池利用氢氧结合产生电力。其作用过程是：在反应室里，从质子交换膜逸出的氢质子与氧反应，在与氧反应生成水的过程中释放出电化学能。燃料电池寿命较长，能量密度远大于普通蓄电池，除了水和热量外，不会排出任何物质。而且更轻巧、结构简单、噪声小、维护工作量小，降低了维修费用。但是，燃料电池所使用的氢燃料具有极大的危险性，储存极为困难。

（2）压缩天然气和液化石油气汽车　天然气汽车即通常所称的 CNG 车。天然气埋藏量十分丰富，它是最有希望代替汽油的新型燃料。天然气燃料具有 CO_2、CO、HC、NO_x 排放低的优点。近年来，国外天然气和液化石油气汽车技术发展较快，不仅在动力性和燃料经济性方面有显著提高，而且在排放性能方面也已列入“绿色汽车”行列。而我国的天然气和液化石油气成分差异较大，严重地影响了发动机的动力性、能耗经济性和排放性能。因此，还必须加大力度进一步研究和探讨，使我国天然气和液化石油气汽车得以发展。

（3）甲醇、氢气及太阳能汽车　甲醇汽车具有环保、清洁性突出，使用方便，无须改动装置，成本低，原料易购，来源广泛，生产不受季节和规模限制，能耗经济性好等特点。

氢气可由电解水而制成，可以说是一种可再生能源，国外能源界都将其列为 21 世纪最有发展前景的清洁能源。目前面临的问题是如何降低成本而又大量地生产出氢气能源，在汽车上使用还存在储存和运输的难题。

太阳能汽车就是把太阳能转变为电能的电池装在汽车上作为驱动电源的汽车。太阳能作为汽车动力的技术早已广为人知，但太阳能汽车的商业应用还难以实现。

4.3　汽车安全性分析及保障措施

4.3.1　交通安全概述

随着汽车保有量的增加，交通事故不断增加，已经成为突出的社会问题。截至 2011 年 8 月底，全国机动车保有量达到 2.19 亿辆，中国汽车保有量约占世界汽车保有量的 3%～4%，但交通事故死亡人数却占世界的 16%。从 20 世纪 80 年代末，中国（未统计港澳台地区）每年交通事故 50 万起，因交通事故死亡人数均超过 10 万人，已经连续十余年居世界第一。在美国，近 100 年来死于道路交通事故的人数超过 200 万人，是美国建国以来历次战争中阵亡人数总和（约 60 万人）的几倍。道交通事故已成为“世界第一害”，而中国是世界上交通事故死亡人数最多的国家之一。

公路交通安全受下列因素的影响：

（1）人　主要是指交通直接参加者的性格、体力上的弱点，经验不足或状态不良等。

（2）汽车　如汽车的结构、行驶安全性和技术状况等。

（3）道路　如线路走向、路面状况、交通信号的布置和清晰度以及交通规则、交通管理等。

（4）环境　其中包括对人的精神影响（疲倦、反应能力），对道路的影响 （雨、雪、风、雾）以及对汽车的性能影响（道路附着、转向特性等）。

如果把环境条件纳入道路影响因素范围内，那么，一般可以认为道路交通安全主要是和“驾驶员—汽车—道路”系统有关的。而汽车则是潜在风险性最大的环节。

汽车安全性一般分为主动安全性、被动安全性。主动安全性又称之为“一次安全性”，它是指汽车预防和避免事故的性能，主要包括汽车制动性能、操纵稳定性、视野性能、信号装置性能等内容。被动安全性又称之为“二次安全性”，它是指汽车发生碰撞或其他意外事故（非火灾事故）后，尽量减小对驾乘人员和行人伤害的性能，主要包括车身结构、安全带、安全气囊、座椅、转向柱、保险杠的保护性能等内容。

4.3.2　汽车主动安全性及其影响因素

4.3.2.1　汽车的制动性能

1）汽车制动性能评价指标

汽车制动性能是指汽车在行驶时能在短距离停车且维持行驶方向稳定性和在下长

坡时能维持一定车速的能力。另外也包括在一定坡道能长时间停放的能力。制动效能低下、制动时方向不稳定常常是导致交通安全事故的直接原因之一。

汽车的制动性评价指标有 3 个：制动效能、制动效能的恒定性和制动时方向稳定性。

（1）制动效能　制动效能一般用制动距离和制动减速度表示。它是指汽车在良好的路面上以规定的初始车速和规定的踏板力制动到停车的制动距离或制动时汽车的减速度。它是制动性能最基本的指标。

（2）制动效能的恒定性　制动效能的恒定性是指抗热衰退性能和抗水衰退性能。抗热衰退性能是指汽车高速行驶时制动或长下坡时制动性能的保持程度；抗水衰退性能是指汽车涉水后对制动效能的保持能力。

（3）制动时的方向稳定性　制动时的方向稳定性通常用制动时汽车按给定路径行驶的能力来评价。制动时的方向稳定性是指汽车制动过程中不发生跑偏、侧滑以及失去转向能力的性能。

导致汽车制动跑偏的主要原因有：汽车左右轮，特别是前轴左右轮制动力不平衡；制动时悬架导向杆系与转向系拉杆在运动学上不协调。

2）提高汽车制动性能的控制装置

（1）ABS（anti-lock brake system），即制动防抱死系统　在没有 ABS 时，紧急制动时一般会使轮胎抱死，抱死之后轮胎与地面是滑动摩擦，所以制动距离会变长。如果前轮抱死，车子失去侧向转向力，容易跑偏；如果后轮抱死，后轮就易发生侧滑甩尾。特别是在积雪路面，当紧急制动时，就更容易发生上述的情况。ABS 是通过控制制动油压的变化，来达到对车轮抱死的控制。其工作过程实际上是抱死—松开—抱死—松开的循环工作过程，使车辆始终处于临界抱死的间歇滚动状态。

（2）EBD（electric brake force distribution），即电子制动力分配　汽车制动时，如果 4 只轮胎附着地面的条件不同，如左侧轮附着在湿滑路面，而右侧轮附着于干燥路面，4 个轮子与地面的摩擦力不同，在制动时（4 个轮子的制动力相同）就容易产生打滑、倾斜和侧翻等现象。EBD 的功能是在汽车制动的瞬间，高速计算出 4 个轮胎由于附着不同而导致的摩擦力数值，然后调整制动装置，使其按照设定的程序在运动中高速调整，达到制动力与摩擦力（牵引力）的匹配，以保证车辆的平稳和安全。

（3）ESP（electronic stability program），即电子稳定程序。这个功能通常是与 ABS 及 ASR（驱动防滑系统，又称牵引力控制系统）的功能相匹配。它通过对从各传感器传来的车辆行驶状态信息进行分析，然后向 ABS、ASR 发出纠偏指令，来控制车辆维持动态平衡。

ESP 可以使车辆在各种状况下保持最佳的稳定性，在转向过度或转向不足的情形下效果更加明显。ESP 一般需要安装转向传感器、车轮传感器、侧滑传感器、横向加速度传感器等。ESP 可以监控汽车行驶状态，并自动向一个或多个车轮施加制动力，以保持车子在正常的车道上运行，甚至在某些情况下可以进行 150 次/s 的制动。目前 ESP 有 3 种类型：对 4 个车轮独立施加制动力的四通道或四轮系统；对 2 个前轮独立施加制动力的双通道系统；对 2 个前轮独立施加制动力和对后轮同时施加制动力的三通道系统。

4.3.2.2 汽车行驶稳定性控制技术

汽车的行驶稳定性是指汽车在行驶过程中，在外部因素的作用下，汽车尚能保持正常行驶状态和方向，不致失去控制而产生滑移、倾覆等现象的能力。

影响汽车行驶稳定性的因素主要有汽车本身的结构参数、驾驶员的操作技术以及道路与环境等外部因素的作用，汽车行驶稳定性控制技术主要有防滑控制系统和车辆稳定系统。

（1）TRC（traction control system），即防滑控制系统　实际行驶中，不同路面的光滑程度相差很大，摩擦因数不同，如车辆左侧轮胎和右侧轮胎所处路面状况不同，加速时可能造成摩擦力较小的车轮打滑，另一侧的车轮仍然按应有的状态行驶，此时就会造成车身偏离原来路线。而安装了 TRC 后，当一侧车轮打滑时，TRC 可以检测到异常，发送信号给发动机控制计算机，降低发动机动力输出，并控制制动系统，使得打滑的车轮增加抓地能力，车轮不再打滑，从而车身沿正常轨迹行驶。同时，TRC 还减少了燃油的浪费和轮胎的磨损。

（2）VSC（vehicle stability control），即车辆稳定系统　该系统是抑制车辆侧滑，保证驾驶员对车辆控制的辅助系统。当传感器探测到车辆发生侧滑时会对车轮的制动力以及发动机的输出功率进行自动控制，提高车辆的稳定性。如果前轮打滑，该系统则控制系统引导车辆移回弯道的内侧，以保持车辆不偏离车道。如果后轮打滑，该系统则控制系统引导车辆移向弯道的外侧，保持车辆的稳定性。

4.3.2.3 汽车视野

汽车视野指的是驾驶员就座后能看到的空间范围。汽车行驶过程中，驾驶员有 80% 的信息是靠视觉获得的。良好的视野性是预防交通事故的必要条件。

1）视野及其影响因素

（1）视角　在正常静止状态下，人的双眼视野角度可达 210°，但真正能看清楚的区域只有 70°。当人坐在行驶的汽车中，可视范围根据车速的不同而有很大差别。

表 4-1　车速与视野角度的关系

车速/(km/h)	视野/°
0	约 210
40	约 100
70	约 65
100	约 40

由表 4-1 可知，当汽车行驶速度越快的时候，清晰区域越小。这种动态中的视野叫作“动视野”。因此，在汽车高速行驶时，驾驶员对于发现和及时躲避突然闯入的人和物的能力下降，汽车的主动安全性下降。

（2）减速玻璃　所谓减速玻璃是指汽车高速行驶时，透过前挡风玻璃正视前方看到的景物移动速度比未透过前挡风玻璃作同样观察时的移动速度慢。

它采用的是长焦距凹透镜设计，其光学成像原理是：凹透镜在任何情况下都成正立缩小的虚像，不仅如此，此虚像还位于实物与凹透镜之间的位置，凹透镜的焦距越长，虚像就越靠近实物，其大小也越接近实物。当凹透镜焦距很大时，这种虚像跟实物之间的大小差别就很难用肉眼分辨。行驶时，某一时刻透过前挡观察所得的前方实际景物的像与观察者之间的距离比实际景物与观察者之间的距离近，达到所谓减速的效果。对于减速玻璃在汽车业界并没有明确的标准加以规范，但是它已经作为一项安全装置被应用到实际当中。

减速玻璃的作用：第一，在高速行驶时，驾驶员所看到的实际影像比真实影像慢，使驾驶员的清晰视角变大，有助于发现突发事件时及时采取制动等措施。第二，高速公路上行车具有路况单一、车速快、行驶时间长等特点，容易驾驶疲劳而引发重大交通事故。速度快导致周围的景物和路上的行车线在驾驶员眼中呈“模糊”状，在长时间驾驶后容易形成视觉疲劳，导致安全性降低。

另一方面，减速玻璃也存在负面影响：减速玻璃使驾驶员感受不到自身的实际速度，容易造成超速行车，导致交通事故。但速度可以通过仪表盘得知，因此超速问题可以避免。总的来说利大于弊，减速玻璃仍然可称之为汽车的安全装置之一。

（3）A、B、C 柱　汽车的 A 柱、B 柱、C 柱都有自己不同的功能，但同时又有各自的矛盾，3 个柱的示意图，见图 4-8。

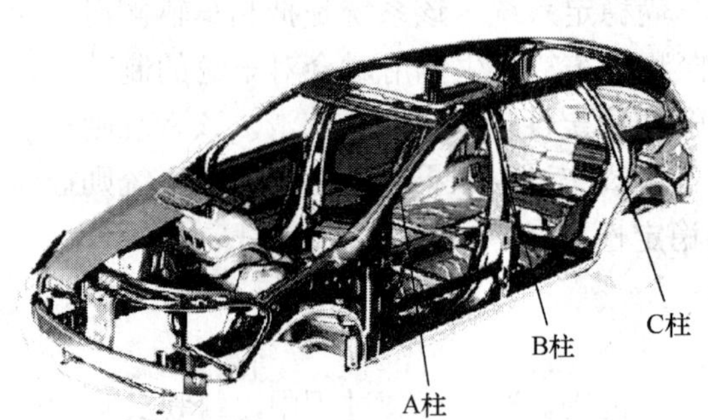

图 4-8　汽车车身结构示意图

A 柱遮挡驾驶员前方视线。一般情况下，驾驶者通过 A 柱处的视线，双目重叠角为 5°～6°。从驾驶者的角度出发，这个重叠角越小越好，A 柱越薄越好。但从安全性设计角度出发，就要保证 A 柱的高刚度。因为在车辆发生交通事故时，它能够有效避免驾驶舱被挤压变形，保护驾驶员的安全。因此，A 柱不是越小越好。设计者必须尽量使两者平衡以取得最佳效果。

B 柱承受着两方面的压力，一是支撑车顶盖，二是承受前后门的压力。同时在 B 柱内部还要加装一些附加零件，比如前排安全带。所以为了更好地达到力传递，B 柱都会外凸。因此，会给人们在上下车时带来不便。在设计汽车的过程中，既要提高刚度，达到安全的目的，又要减轻重量。

（4）后方视野　严格地讲，汽车后方视野有两层含义：一是通过内后视镜和外后视镜看到的车辆后方情况的清晰图像，图像所反映的范围，即为后方视野。二是驾驶员在驾驶位置时，转动头部，直接透过后风窗玻璃和后部门窗玻璃所看到的道路及道路使用者的情况。通常将第一类含义作为后方视野的定义。

后方视野主要与前、后部门窗玻璃及后风窗玻璃的透明程度、内外后视镜曲率和镜面面积有关。内外后视镜的曲率不宜过大，如果太大的话，物像会畸变失真。后车超车时，不但难以判断后车与本车的距离，而且在后车快速接近时物像会急剧变化，不仅使驾驶员判断失准，而且易产生恐慌心理。因此，为获得最佳后方视野，必须在曲率和镜面面积之间求得平衡。

行车过程中，仅靠后视镜观察后方路况，是存在死角的。当后方车辆准备超车的时候，通常会进入前车的后视镜死角。此时前车如果变换车道，容易发生交通事故。

后视镜的防眩目设计能够提高汽车安全性的设计。夜间行车时，防眩目内后视镜能有效防止来自后车的强光，保持驾驶员夜间视线良好。

（5）夜间视野　夜间视野作为夜间行车安全的指标之一，也被列入评价系统。它主要与汽车的前照灯有关。

汽车前照灯包括远光灯和近光灯。远光灯用来照明车辆前方远距离道路，近光灯用于会车或尾随前车时照明前方近距离道路。

近光灯在空间上的光分布由明暗2个区域构成，分界线为一条水平线和一条大约15°的斜线，或一条水平线和一条向上45°的斜线及水平线相连构成，此分界线为明暗截止线。明暗截止线以上的区域，基本上要求越暗越好，因为对面来车驾驶员及行人的眼睛正好位于此区域，为避免因眩目而引起交通事故，这个区域光线越暗越好。明暗截止线水平线下的部分要求有一定亮度，但不能太亮，其原理同样是避免路面的反光给对面驾驶员及行人造成眩目。明暗截止线右下方区域要求有一定亮度，因为我国车辆都是靠右行驶，右下方区域是自己车道区域。

《汽车用灯丝灯泡前照灯》（GB4599—2007）对各类汽车使用的各种类型的前照灯的配光性能、试验方法和检验规则都做了规定。《机动车运行安全技术条件》（GB7258—2012）还对前照灯光束照射位置和光束发光强度做了要求。

（6）恶劣天气时的视野保持　恶劣天气主要指的是雨、雾、雪、沙尘暴等天气，此时的视野，主要通过刮水器、除霜除雾装置和前后雾灯来保持。

为确保良好的前方视野，刮水器的刮刷面积应足够大，《汽车风窗玻璃刮水器、洗器的性能要求及试验方法》（GB 15085—1994）中规定了刮水器的刮刷面积应覆盖A区域98%以上，B区域的80%以上。刮水器应抗酸、碱、盐及臭氧，可以在–40～80℃的气温下正常工作。

除霜、除雾装置的形式多为暖风机、空调系统或挡风玻璃内镶嵌电阻丝等，其实质均为加热来驱霜、驱雾。对除霜效果来说，20min后至少应将风窗玻璃A区的80%面积的霜除净，40min后至少应将挡风玻璃B区的95%面积的霜除净。对于除雾效果来说，10min后至少应将挡风玻璃A区的90%和B区80%面积上的雾除净。

雾灯包括前雾灯和后雾灯。前雾灯是在雾、雨、雪或尘埃弥漫等有障碍可见度的情况下，为改善车辆前部道路照明和使迎面来车易于发现车辆的灯具；后雾灯使在上述同样情况下，为使车辆后方其他道路使用者易于发现，安装在车辆尾部，光度比后位灯更强的红色信号灯。前后雾灯配光性能均有相应的国家标准。对前雾灯有照度要求，后雾灯有发光强度要求，这是因为前雾灯主要用作照明，而后雾灯主要用作信号。

4.3.2.4 信号装置

汽车的信号装置分为车外信号装置和车内信号装置。车外信号装置的作用是为了保证行车安全，向其他道路使用者发出一种灯光或声响信号，以告示本车的存在及行驶意向。车内信号装置的作用是向驾驶员提供汽车的行驶状态及整车各大系统工作状况的信号。

车外信号装置主要有：转向灯、危险警告灯、制动灯、倒车信号灯、后雾灯、位灯、驻车灯、示廓灯、侧标志灯等。

车内信号装置主要有：照明类信号装置、加热通风类信号装置、声音报警类信号装置、发动机信号装置、其他信号标准类信号装置、性能控制类信号装置等。其设计规则遵循《汽车及挂车外部照明和信号装置的安装规定》（GB 4785—2007）、《汽车及挂车前位灯、后位灯、示廓灯和制动灯配光性能》（GB 5920—2008）等。

4.3.2.5　仪表盘设计

仪表盘的易读性，是汽车仪表设计中对于汽车安全性影响较大的因素之一。在行车过程中，仪表要集中、直观、迅速地显示汽车行驶时的各种动态指标，如行驶速度、里程、制动、压力、发动机转速、冷却液温度、油量、指示灯状态等。仪表既要准确无误的现实各项数据，又要能够清晰易读，有助于驾驶员准确快速地辨认，以此提高汽车的主动安全性。

除此之外，仪表盘的位置也是影响汽车安全性的因素之一。在人机工程学中，根据人体视角与视距参数的数据设计仪表盘，使驾驶员以最快的速度，准确地读取数据。

4.3.2.6　轮胎安全性能

提高汽车轮胎的安全性能的主要装置是防止汽车漏气或爆胎的保护装置，主要有：防爆内胎、轮胎过压防爆保护器、汽车轮胎防爆气门芯报警器等。导致汽车在行驶过程中爆胎的原因主要有：超负荷运行、磨损超限、气压超标、温度超高、运行超速、匹配超规。

4.3.3　汽车行驶的被动安全及其影响因素

汽车的被动安全性主要涉及车身结构、座椅、车顶和车门强度、安全玻璃、转向盘和转向柱、安全带和安全气囊等，归纳起来可分为安全车身结构和乘员保护系统两大类。其中，安全车身结构主要是为了减少“一次碰撞”带来的危害，而乘员保护系统则是减少“二次碰撞”造成乘员与汽车本身的碰撞伤害。

4.3.3.1　车身结构安全性

乘驾人员的伤害主要由碰撞时汽车结构变形，汽车构件侵入驾乘人员生存空间引起的；由于汽车结构破损等因素，使乘员部分身体或全部暴露在外而受到伤害。当汽车结构完好时，尽管未发生上述两种情况，但在碰撞作用下，汽车的速度急剧减小，惯性使驾乘人员继续移动，与汽车内部结构（方向盘、仪表盘等）发生二次碰撞而造成伤害。

车身安全对策可以从以下几个方面来描述：

1）正面碰撞保护车内乘员的安全对策

在汽车事故的调查中，正面及侧面碰撞造成乘员的死亡比例最大，分别为 40%和35%。为了在发生碰撞时更好地保护驾乘人员的安全，一般可以采取两方面对策：

（1）提高汽车结构安全性，使汽车碰撞部位的塑性变形尽量大，吸收较多的碰撞能量，降低汽车的减速峰值，尽量减缓一次碰撞的强度，使乘员舱有足够的强度和刚度，确保生存空间；

（2）使用乘员约束系统，即安全带、安全气囊等缓冲二次碰撞。

2）碰撞车外人员的安全对策

为保护行人和骑车人的安全，降低对他们的伤害程度，应将汽车头部设计成“软”外形。

行人的伤害一般包括与保险杠一次碰撞时产生的下肢伤害，与发动机罩、风窗玻璃等二次碰撞时的伤害，以及与路面三次碰撞产生的伤害。设计车身时，应就这三方面伤害采取相应措施。

为减少一次碰撞伤害，多采用能量吸收式保险杠；为减少二次碰撞造成的伤害，多将风窗玻璃外部设计成软结构；为减少三次碰撞造成的伤害，一般采用安装防止行人摔到路面上的救助网等接收装置。另外，防止车外凸出物对行人的伤害也很重要。比如将门把手等装置设计成内凹式，采用具有缓冲机构的后视镜等措施，均有利于减轻对行人的伤害。

3）侧面碰撞安全对策

对后侧面碰撞时车身变形空间小，所以侧面碰撞受伤的危险性比正面碰撞高得多。为了加强乘员保护，车门、车槛和立柱都要设计成刚性结构，并且越来越多地采用防侧碰安全气囊。实现侧面碰撞防护的指导思想是：将侧碰力有效地转移到车身具有保护作用的梁、柱、地板、车顶及其他部件，使撞击力被这些部件分散、吸收，从而极大限度地把可能造成的损害降低到最小程度。结合车身侧面各个部件，可以采取以下措施：

（1）增加车门强度。具体方法有增加板厚和增加防撞横梁。

（2）增加侧围物件的强度。包括增大 A 柱、B 柱、C 柱的截面形状及板厚，以及局部加强侧围与门加强物件的接触、立柱与门槛梁和车顶纵梁连接的部件，保证侧碰力有效地传递到整个车身。

（3）增加门槛梁强度。加强门槛梁，可以保证将撞击有效分散给地板及其他物件。

（4）在车身 B 立柱高度上安装横梁系统，在仪表板下面以及后风窗下面安装加强横梁。

（5）对于前置后驱动汽车，合理设计地板中间的传动轴通道，对于提高汽车抗弯强度有一定作用。

（6）合理设计门锁及门铰链，既要防止汽车发生侧面碰撞时车门自动打开，又要保证碰撞后，车门能够容易开启，以利于乘员的车外救护。同时，增强车门铰链，有利于将车门所受的撞击力有效地传给立柱。

4）翻车安全对策

翻车时，为确保乘员有足够的生存空间，车身结构必须加强，主要措施有：加强车顶纵梁及立柱及在车顶设置翻车保护杠。

4.3.3.2 安全带

安全带是在汽车发生事故时，将乘员的身体约束在座椅上，避免乘员身体与车内部件发生“二次碰撞”的安全装置。统计表明，佩戴安全带时碰撞事故中乘员伤亡率降低

15%～30%。

安全带的工作原理是当碰撞事故发生时，安全带在人体作用下产生位移，锁止机构开始工作，安全带被锁紧，不能自由地从卷缩器中抽出，从而将乘员“束缚”在座椅上，使乘员的头部、胸部不至于撞到方向盘、仪表盘及玻璃上。同时，可避免乘员在车内发生翻滚等危险情况下被抛离座椅。安全带总成执行《机动车乘员安全带和约束系统》（GB 14166—2003）标准。

4.3.3.3 安全气囊

安全气囊的设计基本思想是：当汽车发生碰撞事故后，乘员与车内部件尚未发生二次碰撞前，迅速在两者之间打开一个充气垫，使乘员因惯性移动时，扑在气垫上，从而缓和乘员受到的冲击并通过气囊的排气节流阻尼吸收碰撞能量，减轻乘员的伤害程度。它的最大优点是保护乘员的头部及胸部的二次碰撞。

对于车辆正面前碰事故中保护乘员的安全气囊约束系统，必须满足以下性能要求：

（1）在低速碰撞中，必须保证安全气囊的约束系统不起爆。安全气囊约束系统不许起爆的碰撞速度上限取决于该气囊约束系统与具体装车车型的匹配条件。

（2）在碰撞速度达到一定数值时，必须确保安全气囊约束系统可靠起爆和工作。

（3）安全气囊的展开时间，必须准确加以控制，以保证对乘员的有效保护。如果气囊系统点火过晚，则可能导致乘员头部受到高速爆出的气囊的冲击而造成伤亡；如果气囊系统点火过早，则当乘员头部触及气囊的时候，气囊早已进入排气过程，对乘员的保护效果会大大降低。

（4）车辆通过一定条件的阻碍和沟坎，受到粗糙路面干扰时，气囊不允许点火起爆。因此要求气囊必须有一定抗干扰性能。

4.3.3.4 能量吸收式转向柱

当汽车发生正撞时，碰撞能量使汽车的前部发生塑性变形。位于汽车前部的转向柱及转向轴在碰撞力的作用下要向后，即向驾驶员胸部方向运动。这种运动的能量应通过转向柱以机械的方式予以吸收，防止或减少其直接作用于驾驶员身上，造成人身伤害。

另一方面，在汽车发生正碰时，驾驶员受惯性的影响有冲向转向盘的运动。驾驶员本身的运动能量一部分由约束装置如安全带、气囊等加以吸收，另一部分传递给转向盘和转向柱系统。这部分能量也要通过转向盘及转向柱系统予以吸收，以防止超出人体承受能力的碰撞力伤害驾驶员。

除了能满足转向柱常规的功能外，在汽车发生正面碰撞时，能够有效地吸收碰撞能量，防止或减少碰撞能量伤害驾驶员的转向柱称为吸能式转向柱。《防止汽车转向机构对驾驶员伤害的规定》（GB 11557—2011）对汽车转向机构的吸能性作了要求。

4.3.4 汽车防火安全性

汽车火灾是最为严重的汽车事故之一。造成汽车火灾的原因有很多，例如燃油系统管线泄漏，造成汽车自燃；电气线路绝缘性能不佳，造成汽车电气火灾等。本书所指的汽车防火安全性，主要指汽车由于结构不合理或电气线路老化导致汽车火灾，由于二次事故引发的汽车火灾不在研究范畴。为了提高汽车的防火安全性，可采取以下措施：

（1）燃油系统的管路、容器应尽可能采用金属材料，管路接点宜少，且保证车辆在各种使用工况下燃油不泄漏。燃油箱应耐腐蚀，固定可靠，其耐压性应符合《汽车燃油箱安全性能要求和试验方法》（GB 18296—2001）的有关规定。

（2）发动机舱不应使用易燃材料或易于浸吸燃油、润滑油而无防渗透表皮的材料。舱内应设置泄油孔，避免燃油或润滑油积聚在发动机舱内。发动机舱或其他热源同车辆其他部分之间应安装隔热材料，在乘客区内的加热装置需用耐热材料包裹，且不能放在乘客与其他任何热表面接触的地方。

（3）汽车内导线应绝缘良好，电气设备及导线应能承受其周围的温度和湿度条件，特别是发动机舱内环境，导线应保护完好，并可靠地固定，保证不会划伤、磨损或擦破，不应放在与油管、排气系统接触的位置。

（4）汽车内饰件应采用不燃或阻燃材料，其阻燃性能应符合《汽车内饰材料的燃烧特性》（GB 8410—2006）的规定。

4.3.5　汽车使用安全保障措施

汽车安全保障体系是一个庞大的系统工程。应用信息论、控制论和系统论的观点，研究在复杂的多因素事物中找出特有的规律，进行多方面综合性的有效控制，以解决道路交通系统存在的问题，并取得良好效果为目的。

道路交通系统由人、车辆、道路环境三要素所组成，该系统的工作实质是完成客、货安全，迅速地移动过程。因此，汽车安全保障体系就是以这个大系统为前提，以交通法规为依据，以管理为手段而构成，如图 4-9 所示。

在道路交通系统中，人是主动者，是系统的核心。从人的因素方面来说，为保障系统的安全，应包括：安全态度、意识的教育；驾驶人员的选拔、培训，交通伤害的急救等。其中教育与培训是保障系统安全的预防措施，而交通伤害的急救是保障系统安全的应急措施。对于系统中的车辆来说，为保障其安全，应包括：车辆的设计、制造；车辆的安全检测；车辆的维修等环节。良好的设计与制造，是车辆安全性能的前提条件，而车辆的检测与维修，是保证车辆技术状况完好的必要措施。道路环境是系统的基础，为保障系统安全，它应该是合理设计、修建；及时维护，倘若因道路周边环境改变或其他原因而出现事故多发地点时，应对其及时进行改进；另外，还须配备完善的信号、标志和正确的监控设施等。

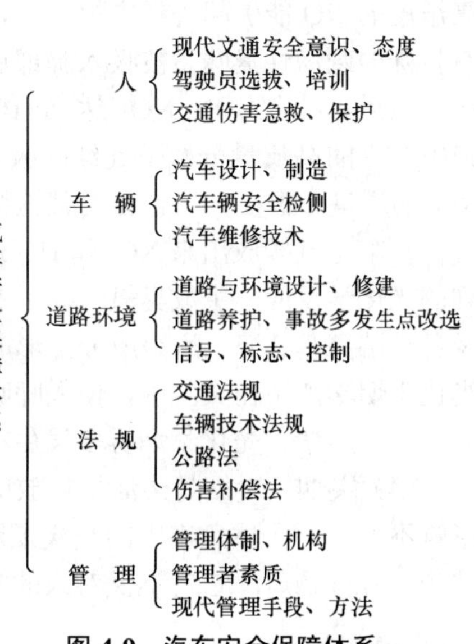

图 4-9　汽车安全保障体系

可以看出，道路交通系统的安全，既涉及静态交通的道路以及有关环境设施，也涉及人和车辆的动态参与，还涉及社会政治、经济的结构。所以汽车安全保障体系是一个有机的整体，其中每个要素或环节，都与整个系统的安全密切相关，而整个系统的安全又依靠各个要素与环节的保证。

4.4 汽车环保性分析及改善方法

4.4.1 汽车的排放污染

4.4.1.1 汽车排放有害成分及其危害

汽车排放物的主要有害成分有一氧化碳（CO）、碳氢化合物（HC）、氮氧化合物（NO_x）和炭烟，另外还有飘尘（制动蹄片和轮胎磨损所散发的石棉尘和橡胶尘）等。在这些有害成分中 CO、HC 和 NO_x 是主要的污染物质。它们大部分是由排气尾管排出的，但也有从其他部位漏出的气体。

汽车排放的有害物质散发到空气中，通过人的呼吸系统进入人体，可使人的神经系统、消化系统、呼吸系统受到损害。

（1）一氧化碳（CO） CO 与血红蛋白的亲和能力是氧的 300 倍，使血红蛋白不能与氧气结合造成人中毒。当进入血液中的 CO 达到一定浓度后，人体就会因缺氧而出现各种中毒症状，如头晕、恶心、四肢无力，严重时甚至昏迷不醒，直至死亡。

（2）碳氢化合物（HC） 高浓度的 HC 对人体有一定的麻醉作用，但在一般情况下，对人体的危害作用不大。HC 对大气的严重污染在于与 NO_x 产生光化学反应导致的光化学烟雾。

（3）氮氧化合物（NO_x） 汽车发动机排出的 NO_x 主要是 NO 和 NO_2。大气中的 NO_x 与 HC 发生光化学反应前，单独存在时也能产生一些直接危害。NO 毒性不大，但高浓度的 NO 能引起神经中枢障碍，且它很容易被氧化成剧毒的 NO_2。NO_2 是棕色气体，有特殊的刺激性臭味，被吸入肺部后，与肺部的水分结合生成可溶性硝酸，严重时会引起肺气肿。大气中的 NO_2 达 5×10^{-6} 时，就会对哮喘病患者有影响，若在 11×10^{-6}～150×10^{-6} 的高质量分数下连续呼吸 30～60min，就会使人陷入危险状态。此外，即使是 NO_x 的质量分数很低，也会对某些植物产生不良影响。

汽车尾气排放出来 NO_x 和 HC 这两种物质，在太阳光的紫外线作用下，会进行一系列的光化学反应，生成臭氧（O_3）和过氧化酚基硝酸盐（PAN）等光化过氧化产物，以及各种游离基、醛、酮等成分，形成一种毒性较大的浅蓝色烟雾，即光化学烟雾。这种光化学烟雾滞留在大气中，使人呼吸感到困难，头晕目眩，眼红咽痛甚至引起中枢神经的瘫痪、痉挛。光化学烟雾多发生在夏季，而夜间不会发生。

（4）炭烟 炭烟是柴油机排放的主要有害成分之一。炭烟粒本身对人体健康的直接影响不大，对人体危害大的是炭烟颗粒上夹附着的二氧化硫（SO_2）和多环芳香烃、苯并芘等有害物质。它们不仅对人的呼吸系统有害，而且还会致癌。

4.4.1.2 汽车排放污染的形成

汽车排出的污染物是指排气管排出的废气和其他部位漏出的燃料蒸气以及其他漏出的气体，其中大部分是由排气管排出的。废气中的成分取决于燃烧前混合气的形成、燃烧时的燃烧条件以及排气系统的反应条件。

1）CO 的形成

汽车发动机的主要燃料是汽油和柴油，它们是碳氢化合物（烃）的混合物（C_nH_m）。当燃料在供给的空气充足的条件下燃烧时，生成 CO_2 和 H_2O。当燃料在供给的空气不充足的条件下燃烧时，便会不完全燃烧而生成 CO。此外，若燃烧后的温度很高，会使已经形成的 CO_2 分解成 CO 和 O_2，所以排气中总会有 CO 存在。

2）HC 的形成

汽车向大气排出的 HC 主要是发动机不完全燃烧的产物。从排气管排出的 HC 占 55%～65%，其次是曲轴箱通风口漏出的占 20%～25%，油箱蒸发的占 15%～20%。排气中 HC 的形成原因比 CO 要复杂得多，对于四冲程发动机而言，缸壁激冷和燃料不完全燃烧是 HC 的主要来源。此外，在二冲程汽油机中，由于扫气作用，部分混合气通过汽缸直接进入排气管，这种汽油机的 HC 排放量可能比四冲程汽油机大几倍。

在汽车发动机中，不论是汽油机还是柴油机都是通过火焰传播使燃料燃烧的。但是紧靠缸壁的那层气体（0.05～0.5mm 厚），由于低温缸壁的冷却作用，火焰传播不到，使这层混合气中的 HC 随废气排出。排气门开启和关闭前后 HC 的质量分数特别高，说明在燃烧室内壁周围残留着高浓度的 HC。除此以外，火焰也不能在激冷缝隙内传播，一般在小于 1mm 的缝隙内（如活塞顶部与第一通气环之间的空隙）混合气不可能完全燃烧。

发动机在工作过程中，燃料不完全燃烧与着火前的混合气条件、燃烧室内的燃烧条件、膨胀行程的温度条件及排气系统的反应条件均有密切的关系。HC 是既有未燃的燃料，也有燃料不完全燃烧的产物和部分被分解的产物，所以一切妨碍燃料燃烧的条件都是 HC 形成的原因。

例如，为了提高发动机的最大功率，常使发动机在过量空气系数<1 的情况下工作。在低负荷时，由于汽缸内残余气体较多，为了不使燃烧速率过低，也要供给浓混合气，从而避免因空气不足以致不能完全燃烧。此外，混合气过浓、过稀、燃料雾化不良或混入废气过多时，也会因失火或半失火状态而使未燃部分的燃料 HC 排出。

3）NO_x 的形成。

在发动机排出的 NO_x 中，NO 约占 99%，而 NO_2 约占 1%，当废气排放到大气中后，部分 NO 与空气中的氧相结合又生成 NO_2，因此被汽车污染的大气同时存在着 NO 和 NO_2。

NO 的形成机理比较复杂，迄今尚无定论。但目前普遍的观点认为，当混合气稀时，温度对 NO 的形成起支配作用；当混合气浓时，氧的质量分数对 NO 的形成起决定作用。

4）炭烟的形成

炭烟的形成一般认为是燃油在高温缺氧的情况下进行燃烧，致使燃烧中间产物裂化聚合成炭粒，这些炭粒氧化速度较慢，抑制着燃烧过程进行，使燃烧时间拖长。未燃炭粒一般还能在随后的燃烧中找到空气进一步燃烧。但如果空气不足或混合不好，则炭粒不能燃烧而聚合成炭烟，或附着于汽缸内壁，或随废气排入大气，形成柴油机特有的炭烟现象。

4.4.1.3 影响汽车排放污染的使用因素

1）空燃比的影响

使用中，空燃比（即混合气中空气与燃料的重量之比）对CO和HC的影响主要表现在气温和压力。气温高，发动机进气温度高，则混合气的混合比随空气温度的升高而变浓，使排气中的CO和HC的质量分数增大。在高原地区，大气压力随着海拔高度的升高而降低，空气密度也相应降低，向发动机供给的混合气变浓，使排气中的CO和HC增加。

（1）当混合气处于比理想空燃比（14.7）的范围内时，随着空燃比的下降，CO和HC的质量分数增加，NO_x的质量分数下降。其中，CO和HC的增加是由于空气量不足产生不完全燃烧所致，NO_x的下降是由于混合气中氧的质量分数降低所致。

（2）当混合气处于比理论空燃比稀的范围内时，随着空燃比的增加，HC增加，NO_x减少，CO的质量分数低且变化不大。HC的增加是由于混合气过稀，易于发生火焰传播中断现象，而引起HC增加。NO的减少是由于混合气过稀，燃烧温度低，抑制了NO的生成。在混合气过稀的条件下，理论上不会产生CO，但实际上由于混合气的混合及分配不均匀，以及CO_2在高温下的分解，因此仍有少量的CO生成。

（3）比理论空燃比大10%左右的稀混合气，对减少CO和HC的排放有利，然而此时NO_x排放量最多。为了减少排气中的NO，则需要空燃比小于12或大于18，可是过浓和过稀的混合气对发动机的工作将产生不利影响。

2）发动机工况的影响

汽油机在怠速工况时，节气门关闭，由于转速低，进气系统内空气流速低，使得汽油雾化不良。与空气的混合很不均匀，各缸的分配也不均匀，同时缸内压力、温度都很低，汽油气化不良，为避免有的汽缸缺火，因此在怠速工况下，供给的是浓混合气，致使废气中的CO和HC可高达7%。同时，还有较多的汽油蒸气。

对于柴油机来说，由于怠速喷入燃烧室内的燃料分布不均匀，局部区域较浓，致使怠速时的CO生成量增大，然而与汽油机相比仍小得多。在小负荷工况（节气门开度从0%至25%）下，进入汽缸的可燃混合气量较少，而上一循环残留在汽缸中的废气在汽缸内气体中占的比例相对较多，不利于燃烧。因此，必须供给较浓的混合气，废气中的CO和HC的质量分数较大。在转速提高时，混合气的混合条件得到改善，废气中的CO和HC含量降低。

在中等负荷工况（节气门开度从25%～80%）下，进入汽缸的可燃混合气主要是稀混合气，所以废气中的CO含量最少，HC的排放质量分数也较低。

在接近满负荷工况（节气门开度从80%～100%）时，化油器供给的是浓混合气，排气中的CO、HC的质量分数增大，NO_x的排放质量分数减少。

炭烟往往在高负荷时产生，如汽车加速、爬坡或超载时，排气就可能产生黑烟。因为这种工况混合气浓，空气相对量少，加之燃烧气温度较高，燃油的着火延迟期短，如果氧气不能及时渗透，必然使一部分燃油高温分解生成炭烟。一般市内运行的车辆，很多时候处于强制怠速工况，此时汽油发动机转速较高，节气门开度小，混合气的质量分数大，致使排气中的 CO 和 HC 的质量分数都很高。对于柴油发动机，此时已停止供油，因此排放污染物甚少。

3）点火时刻的影响

推迟点火时间，HC 的排放将减少，这是因为点火时刻推迟后，在燃烧室内的燃烧时间将缩短，由于后燃，将使排气温度上升，促进了 HC 和 CO 的后氧化。另外由于燃烧时降低了汽缸的面容比，使燃烧室内的淬冷面积减小，使排出的 HC 减少。点火滞后时，由于混合气进入排气管后继续燃烧，提高了排气系统温度，使废气中的 HC 的质量分数减小。

点火时刻对排气中 CO 质量分数的影响较小，但过分推迟点火时刻，会使 CO 在燃烧室内没有时间完全氧化，而引起排放量的增加。

点火时刻对 NO_x 质量分数的影响很大，在任何转速和负荷条件下，增加点火提前角，均使 NO_x 的排放质量分数增加。这是因为点火提前角增大时，循环压力和燃烧温度提高，废气中 NO_x 的质量分数随之增大；反之，NO_x 质量分数减少。但是，点火滞后将会引起发动机功率下降，油耗增加，这在使用中应予重视。

4.4.2 汽车噪声

汽车噪声主要来源于发动机、传动系、轮胎以及车身干扰空气及喇叭声等。

4.4.2.1 发动机噪声

发动机噪声包括燃烧、机械、进气、排气、冷却风扇等及其他部件发出的噪声。

（1）燃烧噪声和机械噪声　燃烧噪声是在可燃混合气燃烧时汽缸压力急剧上升而产生的，它是柴油发动机噪声的主要来源。

机械噪声是指气门发出的冲击声、活塞与汽缸之间的敲击声以及各运转机械发出的声音。燃烧噪声、机械噪声在很大程度上取决于发动机转速。

（2）进、排气噪声　进、排气门噪声是由于发动机在进、排气过程中的气体流动和气体压力波动导致振动而产生的噪声，它随发动机转速和负荷状态而改变。

在进、排气门噪声中，由于空气流动而产生的噪声可分为周期性的进、排气噪声（脉动声）和涡流声（气流声）。

周期性进、排气噪声包括基频噪声、管道气柱共振声、废气喷射和冲击噪声，是由于进、排气门周期性地开闭时在进、排气管内产生压力波动而引起的。同时，伴随着进、排气时的空气流动，高速气流经过气门等产生涡流的部位会形成二次噪声，即涡流声。这种气流声随着流速增大而提高，噪声的频率成分也变宽。排气的漏气声就是典型的气流声。此外，由于排气温度高、流速大，排气的气流声要比进气的气流声大。

除了周期性的进、排气噪声和涡流声外，还有表面辐射声。它是由构成进排气系统零件的表面辐射出的噪声。进、排气系统薄壁管道及壳体振动是产生表面辐射噪声的根本原因，这种振动是由于发动机进、排气管传来的机械振动和进、排气压力波所激发的。

降低进、排气噪声主要措施是使用消声效果好的消声器。此外在使用过程中，要注意进、排气导流的紧固作业和接头的密封状况，以减小表面辐射噪声。

（3）风扇噪声 风扇噪声是汽车最大的噪声之一。特别是近年来，由于车内普遍安装了空调系统和排气净化装置等，使发动机罩内的温度上升，冷却风扇负荷加大，噪声变得更为严重。风扇噪声与发动机转速有直接关系。为了减小高速时的发动机的风扇噪声和功率消耗，一些汽车都使用了液力耦合器或变叶片扭角的风扇，也有的采用水温感应电动离合风扇。改变风扇叶片形状和材料对降低噪声也有一定的效果。例如，铸铝的叶片比冲压钢板的叶片噪声小，一些有机合成材料（玻璃钢、高强度尼龙等）做成的叶片，比金属叶片噪声小。

4.4.2.2 传动机构噪声

在汽车行驶中，传动机构噪声频率为 400～2 000Hz，其中齿轮传动的机械噪声是主要部分。

产生齿轮噪声的原因可分为直接原因和间接原因。属于直接原因的有：齿轮啮合时产生的撞击声，随着轮齿之间滑动的变化和由于摩擦力变化造成的摩擦声，以及因齿轮误差与刚性的变化而引起的撞击声。间接原因与齿轮传动特性有关，齿轮噪声以声波向空间传出的仅是一小部分，而大部分则成了变速器、后桥的激振并经轴、轴承、外壳使各部分产生振动变成噪声而传播。齿轮噪声将随汽车行驶状态（如速度、负荷）的变化而变化。

为了减少齿轮噪声，不仅要从设计、制造、加工方法等方面入手，把因啮合而引起的撞击声和激振声降低到最小，还应在使用过程中注意齿轮的安装精度和啮合印迹的调整。

4.4.2.3 轮胎噪声

产生轮胎噪声最主要的因素是轮胎的花纹。汽车在行驶时，因轮胎胎面花纹槽内的空气在接地时被挤压，并有规则地排出，引起周围压力变化而产生噪声。轮胎花纹不同，压缩、排气的难易程度不同，所以噪声也不同，如烟斗花纹轮胎就比普通花纹轮胎的噪声大。

此外，车速、负荷、路面状况等使用因素对轮胎噪声的影响也很大。汽车的噪声除上述原因外，还有高速行驶时产生的车身干扰空气噪声、制动噪声、储气筒放气声、喇叭声以及各种专用车辆上动力装置的噪声等。因为这些噪声不是连续的，所以不占主要地位。

国家标准《汽车加速行驶车外噪声限值及测量方法》（GB 1495—2002）是针对机动车辆产品的噪声制定的限制标准，同时也是城市机动车辆噪声检查的依据。

各类机动车辆（包括汽车、摩托车、轮式拖拉机）行驶时，车外最大允许噪声级应符相应规定。

对于各类变型或改装车（消防车除外）加速行驶的车外最大允许噪声级，应符合基本车型的噪声规定。

4.4.3 汽车无线电干扰特性

汽车电气设备中的许多导线、线圈和零件具有不同的电容和电感，任何一个具有电感和电容的闭合回路都会形成振荡回路。当电气设备工作产生火花时，就产生高频振荡并以电磁波的形式发射到空中而引起干扰。汽车的主要干扰源有点火装置、发电设备、各种开关及小型电动机等，其中点火系产生的干扰最为严重。

汽车所产生的无线电干扰，按其传播方式可分为传导干扰和辐射干扰两种。传导干扰电磁波是通过汽车导线直接传播的；而辐射干扰则是通过空气传播的。汽车所产生的无线电干扰应符合《车辆、船和内燃机 无线电骚扰特性 用于保护车外接收机的限值和测量方法》（GB 14023—2011）规定。

4.4.4 汽车环保性能的改善

4.4.4.1 汽车尾气排放控制技术

为了严格控制汽车排放对大气的污染，世界各国除了制定严格的排放法规外，对汽车排放控制技术的研究和开发十分重视，开展了多项排放控制和净化技术的研究。

目前，汽车排放与空气污染问题涉及的研究范畴可以大体概括为前处理净化技术、机内净化技术、机外净化技术和加强管理等。

1）前处理净化技术

通过燃油品质的改进，或使用替代能源及清洁能源，减少燃油中的有害成分。前处理净化技术是指在混合气进入汽缸前，为控制排放对燃料和空气所采取的措施，主要是燃油处理技术。通过改进燃油能迅速降低汽车排放。燃油处理技术是通过改善汽油品质或在汽油内加入添加剂，以及清洁能源（液化石油气、压缩天然气以及醇类燃料）的使用，使发动机燃烧更充分，减少污染物排放。

目前各国及各汽车制造厂都积极研发清洁能源，采用汽油、柴油的代用燃料，制造甲醇发动机、天然气发动机、氢气发动机等。甲醇来源于煤和天然气，其燃烧速度快，燃烧时无烟、无焰、NO_x排放低，热值约为汽油的一半。

天然气在地球上的贮量很大，人类很早就开始研发天然气发动机，技术相对成熟。天然气发动机最大的优点是污染物排放低；CO 排放量是汽油机的 1/15，HC 是 1/5，SO_2 是 1/10，CO_2 是 4/5。另外，天然气不稀释润滑油，从而可延长发动机的使用寿命，同时还可降低汽车噪声。世界上不少国家包括中国都已使用了天然气汽车。

氢气是一种最清洁的燃料，燃烧产物主要是水，其次是在空气燃烧中形成的微量NO_x，对空气没有污染。以氢气为燃料的汽车发动机的研发经历了一个曲折的过程，研发工作从 20 世纪 30 年代就已开始，但进展缓慢。20 世纪 70 年代的石油危机给各国重新敲响了警钟，氢气再次被人们所关注。目前，世界一些知名的大汽车公司都研制出了自己的氢气发动机。推广应用氢气燃料发动机还须解决一系列技术问题，如怎样保证氢气在汽车上的有效安全存储，如何降低生产氢气的成本，如何解决氢燃料的供给等。

目前，世界上 40 多个国家和地区开发应用了醇类燃料汽车，以美国和巴西应用最多，是目前最大的车用乙醇汽油生产和消费国。2004 年，我国开始推广乙醇汽油。国家八部委在总结以往经验的基础上扩大试点范围，黑龙江、吉林、辽宁、河南、安徽等 9 个省被列入其中。这些省份将在全省范围内封闭推广乙醇汽油，禁止销售普通汽油。

混合动力汽车已经并将在相当长时间内成为世界汽车工业发展的主流和趋势。车辆装备有 2 套动力源，一般是内燃机—发电机组以及蓄电池。汽车低负荷时，发动机除向驱动汽车的电动机供电外，多余的电能存入蓄电池。汽车高负荷时，蓄电池也参与供能。这种车辆可以使发电机组的内燃机的排量小而且经常处于最佳的稳定高效工况，达到节能与环保的目的。

2）机内净化技术

机内净化技术主要是指通过改进发动机本身的设计和优化并结合先进的电子控制装置对发动机的燃烧过程进行控制来降低排放，改进燃烧品质，减少有害污染物的生成。主要措施有以下几种：

（1）直喷式汽油发动机　直喷式汽油发动机是普及最广的节能与减排技术。欧盟已明确规定：1996 年以后生产的汽油机汽车必须装备电控燃油喷射系统。燃油喷射系统利用直接或间接地测量发动机的进气量和精确计量发动机燃烧所需的供油量，实现发动机的最优控制；使各个汽缸获得均匀的混合气，提高发动机的燃烧质量和稳定性，减少废气中 CO 和 HC 的含量；更易于实现混合气稀燃技术，使燃料燃烧更充分，不仅能减少有害排放物的排放浓度，还有利于节省能源。

（2）燃烧系统优化　燃烧系统优化技术包括燃烧室形状优化、改善汽缸内气流运动。

燃烧室形状优化原则是尽可能紧凑，面容比要小；火花塞装在燃烧室中央位置，以缩短火焰的传播距离，可使燃烧时间缩短，混合气燃烧迅速，提高热效率，降低 CO 和 HC 的排放；紧凑的燃烧室可有效提高机械辛烷值，防止爆震，并可以进一步提高压缩比以改善热效率；面容比小，可减轻燃烧壁面对混合气的淬熄效应，减少 HC 排放。

改善缸内气流运动可提高汽缸内混合气的湍流程度，有助于混合气快速和完全燃烧。这是因为静止或层流混合气的火焰传播速度一般不超过 1m/s，而湍流时可超过 100m/s。改善气流运动的主要方法有加强进气涡流和压缩涡流。进气涡流可通过改进进气道形状来实现。在燃烧室内采用挤气面设计可以使混合气形成压缩湍流。

（3）稀薄燃烧技术、富氧燃烧技术和磁化燃烧技术　所谓稀薄燃烧，是指通过提高发动机内混合气的空燃比，让混合气在空燃比大于理论空燃比数值的状态下燃烧。使用稀薄燃烧的发动机，在进气行程中并不供油，而是在压缩行程后段才供油，利用高压的供油泵以及特殊的喷油嘴设计，将油气有效地集中在火花塞附近，让燃油直接点燃，达到最佳的燃烧效果。也就是说，使汽油在很稀的混合状态下燃烧，汽油与空气之比可达 1∶25 以上，最高可以达到 1∶40，可大幅降低发动机运转的油耗。这样有来 2 个好处：第一，过量空气降低了燃烧过程的温度，从而大大减少了氮氧化物的排放量；第二，由于有过量的氧气，使燃烧过程更高效、更完全，同样多的燃料可以输出更多的动力。而为了让燃油能够精确地集中在火花塞的附近，使用稀薄燃烧技术的发动机，需要采用缸内燃油直喷技术，以在压缩行程供油，并配合特殊的活塞造型，以实现油气导引的目的。

目前，各大公司稀燃技术共同点都是利用缸内涡流运动，使聚集在火花塞附近的混合气最浓，先被点燃后迅速向外层推进燃烧，并有较高的压缩比。比较著名的三菱缸内喷注汽油机（GDI），可使汽油与空气之比达到 1：40。三菱的 GDI 发动机通过稀薄燃烧技术，使燃料消耗减少 20%～35%，二氧化碳排放减少 20%，而输出功率则比普通的同排量发动机高 10%。

富氧燃烧一般分为整体富氧和局部富氧两种。前者系指全用富氧来燃烧，后者也叫“局部增氧”助燃节能技术。富氧燃烧具有显著提高燃烧效率和高温火焰的特点，但由于制氧成本的问题，其应用受到限制。近 20 年来，随着膜法制氧技术、变压吸附法（pressure swing adsorption，PSA）等新型制氧技术的成熟和利用，近年来在内燃机的增氧燃烧方面也得到了一定程度的应用。

富氧燃烧技术应用于汽油机上除了可以大幅度提高火焰温度、热效率和节能以外，在很宽的负荷范围内，还可以减少和控制粉尘以及一氧化硫的排放，降低烟气量，是一项具有广阔应用前景的高效节能技术。首先，由于供气中氧气含量的增加，在汽油机燃烧过程中的主燃阶段（特别是在其中的缓燃阶段）其燃烧速度加快，燃烧温度增高，使得工质的膨胀比增加，动力性能提高，排气温度下降，同时由于燃料与氧气接触的机会增加，使得燃烧更加完全从而燃料利用率大大提高。其次，富氧燃烧技术可提高汽油机的动力性能。目前在柴油机上所采用的废气涡轮增压技术虽然能够提高其动力性能，但也有其不足之处，富氧燃烧技术可以解决这个问题，使在高原运行的内燃机恢复动力性能，减少能源消耗。

就目前发展来看，稀薄燃烧技术较成熟，在日产和欧洲的汽车发动机上应用较多；富氧燃烧技术随着制氧技术的不断提高，从理论、经济、节能、环保等多方面均显示其未来发展的强大空间，目前降低排放关键在于降低富氧状态下 NO_x 排放。实际运用中要依据具体情况采用不同的技术方案。

（4）废气再循环　废气再循环技术是控制 NO_x 排放的主要措施，它将汽车发动机排出的一部分废气重新引入到发动机进气系统，与混合气再进入汽缸燃烧。

（5）电控涡轮增压技术　汽油机涡轮增压不仅提供了发动机在大负荷工作时的动力性和经济性，而且降低了发动机在中小负荷时的燃油消耗。因为增压发动机在与不增压发动机同样的最大功率需求下可以减少发动机排量和零件尺寸，使发动机在实际使用中的负荷率提高，机械效率改善。

不过，因为车用汽油机的转速范围很宽（1 000～7 000r/min），常规的不可调涡轮增压器不可能在很宽的工作转速范围内与发动机很好的匹配。如采用低速匹配，可改善低速性能，但高速性能受损失，甚至在发动机高速时引起涡轮增压器超速损坏；如采用超速匹配，则发动机的低速性能和加速性变差。采用排气旁通的增压器可缓解这一矛盾，但排气能量的损失势必影响发动机的性能。电控可变喷嘴增压器，可根据发动机的工况优化调节涡轮喷嘴面积已达到所需的增压压力，实现从低速到高速的全工况优化。

（6）根据工况改变发动机排量技术　根据工况改变发动机排量的技术能够按汽车的

实际动力需求使发动机的部分汽缸停止工作，从而实现节约燃油的目标。通用汽车公司的该技术最多能够关闭一台发动机的半数汽缸，并将燃油经济性提高 8%以上。

（7）无凸轮轴技术　英国 Lotus 公司是这一领域的领先者，已经开发出产品化的发动机无凸轮轴系统——Lotus 主动气门机构。该系统采用由液压油缸驱动的连接杆打开气门，并通过传统的回复弹簧关闭气门，连接杆的直线位移功能变换能够不间断地监控气门的动作，将气门的瞬时位置精确地输入到监控计算机中，再由计算机系统对气门升程动作和压力进行精确的调节。

（8）能量芯片技术　这是由美国 Chips 公司开发的一种新型能量产生技术。该公司宣称此技术可以提高汽车的发动机输出功率，其技术核心是能量芯片——一种基于量子力学热电隧道效应的由热能产生电能的微型二极管。在轿车上，绝大部分的能量都变为热能浪费掉了。采用能量芯片技术，则将这部分热能转化为电能，为空调和娱乐设备等辅助系统供电。能量芯片可以被安装在发动机的散热部件和排气系统表面，将发动机散发的热能转化为电能。

（9）二氧化碳汽车空调技术　日本电装公司与丰田汽车公司合作开发出了世界上第一种使用非碳氟化合物制冷剂的汽车空调。该空调系统使用天然制冷剂 CO_2，成功地减小了传统的碳氟化合物汽车空调对大气环境的影响，而且该空调系统的制冷效果和制冷效率大大强于传统的汽车空调。

（10）停止怠速系统　停止怠速系统安装于自动变速器的汽车。当车速传感器检测到车速为 0km/h，发动机转速传感器检测到怠速转速小于 800r/min，变速器操纵杆位于空挡时，系统发出“自动停止怠速”指令，执行机构将关闭发动机的进气和供油系统。当输入控制单元的参数为发动机处于“自动停止怠速”状态，变速器操纵杆位于空挡时，启动开关位于“开”的位置时，系统发出“启动”指令，执行机构打开发动机的进气和供油系统，准备汽车起步。五十铃公司的试验结果表明，安装了怠速停止和启动系统的汽车燃油经济性提高了 14%，排出气体中的有害气体 CO、NO_x、HC 和温室气体 CO_2 都有大幅度降低。

3）机外净化技术

改进催化转化器性能，提高发动机有害污染物的转化效率，尽量减少有害污染物的排放。虽然发动机机内净化技术对排放控制作用显著，但是不能完全消除有害气体的排放，而且不同程度的影响动力性和经济性，而机外净化技术的应用，可以转化有害气体，减少排放。目前，应用最广泛的机外控制技术是三元催化转化器。

三元催化转化器用铂（Pt）、钯（Pd）、铑（Rh）3 种贵金属作催化剂，将发动机排放的有害气体利用催化技术加速汽车废气中 CO、HC 和 NO_x 的氧化还原反应，使大部分污染物转化为 CO_2、H_2O 和 N_2，起到净化汽车尾气的作用。三元催化剂可将 90%的碳氢化合物和一氧化碳及 70%的氮氧化物同时净化，因此这种催化剂被称为三元催化器。目前，电子控制汽油喷射加三元催化转化器已成为国内外汽油排放控制主流，以三元催化转化器与发动机电控系统的组合已成为当前和未来较长时期内汽油机排放控制的最有效和最主要技术。

对于柴油车炭烟还有吸附和过滤等技术。

4.4.4.2 汽车噪声控制方法

噪声控制主要包括基于机械原理的噪声控制、基于声学原理的噪声控制和主动控制。

1）基于机械原理控制噪声

随着材料科技的发展，各种新型材料应运而生，可以采用一些内摩擦较大的合金、高强度塑料生产机器零件；对于风扇可以选择最佳叶片形状降低噪声；齿轮改用斜齿轮或螺旋齿轮，啮合系数大，可降低噪声 3～16dB；改用带传动代替一般的齿轮传动，由于皮带能起到减振阻尼作用；选择合适的传动比也能降低噪声。

提高零部件加工精度和装配质量，使机件的摩擦尽量减小，从而将噪声降低。减小偏心振动以及提高机壳的刚度减小噪声。这项措施主要取决于汽车的研发和生产组装等环节，一般是在车辆出厂采取的降噪措施，后期的使用和维护过程中，避免机械设备和车辆的空载和超载，选用好的润滑油脂，都可以降低噪声。

2）基于声学原理控制噪声

（1）吸声　吸声是用特种被动式材料来改变声波的方向，在车室内合理的布置吸声材料能有效降低声能的反射量，达到降噪的目的。目前在汽车上使用的吸声材料有：

①多孔性吸声材料。其原理是当声波进入材料表面空隙，引起空隙中的空气和材料微小纤维的振动来消耗声能达到吸声目的，一般有尼龙、人造丝、聚酯等多孔性材料。

②穿孔板结构。在板与车身之间保留一定的空隙，形成亥姆霍兹共振腔耗散声能。

（2）隔声　这种方法是用某种隔声材料将声源与周围环境隔离，使辐射的噪声不能直接传播到周围区域，从而达到降噪目的。

常用措施有隔声材料和隔声结构。选用隔声结构时，应考虑所隔噪声的特点，隔声材料结构性能、成本。常采用双层壁结构，在夹层中填充玻璃棉聚酯泡沫、毛毡等吸声材料，进一步提高隔声效果。

（3）减震　汽车的外壳都是由金属薄板制成，车身行使过程中，震源将振动传给车身，在车身中以弹性波形传播，这些薄板受到激振产生噪声，同时引起车体上其他部件的振动。防止发动机、传动系、悬架及轮胎的振动传入车内；加强地板、顶棚等大面积的钣件的刚度，尽量少用大面积钣金件；覆盖件采用加强筋增大刚度，防止车身自身振动。

3）主动控制

随着微电子学的发展，主动控制降噪得到广泛应用。噪声主动控制是近 20 年来发展起来的一种全新的噪声控制方法。与传统降噪措施相比，其突出优势在于低频噪声控制效果好，此外，它还具有对原系统的附加质量小和占用空间小等特点。

主动噪声控制通常是利用声波干涉的原理进行以声消声的控制。当 2 个声波在叠加点处振动的方向一致，频率相同及相位差恒定时，它们会发生干涉现象，引起声波能量在空间的重新分配，此时利用人为的声源（次级声源），使其产生的声场与原噪声源（初级声源）产生的声场发生相干性叠加产生“静区”，从而达到降低噪声的目的。

降低汽车噪声，是未来汽车科技的一个重要课题。对于汽车噪声，应走全方位综合治理之路。首先，需要政府完善噪声法规，为治理汽车噪声提供强有力的法律保证和持久的推动力；其次，科技是治理汽车噪声的根本途径，各汽车厂商应遵循国家标准，利用一切科技手段，积极开发消声新技术，不断促进汽车的低噪声化。

4.4.4.3 无线电波的抗干扰措施

为了防止干扰，在汽车上对电子设备采取各种防干扰措施。汽车利用阻尼电阻、电容器、滤波器、屏蔽、接地等各种不同元件进行防干扰。低压电路中，用阻尼电阻、电容器、扼流线圈或不同组合形式的元件去干扰滤波器。其中，电容器将高频电流导向汽车外壳，扼流线圈防止干扰电流窜入电路网络，在高压电路中使用阻尼电阻等。每种去干扰方法原则上都应该做到必须在干扰形成处（即干扰源处）直接消除无线电干扰。

1）加装阻尼电阻或采用阻尼高压线

在点火装置的高压电路中串入阻尼电阻或阻尼高压线，可以削弱电火花产生的高频振荡。试验证明，阻尼电阻的阻值越大，抑制效果越好。但阻值过大会影响火花塞电极间的火花能量，因此一般最大不超过 20kΩ。阻尼电阻常用炭质制成，装在点火线圈的高压导线引出端或火花塞上。阻尼电阻必须尽可能靠近干扰源安装，否则火花塞和阻尼电阻之间的导体会起发射天线的作用，并辐射出相应的干扰能量。但火花本身直接辐射的能量比较小。

阻尼电阻不能用于低压电路中，因为电阻工作的持续电流较大，会产生过大的功率损耗。

2）加装电容器

电容器的阻抗值与频率有关，随频率增大而减小。去干扰电容器的电容值为 0.1μF。50Hz 低频时电容器的阻抗值约为 30kΩ。

消除发电机上的无线电干扰允许用最简单的方法实现，即在发电机 2 个极的接线柱上并联一只电容器。因为电容器对高频电流几乎为短路，所以干扰电流沿着最小阻抗路径流向接地端，且按这种方式远离电路网络。因为电容器对直流电实际上形成了一个无穷大的阻抗，所以在此电路中发电机的驱动电流不可能流过电容器。根据电容器的自感量不同，主要有双极性电容器、不同轴套式电容器和同轴套筒式电容器。

3）加装屏蔽层

为使干扰波不向外辐射，将受干扰的仪器及与之相连的导线用无缝隙的导电外壳密封起来。其中获得广泛应用的是金属或金属涂层外罩，如金属镀层点火分电器外壳。每个屏蔽部件的完好接触由相互间的屏蔽质量决定。另一个先决条件是屏蔽件要与汽车地线很好地连接。全钢车身汽车的去干扰费用比部分用塑料作车身部件时的干扰花费少，因为金属车身部件如发动机外罩本身具有屏蔽作用。但是，全钢车由于结构上存在缝隙，不能做到电动机外罩与车身之间的无缝导电屏蔽。此外，受干扰的仪器和去干扰滤波器之间的导体必须同样被屏蔽，以可靠地避免受干扰导线和未受干扰导线之间发生耦合。屏蔽去干扰的措施是很昂贵的，所以只有那些对去干扰质量提出特别高要求的地方才用这种去干扰措施。

干扰波是快速振动的电磁波，即干扰源环境中电磁空间状态的快速连续变化，所以干扰源总是既有电场形式的分量又有磁场形式的分量。

电场屏蔽的根据是电力线在屏蔽罩的内表面结束，不可能到达屏蔽以外的空间，因为电力线不穿过导电外壳。

相反，磁场屏蔽有反向场作用。干扰电流的交变磁场（比如在点火导线中），在点火线屏蔽外壳里感应出交流电压。交流电压在屏蔽罩内表面上产生一个对点火导线内流动的高频干扰电流起反作用的电流，即产生反向磁场。干扰场和反向场的作用互相抵消，所以屏蔽罩以外的空间无干扰。因为电流变化在屏蔽罩内感应出的高频电流主要在屏蔽罩的内表面流动，所以比较薄且无缝隙的封闭屏蔽罩能产生良好的屏蔽效果。

为获得尽可能大的屏蔽效果，要求屏蔽罩以尽可能小的阻抗抵挡其内流动的电流，因此应该用导电特性好的材料做屏蔽罩。屏蔽罩也不允许出现分界缝或接触电阻，因为任何一种电阻上都会产生明显的电压降，电压降在屏蔽罩的外表面形成电流并辐射无线电干扰波。同时，为获得良好的屏蔽效果，首先必须考虑每个屏蔽部件的金属接触面之间应有良好的接触。屏蔽件连接部位绝对避免出现氧化层、漆皮、尘埃或油脂。另外还应注意用于导线屏蔽的金属丝编织物不允许涂漆，因为漆会渗入编织物的每根金属丝之间并使金属丝因绝缘而彼此分开。

此外，除将所有受干扰的仪器和导线整体屏蔽外，为消除近场干扰，还经常使用局部屏蔽技术。

4.5 汽车运行材料选用要求

4.5.1 汽车燃料

燃料通常是指能够将自身储存的化学能通过化学反应（燃烧）转变为热能的物质。目前汽车燃料主要有汽油和轻柴油。此外，还有一些正在开发中的代用燃料。

4.5.1.1 车用汽油

车用汽油的性能主要是指汽油的抗爆性、挥发性、氧化安定性、防腐蚀性及清洁性等。

1）车用汽油的规格或标准

我国生产的汽油是用研究法辛烷值来划分牌号的。2011 年，我国所有汽油生产企业一律执行《车用汽油》（GB 17930—2011）的强制性标准，按辛烷值划分为 90 号、93 号和 97 号 3 种牌号。

2）选择与使用

车用汽油的选择应根据汽车使用说明书的要求，以正常运行条件下不发生爆燃为原则，选用适当辛烷值牌号的汽油。此外也常用压缩比来选择辛烷值，压缩比越大，汽油的牌号越高。压缩比 7.0 以下，选 70/MON；压缩比在 7.0～8.0 之间，应选用 80/MON（90/RON）。压缩比在 8 以上，选 85/MON（93/RON）。实际上 2 种选法的依据不是非常可靠，因为引起爆燃的因素很多，另外由于现代汽车在结构方面的完善，实际上压缩比在 8 以上的汽油机使用 90/RON 仍能很好地工作。

高原或高山区空气稀薄，压缩终了的压力和温度也较低，选用较低辛烷值的汽油时不易发生爆燃。汽车从平原到高原或高山地区后，若没换低标号汽油，应将点火适当调前。

3）汽油使用注意事项

在汽油的使用中还应注意以下几点：

（1）在炎热的夏季、高原地区，由于气温高而空气稀薄，容易发生“气阻”现象，必须加强发动机的散热。

（2）当平原使用的汽油发动机进入高原地区时，可换用低辛烷值的汽油，或适当将点火提前角增加。这是因为高原地区空气稀薄，在压缩终了时压力和温度都较低，产生爆燃的倾向减少。

（3）汽油发动机的缸体、缸盖接合平面经铣削，因其压缩比提高，可相应地采用高辛烷值的汽油。

（4）使用长期存放的汽油，因胶质含量增加，诱导期缩短，容易产生积炭，导致发动机表面点火。因此，汽油不宜长期存放。

（5）条件允许时，电控喷射汽油发动机尽量使用含清净剂的无铅汽油。

（6）汽油在储存、运输、使用中应注意防火、防爆、防静电，用桶装汽油时必须留出适当的膨胀空间，并注意密封，防止挥发。

此外，在高原或高气温下，应注意散热和隔热，有条件时可换用饱和气压较低的汽油。不要用加铅汽油作清洗或溶剂油用，以防铅中毒；不要用橡胶、油漆溶剂油和工业汽油（洗油）代替车用油，其牌号不是按烷值划分的；汽油中不应掺入煤油和柴油，煤油和柴油的蒸发性较差，加入后会使汽油品质变差。

4.5.1.2 车用柴油

1）车用轻柴油的使用性能

柴油的馏分较重，柴油机混合气在汽缸内形成，压燃着火，燃烧过程包括着火延迟期、速燃期、缓燃期、后燃期4个阶段，这些特点使柴油的使用性能与汽油有许多不同。车用柴油的主要性能有：

（1）燃烧性　包括发火性与抗爆能力，评价指标是柴油十六烷值与自燃点。

（2）低温流动性　柴油的低温流动性是指柴油在低温条件下所具有的一定流动状态的性能，评价柴油的低温流动性的指标有倾点、浊点、凝点和冷滤点，我国采用凝点和冷滤点。

（3）雾化和蒸发性　柴油雾化和蒸发性的评价指标是馏程、运动黏性、密度和闪点。

（4）无腐蚀性　柴油腐蚀性的评价指标是硫含量、酸度和铜片腐蚀试验。

（5）安定性　安定性的评价指标包括色度、氧化安定性、实际胶质和10%蒸余物残炭。

（6）清洁性　机械杂质和水分是柴油清洁性的主要指标。轻柴油要求不含机械杂质，水分含量应不大于痕迹。

2）车用柴油的规格

《普通柴油》（GB 252—2011）规定的技术要求将柴油按凝点划分为 10 号、5 号、0 号、−10 号、−20 号、−35 号和−50 号 7 个牌号。

3）选择与使用

柴油的选择应根据当地当月风险率为 10% 的最低气温进行。

10 号适合于最低气温 12℃以上的地区使用；5 号适合于最低气温 8℃以上的地区使用；0 号适合于最低气温 4℃以上的地区使用；−10 号适合最低气温−5℃以上的地区使用；−20 号适合于最低气温−14℃以上的地区使用；−35 号适合于最低气温−29℃以上的地区使用；−50 号适合于最低气温−44℃以上的地区使用。

推荐风险率为 10%的最低气温用来估计使用地区的最低温度，这对柴油机在低温时的正常设备防寒，燃油系统的设计，柴油的生产、供销及使用提供可靠的气温数据。

在使用柴油时，不同牌号的油可掺兑，这样可以改变其凝点。例如，0 号油按比例加入一些低凝点油，便可使其能在−5～10℃下使用，也可在油中加入裂化煤油。与汽油使用要求类似的是，在柴油中同样不能混入汽油，加入后会破坏柴油品质。

4.5.1.3 车用天然气

1）车用天然气组成及特点

天然气是一种多组分的混合气体，主要成分是烷烃，其中甲烷占绝大多数，另有少量的乙烷、丙烷和丁烷，此外一般还含有硫化氢、二氧化碳、氮和水气，以及微量的惰性气体，如氦和氩等。车用天然气应符合《车用压缩天然气》（GB 18047—2000）的要求。

纯天然气含 CH_4（98%）、C_3H_8（0.3%）、C_4H_m（0.3%）、C_mH_n（0.4%）、N_2（1.3%）等，低发热值为（36 220kJ/m^3）。天然气在燃烧过程中产生的能影响人类呼吸系统健康的物质极少，产生的二氧化碳仅为煤的 40%左右，产生的二氧化硫也很少。

天然气是较为安全的燃气之一，它不含一氧化碳，也比空气轻，一旦泄漏，立即会向上扩散，不易积聚形成爆炸性气体，安全性较高。采用天然气作为能源，不仅可减少煤和石油的用量，而且还可改善环境污染问题；天然气作为一种清洁能源，能减少二氧化硫和粉尘排放量近 100%，减少二氧化碳排放量 60%和氮氧化合物排放量 50%，并有助于减少酸雨形成，减缓地球温室效应。

根据《城市燃气分类》（GB/T 13611—2006），并结合本标准技术指标中天然气高位发热量大于 31.4MJ/m^3 的要求，按沃泊指数（华白数）W 的范围，对压缩天然气可分为 3T、4T、6T、10T 和 12T 5 类。压缩天然气的技术指标应符合表 4-2 要求。

ISO / FDIS 15403：1998 附录 D“甲烷值和辛烷值”指出，美国气体研究院（GRI）用 ASTM 的辛烷值评定方法测量了天然气燃料的马达法辛烷值（MON）。测量结果表明，纯甲烷的 MON 在 140 左右，大多数天然气的 MON 在 115～130 之间。丙烷含量高（17%～25%）的调峰气的 MON 为 96～97。美国气体研究院通过研究分别推导出 2 个与实验数据非常吻合的、组成或氢碳比与辛烷值的关联式，可适用于大多数常规天然气。此外，还有2个用实验数据推导的辛烷值与甲烷值的关联式。天然气组成与辛烷值的线性关联式：

$$MON=137.78X_1+29.948X_2-18.193X_3-167.062X_4+181.233X_5+26.994X_6$$

式中：MON为马达法辛烷值；

$X_{1\sim6}$为组分摩尔分数，1为甲烷，2为乙烷，3为丙烷，4为丁烷，5为二氧化碳，6为氮气。

表4-2 压缩天然气的技术指标

项 目	技术指标
高位发热量/（MJ/m^3）	>31.4
总硫（以硫计）/（mg/m^3）	≤200
硫化氢/（mg/m^3）	≤15
二氧化碳 Y_{CO_2}/%	≤3.0
氧气 Y_{O_2}/%	≤0.5
水露点/℃	在汽行驶的特定地理区域内，在最高操作压力下，水露点不应高于-13℃；当最低气温低于-8℃，水露点应比最低气温低5℃

注：气体体积的标准参比条件是101.325kPa，20℃。

2）车用天然气使用注意

在《车用压缩天然气》（GB 18047—2000）规定：在操作压力和温度下，压缩天然气中不应存在液态烃；压缩天然气中固体颗粒直径应小于5μm；压缩天然气应有可察觉的臭味，无臭味或臭味不足的天然气应加臭。加臭剂的最小量应符合当天然气泄漏到空气中，达到爆炸下限的20%浓度时，应能察觉。加臭剂常用具有明显臭味的硫醇、硫醚或其他含硫有机化合物配制。

车用压缩天然气在使用时，应考虑其抗爆性能。压缩天然气储存时其容器应符合国家现行的《压力容器安全技术监察规程》和《气瓶安全监察规程》中的有关规定。压缩天然气钢瓶应符合《汽车用压缩天然气钢瓶》（GB 17258—2011）的有关规定。

4.5.2 汽车润滑剂

4.5.2.1 发动机油的正确选择与使用

内燃机使用的润滑油简称机油。机油除了有润滑的功能外，还有助于零件的散热；在润滑面上有密封功能；将摩擦表面的磨损物及其他杂质带走的清洗功能以及降低噪声防止锈蚀的功能。评价机油品质有许多指标，其中黏度是最为重要的指标之一。

通常用黏度分类法和质量分类法对发动机油进行分类，国际上广泛采用的SAE（美国汽车工程师学会）分类法和API（美国石油学会）分类法。

SAE规定了机油的黏度等级，该分类黏度从低到高，冬季用油有6种，夏季用油有4种，冬夏通用油有16种。

冬季用油牌号分别为：0W、5W、10W、15W、20W、25W，符号W代表冬季（Winter），

W 前的数字越小，其低温黏度越小，低温流动性越好，适用的最低气温越低，如 5W、10W、15W 发动机油其最低泵送温度分别为–30℃、–25℃及–20℃。

夏季用油牌号分别为：20、30、40、50，数字越大，其黏度越大，适用的最高气温越高。

冬夏通用油牌号分别为：5W/20、5W/30、5W/40、5W/50、10W/20、10W/30、10W/40、10W/50、15W/20、15W/30、15W/40、15W/50、20W/20、20W/30、20W/40、20W/50，代表冬用部分的数字越小，代表夏季部分的数字越大者黏度越高，适用的气温范围越大。

按照 API 质量分类法，发动机油分为汽油机油系列（S 系列）和柴油机油系统（C 系列），每个系列的油品按英文字母顺序排列，分为若干级别。API 把汽油机油分为 SA、SC、SD、SE、SF、SG、SH、SJ、SM、SN 几个等级，字母排列越向后，质量等级越高，即对发动机的保护越佳，SN 级是目前世界上汽油机油的最高等级。柴油机油由低到高的等级规格为 CA、CB、CC、CD、CE、CF、CF-4、CG-4。但同一种机油可以同时符合汽油机油及柴油机油的品质等级，如 API CC/SE，API CF-4/SG 就同时适用汽油机及柴油机。

国产发动机油的黏度分类方法，已等效采用国际 SAE 黏度分类法。

1）发动机油的选择

发动机油的选择，包括发动机油的类型、质量品级、黏度和黏性指数等方面。所选发动机油应与发动机说明书的要求相符。

（1）根据发动机冲程数、燃料类型、技术强化程度选择发动机油的类型。一般情况下，四冲程机油与二冲程机油，汽油发动机机油与柴油发动机机油不通用。

（2）根据压缩比、排量、最大功率、最大扭矩、发动机油负荷（发动机功率与曲轴箱机油容量之比）选择发动机油的质量品级。

（3）根据气温、汽车负荷条件、技术平均速度，使用时选择合适的黏性等级及黏性指数。冬季使用冬季发动机油，夏季用夏季发动机油，或冬夏季通用油。严寒季节、发动机磨合期应使用低黏度发动机油。重载低速和高温下，应选择高黏度发动机油。轻载高速应选择黏度较小的发动机油。

2）发动机油使用的注意事项

在使用过程中由于添加剂的消耗，发动机油本身在高温下氧化、燃烧产物的影响，外部尘埃、水分等的混入，使发动机油劣化变质。发动机油劣化变质后，沉积物增多，润滑性能下降，使零件增加腐蚀和磨损，因此，对在用发动机油应适时更换。

发动机油使用时间长短不仅与发动机油使用性能有关，还与发动机的技术状况、维修质量有关。为减缓发动机油变质，延长换油期，必需的技术措施有：正确选择发动机油，认真执行维护作业，维持汽车良好的技术状况。

发动机油的更换要根据车辆的行驶里程（或发动机的工作时间）来定，叫作定期换油。也可以根据发动机油的使用性能来定，叫作按质换油。还可以采用在发动机油油质监测下的定期换油。

此外，发动机油使用还有以下注意事项：

（1）选择机油的品种时，切勿将低级的机油用在要求较高的内燃机中，否则会加剧发动机磨损；严重时，可能导致发动机的损坏。高级机油可在要求较低的内燃机使用，但成本较高。不要认为高黏度有利于润滑和减少磨损。

（2）汽油机机油、柴油机机油、机床用机油、航空机油等性能不一样，切勿代用。

（3）要保持正常的油面。油面过低时，不仅加速机油变质，而且会因缺油而引起零件烧坏；油面过高时，使燃烧室积炭增多，发动机功率下降，排气污染严重。

（4）保持曲轴箱强制通风系统良好。燃烧室窜入曲轴箱的气体通过曲轴箱强制通风系统及时循环，可减少机油的氧化变质。

（5）定期更换机油。内燃机油在使用一段时间后，质量变差，会导致零件快速磨损，严重时发生故障，因此要及时换油。

（6）定期检查、清洗、维护机油滤清器，必要时予以更换，充分保持机油清洁。

4.5.2.2 车辆齿轮油的正确选择和使用

1）车辆齿轮油的选择

按车辆使用说明书的规定要求，选择齿轮油的种类、质量品级和黏度等级。基本原则如下：

（1）根据齿轮油的工作条件苛刻程度选择齿轮油的种类和质量品级。一般情况下，变速器用变速齿轮油，主减速器用减速器齿轮油，双曲线齿轮用双曲线专用齿轮油。

齿轮齿面的接触应力 P 与齿面滑动速度 v 及其乘积 Pv 值是衡量齿轮工作条件的重要参数。Pv 值越大，工作条件越苛刻，齿轮油的质量品级越高。如当 P＞3 000MPa，v＞10m/s，$T_{油}$=120～130℃时，属重负荷，必须选用重载荷（CLE 级）齿轮油，适用于双曲面齿轮的工程机械、部分重载汽车、小轿车等；当 P＜3 000MPa，v=1.5～8m/s，属中等负荷，选 CLD 级。

（2）根据温度条件和车辆负荷选择齿轮油的黏度牌号。车辆齿轮油的低温黏度（150 000Pa）决定传动机构低温下的操作性能。75W、80W、85W、90 号油的最低使用温度分别为−40℃、−26℃、−12℃、10℃。天气特别热、负荷特别重的车辆选用 140 号油；长江以南冬季气温不低于 10℃的地区，可全年使用 90 号油；东北及西北地区，可全年使用 80W/90 号油；其余地区可全年使用 85W/90 号油。

2）齿轮油使用注意事项

（1）不能将质量品级较低的齿轮油用于要求较高的机械上，以免加快齿轮损坏；质量品级较高的齿轮油用于要求较低的机械上，经济性较差。

（2）齿轮油油面要适当，一般与齿轮箱加油口下缘平齐。

（3）按规定换油周期换油。

4.5.2.3 润滑脂的选择和使用

1）润滑脂的选择

选择润滑脂时应着重考虑摩擦副的温度、速度、负荷及摩擦所处的环境等因素对润滑脂的影响。

（1）温度　摩擦副的温度变化对润滑脂的使用性能、使用寿命有明显影响。每当轴承温度升高 10～15℃，润滑脂使用寿命降低 1/2。这是由于温度升高，润滑脂的基础油蒸发损失，基础油与稠化剂因热氧化变质产生分油现象而造成的。选高温润滑脂时，最高使用温度应高于滴点 20～30℃；选低温润滑脂时，润滑脂的使用温度应略高于润滑脂的最低操作温度。

（2）速度　摩擦副相对运动的速度越快，润滑脂所受剪切力越大，润滑脂有效黏度下降越多，从而降低了使用寿命。高速运转时，可选用钙钠基脂、锂基脂、复合润滑脂。低速时，一般选用以高黏度为基础油抗极压性高的润滑脂。

（3）负荷　根据负荷大小选用润滑脂的抗极压性。负荷是指单位摩擦面积上承受的压力，大于 5 000MPa 称为重负荷，宜用抗极压型润滑脂；3 000MPa 以下为轻负荷，宜用非抗极压型润滑脂。

（4）环境　在选择润滑脂时应充分考虑润滑部位所处的工作环境，如气温、湿度、灰尘、腐蚀性介质等。潮湿或水接触的情况下应选用抗水性好的钙基、锂基润滑脂。防锈性要求严格时，应选用加防锈剂的润滑脂。

2）润滑脂使用注意事项

（1）轮毂轴承的润滑，对抗水性、耐磨性、抗极压性（涂在互相接触的运动副表面间的润滑脂所形成的润滑脂膜能够承受一定的来自轴向和径向的负荷。抗极压性表示润滑膜承受来自轴向和径向负荷的能力）要求高，宜选用性能优越的汽车通用锂基润滑脂。

（2）其他润滑部位（如水泵轴承、离合器踏板轴、制动踏板轴、传动轴各点，前、后钢板弹簧销、转向节主销、转向横拉杆、直拉杆等处），润滑脂的用量少，对润滑要求相对较低，为减少润滑脂种类，也使用汽车通用锂基润滑脂。

（3）石墨钙基润滑脂含有固体鳞片状石墨，不易从摩擦面挤出，可起到持久的润滑作用，适宜用在汽车钢板弹簧等负荷大，滑动速度低的部位。

（4）基础油、稠化剂、添加剂不同的润滑脂不能互相掺混使用。

（5）推广使用空毂润滑。

4.5.3　汽车轮胎

4.5.3.1　轮胎的选择

汽车对轮胎的要求是多方面的，各要求间有时还存在相互的矛盾。因此，轮胎的选择不能取决于单一因素，应该针对具体汽车的性能要求和使用特点综合考虑。可重点参考以下几方面：

（1）轮胎类别　轮胎类别主要有乘用轮胎、商用轮胎、非公路用轮胎、特种轮胎等。轮胎类别反映轮胎的基本特性。确定轮胎类别是选择轮胎的重要任务，选择依据是汽车类型和经常使用区域。乘用轮胎主要适于轿车及各类轻型客、货车使用；商用轮胎主要适于货车、大客车等车辆使用；非公路用轮胎主要适于松软路面上行驶的越野车等使用；特种轮胎仅用于特种车辆或特殊环境。

（2）轮胎胎面花纹　轮胎胎面花纹对轮胎的滚动阻力、附着能力、耐磨能力及行驶噪声等都有显著的影响。轮胎花纹的形式、品种较多，选用原则是：根据轮胎类型和车辆长期使用路况决定花纹形式，根据季节、天气适时调整或换用。

（3）胎体结构 轮胎的胎体结构决定其基本性能。子午线结构比普通斜交结构具有较多的优良特性，受到普遍推荐。斜交结构造价低廉，在商用车轮胎结构中为主要形式。近年，子午线结构的发展趋势是低断面化和无内胎化，对新设计的高速、优质汽车都推荐采用这种结构轮胎。

（4）轮胎材质 轮胎材质对轮胎的特性也有影响。轮胎材质包括橡胶材质和帘线材料。橡胶材质的成分构成因生产厂家的设备水平和技术能力不同而有差异，这也使得轮胎的品质有一定差别。帘线材料中钢丝帘线强度大，但生产技术难度大，成本高。尼龙、人造丝等材料来源充足，使用广泛，选用较多。

（5）轮胎规格与使用气压 轮胎的规格和使用气压体现轮胎的承载能力。轮胎规格大，使用气压高，则承载能力强。但大规格的轮胎会增加使用成本，高的使用气压会降低汽车的附着能力和缓冲性能。因此，选择轮胎时，在满足轴荷要求的前提下，轮胎规格应小型化、轻量化；在满足承载要求的情况下，轮胎使用气压宜低不宜高。

（6）轮胎的速度特性 所有轮胎都有适应速度范围，选择轮胎时应注意。尽量选择速度特性好的轮胎，子午线轮胎、无内胎轮胎、扁平化轮胎由于具有发热少、散热快等特点，在速度特性方面有优势。但高速度级别轮胎价格昂贵，且用于低速车辆上也无明显好处，因此轮胎速度能力选择应与设计车速相适应。

（7）轮胎的均匀特性 轮胎的均匀特性集中显示轮胎尺寸、材质和结构的规范程度，综合体现轮胎的制造水平。均匀性不好的轮胎，装车后操纵稳定性差，影响高速行驶的安全性和舒适性。轮胎的均匀性体现在控制指标上。

4.5.3.2 轮胎的合理使用

轮胎合理使用的目的是降低轮胎的磨损速度，防止出现早期不正常损坏，以延长轮胎的使用寿命，从而保证行车安全和节约费用。轮胎的合理使用主要包括：保持气压正常，防止轮胎超载，掌握行车速度，控制轮胎温度，合理搭配轮胎，精心驾驶车辆，加强轮胎维护，保持车况完好，及时送厂翻修，正确装运与保管，建立轮胎早期损坏类型档案等。

1）保持气压正常

轮胎的充气压力直接影响轮胎的使用寿命和汽车行驶的安全性。气压低于规定值时，胎体变形会增大，胎侧容易出现裂口，同时产生挠曲运动，导致过度生热，促使橡胶老化，帘布层也会因疲劳而易折断，当遇有障碍受到冲击时，极易爆破。

气压过低，还会使轮胎接地面积增大，加速胎肩磨损。气压过低，轮胎的滚动阻力也会加大，增加燃油消耗。试验表明，当汽车前轮的一只轮胎较规定气压值低 49kPa 时，燃油消耗会增加 1.5%；当汽车一侧两个轮胎较规定气压值低 49kPa 时，燃油消耗增加 2.5%；当汽车各轮胎的气压均较规定气压值低 49kPa 时，则燃油消耗增加 5%；当汽车轮胎的气压低于规定气压值 20%～25%时，燃油消耗增加 10%，且轮胎寿命缩短 15%。

气压高于规定值时，轮胎接地面积减少，进而加速胎冠中部磨损，并使胎冠耐磨性能下降。气压过高，还会使轮胎帘线受到过度的伸张变形，胎体弹性下降，使汽车在行驶中受到的负荷增大，如遇冲击会产生内裂和爆破。因此，轮胎气压过低或过高，都将加速轮胎的损坏，轮胎使用中应保持正常的气压。

正常的轮胎气压与其使用条件有关，使用中应根据轮胎所受的负荷、轮胎的安装位置和轮胎的类型来确定正常的气压。轮胎制造厂在设计各种规格的轮胎时，都规定了其最大负荷和相应的充气压力，国家标准中对气压与负荷的对应也有明确规定。因此，除非汽车使用说明书另有规定，否则必须按轮胎标准气压充气。

保持轮胎气压正常，除按相关规定充气外，还要在使用过程中经常检查。因轮胎气压在使用过程中都会有一定程度的下降，一般每周下降 10～30kPa。检查轮胎气压用轮胎气压表。注意，轮胎气压的检查应在汽车行驶之前而不能在汽车行驶之后。因汽车行驶过程中，随轮胎工作温度升高，轮胎气压将增大，致使检查结果不准确。

检查轮胎气压时，若有不足，应及时充气。充气时须注意以下事项：

（1）热胎不能马上充气，须等到散热后再充气。因热胎的空气温度很高，胎内热量均匀，如果往胎内充气，会使轮胎因某个部位温度降低太快而影响材料的力学性能。充入的空气要注意清洁，不能含有水分或油液，以免腐蚀橡胶。

（2）子午线胎充气时，由于结构的原因，其接地面积较大，往往误认为充气不足而过多地充气，故须应用标准气压表加以测定。

（3）充气时不应超过规定值过多而后再行放气。因气压过高会引起帘线过分伸张，使其强度降低，影响轮胎的寿命。

2）防止轮胎超载

每条轮胎都有它的最大载质量，在使用时要严格按照规定装载。轮胎一旦超载，其变形就会加大，帘线应力也相应地加大，容易造成帘线断裂，松散和帘布脱层，并增加胎肩的磨损。若受到冲击，还有可能引起爆胎。轮胎超载时的损坏和胎压过低时损坏相似，只是超载时轮胎损坏更严重。轮胎的超载一般是由汽车超载或汽车装载不均衡造成的。

汽车超载不但会引起轮胎的早期损坏，还会使汽车的整体使用寿命缩短，因此应严格禁止汽车超载。汽车装载不平衡，一般只会引起汽车上的个别轮胎超载。若装载货物的重心靠前，易造成前轮轮胎超载，导致前轮轮胎磨损加剧，同时还会使转向盘操作困难，影响行车的安全。若装载货物的重心靠后，易造成后轮轮胎超载，导致后轮轮胎磨损加剧。同时由于前轮负荷较小，也易使转向盘失去控制，造成行车事故。若装载货物的重心偏向一侧，则造成这一侧的轮胎超载。为保证汽车装载均衡，要使用正确的装载方法，并将货物固定牢固，避免在汽车运行过程中发生移位。

3）掌握行车速度

随着汽车行驶速度的提高，轮胎在单位时间内与地面的接触次数也相应增多，轮胎的变形频率、胎体周向和侧向的扭曲变形以及胎体的振动也随之加大，变形产生的热量使轮胎的工作温度和气压迅速升高，橡胶老化加速，帘线层的耐疲劳强度降低。同时，随车速提高，胎体受力增加，易产生帘布层断裂和胎面剥落现象，严重时造成轮胎爆破。因此，控制车速是非常必要的。

4）控制轮胎温度

轮胎的工作温度对其使用寿命有很大的影响。胎温升高，橡胶老化加速，物理性能降低，产生龟裂，同时还会发生胎体帘布脱层等。胎温升高主要是由于轮胎在滚动过程中产生变形，摩擦生热不能快速散发而积聚所致。

在炎热的夏季，由于外界气温较高，轮胎热量散发困难，导致胎温迅速上升。因此，夏季行驶应增加停歇的次数，如轮胎发热，应停车休息散热。另外，由于行车速度快，载荷大，运距长，道路条件恶劣等原因，也会引发胎温上升迅速。轮胎工作温度的升高将直接使轮胎工作气压变大。气压过大，将使胎体帘线应力增大，易引起帘线拉断，造成轮胎爆破。因此，轮胎温度较高时，继续行车将非常危险。但此时也决不能采取放气降压继续行车的做法。因为在行车中轮胎的生热与散热趋于平衡时，轮胎的温度和气压就都不会再升高。如果这时放出一部分空气继续行驶，轮胎温度不仅不会降低，反而还会因胎压降低，变形增大，而使轮胎温度继续升高，并使轮胎气压继续升高，直至轮胎的生热与散热达到新的平衡点为止，但这时轮胎的温度已比原来升高很多，如果再次放气，轮胎的温度还要升得更高。高的胎温会严重影响轮胎的寿命。

此外，当轮胎升温后，也不能用泼冷水的办法来降温。若泼水降温，会因轮胎的突然冷却造成胎面和胎侧胶层各部分收缩不均匀而发生裂纹，缩短轮胎使用寿命。正确的方法是将汽车停在阴凉处降温。

5）合理搭配轮胎

不同的车型要求选用不同的轮胎。在同一辆车上应该选用规格、结构、层级和花纹等完全相同的轮胎。至少在同一轴上，必须装用规格、结构、层级和花纹完全相同的轮胎。否则，工作不协调、相互影响，会加速轮胎磨损，缩短使用寿命。

当轮胎磨损到一定程度需要换用新胎时，最好是整车更换或同轴更换。如果条件不允许，可将新胎或质量较好的轮胎装在转向轮上，把旧胎或翻新胎装在其他轮上，以保证行车安全。

对于后轮并装的双胎，应将新旧程度接近的轮胎装在一起。为了避免双胎胎侧接触摩擦，要求二者之间的最小距离在汽车满载时不能小于2mm。

一般禁止将子午线轮胎与普通斜交轮胎混装在同一辆汽车上，至少不能混装在同一轴上。有向花纹轮胎，必须按照规定的滚动方向安装。人字花纹要安装成人字尖在滚动时先着地。这样可使花纹嵌入地面的能力强，与地面的附着力大，排泥性好，更好地发挥汽车的通过性和牵引性。

气门嘴应对准外胎上的平衡标记。并装双胎的气门嘴要互成180°安装，并使它们朝向外侧。这样不仅能保证轮胎转动平衡，同时也便于轮胎充气和检查。轮胎还应按规定的型号规格与轮辋配套。不同型号规格的轮辋，即使直径相同，其轮辋宽度和突缘高度也往往不同。窄胎装宽轮辋，或宽胎装窄轮辋，都会造成轮胎的早期损坏。

6）精心驾驶车辆

车辆精心驾驶包括合理运用驾驶技术和选择良好道路行驶，这对轮胎寿命有很大的影响。在驾驶技术方面，为减少轮胎磨损，应掌握起步平稳、加速均匀、中速行驶、直线前进、减速转向，少用制动等操作要领。

4.5.4 汽车其他耗材

4.5.4.1 制动液

1）制动液的选择

为确保制动有效和汽车运行安全，选择制动液时，应与车辆使用说明书的要求一致。没有与说明书要求相同的制动液时，应选择性能更好，品级更高的代用品。在炎热的夏季，在山区多坡或高速公路，特别是经常在湿热条件下行驶的车辆，制动强度大，制动液工作温度高，应选用高性能的 JG3 或 JG4 制动液。

2）使用制动液的注意事项

（1）不同品牌的制动液不宜混合使用，以免造成制动液分层、乳化变质。

（2）经常检查制动液质量和数量。如果数量不足，制动系统进气，导致制动不良或失效；制动液质量异常，应即时更换。更换制动液时应用新制动液彻底清洗制动系（严禁用汽油、煤油等作为清洗液），特别要防止水分、矿物油和机械杂质混入。

（3）制动液多以有机溶液制成，易挥发、易燃，应注意防火，存放时应密封，力求避免阳光直射和雨淋。

4.5.4.2 冷却液

发动机冷却液的选择与使用应注意以下几点：

（1）应根据当地冬季最低气温选用适当冰点牌号的成品冷却液。如果是浓缩液，应按产品说明书规定的比例加入蒸馏水或去离子水进行配制，冰点应比常年极端低温低5～10℃。

（2）发动机冷却液对人体有毒，使用中应严防入口。

（3）乙二醇的沸点很高，不易蒸发，且有防腐剂，一般可使用 1 年以上。在无渗漏的条件下，使用中冷却液面下降，只需从补水桶中补充蒸馏水或去离子水即可。

（4）使用过程中，应保持冷却系的清洁，防止石油产品混入，以免在受热后产生泡沫。

4.5.4.3 液压油

1）液压油的选择

（1）根据液压设备的类型、工作环境和运行工况选择液压油的品种。

（2）根据液压系统的负荷、运行速度和工作温度选择液压油的牌号。在其他性能相同的条件下，主要考虑液压油的动力黏度和黏温特性。

2）液压油使用注意事项

（1）特别注意保持液压油的清洁，严防沙尘等固体污染物侵入，否则将显著缩短液压系统的寿命。

（2）经常检查液压油的质量和数量。不足时应及时添加，质量发生变化应及时更换。

（3）不同品种、不同牌号的液压油不得混合使用，新油在加入前和使用后，均应进行取样化验，以确保油液质量。

4.5.4.4 自动变速器传动液的选择与使用

自动变速器传动液必须严格按照说明书要求选用。车辆制造厂有专门的油品规格，对其性能与应用范围有严格要求。因此，应根据制造厂的规定选用相应品种牌号的油品，避免与其他油品相混。注意液力传动装置与自动变速器的运行温度是否过高和其他性能变化，如离合器打滑、换挡冲击大、加速性能差、低温起动不良、换挡不圆滑、有机械滞后等故障发生，以防止自动变速器的损坏。特别是低温黏度，当–23℃的动力黏度大于 4500MPa · s 时，就会引起离合器的烧结。虽然自动变速器的使用温度低于发动机油，但氧化安定性同样十分重要。

一般要求 ATF 的最低黏度（100℃）5.5mm^2/s 以上，黏度指数在 90 以上，最好是在 100 以上。并且要有较高的动摩擦系数和较低的静摩擦因数，要求动摩擦因数与静摩擦因数大于 1.1。

国产自动变速器传动液的质量执行企业标准 Q/SYRH 2049—2001。该标准规定的产品是中国石油润滑油公司以矿物油、加氢油、半合成油或合成油为基础油，加入多种添加剂调制的自动变速器传动液，适用于各种高级轿车和轻型卡车，也可用于大型装载机变速传动箱、动力转向系统、农用机械的分动箱、液力耦合器、液力变矩器、功率调节泵、手动齿轮箱和动力转向器的工作介质，产品按质量分为ⅡD，ⅡE 和Ⅲ3 个等级。

一般来说，自动变速器传动液的更换周期比较长，通常在 100 000km，今后要求更长，甚至与车辆同寿命。美国通用汽车公司规定自动变速器传动液更换周期为 160 000km，在荷刻条件下工作的则缩短为 24 000km；福特汽车公司和克莱斯勒汽车公司推荐不更换（工况过于苛刻时为 48 000km）；日本《自动车技术》介绍更换周期为 4 年或 80 000km。比如奥迪轿车规定自动变速器传动液更换周期为 4 年或行驶 60 000km，别克君威轿车的自动变速器使用 Dexron III 自动变速器传动液，推荐更换周期为 80 000km。

思考题

1．简述汽车和电动汽车耗能评价指标及影响因素。

2．试述永磁电机耗能计算方法。

3．简述汽车节能的途径有哪些？

4．如何合理利用汽车动力性措施？

5．汽车行驶的主动安全设施有哪些？

6．汽车行驶的被动安全设施有哪些？

7．提高汽车使用安全措施有哪些？

8．简述汽车排放物的主要有害成分及其危害。

9．如何改善汽车环保性能？

10．常见的汽车用燃料有哪些？它们使用注意事项有哪些？

11．如何选择汽车轮胎？汽车轮胎使用中应注意哪些问题？

12．如何选择汽车制动液及冷却液？

第 5 章 特定条件下的汽车使用

[本章提要]

本章主要介绍汽车走合期的使用、汽车在低温条件下的使用、汽车在高原和山区条件下的使用、汽车在高温条件下的使用、汽车在坏路和无路条件下的使用以及汽车在运输危险品条件下的使用。通过本章学习，掌握特定条件下的汽车使用要求。

5.1 汽车走合期的使用

5.1.1 汽车走合期使用特点

新车或大修竣工汽车投入使用的初期称为汽车走合期。

新车或大修竣工汽车，尽管在生产过程中经过了磨合，但零件的加工表面仍存在微观和宏观的几何形状偏差（粗糙度、圆度、圆柱度、直线度等），总成和部件也存在一定的装配误差。这些误差使新配合件表面的实际接触面积比计算面积小得多，因而表面的实际单位压力较计算值大得多。此时，汽车若以全负荷运行，由于零件表面的单位压力过大，将导致润滑油膜破坏和局部温度升高，使零件迅速磨损或破坏。

配合副零件的磨损规律通常如图 5-1 所示，配合零件的磨损规律基本可分 3 个阶段。在使用过程中，磨损使配合零件的配合间隙 Δab 随着汽车的工作时间或行驶里程的增加而增大。

初期磨损阶段 A 、正常工作阶段 B 和逐渐加剧磨损阶段 C 。初期磨损阶段又称之为零件磨合阶段，这个阶段的磨损特点是工作初期磨损较快，当摩擦副配合良好后，磨损量增长速度开始减慢。磨合终了的间隙为 Δcd 。

正常工作阶段也叫做允许磨损期。零件经磨合阶段后，其磨损量随着汽车行驶里程的增加而缓慢地增长，在间隙达到 Δef 后，磨损将再度加剧。由于配合零件通常以不同的强度产生磨耗，所以在 B 阶段磨损曲线 1、2 的斜率是不一样的。

Δef 是配合零件的极限间隙，δ_{ae} 和 δ_{bf} 为零件 I 和 II 的极限磨损量。超过极限间隙的零件磨损期为逐渐加剧磨损阶段。在这个阶段，磨损加剧，故障增加（响声、漏气、漏油等），工作能力急剧下降，并迅速损坏。

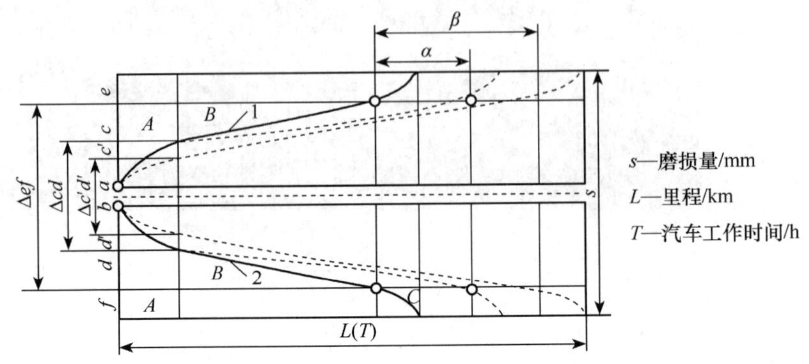

图 5-1 配合零件的磨损规律

从配合零件的磨损规律可看出，减小磨合终了的间隙 Δcd 和给定的配合间隙 Δab 值可以延长正常磨损阶段 B。如把磨合终了的间隙 Δcd 减小到 $\Delta c'd'$，则正常磨损阶段可以延长 α 里程，这样就提高了配合零件的使用寿命。

配合零件磨合阶段的磨损量主要与零件表面的加工质量及磨合规范有关。在这个阶段如果使用不当，未正确地执行磨合规范（包括清洁作业、合理选用加有添加剂的专门润滑油等），将影响配合零件的工作期限。

汽车走合期实际上是为了使汽车向正常使用阶段过渡，而在使用中对相互配合的摩擦表面进行磨合加工的使用过程。经过汽车走合期的使用后，零件表面不平部分被磨去，从而形成光滑而耐磨的工作表面，以承受正常工作载荷；同时，由于走合期内所暴露出的生产、修理缺陷得以排除，减小了汽车正常使用阶段的故障率，从而提高了汽车的使用可靠性。

汽车走合期里程取决于零件表面加工精度、装配质量、润滑油的品质、运行条件和驾驶技术等。通常汽车制造厂对所生产车型均规定有走合里程，一般为 1 500～3 000km。

汽车在走合期使用过程中的具体特点如下：

（1）零件表面摩擦剧烈，磨损速度快　由于新配合件配合间隙小，表面较粗糙且表面间单位压力大，因此在相对运动中会产生很大的摩擦力，使零件表面的磨损速度加快。同时，因表面间隙小、摩擦发热多，使润滑条件变差；同时磨掉的金属屑残留于或进入摩擦表面间，形成磨料磨损，这都会使零件表面的摩擦更为剧烈。

（2）润滑油变质快　由于零件表面磨损快，金属磨屑产生量大，同时零件表面和润滑油温度很高，因此润滑油易被污染或氧化从而变质。

（3）行驶故障多　零件表面的几何形状偏差、装配误差、紧固件松动、使用不当等均会使汽车走合期的故障增多。例如：汽车走合时，工作表面摩擦剧烈，润滑条件差，发动机易过热，常出现拉缸、烧瓦等故障。

5.1.2 汽车走合期使用要求

根据汽车在走合期的使用特点，汽车在走合期应采取的主要措施如下：

（1）限载 走合期第一阶段一般应空载行驶 2～3h，整个走合期内的载质量不应超过额定载荷的 75%，不允许拖挂或牵引其他车辆或机械。

（2）限速 在走合期内，货车最高车速一般不应超过 40～50km/h，轿车最高车速不应超过 90km/h，轿车发动机转速不应超过 4 200～4 500r/min。

（3）正确驾驶 起动时，预热温度应升至 50～60℃；行驶中，冷却液温度不低于 80℃；起步、加速应平缓；换挡应平稳、及时；行驶中要注意选择路面，尽量避免在凹凸不平的路面上行驶，以减轻振动和冲击。

（4）选择优质燃料和润滑油 选择抗爆性好的优质燃油，以防汽油机爆燃；选择黏度较低的优质润滑油或加有添加剂的专用润滑油，加注数量应略多于规定量，并应按走合期维护的规定及时更换。

（5）加强维护 在汽车走合前，应检查汽车外部各种螺栓、螺母和锁销的紧固情况；检查润滑油、制动液的加注情况和轮胎气压；检查蓄电池放电情况和汽车的制动效能，以防止汽车在走合期出现事故和损坏。汽车走合 150～1 000km 时，应检查有关机件的紧固程度和汽车传动系统、行驶系统的温度状况，并消除漏水、漏油、漏气现象；汽车走合 1 000～3 000km 左右时，清洗发动机润滑系统和更换底盘传动系统润滑油。更换润滑油，对汽车上技术状况开始变化的部分进行维护。走合期结束后，应结合二级维护对汽车进行全面的检查、紧固、调整和润滑作业，使其达到良好的技术状况。

5.2 汽车在低温条件下的使用

汽车在低温条件下使用的主要问题是发动机起动困难和总成磨损严重。此外，还存在着机件腐蚀、总成热状态不良、燃料润滑油消耗增大，以及轮胎强度减弱、行车条件明显变差等问题。

5.2.1 发动机的低温起动要求

发动机的起动性能通常用发动机在某温度下能起动的最低起动转速来表示，及用能起动发动机的最低温度表示其低温起动性能。

不同发动机的起动性能有所差别，这主要与发动机类型、燃烧室形状、设计参数及工艺水平有关。在使用过程中，发动机的低温起动性主要受发动机润滑油黏度、汽油或柴油的蒸发性、柴油的低温流动性及蓄电池工作能力的影响。

汽油机的起动性能比柴油机要好，即使在低温条件下，采取一些简单的措施，低温起动并不困难，如进气管预热、油底壳中机油预热以及蓄电池的保温等。由于柴油发动机的压缩比高、起动阻力矩大、起动转速高等特点，使柴油机在低温起动时一般必须采取一定的措施，或设置一些辅助装置来改善柴油机的起动性能。

发动机冷起动过程包括 4 个阶段：预热期、起动期、平滑运转期和升温期，如图 5-2 所示。

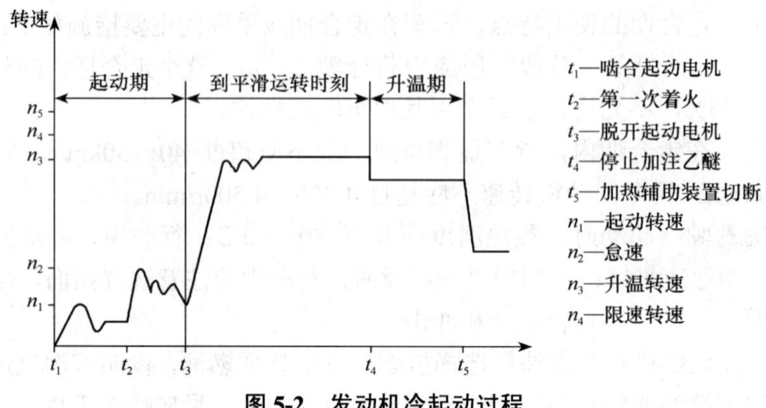

图 5-2 发动机冷起动过程

（1）预热期 是指对发动机冷却液、进气加热，直到能够进行起动发动机的时间。

（2）起动期 是指起动机带动发动机运转的时间，其中包括起动机啮合后发动机间断地着火时间。

（3）平滑运转期 是指在起动机脱开以后到发动机能够平滑运转（无回火）的时间，在此时间内还不能带动负荷。

（4）升温期 是指达到平滑运转以后到发动机能带动负荷的时间。对于柴油机来说，在完成升温的时间内，所有的加热辅助装置都要予以关闭。

如上所述，发动机的起动与起动转速有很大关系，而起动转速主要受起动阻力的影响。发动机曲轴在起动时的旋转阻力包括：汽缸内被压缩的可燃性混合气（或空气）的反作用力；运动部件的惯性力；各摩擦副的摩擦阻力等。为了获得最低的起动转速，起动转矩 M_C 可表示为：

$$M_C = M_K + M_J + M_R \tag{5-1}$$

式中：M_K 为消耗在压缩工作气体上的转矩，N · m；M_J 为消耗在运动部件惯性力上的转矩，N · m；M_R 为消耗在摩擦力上的转矩，N · m。

消耗在压缩工作混合气（或空气）所需要的力矩可按下式确定：

$$M_K = \frac{W}{\alpha} \tag{5-2}$$

式中：W 为克服压缩力所做的功，N · m；α 为做功时间内的曲轴转角。

W 值可以利用经验公式求出，如前苏联学者哈瓦舍夫推荐的经验公式为：

$$W = 40.3\frac{V_h}{i}$$

式中：V_h 凡为发动机排量，L；i 为发动机汽缸数。

所以，有

$$M_K = 6.42\frac{V_h}{i} \tag{5-3}$$

克服惯性力的力矩 M_J 为

$$M_J = I\frac{d\omega}{dt} \tag{5-4}$$

式中：I 为发动机的惯性矩，kg · m²；$\frac{d\omega}{dt}$ 为曲轴旋转角加速度，r/s²；t 为起动时间，s。

发动机类型、结构、使用情况等都是影响摩擦阻力矩的因素。因此，在计算摩擦阻力矩时，利用分析计算法比较困难，通常用经验公式计算为：

$$M_R = 5.35\times10^4 A_e v^{0.53} n^{0.34} \tag{5-5}$$

式中：A_e 为取决于发动机结构的系数，cm³；v 为润滑油的运动黏度，m²/s；n 为发动机起动时的曲轴转速，r/s。

分析 M_K、M_J 和 M_R 计算式可看出，对于结构一定的发动机，前两种阻力在温度降低时变化不大；而后者在低温条件下，主要取决于润滑油的黏度。即发动机曲轴旋转阻矩和起动转速在低温条件下主要受润滑黏度的影响。在摩擦阻力中，活塞与汽缸、曲轴各轴承的摩擦力是主要的，约占起动摩擦力的60%以上。

随着温度的下降，机油的内摩擦力增加，发动机的阻力矩增加，使发动机起动所需要的功率增加。图 5-3 表明 SAE30、SAE20W、SAE10W 三种黏度的发动机润滑油随着温度下降使某发动机起动所需要功率增加的情况。使用低黏度润滑油所需要的起动功率相对增幅较小。例如，在−23.3℃温度下，使用 SAE10W 润滑油只需 3.7kW 的起动功率，使用 SAE20W 则需 7.4kW，而使用 SAE30 竟增加到 11.8kW。其原因是，SAE10W 比其他两种润滑油的低温黏度小。在−18℃时 SAE10W 的动力黏度最大只有 2500MPa · s，而在相同温度下，SAE20W 的动力黏度却高达 10 000MPa · s。

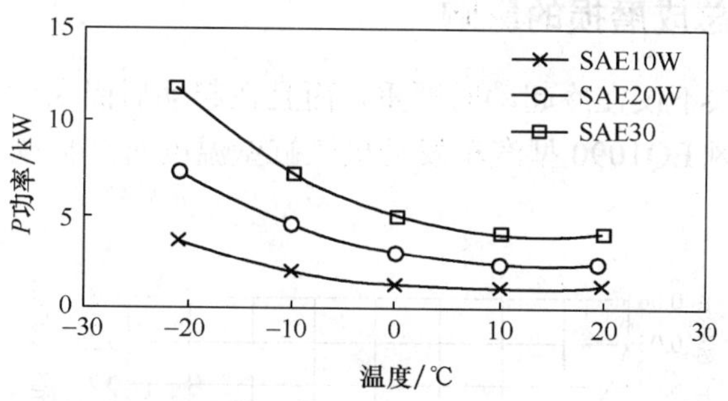

图 5-3 不同润滑油随温度下降所需起动功率增加情况

燃料对发动机起动性能的影响主要是其蒸发性。汽油的蒸发性对发动机起动性的影响主要是 10%的馏分温度。10%的馏分温度越低，起动性能越好。随着温度的降低，汽油的黏度和相对密度增大，如图 5-4 所示。从＋40℃到−10℃汽油的黏度提高 76%，相对密度提高 6%。这样，汽油在供油管中的流动性变坏。

燃油的汽化与温度和进气流速有关。试验表明，气温−30℃和进气速 40m/s 时，汽油汽化量为 59.5%；气温为零度和进气流速为 10m/s 时，汽化量只有 31%。而发动机起动时，流速一般不超过 4m/s。气温在 0～12℃时，只有 4%～10%汽化。低温时，发动机机件的吸热作用影响混合气的温度，对燃油的汽化不利，大部分燃料以液态进入汽缸，造成混合气过稀，不易起动。要改善燃料汽化量，主要在于提高进气管温度。

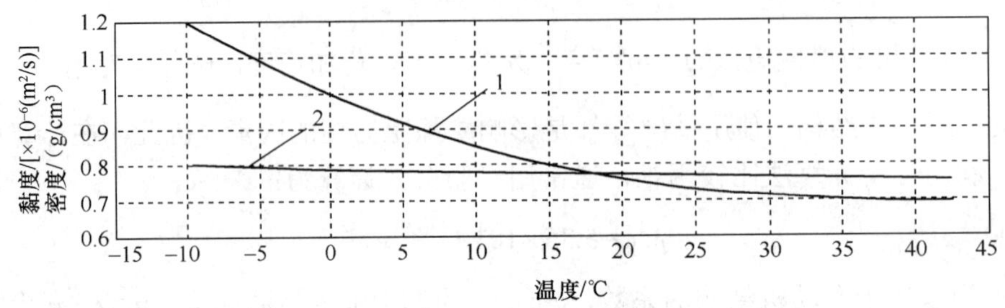

图 5-4 汽油的黏度、相对密度与温度的关系

1. 黏度曲线 2. 相对密度曲线

蓄电池在起动过程中，主要影响起动机的起动转矩和火花塞的跳火能量。

在低温条件下，蓄电池电动势 E 变化不大，即环境温度有较大变化时，蓄电池的单格电压下降并不多。但是，随着温度的降低，蓄电池的电解液黏度增大，向极板的渗透能力下降，内阻增加；同时，起动时的电流很大，从而使蓄电池的端电压及容量明显下降。所以在低温起动时，蓄电池输出功率下降，导致起动机无力拖动发动机旋转或不能达到最低起动转速。

低温起动时，由于蓄电池端电压低，火花塞的跳火能量小，使发动机起动困难。此外，火花弱的原因还有冷的可燃混合气密度大使电极间电阻增大，火花塞有油、水及氧化物等。

5.2.2 低温对汽车总成磨损的影响

（1）发动机的磨损不仅在冷起动时严重，而且在起动后尚未达到正常温度之前，磨损强度一直很大。东风 EQ1090 型汽车发动机汽缸壁温度对汽缸壁和活塞环磨损的影响如图 5-5 所示。

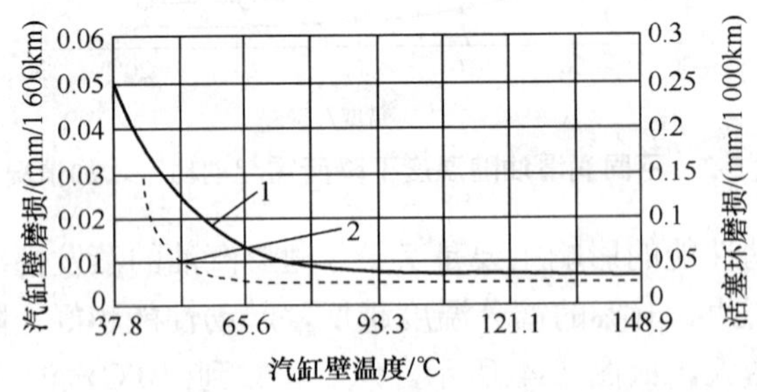

图 5-5 发动机汽缸和活塞环磨损与汽缸壁温度的关系

1. 汽缸 2. 第一道活塞环

发动机低温起动时汽缸壁磨损严重的主要原因为：在起动过程中，汽缸壁润滑条件差；冷起动时，大部分燃料以液态进入汽缸，冲刷了汽缸壁的油膜；汽油的含硫量对汽缸壁磨损的影响也很大，其原因是由于汽车在燃烧过程中，产生的氧化硫与凝结在汽缸壁上的水滴化合成酸引起腐蚀磨损所致。为此，在低温条件下使用的汽油含硫量不应大于 0.1%。汽油含硫量与汽缸壁磨损的关系，如图 5-6 所示。

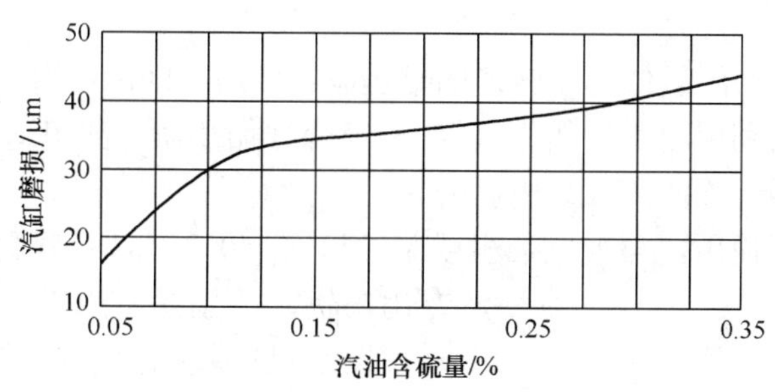

图 5-6 汽油含硫量与汽缸壁磨损的关系

（2）轴和轴瓦磨损严重的主要原因是：低温起动时，润滑油黏度低，流动性差，机油泵不能及时地将润滑油压入曲轴颈的工作表面，使润滑条件恶化；润滑油被窜入曲轴箱中的燃料稀释；燃料不完全燃烧而形成的碳化物，也会同废气一起窜入曲轴箱污染润滑油；在低温条件下，由于轴瓦的合金、瓦背与轴颈的膨胀系数不同，使配合间隙变小，而且很不均匀，加速了轴颈与轴瓦的磨损。

由于试验条件不同低温起动试验结果差异很大。R. C. 拉萨文对各种资料进行了归纳，提出了发动机汽缸直径在一次起动中的磨损与发动机温度的关系，并把这个磨损量折合成汽车的正常运行里程数，得到汽车正常行驶里程数（对应汽缸直径的磨损量）与发动机温度之间的函数关系为

$$L = \frac{K}{t + K_1} \tag{5-6}$$

式中：t 为起动时发动机温度，℃；K 为经验系数，取 270km；K_1 为经验系数，取 40℃；L 为折合里程，km。

（3）传动系总成（变速器、主减速器和差速器等）的工作温度是由零件摩擦和搅油产生的热量而发生，但这种升温速度很慢。例如，解放 CA1090 型汽车传动系总成中的油温为-10℃时，汽车需要行驶 6km 油温才能升到 10～15℃。此时，齿轮和轴承仍得不到充分的润滑，从而使零件磨损增大。研究表明，汽车主减速器齿轮和轴承在–5℃的润滑油中比在 35℃的润滑油中运转磨损增大 10～12 倍。另外，传动系润滑油因低温而黏度增大，运动阻力相应增大，传动系各总成在起步后的很长一段时间内的负荷较大，使总成中传动零件的磨损加剧。

5.2.3 改善汽车低温使用性能的主要措施

发动机起动方法按其总成温度可分为冷起动和热起动。冷起动是指发动机总成的温度与环境温度相同的条件下起动；热起动是在发动机起动前进行预热（一般缸体温度高于 40℃），使其接近于发动机正常工作温度下的起动。

改善冷起动性能可采用以下两种技术途径：一是提高发动机起动时的转速；二是降

低发动机能起动的最低起动转速。

提高发动机起动时的转速措施有：使用大容量低温蓄电池；使用蓄电池加热保温箱；使用发动机低温润滑油；使用大功率起动电源（电源车）；使用减压机构（对于柴油发动机）。

降低发动机能起动的最低起动转速的措施有：使用起动液；用于汽油机的汽油蒸发器（如切诺基 213 的利用尾气加热进气管）、混合气加热器（如奥迪 100）；用于柴油机的炽热塞、进气预热装置；喷入易燃燃料等。

上述措施的合理使用，可使汽油机或柴油机在–40℃气温下顺利起动。这对于一些专用车辆，特别是军用汽车是十分重要的。但是，发动机冷起动比热起动的起动阻力大。某发动机起动阻力与环境温度的关系，如图 5-7 所示。随着温度的降低，起动阻力的差别增大。一般车辆在低温条件下使用时，应采取以下措施：

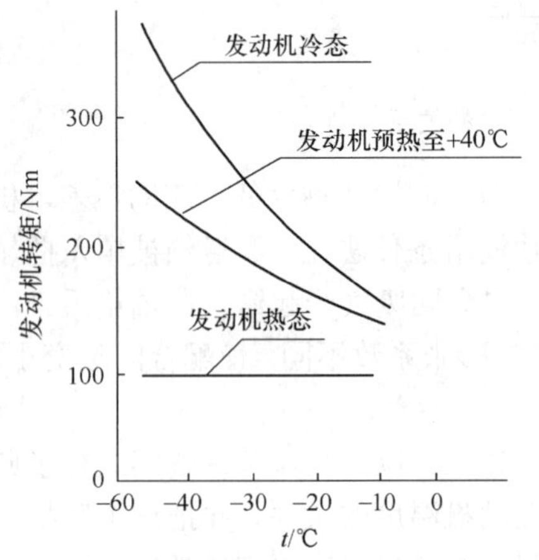

图 5-7　发动机起动阻力与环境温度的关系

车辆在低温条件下停放时，应采取防冻、保温措施，注意预防冷却系冻结。车辆冷却系统尽可能加注防冻液，其冰点应比使用地区的最低气温低 5℃。

车辆在使用前应预热，尽量使发动机在热态条件下起动。

各总成和轮毂轴承换用冬季润滑油（脂），制动系换用冬季制动液；柴油机选用低凝点柴油。

注意保持蓄电池电解液的合适密度和蓄电池的保温。

使用防冻液和起动液时，应掌握其正确使用方法。

在寒冷地区，汽车的起动前预热一般采用热水、热蒸汽、热空气、电热器和红外辐射加热装置等。其中，热水预热是应用最广泛的预热方式，热水预热可分为车外式和随车式两种。车外式热水预热装置的热水由加热器（如锅炉）加热至 90～95℃，从散热器加水口注入冷却系。由于散热器的冷却及节温器的闭塞作用使这种加热方法的效果较差。例如，为了保证起动可靠，在气温–10℃以上、–10～–20℃和–20℃以下时，消耗的热水量分别为冷却系容量的 1.5 倍、2 倍和 3～4 倍。

在严寒地区，汽车发动机保温的目的是使发动机在一定的热工况下工作，并随时可以出车。

在无车库条件下，一般主要是对发动机保温，其次是蓄电池保温。只有在气温很低或承担某些特殊任务的车辆，才进行油箱和驾驶室保温。

发动机的保温方法可采用百叶窗或改进风扇参数（叶片数目或角度），也可以降低风扇转速或使风扇不工作（装离合器）。后一种方法不但减少了热量耗散，而且还减少发动机的功率损失。关闭百叶窗可减小流经散热器的空气流，但由于气流阻力大，风扇消耗的功率略有增加。

汽车发动机罩用保温套，是保持发动机温度状况的重要措施。这种常见的保温方法可以使汽车在–30℃左右的气温工作时，发动机室内温度保持在20～35℃。停车后，也比无保温套的汽车发动机主要部位的冷却速度下降慢近6倍。

保温材料可以用棉质或毡质材料，前者保温性能要好一些。用很薄的乙烯基带来密封汽车发动机罩也能取得良好的效果。

发动机油底壳除了采用双层油底壳保温外，还可以在油底壳的内表面用一层玻璃纤维密封。

提高蓄电池在低温条件下的输出功率，一般有两种方法：一是使用低温蓄电池；二是蓄电池保温。低温蓄电池的特点是使用薄极板来降低蓄电池的内阻，并加入一些活性添加剂。由于采用了薄极板，则在同样大小的蓄电池壳中的极板片数增加，与电解液的接触面积增大，使蓄电池容量增加，降低了内电阻，提高了蓄电池输出功率。

合理使用燃料与润滑油也是汽车在低温条件下的重要措施。低温下使用的燃料应具有良好的蒸发性、流动性、低含硫量，以利于低温起动和减少磨损。某些国家有专门牌号的冬季汽油和柴油，供汽车在严寒地区使用。

为了保证发动机在低温条件下直接起动（冷起动），需要采用专门的起动燃料——起动液。起动液应具备下列条件：容易点燃（或压燃），以保证发动机的起动可靠性；发动机起动后，工作稳定柔和；在起动过程中，发动机磨损要小。

乙醚（$C_4H_{10}O$）是起动液中的主要成分，这种液体的沸点仅为34.5℃，在40℃时的饱和蒸气压为122.8kPa（车用汽油在38℃时，饱和蒸气压不大于66.66kPa）。因此，乙醚具有很好的挥发性。同时，乙醚的闪点为–116℃，其蒸汽在空气中达188℃时即可自行燃烧。起动液中的乙醚成分越多越好，但是乙醚含量过多会引起汽缸压力的急剧上升，发动机的工作不柔和。为此，要把起动液中的乙醚成分控制在一定范围内（40%～60%），并用一些其他易燃材料过渡，直至发动机的基本燃料（汽油或柴油）工作。

除了起动液的成分对发动机的起动可靠性和工作稳定性有直接影响外，起动液的加注方法也起重要作用。起动液的加注方法应根据发动机进气系统的结构，尽可能地将起动液呈雾状均匀地分配到各汽缸中。为此，一般不采用将起动液掺入基本燃料通过供油系进入汽缸的方法，而是另设一套起动装置。也可以采用起动液压力喷射罐，喷射罐总容积的一半以上是起动液，剩下部分装有压缩氮气和氟利昂混合气体或用CO_2气体。在常温下压力为800～900kPa，并保证在–40℃的条件下有一定压力，喷雾性能良好。使用时，可直接向进气管内喷射。其缺点是起动液用量不易控制，往往会引起发动机起动粗暴。

采用起动液进行冷起动时，可使发动机在–40℃或更低的气温下可靠起动。应当指出，这种起动方法，还需要与稠化机油和低温蓄电池相配合，以便使起动机能将发动机驱动到起动转速。

5.2.4 与低温条件下使用的其他相关问题

在冬季，汽车发动机冷却系可使用防冻液，防止冻裂机件，不必每天加水、放水，减轻劳动强度。特别是合理使用防冻液和专门的起动预热设备相配合，可以大大地减少起动前的准备时间。

防冻液的使用性能可用凝固点、沸点、传热性和热容量等来评价。为了保证防冻液在冷却系中的流动性，要求其黏度要低。防冻液还不应引起金属腐蚀、橡胶溶胀，并具有一定的化学稳定性。防冻液组成成分的主要性能，如表5-1所示。

表5-1 防冻液组成成分的主要性能

成分	凝固点/℃	沸点/℃	比热/[kJ/（kg・℃）]	热传导系数/[kJ/（cm・s・℃）]（70℃时）
水	0	100	4.18	0.006699
甘油	−17	290	2.43	0.002763
乙醇	−117	78.5	2.43	0.001298
甲醇	−97.8	64.5	—	0.001817
乙二醇	−11.5～17.5	197.5	2.72	0.002512

按防冻液的成分不同，防冻液有乙二醇—水型、酒精—水型和甘油—水型3种。其中，酒精—水型虽然流动性好，但易挥发需不断地加添酒精，并且冰点在−40℃的酒精—水型防冻液的酒精含量在55%以上，容易燃烧。甘油—水型防冻液黏度较大，并且随着温度降低，黏度增大，影响发动机的冷却功能。常用的防冻液是乙二醇—水型防冻液，按其使用寿命分类可分为普通防冻液（AF）和长效防冻液（LLC）。普通防冻液仅用1个冬季，长效防冻液可全年使用。长效防冻液因添加了有机磷酸盐等防锈、防腐蚀剂，所以可以长时间使用。此外，长效防冻液可使发动机冷却系不易积垢，散热效果好。乙二醇—水型防冻液温度、密度、冻结温度及浓度（成分比例），如表5-2所示。

表5-2 乙二醇—水型防冻液水温与密度、冻结温度、浓度的关系

防冻液水温与密度/(g/mL)					冻结温度/℃	安全使用温度/℃	防冻液浓度/%
10℃	20℃	30℃	40℃	50℃			
1.054	1.050	1.046	1.042	1.036	−16	−11	30
1.063	1.058	1.054	1.049	1.044	−20	−15	35
1.071	1.067	1.062	1.057	1.052	−25	−20	40
1.079	1.074	1.069	1.064	1.058	−30	−25	45
1.087	1.082	1.076	1.070	1.064	−36	−31	50
1.095	1.090	1.084	1.077	1.070	−42	−37	55
1.103	1.098	1.092	1.084	1.076	−50	−45	60

在低温条件下，制动液、减振液的黏度增大，甚至出现结晶，影响汽车行驶的安全性与平顺性。因此，在严寒地区应选用适于低温使用的制动液和减振液。必要时，减振器应拆下避振杆。

零件材料在低温下的物理机械性能将发生变化。例如，−40～−30℃或更低时，碳钢的冲击韧性急剧下降，硅、锰钢制造的零件（钢板弹簧、弹簧等）及铸件（汽缸盖、离合器壳、变速器壳等）也变脆。锡铅合金焊剂在−45℃或更低时，容易产生裂纹或呈粉状从接头的地方脱落。汽车上的塑料制品在低温下变脆且易出现裂纹，并可能从基体上脱落。

在特别寒冷的情况下，轮胎橡胶硬化、变脆，受冲击载荷的作用时容易破裂。因此，在冬季行驶时，应缓慢起步及越过障碍物。为了减少冲击，应在汽车起步后的几公里内以低速行驶。

驾驶室与车厢的温度过低会影响驾驶员的劳动条件和乘客舒适感，风挡玻璃结霜会影响驾驶员的视野。现代汽车一般装有采暖设备，采暖设备一般是利用发动机冷却系的热量、排气热量或使用独立的采暖设施。无采暖设备的汽车，可将经过散热器的热空气引入驾驶室及风挡玻璃上，以便采暖和除霜。另外，用30%饱和盐水加70%的甘油涂在风挡玻璃表面，可实现防霜、防雾。应做好日常防冻保温工作。

在冰雪路面行驶时，应采取有效的防滑措施；注意在雪路驾车适当间断性停车、闭目休息，或佩戴有色眼镜，以防雪光伤眼和雪盲。高寒地区使用的车辆，雪路行驶容易溜滑，造成运行困难，应随时携带喷灯、三角木、镐锹等必备的防寒救急品；装置保温套、防滑链等必要的安全设施。

5.3 汽车在高原和山区条件下的使用

汽车在高原行驶时，由于海拔高、空气稀薄、气压低，发动机充气量少，使汽车动力性和燃料经济性下降。汽车低挡爬坡时，发动机易过热；停车时，发动机又很快冷却。因此，发动机应采取良好的冷却和保温措施。汽车在山区行驶时，换挡、制动和转弯次数多，底盘机构的载荷大，轮胎磨损大，应适当缩短维护周期。

5.3.1 海拔高度对发动机动力性的影响

由内燃机原理可知，发动机的平均指示压力 p_i 与充气系数 η_v 成正比，即

$$p_i = \frac{H_{mo}\eta_i}{1\,000\alpha}\eta_v \tag{5-7}$$

式中：H_{mo} 为理论混合气的热值，kJ/m^3；α 为过量空气系数；η_i 为指示效率；η_v 为充气系数。

当大气压力下降时，若进气温度和进气系统的阻力不变，进气终了时刻的汽缸内压力与进气压力的比值基本不变，则充气系数变化不大。但是，随着海拔增高，气压逐渐降低，空气密度减小，使发动机的进气量减小，平均指示压力下降，如表 5-3 所示。

表 5-3 海拔高度、大气压力、温度及密度的关系

海拔高度/m	大气压力/kPa	气压比例	空气温度/℃	空气密度/(kg/m^3)	相对密度
0	101.3	1	15	1.2255	1
1 000	89.9	0.887	8.5	1.1120	0.9074
2 000	79.5	0.7845	2	1.006	0.8215
3 000	70.1	0.6918	−4.5	0.9094	0.7421
4 000	51.3	0.6042	−11	0.8193	0.6685
5 000	54.0	0.533	−17.5	0.7363	0.6008

对于四冲程发动机而言，发动机功率 N_i 与平均指示压力 p_i 成正比，即

$$N_i = \frac{p_i V_h n}{120} \times 10^{-3} \tag{5-8}$$

式中：N_i 为发动机指示功率，kW；V_h 为发动机总工作容积，L；p_i 为平均指示压力，kPa；n 为曲轴转速，r/min。

对于一定型号的发动机在转速不变的情况下，平均指示压力直接影响着发动机功率，即发动机功率随着海拔升高而下降。

某型商用汽车发动机功率、转矩与海拔高度的关系，如图 5-8 所示。海拔 4 000m 比零海拔时的发动机功率降低 40%～50%。海拔高度每上升 1 000m，发动机功率和转矩分别下降 12%和 11%左右。

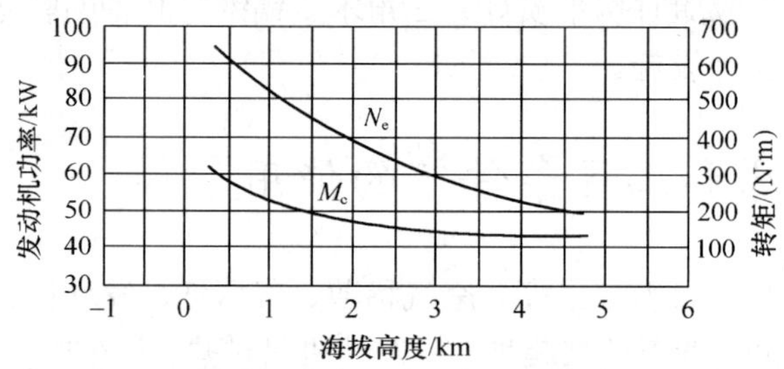

图 5-8　发动机功率、转矩与海拔高度的关系

在高原使用条件下，按海拔高度适当调整空燃比与点火提前角可使动力性能有所改善，如图 5-9 中虚线表示。

随着海拔高度的增加，大气压力降低，进气管真空度增高，在原油门开度下则进气量不足，使发动机的转速下降。同时，由于混合气过浓，发动机怠速稳定性差。从图 5-10 可以看出，海拔每增高 1 000m，怠速转速降低 50r/min。

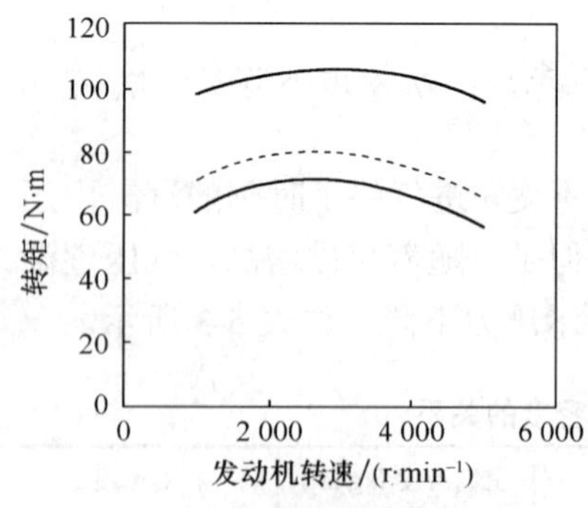

图 5-9　不同海拔高度的外特性

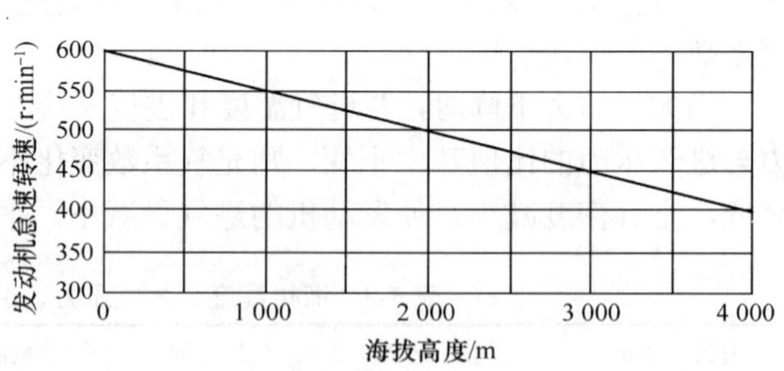

图 5-10　海拔高度与发动机怠速转速的关系

5.3.2　海拔高度对燃料经济性的影响

在高原行驶的汽车，由于空气密度下降，充气量将明显降低。随着海拔高度的增加，空燃比变小，混合气变浓，如不进行修正，就会使发动机油耗增大。电子控制燃油喷射发动机的控制单元可对空气状况（大气压力）进行修正。

由于大气压力降低，燃料蒸发性提高。就燃料蒸汽压力（蒸馏特性）而言，当大气压力从 101kPa 降至 80kPa（海拔高度约 2 000m），相当于外界气温上升 8～10℃所造成的影响。因此，高原行车易产生气阻和渗漏等问题，致使油耗增大。同时，因发动机功率不足，汽车需经常以低挡行驶，也是引起油耗增大的原因之一。

综上所述，由于大气压不同，即使同样发动机的动力性和燃油经济性也有很大差别。为了使功率、耗油率的标定不致混乱，须进行大气修正。

5.3.3 在高原地区改善发动机性能的主要措施

在高原地区行驶的汽车，发动机功率下降导致汽车的动力性下降，特别是对功率储备小或汽车列车的影响就更大。下面将介绍提高汽车在高原地区的动力性与燃油经济性的措施。

1）提高发动机的压缩比

提高压缩比，不仅可以提高压缩终了时刻汽缸内的温度与压力，加快燃烧速率，改善燃烧过程，减少热损失，而且可采用较稀的混合气，从而提高发动机的动力性和燃油经济性。

发动机压缩比的选定与汽油的辛烷值有直接关系。汽油辛烷值越高，爆震倾向越小，压缩比就可以相应地选大一些。燃料辛烷值与压缩比的关系，如图 5-11 所示。

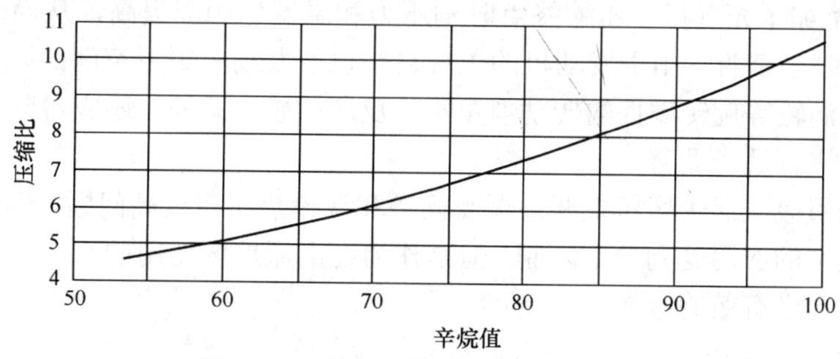

图 5-11 燃料辛烷值与压缩比的关系

随着海拔高度的增加，发动机的充气量下降，压缩终了时刻汽缸压力及温度相应降低。因此，爆震倾向减小，从而为提高压缩比创造了有利条件。

不同海拔高度的压缩比经验计算式为：

$$\varepsilon_z = \frac{\varepsilon}{(1-0.00002257z)^{3.8}} \tag{5-9}$$

或

$$\varepsilon_z = \varepsilon + \left(1 - \frac{\rho_Z}{\rho_0}\right) \tag{5-10}$$

式中：ε 为原设计压缩比；ε_z 为海拔高度为 z 时的使用压缩比；z 为海拔高度，m；ρ_0 为零海拔（气压 101.3kPa）、气温 15℃时的空气密度，kg/m^3；ρ_Z 为海拔为 z 时的空气密度，kg/m^3。

除上述使用因素外，压缩比还与大气温度、汽车负荷、发动机热状态等因素有关。因此，在提高发动机压缩比时，应根据具体使用条件合理选择压缩比。

2）合理选择配气相位

合理选择配气相位可以提高发动机的充气系数，改善发动机的动力性和燃油经济性。配气相位的确定，应与发动机的实际转速范围相适应。发动机的转速不同，进、排气门开、闭角对气流惯性的影响也不同。因此，进、排气门开闭的最有利的角度应随之变化。在进、排气门开闭的 4 个时期中，进气迟关角和排气提前角影响最大。

进气迟关角的目的是利用气流惯性，以提高充气系数。在一定的气流惯性下，对应着一个最佳迟关角。进气迟关角减小，能提高低转速下的充气系数，改善发动机低速范围的动力性与燃料经济性。反之，进气迟关角增大，对经常处于高速运转的发动机有利。

排气提前角主要影响做功行程中膨胀功损失 p_w 和排气行程中的排气功损失 p_x。排气提前角增大，p_w 增加，p_x 减小；排气提前角减小，则 p_w 减小，p_x 增加。最佳排气提前角可使（$p_w + p_x$）值最小。试验表明，随着发动机转速提高，排气提前角应增大。

为了使凸轮轴的设计（凸轮线型和各凸轮间的夹角等）更为合理，应与发动机常用转速工况相适应，以提高充气量，改善汽车在高原地区的使用性能。

3）采用增压设备

柴油机由于无爆震的限制，使用增压器比较合适。柴油机装增压器后（一般是废气涡轮增压），增加了充气量，压缩终点时刻压力和温度也相应提高，从而改善了发动机的动力性和燃油经济性。由于发动机的工况复杂以及发动机罩下空间的限制，要求增压器结构紧凑，涡轮等旋转零件的转动惯量小，反应敏感。此外，还应对柴油机的供油量及喷油提前角进行适当调整。

汽油机采用废气涡轮增压主要是爆震问题和涡轮热负荷过高问题。因此，废气涡轮增压在汽油机上的应用受到一定限制，但是作为在高原地区使用的汽车为恢复原有的发动机功率仍是行之有效的办法。

4）调整油、电路

随着海拔升高，混合气变浓，燃烧不完全。为此，应按海拔高度减小燃料流量，适当地增大空气量，以改善混合气的形成，提高发动机的动力性和燃油经济性。

随着海拔升高，发动机压缩终了的压力降低，火焰的传播速度减慢，而空气稀薄又使分电器的真空提前装置受到影响。为此，可将点火提前角略为提前 1°～2°。还可以适当调整火花塞电极间隙，即增大火花塞间隙，以使火花塞产生较强的火花。

5）采用含氧燃料

所谓含氧燃料就是在汽油中掺入酒精、丙酮及其他含氧化合物。掺入的这些含氧燃料的分子中都含有氧，在燃烧过程中，补偿了因气压低而产生的充气量不足的问题。试验表明：采用含氧较高的燃料其相对效能随海拔高度的增加而提高。

5.3.4 在高原及山区条件下汽车制动的特点及改进制动性能措施

由于山区地形复杂，经常会遇到上坡、下坡、路窄、弯多等问题，所以影响山区行驶安全的主要问题是汽车制动性能。在山区行驶，汽车需要经常制动减速，因此制动系的使用特点是制动频繁，致使摩擦衬片和制动鼓（盘）经常处于发热状态。下长坡时，制动蹄摩擦衬片温度可达 400℃。在这种情况下，摩擦衬片的摩擦系数急剧下降，严重时可能出现制动失效。此外，由于摩擦衬片连续高温，磨损加剧并产生碎裂现象。

汽车制动安全性主要存在 2 个方面的问题，即前轮失去转向能力和后轴侧滑。前者容易发生在坡道、湿路面和超载的情况下；后者容易发生在平路，干路面和空载的情况下。这 2 个问题造成了汽车前后制动力分配比例上的突出矛盾：第一种情况须防止前轮制动抱死；而第二种情况须防止后轮抱死或提前抱死（后轮比前轮提前抱死超过一定时间间隔）。此外，路面附着特性的变化（山区公路常见现象），道路曲率的变化等也会对汽车制动稳定性产生较大的影响。

气压制动在山区使用时，特别是高原山区，因空气稀薄使空气压缩机的生产率下降，导致供气压力不足；再加上制动次数多，耗气量大，往往不能保证汽车，特别是汽车列车的可靠制动。

在高原山区行驶的汽车，由于制动频繁，制动器因摩擦而生热，使制动系统温度升高。如使用沸点低的制动液，还会在高温时由于制动液的蒸发而产生气阻，引起制动失灵。

从总体上来说，采用 ABS 制动系统可以提高车辆制动时的操纵稳定性，提高汽车在湿滑、冰雪路面上的行使安全性。此外，汽车在山区使用条件下，解决制动问题的途径如下：

（1）采用辅助制动器　辅助制动器主要有电涡流、液体涡流和发动机排气制动。前两种辅助制动器由于体积较大，结构复杂，多用于山区或矿用的重型汽车上，又称电力或液力下坡缓速器。发动机排气制动是一种有效而简便的措施，它是在一般发动机制动的基础上，再在发动机排气管上装一个排气节流阀。当使用排气制动时，切断发动机的燃料供给，关闭排气节流阀，达到降低车速制动汽车的目的。排气制动也属手缓行制动装置，多用在重型汽车上。排气制动可保证各车轮制动均匀，制动功率可达发动机有效功率的 80%～90%。

（2）采用大范围可调制动比例阀　现有的比例阀主要用于防止后轴制动抱死，不能解决前轮制动抱死问题，而一些进口矿用车的前轮制动减压阀，又只能用于防止前轮抱死，而且以上两类阀一般都是固定比例的，不适用于制动工况变化很大的山区情况。因此有必要采用一种从前轮制动减压到后轮制动减压的大范围可调比例阀。

（3）制动鼓淋水　为了防止制动器过热，在下长坡时，对制动鼓外圆进行淋水冷却效果很好，可以基本上防止摩擦衬片的烧蚀现象。但是，这种方法需要有充足的水源，在缺水地区无法使用。此外，经常需要停车加水，增加了驾驶员的劳动强度和降低了运输生产率。

（4）选用合成型汽车制动液　评价制动液高温抗气阻性能的指标是平衡回流沸点。平衡回流沸点是指制动液在测定条件下开始沸腾的温度，平衡回流沸点越高，越不易产生气阻。

此外，为了满足气压制动的供气压力要求，可采用供气量大的双缸空气压缩机。

5.4　汽车在高温条件下的使用

5.4.1　汽车在高温条件下的使用特点

在高温条件下，冷却系统的散热温差小，发动机易过热。由此导致充气效率下降、燃烧不正常、润滑性能变差、供油系统气阻等现象，使发动机的动力性、经济性和可靠性变坏。此外，汽车行驶过程中，由于散热能力差，驱动桥齿轮油温度可达 120℃，轮毂轴承最高温度、轮胎胎面温度和制动液最高工作温度可超过 130℃，对汽车传动系特别是行驶系统的使用性能有不利影响。

1）发动机充气效率下降

每次循环进入汽缸的新鲜空气质量多，则可增加发动机功率和转矩，提高动力性能。进气温度提高后，其与汽缸壁的温差减小，空气密度大大下降，而使发动机充气量减小，导致发动机功率降低。气温越高，发动机室内温度越高，空气密度越小，充气效率越低，发动机功率显著下降。当外界气温为 32～35℃时，若冷却水不沸腾，发动机最大功率仅是在相同转速下最大功率的 34%～48%；气温 25℃时，由发动机罩外吸气可使发动机最大功率提高 10%。

2）燃烧不正常

在高温条件下使用时，发动机易产生爆燃和早燃等不正常燃烧情况。发动机爆燃与很多因素有关。大气温度高，汽缸内混合气温度也高，整个工作循环的温度上升；同时，由于冷却系统散热能力下降，导致发动机过热。汽缸壁、燃烧室壁温度升高后，燃烧室内末端混合气吸收热量多，使燃烧过程产生的过氧化物活动能量增强，加剧了燃前反应，使发动机在爆燃敏感的条件下运转，容易产生爆燃。另外，过热的发动机易造成可燃混合气早燃。温度过高还使窜入缸内的润滑油在高温缺氧条件下生成积炭胶质和沉积物，积存于活塞顶部、燃烧室壁、气门顶部及火花塞上，可使导热性变差并形成炽热点，更易于导致早燃或爆燃的发生。

不正常燃烧使发动机的热负荷和机械负荷上升，容易导致零件的热变形甚至裂纹，并加剧磨损。

3）润滑油易变质

发动机过热使燃烧室、活塞、活塞环和油底壳等区域的温度升高，润滑油易升温。润滑油在高温、高压下工作时，其抗氧化安定性变差，加剧了热分解、氧化和聚合的过程。不正常燃烧形成的不完全燃烧产物窜入曲轴箱，既污染了润滑油，又使其温度升高。由于润滑油温度高，因而黏度下降，油性变差。因此，发动机温度越高，润滑油变质越快。

在我国西北高原，夏季炎热而干燥，空气中的灰尘很多。而湿热带的南方地区，空气中的水蒸气浓度大。灰尘和水蒸气可通过进气系统或曲轴箱通风口等处进入发动机，污染润滑油。

4）零件磨损加剧

与低温条件下的汽车使用特点比较，高温条件下，汽车起动后的暖车时间短，发动机和传动系统各总成的磨损减小。但是，由于温度高，润滑油黏度下降，油性变差，且润滑油污染后品质变差，使汽车行驶过程中，特别是超载爬坡或高速行驶大负荷工作过程中，或在不正常燃烧而形成的高温高压条件下，零件磨损加剧。

5）供油系统气阻

供油系统受热后，部分汽油蒸发成气体状态，形成气泡存在于油管及汽油泵中；由于气体的可压缩性，使之随着汽油泵供油所产生的脉动压力，不断地被压缩和膨胀，从而破坏了汽油泵吸油行程所产生的真空度，使发动机供油不足甚至中断，这种现象被称为供油系气阻。在炎热地区，特别当汽车满载上坡或长时间大载荷低速行驶时，气阻现象也时常发生。

影响气阻现象发生的因素是：

（1）汽油的品质（挥发性） 其挥发性越好，液体汽油的挥发量越大，越易于产生气阻。

（2）供油系在发动机上的布置 汽油管道和汽油泵越靠近热源，越易产生气阻。

（3）汽油泵的使用性能 结构不同的汽油泵，尽管泵油量相同，但抗气阻的能力差别很大。泵油压力高时，其抗气阻能力也强。

（4）发动机罩内温度 气温越高或通风不良时，罩内温度越高，越易于产生气阻。

（5）大气压力 大气压力对供油系统气阻的影响很大。气压越低，汽油越容易挥发，产生气阻的趋势增大。

6）制动效能下降

汽车在高温条件下工作时，制动产生的热量不能及时扩散，使制动鼓和摩擦片的工作温度上升，二者间的摩擦因数下降，使汽车的制动效能下降。液压制动的汽车，制动液温度升高后可能发生气阻，同时可能导致制动皮碗膨胀，从而致使制动效能下降，影响行车安全。

7）排放污染加剧

大气温度通过空气密度、空燃比和燃料蒸发等因素对发动机排气污染物产生复杂的影响。CO、HC 和 NO_x 的浓度也受气温升高引起的混合气浓度变化所支配。气温升高，混合气变浓，CO 和 HC 浓度增大；而 NO_x 的浓度则在某一空燃比时达到最大值。

8）轮胎爆裂

外界温度高时，轮胎散热慢，胎内温度升高使气压增大；同时，橡胶老化速度加快，强度降低，因而容易引起轮胎爆裂。

9）其他

在高温行车条件下，蓄电池电解液蒸发快，电化学反应加快，极板易损坏，同时易产生过充电现象，影响蓄电池使用寿命。

汽车在高温环境中行驶时，因点火线圈过热而使高压火花减弱，容易产生发动机高速断火现象。

5.4.2 提高在高温条件下汽车使用性能的主要措施

5.4.2.1 提高发动机冷却系冷却强度

每种汽车的冷却系统只能适应一定的使用条件。我国幅员辽阔，从严寒的北方到炎热的南方，其气候条件差异很大。汽车散热、冷却系统的能力应与之相适应。

在高温条件下，在结构方面增大冷却系冷却强度的主要措施是：增加风扇叶片数、直径或叶片角度；提高风扇转速；采用形状过渡圆滑的护风圈等；尽量使气流通畅、分布均匀、阻力小，消除热风回流现象，并避免散热器正面无风区；增大风扇对散热器的覆盖面积；采用通风良好的发动机罩、罩外吸气、供油系冷却等办法减小吸入空气及燃料的温度变化。

5.4.2.2　加强技术维护

在夏季进行的日常维护中，要特别注意冷却系统的检查。如：冷却系统的密封情况；散热器盖上的通风口和通气孔是否畅通；冷却液温度表及温度传感器是否正常；风扇的技术状况；冷却水（液）是否充足等。

为适应正常运行的需要，进入夏季之前，应结合二级维护，对汽车进行一次全面的检查和调整（季节性维护），应对汽车冷却系统、供油系统、点火系统进行检查和调整，并更换润滑油（脂）。

（1）冷却系维护　为保证冷却系统的散热能力，维护过程中应检查和调整冷却风扇传动带的松紧程度；检查节温器的工作状况；清除散热器和缸体水套内的水垢。水垢对冷却系统散热能力的影响很大。试验表明：水垢的导热率是铸铁的十几分之一，是铝的1/20～1/10。

（2）润滑系维护　为保证汽车各总成在高温条件下润滑可靠，在技术维护过程中，要检查润滑油是否充足，并适当缩短换油周期；应选用优质润滑油作为发动机夏季用油；在炎热季节大负荷连续行驶时，大型载货汽车、大客车的变速器和差速器的润滑油温度有时超过 120℃。因此，应加装润滑油散热器；高温还将使传动系统润滑油早期变质、黏度降低，应换用夏季齿轮油并适当缩短换油周期；轮毂轴承应换用滴点较高的润滑脂，并按规定周期进行检查和维护。

（3）燃油供给系维护　对于在灰尘大的地区使用的车辆，应加强空气滤清器的维护。

对采用电子控制汽油喷射系统的发动机，可适当调整发动机的匹配参数，用以提高发动机的充气效率，保证混合气的质量和正常燃烧。由于高温条件下空气密度低，应调整发动机供油系统，减小供油量，以防混合气过浓。

（4）电源及点火系维护　高温时，混合气燃烧速率快，应减小点火提前角；夏季蓄电池电解液蒸发快，电解液的密度应稍小，应经常检查电解液平面高度，及时加注；夏季汽车用电量小，应调小发动机调节器充电电流，以避免蓄电池过充电，极板损坏。

5.4.2.3　防止气阻

防止供油系气阻的主要措施是改善发动机的散热和通风，以及隔开供油系的受热部位。

改进供油系统结构。现代汽车汽油泵安装在燃油箱内，增大了供油并增设了回油管路，可有效防止供油系气阻。

改变汽油泵的安装位置，由原来靠近排气管后侧，移至排气管前通风良好处，并在两者之间加装隔热板，防止汽油泵受高温影响。

装用电动汽油泵。电动汽油泵具有结构简单、工作可靠、不受安装位置限制的优点。安装位置远离热源时，可防止供油系气阻的产生。

制动液在高温下也可能挥发而产生气阻。制动频繁时，制动液温度可达 80～90℃，甚至高达 110℃。因此，为保证行车安全，应选用沸点较高的（不低于 115℃）的合成型制动液。

5.4.2.4 防止爆燃

爆燃与进气温度有关，因此采用改进进气方式降低进气温度的方法，可以防止爆燃。例如：把东风 EQ1090 型汽车发动机的空气滤清器改成前吸式空气滤清器，使进气不受发动机热辐射的影响，则在汽车满载拖挂上坡行驶（坡度 8%）时，进气温度下降近 10℃，从而减少了爆燃倾向。

汽车行驶过程中，应注意保持发动机工作温度正常。

防止爆燃的措施还有：选用辛烷值较高的高牌号优质汽油；调整点火系，增强火花塞的跳火能量；适当推迟点火时间；及时清除积炭。也可根据需要安装爆燃限制器。

5.4.2.5 防止轮胎爆裂

环境温度高时，轮胎散热差。当汽车长时间高速行驶时，轮胎发热后温度升高，承载能力下降，容易爆胎。

轮胎胎侧注有速度符号，使用中不应超速行驶。且当长距离连续行车时，车速不宜过高。

超载是爆胎的重要原因。夏季路面温度高，轮胎因此升温；如果超载行驶，轮胎变形增大，产生的热量大，又因此时轮胎散热差，致使轮胎温度进一步升高。轮胎的橡胶材料和帘线在升温后承载能力下降，同时较大的轮胎变形容易使胎面脱胶，从而使轮胎承载能力进一步下降。因此，汽车超载使轮胎承受的载荷增大，极易导致胎体爆破。

轮胎的负荷能力以速度为基础，行驶速度提高，负荷能力应相应减少。轮胎负荷也用胎侧的相应标记标明。

规定气压指常温下的轮胎气压。轮胎的实际气压与环境温度有关，随轮胎温度提高而相应增高。因此，只有当胎内空气温度与环境温度平衡时所测得的轮胎气压才是准确的。在炎热夏季，一般应在停驶 4h 以后测量轮胎气压，保持规定气压标准。轮胎气压过高，容易爆胎。

载货汽车装用双胎时，由于受路面拱形、轮胎负荷和散热条件的影响，内侧轮胎的工作温度较外侧轮胎高 3～10℃。因此，应定期换位。

5.4.2.6 注意车身维护

汽车漆涂层的主要损坏是老化、褪色、失光、粉化、开裂和起泡等；车身电镀层的主要损坏是锈斑、脱皮以及锈蚀等。高温大大加快了漆涂层和电镀层的损坏过程。因此，在夏季使用和维修过程中，应加强汽车车身外表养护作业，注意喷漆前的除锈并采用耐腐蚀、耐磨性高的涂层。

高温、强烈的阳光、多尘和多雨均影响驾驶员的劳动强度、行车安全和乘坐舒适性。应加装空调设备、遮阳板；或加强驾驶室、车厢的通风，并防止漏雨。

5.5 汽车在坏路和无路条件下的使用

坏路或恶劣道路是指泥泞的土路、冬季的冰雪道路和覆盖砂土的道路等；无路是指松软土路、耕地、草地和沼泽地等。

汽车在坏路和无路情况行驶时，其平均技术速度和装载质量明显下降，影响了汽车运输生产率。显然，汽车的通过性是很主要的问题。

5.5.1 汽车在坏路和无路条件的使用特点

在坏路和无路条件下，汽车驱动轮与路面的附着力减小，车轮的滚动阻力增大，突出的障碍物也会影响汽车的通过，而使汽车的牵引—附着条件恶化。

汽车在松软的土路上行驶时，支撑路面将出现残余变形，车轮在路面上形成车辙，滚动阻力增大。汽车在泥泞而松软的土路上行驶时，常因附着系数低，引起驱动轮打滑，使汽车无法通过。

汽车在土路上的附着系数与土壤的性能状况、轮胎花纹和气压、汽车驱动轴上的负荷及汽车的行驶速度有关。

附着程度的好坏主要取决于轮胎与路面的接触处变形后的相互摩擦情况。在干燥平坦的土路上，附着系数为 0.5～0.6。在不平整的低级道路上，由于减少了轮胎与路面的接触面积，附着系数下降。而当路面潮湿或泥泞时，其表面坑洼都被泥浆填满，阻碍了轮胎与路面间的接触，致使附着系数降低为 0.3～0.4 或更低。

轮胎花纹和轮胎气压对附着系数的影响较大。越野花纹轮胎与路面抓着力大，附着系数大，适于坏路和无路情况使用。轮胎气压低，轮胎与路面的接触面积大，单位压力减小，增加了轮胎与路面的附着。在较差的路面上行驶时，轮胎花纹和气压对汽车最大牵引力有极大的影响，如表 5-4 所示。

表 5-4 不同花纹的 9.00—20 轮胎最大牵引力对比试验结果

路面	硬质泥土路		草地		沙地	
轮胎气压/kPa	350	550	350	550	350	550
使用越野花纹轮胎最大牵引力/N	25 000	23 000	17 000	15 000	8 000	6 000
使用普通花纹轮胎最大牵引力/N	21 500	20 000	14 000	11 000	6 000	5 000
两者之差/N	3 500	3 000	3 000	4 000	2 000	1 000
越野胎提高率/%	16.3	15.0	21.4	36.3	33.3	20.0

轮胎对路面的单位压力下降，在软土路上行驶的滚动阻力也下降。图 5-12 给出了低压胎在软土路上的附着系数与滚动阻力的变化情况。轮胎气压过低时轮胎变形显著增

大，滚动阻力略有增加。

沙路的特点是表面松散，受压后变形大，轮胎花纹嵌入砂土后，因砂土的抗剪切能力差，抓着力小，附着系数降低。同时，车轮的滚动阻力增大。干沙路和流沙地容易使汽车打滑，特别是在流沙地上，汽车车轮的滚动阻力系数为 0.15～0.30 或更大，而驱动轮由于附着系数小而空转，影响汽车通过性能。

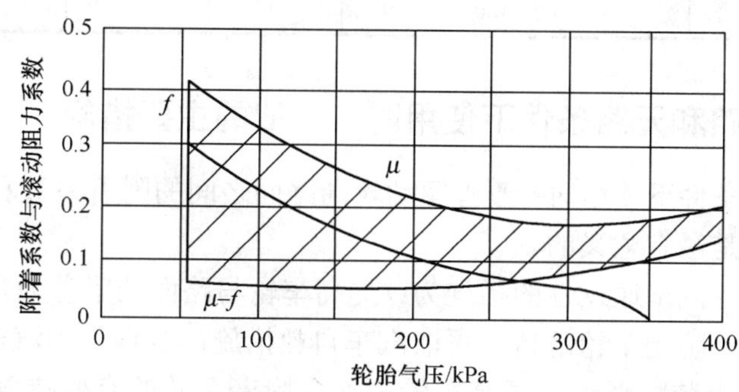

图 5-12　轮胎气压不同时附着系数、滚动阻力系数及其差值的变化

雪路对汽车通过性的影响主要取决于雪的特性，即雪层的密度和硬度。雪层密度越大，其承受的压力也越大。雪层密度与气温和压实的程度有关。气温越低，雪层密度越小。雪层硬度也与气温有关。气温低，雪层干而硬；气温高，雪层软而松。当气温在–15～–10℃时，雪路的性能见表 5-5 所示。从表可以看出，雪路比一般刚性路面对车轮的滚动阻力增加了，而车轮的附着系数显著下降，雪层的密度越小，汽车的行驶条件越差。

表 5-5　–15～–10℃时雪路的主要性能

雪的状态	密度/(g/cm^3)	滚动阻力系数	附着系数
中等密度雪	0.25～0.35	0.1	0.1
密实雪	0.35～0.45	0.05	0.2
非常密实雪	0.5～0.6	0.03	0.3

雪层厚度对汽车行驶也有一定影响。在公路上，经车轮压实，平坦而密实的雪层厚度为 7～10cm 时，对汽车的正常行驶影响不大；当雪层特别是松软雪层加厚时，汽车的通过性将明显下降。经验表明，雪层厚度大于汽车最小离地间隙的 1.5 倍、雪密度低于 0.45g/cm^3 时，汽车便不能通过。

汽车在冰路上行驶时，轮胎与冰面的附着系数非常低。在冬季有冰的道路上，附着系数可降低到 0.1 以下，但是车轮滚动阻力相对刚性路面略有增加。为了保证行车安全，在冰路上行驶时的车速要低，行车间隔要大。特别是通过河流或湖泊的冰面时，还需要检查冰层厚度和坚实情况（裂缝、气泡或雪的夹层）。

冰层除了表面有一层冰雪外，主要由混浊的上层和透明的下层组成。在检查冰层厚度时，每隔 15～25m 测量一次这两部分冰层的厚度，并观察冰层的状况。在气温低于 0℃情况下，汽车通过冰封的渡口时，冰层的最小厚度参见表 5-6 所示。

表 5-6 冰层的承载能力

汽车总质量/t	冰层厚度/cm（−20～−1℃）	渡口到对岸的最大距离/m	
		海水	河水
≥3.5	25～34	16	19
≥10	42～46	24	26
≥40	80～100	38	38

5.5.2 汽车在坏路和无路条件下使用时应采取的主要措施

在坏路和无路条件下使用时，改善驱动轮同路面之间的附着系数和减少滚动阻力对提高汽车的通过性是最有意义的。

从使用方面改善汽车通过性的措施为：提高车轮与路面的附着力，或减少轮胎对地面的单位面积压力，防止车轮滑转；采取汽车自救措施；合理使用汽车轮胎。

在汽车驱动轮上装防滑链是提高车轮与路面附着系数的有效措施，已得到广泛应用。防滑链的形式主要取决于路面状况和汽车行走系的结构。防滑链有普通防滑链、履带式防滑链和防滑块。

普通防滑链是带齿的（圆形、V 形或刀形）链条，用专用的锁环装在轮胎上。这种防滑链在冰雪路面和松软层不厚的土路上有良好的通过性，而在松软层厚的土路上效果明显下降。

履带链有菱形和直形的，履带链能保证汽车在坏路上，甚至驱动轮陷入土壤或雪内仍可以通过，菱形履带还具有防侧滑能力。

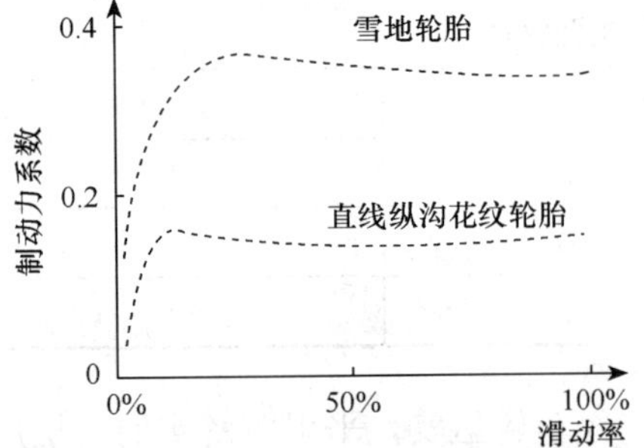

图 5-13 雪地制动力系数与滑动率的关系

防滑链的缺点是链条较重，拆装不方便，更重要的是装有防滑链的汽车，其动力性和燃料经济性均下降；在硬路面上行驶的冲击大，使轮胎和后桥磨损增大。因此仅在克服困难道路时，轮胎才装用防滑链。克服短而难行的无路地段时，宜使用容易拆装的防滑块和防滑带。

冰雪路面摩擦因数小，用一般轮胎行驶较困难，国外多使用具有特殊胎面花纹的雪地轮胎，雪地轮胎在冰雪道路上具有良好的制动性能，如图 5-13 所示。表 5-7 给出了制动初速度为 40km/h 时雪地轮胎在压实雪路面上的制动性能与带防滑链的普通轮胎的比较结果。

表 5-7 雪地轮胎与带防滑链的普通轮胎制动性能比较

对比轮胎	制动距离/m	指　数
雪地子午线轮胎	15.5	100
带防滑链的对比轮胎	13.1	118
雪地斜交轮胎	20.7	100
带防滑链的对比轮胎	19.9	104

汽车克服局部障碍或陷住时，可采用自救措施。一般的自救方法是，去掉松软泥土或雪层，在驶出的路面上撒砂、铺石块或木板等，然后将汽车开出。也可以用绳索绑在树干（或木桩）和驱动轮上，如同绞盘那样使汽车驶出。

为了提高汽车在坏路和无路条件下的通过性，可根据路况选择汽车轮胎气压和花纹。

1）轮胎气压

轮胎气压减小后，轮胎与路面的接触面积增大，单位面积压力减小，致使车轮的滚动阻力减小，并改善了附着条件。表 5-8 所示为汽车在土路上行驶时与土壤特点相适应的轮胎气压。轮胎气压降低后，轮胎变形加大，使用寿命降低，因此不能使轮胎长期低气压行驶。

表 5-8 道路条件与轮胎气压

土壤的变形模量/(N/cm^2)	土壤特点	最适合的轮胎气压/kPa
50～250	非常松软的砂路、新翻地、沼泽地	50～100
250～500	填土、没翻的耕地	100～200
500～1 000	车轮压实的填土	200～300
1 000～1 500	自然形成的坚固层	300～400
1 500～2 000	压实过的道路	400～500

2）轮胎花纹

轮胎胎面花纹可分为普通花纹、越野花纹和混合花纹，即纵向花纹、横向花纹和纵横混合花纹。

越野花纹轮胎特点为：花纹横向排列、花纹沟槽深、凸出面积小、与地面抓着力大、抗刺扎和耐磨性好，适合在坏路和无路条件下使用（见表 5-4）。

在使用中，应注意轮胎的磨损情况，轮胎花纹的剩余深度是检查轮胎磨损的标准。因此，国际上都有规定，在轮胎花纹沟底部，轮胎生产厂家应当设计有磨损限度标志，每条胎有 4～6 个以上，在轮胎胎肩处设有相同数目的磨损限度标志。磨损大的轮胎附着力小而且容易爆胎，不适合在坏路上使用。

此外，驾驶方法对提高汽车的通过性也有很大作用。例如：汽车通过砂地、泥泞土路和雪地等松软路面时，应降低车速（低速挡），以保证有较大的牵引力，同时减少了车轮对土壤的剪切和车轮陷入程度，提高了附着力。除降低车速外，还应避免换挡和加速并尽量保持直线行驶，因为转弯会使前后轮辙不重合而增加滚动阻力。

5.6 汽车在运输危险品条件下的使用

5.6.1 汽车运输危险品时的使用特点

汽车运输危险货物时，为确保运输安全，避免事故，运输人员必须全面掌握并严格遵守、执行国家有关法律、法规、技术标准和技术要求，规范道路危险货物运输行为。否则，极易引发爆炸、燃烧、中毒、灼伤等事故，甚至会造成国家财产的巨大损失和人身伤亡。

5.6.1.1　危险货物及其分类

1）危险货物的定义

根据《危险货物分类和品名编号》（GB 6944—2005），危险货物指：“具有爆炸、易燃、毒害、感染、腐蚀、放射性等危险特性，在运输、储存、生产、经营、使用和处置中，容易造成人身伤亡、财产损毁或环境污染而需要特别防护的物质和物品。”

危险货物有 3 个特点：

（1）具有爆炸、易燃、毒害、感染、腐蚀、放射性等危险特性，这是造成火灾、灼伤、中毒等事故的先决条件。

（2）易造成人身伤亡和财产毁损或环境污染的危险后果。在一定条件下，由于受热、明火、摩擦、振动、撞击、洒漏或与性质相抵触物品接触等，发生化学变化所产生的危险效应，不仅是使货物本身遭到损失，更严重的是危及人身安全、破坏周围环境。

（3）在运输、装卸和保管过程中需要特别防护，不仅必须做到轻拿轻放、谨防明火，而且要针对各种危险货物的特性采取“特别”防护措施。

2）危险货物的分类

物质的理化性质决定其是否具有燃烧、爆炸或其他危害性。例如：有些物质的原子比较活泼，能与空气中的氧在常温下进行反应，并放出热能；有的在常温下呈气态，但与空气混合能形成易燃易爆的混合蒸气；有的物质呈液态或固态，但暴露在空气中时，遇明火极易燃烧。

为保证储运安全，方便运输，根据危险货物主要特性和运输要求，《危险货物分类和品名编号》（GB 6944—2005）将危险货物分为 9 类，每类又分若干项，并规定了各类危险货物的定义或划分标准。

第 1 类：爆炸品。

第 2 类：气体。包括压缩气体、液化气体、溶解气体和冷冻液化气体、一种或多种气体与一种或多种其他类别物质的蒸汽的混合物、充有气体的物品和烟雾剂。

第 3 类：易燃液体。

第 4 类：易燃固体、易于自燃的物质、遇水放出易燃气体的物质。

第 5 类：氧化性物质和有机过氧化物。

第 6 类：毒性物质和感染性物质。

第 7 类：放射性物质。

第 8 类：腐蚀性物质。

第 9 类：杂项危险物质和物品。

危险货物还可根据以下特性分类，如货物的物理性质（如压缩气体和液化气体），货物的化学性质（如氧化剂和腐蚀品），结合货物的物理和化学性质（如易燃液体和易燃固体），货物对人身伤害的情况（如放射性物品和毒害品）。

总之，哪种特性在运输的危险中居主导地位，就把该货物归为哪类危险品。但大多数危险货物都兼有两种以上的性质。因此，在注意到某种货物的主要特性时，必须兼顾其他性质。

5.6.1.2 危险货物承运责任

《汽车运输危险货物规则》（JT 617—2004）规范了承运人的责任，主要包括：

（1）应按照道路运输管理机构核准的经营范围受理危险货物的托运。

（2）应核实货物的收发货地点、时间以及托运人提供的相关单证是否符合规定，并核实货物的品名、编号、规格、数量、件重、货物包装标志、标签、安全技术说明书、安全标签和应急措施以及运输要求。

（3）危险货物装车前应认真检查包装的完好情况。当发现破损、撒漏，托运人应调换包装或修理加固，否则应拒绝运输。

（4）自接货起至送达交付前，应负保管责任。货物交接时，双方应做到点收、点交，由收货人在运单上签收。发生剧毒、爆炸、放射性物品货损、货差的，应及时向公安部门报告。

（5）危险货物运达卸货地点后，因故不能及时卸货的，应及时与托运人联系妥善处理；不能及时处理的，应立即报告当地公安部门。

（6）应拒绝运输托运人应派押运人员而未派的危险货物，已有水浸、雨淋的遇湿易燃物品和不符合国家规定的危险货物。

5.6.1.3 危险货物运输要求

1）危险货物运输车辆和设备的基本要求

（1）车辆安全技术状况满足《机动车运行安全技术条件》（GB 7258—2012）的要求。

（2）车辆技术状况应符合《营运车辆技术等级划分和评定要求》（JT/T 198－2004）的一级车况标准。

（3）车辆应配置符合《道路运输危险货物车辆标志》（GB 13392－2005）的标志，并按规定使用。

（4）车辆应配置运行状态记录装置和必要的通信工具，如 GPS、行车记录仪等。

（5）运输易燃易爆危险货物车辆的排气管应安装隔热和熄灭火星装置，并配装导静电橡胶拖地带装置；车辆应有切断总电源和隔离电火花装置，切断总电源装置应安装在驾驶室内；车辆车厢底板应平整完好，周围栏板应牢固，在装运易燃易爆危险货物时，应使用木质底板等防护衬垫措施。

（6）各种装卸机械、工具、属具，应有可靠的安全系数；装卸易燃易爆危险货物的机械及工具、属具应有消除产生火花的措施。

（7）根据装运危险货物性质和包装形式的需要，应配备相应的捆扎、防水和防散失等用具。

（8）车辆应配备消防器材。

2）特定要求

（1）运输爆炸品的车辆，应符合国家爆破器材运输车辆安全技术条件规定的有关要求。

（2）运输爆炸品、固体剧毒品、遇湿易燃物品、感染性物品和有机过氧化物，应使用厢式货车；对于运输瓶装气体的车辆，应保证车厢内空气流通。

（3）运输液化气体、易燃液体和剧毒液体时，应使用不可移动罐体车、拖挂罐体车或罐式集装箱。

（4）运输危险货物的常压罐体、压力罐体和罐式集装箱以及运输放射性物品的车辆，均应符合国家标准的要求。

（5）运输须控温的危险货物的车辆，应有有效的温控装置。

（6）运输危险货物的罐式集装箱，应使用集装箱专用车辆。

3）危险货物运输作业要求

（1）危险货物运输车辆严禁超经营范围运输。严禁超载、超限。

（2）运输中应随车携带《道路运输危险货物安全卡》。

（3）根据运输危险货物性质，采取相应的遮阳、控温、防爆、防静电、防火、防振、防水、防冻、防粉尘飞扬、防撒漏等措施。

（4）运输危险货物的车厢应保持清洁干燥，不得任意排弃车上残留物；运输结束后被危险货物污染过的车辆及工具、属具，应按《汽车运输危险货物规则》（JT 617—2004）附录 E 的方法到具备条件的地点进行车辆清洗消毒处理。

（5）运输危险废物时，应采取防止污染环境的措施，并遵守国家有关危险货物运输管理的规定。

（6）运输医疗废物时，应使用有明显医疗废物标识的专用车辆，医疗废物专用车辆应达到防渗漏、防遗撒以及其他环境保护和卫生要求；专用车辆使用后，应当在医疗废物集中处置场所内及时进行消毒和清洁；运送医疗废物的专用车辆不得运送其他物品。

（7）夏季高温期间限制运输的危险货物，应按有关规定执行。

（8）危险货物运输车辆禁止搭乘无关人员。

（9）运输危险货物的车辆不得在居民聚居点、行人稠密地段、政府机关、名胜古迹、风景游览区停车；如需在上述地区进行装卸作业或临时停车，应采取安全措施。

（10）运输爆炸物品，易燃易爆化学物品以及剧毒、放射性等危险物品，应事先报经当地公安部门批准，按指定的路线、时间、速度行驶。

4）其他要求

（1）危险货物从业人员和危险货物运输劳动防护，应符合《汽车运输危险货物规则》（JT 617—2004）所规定的相应要求。

（2）危险货物运输企业（单位）应建立事故应急预案和安全防护措施，以应急突发事件。

5.6.2　汽车运输危险品时的使用要求

5.6.2.1　出车前的要求

（1）机动车辆要做到“五不出车”（制动器不灵不出车，转向系统有故障不出车，喇叭不响不出车，灯光不亮不出车，安全设备、各类证件不齐全不出车），发现故障应立即排除，严禁车辆“带病”运行。

（2）道路运输危险货物车辆的车厢底板应平坦完好、栏板牢固；车厢或罐体内不得有与所装危险货物性质相抵触的残留物。根据危险货物特性，应采取对应的衬垫防护措施（如铺垫木板、胶合板、橡胶板等）。

（3）根据所运危险货物特性，应随车携带遮盖、捆扎、防潮、防火、防毒等工具、属具和应急处理设备、劳动防护用品。

（4）根据车辆运载货物种类、性质不同，配备相应的安全设施和设备，并保证齐全有效。

（5）装车完毕后车辆起步前，驾驶人员应对货物的堆码、遮盖、捆扎等安全措施及对影响车辆起动的不安全因素进行检查，确认无不安全因素后方可起步。

5.6.2.2 驾驶操作的要求

（1）驾驶人员应根据道路交通状况控制车速，按规定的最高车速行驶，禁止超速。且有下列情形之一时，不得超车：

① 前车正在左转弯、掉头、超车。

② 与对面来车有会车可能。

③ 前车为执行紧急任务的警车、消防车、救护车、工程救险车。

④ 行经铁路道口、交叉路口、窄桥、弯道、陡坡、隧道、人行横道、市区交通流量大的路段等没有超车条件。在没有超车条件的路段超车，会增加行车危险，特别是运输危险货物的车辆，一旦发生事故，将造成严重的后果。因此，严禁强行超车、会车。

（2）运输途中应尽量避免紧急制动，转弯时车辆应减速。车辆在紧急制动、转弯、起步时对车辆上的货物和运输组件施加纵向或横向的作用力，可致使货物滑动、碰撞、跌落、翻倒等，引起事故。

（3）驾驶人员在途中应检查：

① 检查冷却液温度、油温、各种仪表工作情况及轮胎气压。

② 检查制动器有无拖滞发热现象，各连接部位的牢靠性。

③ 检查有无漏水、漏油、漏气和一切安全设施是否有效。

④ 运输过程中发生事故时，驾驶人员和押运人员应立即向当地公安部门和安全生产管理部门、环境保护部门、质检部门报告，并应看护好车辆、货物，共同配合采取一切可能的警示、救援措施。

⑤ 运输危险货物途中需要停车住宿或遇有无法正常运输的情况时，应向当地公安部门报告。

⑥ 运输危险货物途中遇有天气、道路路面状况发生变化，应根据所装载危险货物特征，及时采取安全防护措施。遇有雷雨时，不得在树下、电线杆、高压线、铁塔、高层建筑及容易遭到雷击和产生火花的地点停车。若要避雨时，应选择安全地点停放。遇有泥泞、冰冻、颠簸、狭窄及山崖等路段时，应低速缓慢行驶，防止车辆侧滑、打滑及危险货物剧烈振荡等，确保运输安全。

5.6.2.3 其他要求

（1）工业企业厂内运输危险货物，应按《工业企业厂内铁道、道路运输安全规程》执行。

（2）危险货物装卸及其堆码作业，应符合《汽车运输危险货物规则》（JT 6I7—2004）规定的相应要求。

（3）通过公路运输危险化学品，必须配备押运人员，并随时处于押运人员的监管之下。押运人员应密切注意车辆所装载的危险货物，根据危险货物性质定时停车检查，发现问题及时会同驾驶人员采取措施妥善处理。驾驶人员、押运人员不得擅自离岗、脱岗。

押运人员在途中应查看货物捆扎有无松动、货物包装有无受损、货物有无泄漏和丢失及货物状况是否正常等。

思考题

1．哪些车辆需要有走合期？为什么？

2．汽车走合初期为什么容易出现拉缸故障和润滑油变质现象？

3．汽车走合期内有哪些规定和措施？

4．走合期满后应进行哪些维护作业？

5．在低温条件下，发动机起动难的原因是什么？可采取哪些措施？

6．发动机过热时，为什么它的动力性、燃油经济性和工作可靠性变坏？应采取哪些措施？

7．发动机在低温和高温条件下使用，都会使其磨损量增加，说明两者磨损原因有什么不同。

8．在高原行车对发动机性能有什么影响？

9．汽车在高原山区使用时，制动系应注意哪些问题？

10．汽车运输危险品时的使用要求有哪些？

第6章
汽车维修制度与工艺要求

［本章提要］

本章主要介绍汽车维修方式及选择、汽车维修制度、汽车维修工艺、汽车故障诊断、汽车维修质量控制。通过本章学习，掌握汽车维修制度与工艺要求。

6.1 维修方式及选择

6.1.1 汽车维修思想

汽车维修思想是指组织实施车辆维修工作的指导方针和政策，是人们对维修目的、维修对象、维修活动的总认识。

正确的维修思想是客观规律的反映，它将直接影响维修活动的全过程。只有树立正确的维修思想，才能产生正确的维修方针和政策，制定出合理的维修制度和选择适宜的维修方式，促进采用先进的维修方式和技术。

1）“预防为主”的维修思想

“预防为主”的维修思想，是根据汽车技术状况变化规律，在其发生故障之前，提前进行维护或换件修理。

“预防为主”的维修思想，是以零部件失效理论和失效规律为基础。这种维修思想认为，汽车在使用过程中，由于零部件的磨损、疲劳、老化和松动，其技术状况会不断恶化，到一定程度时就必然会导致故障发生。为了尽可能地保证每个零部件能安全可靠地工作，要求维修作业符合客观规律，在故障发生之前实施预防维修。

汽车在使用过程中，其技术状况的变化与汽车结构、使用条件和维修方式相关，并以一定强度发生着变化。为了保证汽车在整个使用期内能以最少的消耗和费用维持汽车的工作能力，就必须适时地对汽车进行必要的维护和修理。

2）以可靠性为中心的维修思想

随着汽车性能及功能的进一步提高，汽车的复杂程度也越来越高，其本身价值及维修费用在使用费用中所占比重也越来越高。这就迫切需要一种新的维修方式能够以最佳的经济效益来实现汽车最大的可靠度，于是以可靠性为中心的维修思想便开始应用于汽车维修领域。

以可靠性为中心的维修思想是以最低的消耗，充分利用汽车的固有可靠性来组织维修。它是以可靠性理论为基础，通过对影响可靠性因素的具体分析和试验，科学地制定出维修作业内容、维修时机，以控制汽车使用可靠性的衰减强度。

以可靠性为中心的维修思想归纳起来有以下几点。

(1)汽车的使用可靠性取决于汽车本身的固有可靠性及汽车的使用维修技术水平，并与汽车的使用条件有关。正确的使用和维护只能保持和恢复汽车的固有可靠性水平，不适当地强化维修工作（如增加维修次数和项目）并不能有效地防止可靠性水平的下降。汽车固有可靠性的提高应基于必要的使用数据的信息反馈，去修改原有的设计和工艺。

(2)维修的作用在于通过对影响可靠性的诸因素进行控制，从而抑制可靠性的下降，以保持汽车的使用可靠性在允许的水平内。可靠性分析就是运用概率论和数理统计等数学工具，对汽车使用中的故障规律进行统计分析和推断，对不同零部件采用不同的维修方式，使维修作用既满足适用性准则，又满足有效性准则。

(3）以可靠性为中心的维修，强调了诊断检测，加强了维修中的“按需维修”的成分。它根据不同零部件、不同的可靠特性及不同的故障后果，选用不同的维修方式，避免了采用单一的维修方式所造成的预防内容扩大、维修针对性差、维修费用增大等缺点。例如，如果汽车的故障有可能影响安全性或造成严重后果，就必须尽全力防止其发生；如果故障几乎不产生其他影响，那么除了日常的清洁、润滑外，可以对它不采取任何预防措施。

(4）以可靠性为中心的维修，要求建立一套完整的故障采集和分析系统，不断地采集和分析使用数据，为建立科学的、经济的、符合汽车使用实际的维修制度提供依据。

6.1.2 汽车维护类型和方式

根据不同的维修思想，便会产生不同的维护类型和维护方式。在“预防为主”的维修思想指导下，为了保证车辆的技术状况，维持其工作能力，常采用的维护类型如图6-1所示。

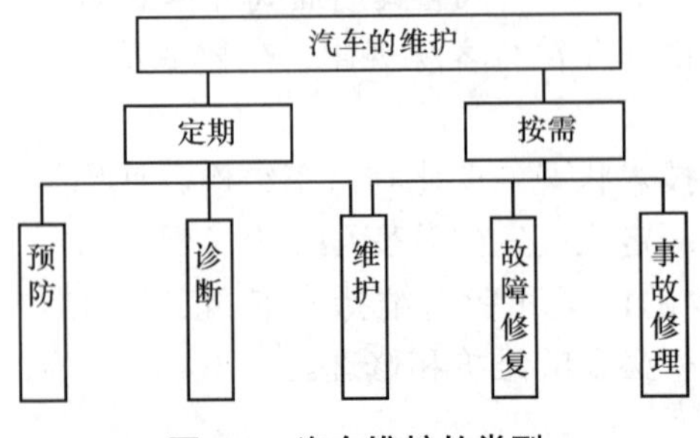

图6-1 汽车维护的类型

按维护的性质，可分为预防维护和非预防维护。预防维护是指维护作业的内容和时机是按预先规定的计划执行的，其目的是为了预防故障，维持汽车的工作能力。

预防维护又可分为例行维护和计划维护。

例行维护的时机和内容与汽车的行驶里程无关，如日常维护和换季维护等。计划维护的时机和内容是与汽车的行驶里程有关，如一级维护、二级维护等。如果维护作业是按计划强制执行的，则称为定期维护；如果维护作业是根据定期检查的结果按需执行的，则称为按需维护。

非预防维护通常是在汽车出现故障后进行的，即通常意义上的维修。它适用于突发性故障，因为这类故障的出现具有很大的随机性，在故障出现前是很难预测的，因而无法预先安排维护计划。

汽车的维护方式是维护类型、维护时机和维护内容的综合体现，通常可分为定期维护、按需维护和事后维修 3 种形式。

1）定期维护

定期维护是预防维护的一种。它根据技术状况变化规律及故障统计分析，规定相应的维护周期，每隔一定的时间（或里程）对汽车进行一次按规定作业内容执行的维护。

定期维护方式可使维护工作在有准备的情况下进行，便于组织安排，并能保证维护质量。但汽车是一个复杂系统，由于各部件工作条件不一，初始技术状况也不一致，因而其寿命长短不一。若均按规定周期进行维护，必然会使有些部件的寿命不能得到充分的发挥。此外，由于维护工作是按计划强制进行的，不可避免地会存在执行作业的盲目性，增加维护的工作量，甚至会破坏部件的配合特性，降低汽车的固有可靠性，而且对突发性故障采用定期维护方式也是无效的。

2）按需维护

按需维护也是预防维护的一种，它是以故障机理分析为基础，通过诊断或检测设备，定期或连续地对汽车技术状况进行诊断或检查，根据检查结果来组织维护工作。要做到按需维护，必须做到以下几点：

（1）掌握汽车技术状况变化规律；

（2）掌握技术状况参数的极限值；

（3）掌握故障的现象、特性及对汽车工作能力的影响。

根据这 3 个条件，就可以求出汽车的无故障行驶里程。当无故障行驶里程大于检测周期时，本次可以不维护；否则，本次应进行维护。由于按需维护是在发现故障征兆时才进行的，它既能提高汽车的有效度，又能发挥汽车零部件的寿命潜力。因此，这是一种比较理想的维护方式。

3）事后维修

事后维修方式的特点为：

（1）可充分发挥每个零件的寿命潜力，避免因盲目拆卸而引起人为差错。

（2）由于故障的出现是随机的，因而使维修工作无法做出计划性安排，进行组织和管理比较困难。

（3）由于预先不掌握故障发生的时机，无法对其进行控制，因而故障率较高。而且当故障发生在营运期间时，会造成停车，甚至会导致安全事故。

根据事后维修方式的特点，它可在以下两种情况下采用：故障是突发性的，无法预测，而且事故的后果不涉及运行安全；故障是渐发性的，但故障的出现不涉及运行安全，其所造成的经济损失小于预防维护的费用。这时从经济的角度考虑，采用事后维修方式是有利的。

4）以可靠性为中心的维修

在以可靠性为中心的维修思想指导下，所制定的是以可靠性为中心的维修大纲。它是一种为实现汽车固有可靠性而设计的维修方式，简称 RCM（reliability centered maintenance），主要是以费用效果和采用安全性分析方法，根据汽车可能出现的故障后果和可靠性的要求，运用 RCM 决断图来分析各总成的维修要求和选择维修方式，以最低的费用实现汽车的固有可靠性。

以可靠性为中心的维修，其主要特点是在确定维修工作时，对汽车可能产生的故障和后果进行分析，按照零部件的功能、功能故障、故障原因及其后果来确定应进行的维修工作和选择维修方式。具体维修大纲的确定，可分为以下 4 个步骤。

（1）划分汽车的主要部分　汽车作为一种系统，其内部组件的物理性能各有不同，按功能可分为三大主要部分，即结构、子系统和装置。对每一部分，在制定以可靠性为中心的维修大纲时应区别对待。

（2）确定重要机件项目　为了简化维修分析工作，应将需要分析的机件尽量减少，即按照汽车三大部分各自的层次，从中选出“重要机件项目”，即哪些是容易造成安全性或重大经济性故障后果的机件项目，其他则列为非重要机件，不作重点考虑。

（3）故障分类　以可靠性为中心的维修指导思想认为，故障后果比故障频数更为重要。故障后果可以影响重要机件正常功能的发挥；可以造成更换故障件的费用支出；可以损坏整个系统设备，甚至造成人员伤亡。因此，故障后果决定了维修工作的先后次序和及时提出修改机件设计的建议。在维修大纲中，故障后果按其性质可分为 4 类：

① 安全性后果。这类故障能造成车毁人亡，须采用预防维修方式，使故障风险率减小到可以接受的水平。否则，有关机件项目就要重新设计。

② 使用性后果。这类故障能干扰使用计划，其结果有时会因为该机件工作能力的下降，造成其他间接的经济损失（如使用中经济性下降等）。可在费用效果分析的基础上，采取预防维修的方式。

③ 非使用性后果。这类故障的后果对使用没有直接的不利影响。例如，采用冗余度设计的装置，其中一个装置出现故障后，只需在方便时更换或修理。因此，非使用性后果可采用事后维修方式。

④ 隐蔽性后果。这类故障后果一般不会产生直接的不利影响，但是当具有隐蔽性故障后果的机件与另一个或几个机件的故障相关时，如果第一个机件的功能故障由于隐蔽原因未被发现，以后第二个机件又发生故障，从而造成多重故障，导致危险性故障。

因此必须采取预防维护的方式减少造成这种风险的因素。确定以上 4 类故障后果的决断图，如图 6-2 所示。

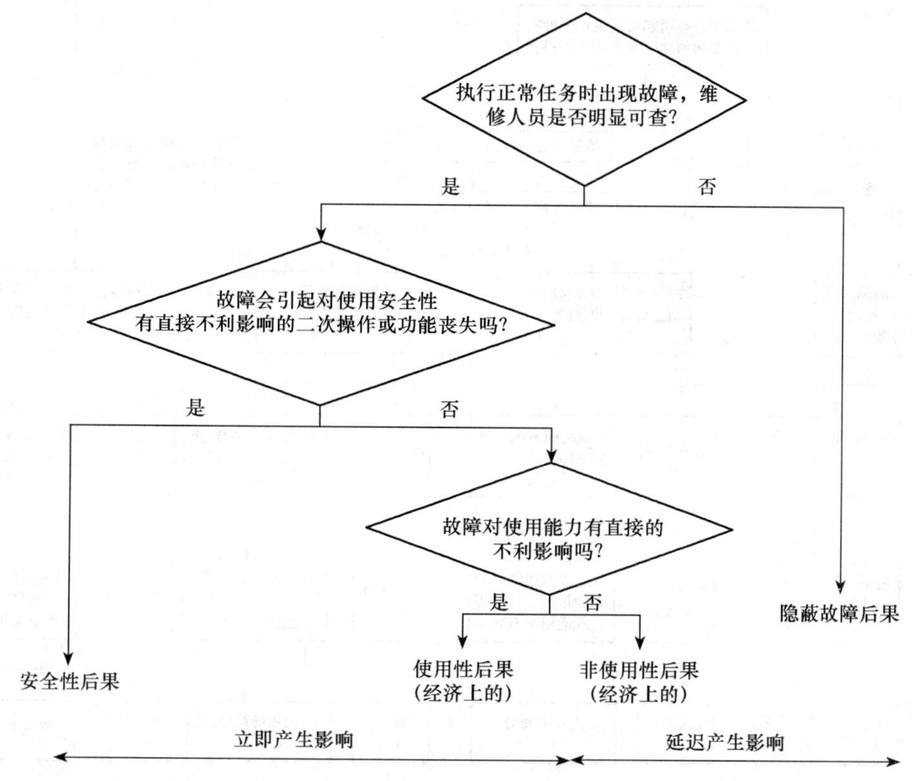

图 6-2　确定故障后果类别的决断图

（4）确定维修作业　确定维修作业的目的在于，以适应性和费用效果分析为依据，使每一种维修作业都能各自针对并适应所出现的故障形式。故障形式是指故障的具体方式，它是导致某一具体故障的事件或一系列先后事件。在以可靠性为中心的维修大纲中，预防性维修工作可分为以下 4 类：

① 按规定间隔里程对零部件进行检查，以发现和消除潜在故障。

② 按规定间隔里程在零部件出现故障之前对零部件进行检修，以减少功能故障的频率。

③ 当零部件使用到某个规定的寿命期时，零部件进行检修更新。

④ 按规定间隔里程对带有隐蔽性故障的零部件进行检修检查，以发现和消除隐蔽性故障。

按故障后果确定维修方式的决断图称为 RCM 决断图。RCM 决断图是用来判断在以上 4 类预防性维修工作中究竟选择哪一种，如图 6-3 所示。

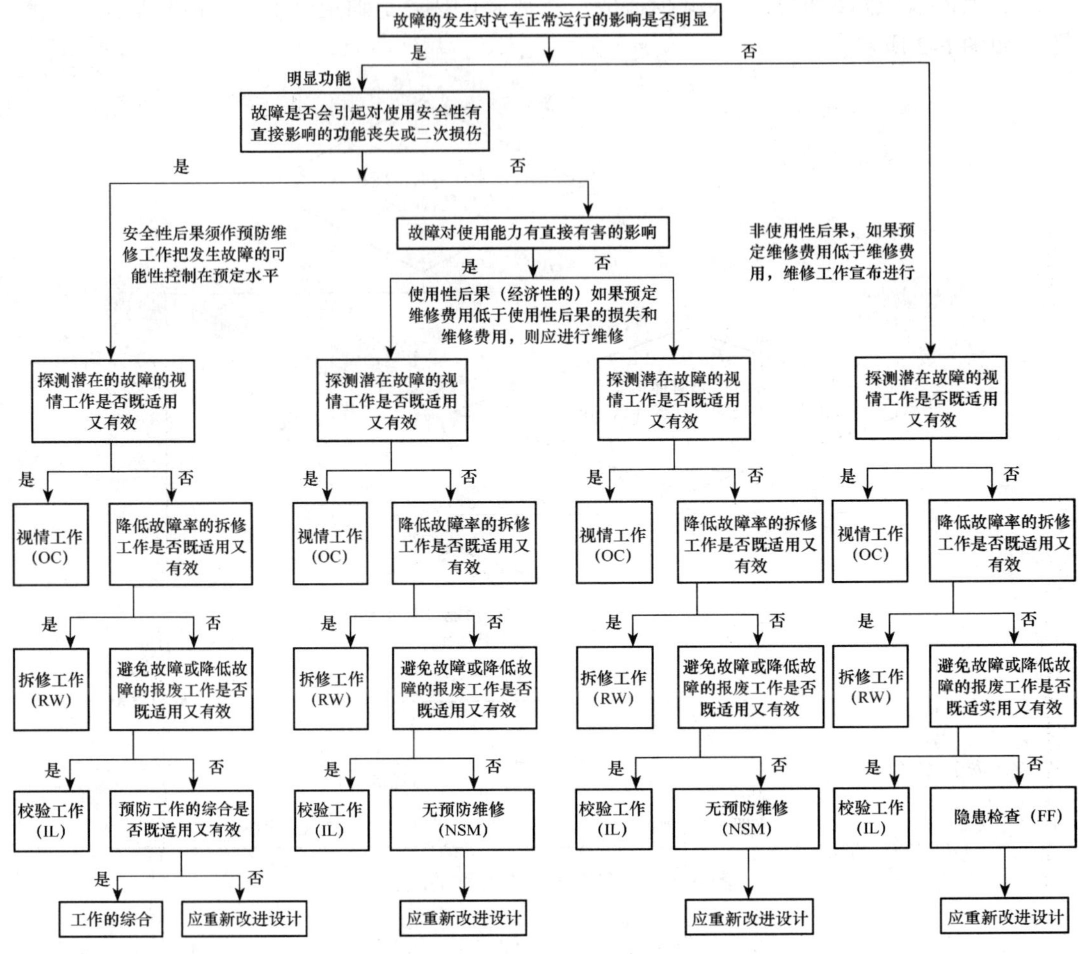

图 6-3　RCM 决断图

6.1.3　维修方式选择

由上述可以看出，几种维修方式各有其特点，定期维修和视情维修都是预防性的，而事后维修是非预防性的，它们各有优缺点。定期维修是传统的故障预防技术，视情维修是新型的故障预防技术。定期维修是以设备的使用时间为标准送修；而视情维修是根据设备的实际技术状态决定是否修理；事后维修则不控制维修的时间。因此，一个企业选择的维修方式不应只有一种，也不应固定不变，而应根据不同设备、不同故障模式、企业条件、生产的需要等情况来决定。主要应从车辆发生故障后对安全、环境的影响以及实际情况来选择。图 6-4 为维修方式选择框图。从图中可以看出：

（1）故障后果比较严重，危害性较大，同时采用定期预防维修在技术上又可行（故障模式一般为损耗型）时，则进行定期修理或定期更换。

（2）故障后果比较严重或对环境危害较大，而定期预防维修效果又不佳时，可考虑采用视情维修。

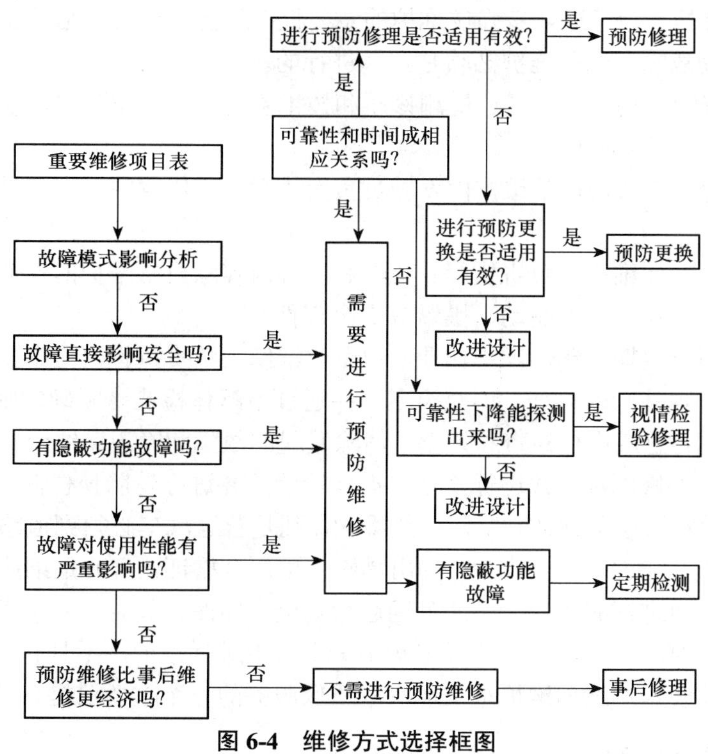

图 6-4 维修方式选择框图

（3）使用性后果比较严重，视情维修技术上又可行时，可考虑采用视情维修。

（4）在上述两种情况下，采用定期维修和视情维修都不可行，事后维修损失又较大，只有改进设计。

（5）在故障后果较轻微，或定期维修和视情维修经济上不合算时，可采用事后维修。

（6）对保护装置和预警装置发生的隐蔽性故障，在不能进行预防维修时，应定期检查和检测维修。

6.2 汽车维修制度

6.2.1 汽车维修制度

汽车维修制度是指为实施汽车维修工作所采取的技术组织措施的规定，与国家的社会经济条件以及车辆状况有密切联系。我国现行的运输企业营运车辆的维修制度属于计划预防维修制度，规定车辆维修必须贯彻预防为主，定期检测，强制维护，视情修理的原则。

（1）预防为主　保持车容整洁，及时发现和消除故障、隐患，从而防止车辆早期损坏。

（2）定期检测　通过现代化的技术手段，定期对汽车进行检查测量，以正确判断汽车的技术状况，根据车辆的技术状况，确定维护作业内容，从而保证车辆的技术状况和使用性能。

（3）强制维护　为了进一步强调维护的重要性，防止追求眼前利益和不重视及时维护所造成的车辆故障，汽车维护必须是定期进行的。

（4）视情修理　视情修理经过检测诊断和技术鉴定，确认需要进行修理的项目后而执行。

汽车维护分为 3 级，日常维护由驾驶员负责执行，其作业中心内容是清洁、补给和安全检视。

一级维护由专业维修工负责执行。其作业中心内容除日常维护的作业内容外，以润滑、紧固为主，并检查有关制动、操纵等安全部件。

二级维护属于定期强制性维护作业，由专业维修工负责执行，其作业中心内容除一级维护的作业内容外，以检查、调整为主，并通过不解体检测诊断确定附加作业项目，一并进行。即对各总成进行检查和调整，消除发现的故障和隐患；结合二级维护前的检测诊断结果，对需修项目一并进行修理；拆检轮胎，并进行轮胎换位。

目前，我国对营运车辆强制实施二级维护，凡是营运汽车必须到道路运输管理部门许可的汽车维修企业进行车辆维护，并出具竣工出厂合格证，目的是维持汽车完好技术状况或工作能力而进行的作业，保证车辆运行安全、环保、节能，因此营运汽车必须按国家标准的技术要求执行。而非营运车辆是车主自主进行维护，不具有强制性。同时，还应注意到，按要求对汽车维护是实现汽车质保服务的一个重要前提。

6.2.2　汽车维修组织

汽车维修组织的内容主要包括工艺组织方法、劳动组织方法和维修作业方式。

1）工艺组织

汽车维修工艺的组织方法直接影响到汽车维修质量、修理成本和生产率。汽车维修企业应根据生产纲领、设备条件、技术水平及材料供应等具体情况合理安排维修工作。汽车维修就其基本工艺组织方法而言，可分为就车修理法和总成互换修理法两种。

（1）就车修理法　就车修理法是指在修理作业时，要求被修复的主要零件和总成装回原车的修理方法。这种方法汽车的零部件和总成不进行互换，除报废件用新件代替外，原车的需修总成和零部件经修理后仍装回原车。因此，不需要储备周转总成，且有利于单车成本核算。目前，中、小型维修企业普遍采用这种修理方法。特别是那些修理生产量不大、承修车型复杂、送修单位多的修理企业，最适合采用这种修理方法。

（2）总成互换修理法　指在修理过程中，除车架和车身外，其他零件、组合件及总成都换装已修好的储备件。换下的零件、组合件及总成修好后送入库房作备用。这种维修方法停车维修时间短、生产效率高，但需要确定备用周转总成。适用于生产规模大、维修车型和送修单位单一的大型汽车修理厂。

2）劳动组织

汽车维修就其劳动组织方法来说，不管采用就车修理法还是总成互换修理法，都可采用综合作业或专业分工两种方法。

（1）综合作业法　是指除车身、轮胎和机械加工等由各专业工种配合外，其他修理作业全部由一个承修组来完成。这种组织形式要求工人的技术全面，但熟练程度不易提高，生产效率低，修理质量不稳定，适用于小型的汽车修理厂。

（2）专业分工法　是指将汽车修理作业划分为若干作业单元，每个单元由专人或一个专业组承担。该组织形式工人的技术熟练程度容易提高，修理质量好，效率高，适用于大型修理厂。

3）作业方式

汽车维修作业方式可分为固定作业和流水作业两种形式。

（1）固定作业法　是指汽车的拆装作业固定在一定的工位上进行，一般以一辆汽车的车架为主。此种定位作业法占地面积小，所需设备简单，适用于小型的修理厂。

（2）流水作业法　是指由各专业工组在流水线相应的工位上顺序完成汽车的拆装及修理作业。其专业化程度高，修理质量好，生产效率高，适用于规模较大的修理厂。

6.3 汽车维修工艺

汽车维修工艺是指在汽车维修的各项作业中，利用维修工具按一定的技术要求维修汽车的方法。它是在汽车维修过程中逐渐积累起来，并经过理论总结提高的操作技术经验，可分为汽车维护工艺和汽车修理工艺。

6.3.1 汽车维护工艺

汽车在行驶时会受到摩擦、振动、冲击以及自然环境等各种运行条件的影响，其部件、零件会产生程度不一的磨损、松动、疲劳、变形、老化、腐蚀以及损伤，引起技术状态的恶化。随着行驶里程的不断增加，故障率会增加，使得汽车的动力性、经济性和安全可靠性下降，甚至有可能危及行车安全，出现机械事故或交通事故。所以，通过维护维持其良好的技术状态是车辆安全运行的基本条件。

汽车维护是保持车容整洁，及时发现和消除故障及其隐患，防止车辆早期损坏的技术作业。通过汽车的技术维护，应使车辆达到下列要求：

（1）汽车经常处于技术状况良好的状态，可以随时出车。

（2）在合理使用的前提下，不致因中途损坏而停车，以及因机械故障而影响行车安全。

（3）在运行过程中，降低燃料、润滑油以及配件和轮胎的消耗。

（4）各总成的技术状况应尽量保持均衡，以延长汽车大修间隔里程。

（5）减轻车辆噪声和排放污染物对环境的污染。

国家标准《汽车维护、检测、诊断技术规范》（GB/T 18344—2001）的制定，其目的是规范在用汽车维护、检测、诊断作业，使汽车保持良好的技术状况，减少汽车故障，保证行车安全，延长车辆使用寿命，有效地控制汽车排放污染物。

汽车维护可分为定期维护和非定期维护两大类。定期维护分为走合维护、日常维护、一级维护、二级维护 4 类。非定期维护分为季节性维护和免拆维护。

维护作业包括清洁、检查、补给、润滑、紧固、调整六大作业。各级维护的作业范围和侧重有所不同，但其目的均为维持车辆技术状况的完好和确保安全可靠地运行。

6.3.1.1 日常维护

日常维护属日常性作业，是以清洁、补给和安全检视为作业中心内容，由驾驶员负责执行的车辆维护作业。它是各级维护的基础，属于预防性的维护作业。包括：

（1）对汽车外观、发动机外表进行清洁，保持车容整洁。

（2）对汽车各部润滑油（脂）、燃油、冷却液、制动液、各种工作介质、轮胎气压进行检视补给。

（3）对汽车制动、转向、传动、悬挂、灯光、信号等安全部位和位置以及发动机运转状态进行检视、校紧，确保行程安全。

汽车日常维护作业的工艺流程，如图 6-5 所示。

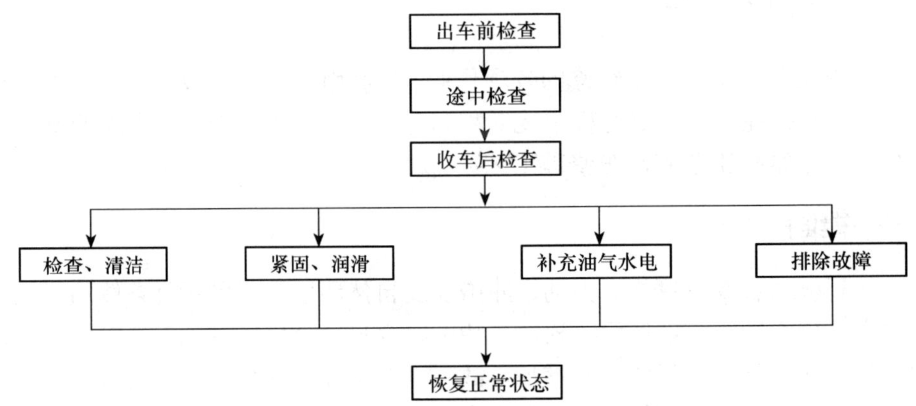

图 6-5 汽车日常维护作业工艺流程

日常维护分为出车前、行车中和收车后的维护。

1）出车前的检查维护

出车前应进行如下检查维护：检查燃油、润滑油（发动机、自动变速器）、冷却液、制动液、洗涤液（风挡玻璃及前照灯清洁液）、动力转向液是否足量；蓄电池内电解液量是否符合要求。

检查轮胎气压是否符合规定，并清除胎面花纹间杂物。检查汽车各部位有无漏液、漏油、漏气、漏电现象。检查转向盘自由转动量（自由行程）是否符合要求；检查转向装置各连接部位是否固可靠、工作是否良好。起动发动机，检查发动机起动、运转是否正常，有无异响；各仪表、指示装置工作是否正常；各总成件自诊断装置是否正常。检查照明、信号装置、喇叭、刮水器、内外后视镜（含下视镜）、门锁、发动机罩盖锁、门窗玻璃升降机构是否齐全有效。检查离合器、行车制动器、驻车制动器是否工作正常。检查汽车外露部位的螺栓、螺帽是否齐全紧固；全挂车、半挂车的牵引、连接是否牢固可靠；随车装备是否齐全。检查人员乘坐或货物装载是否符合规定。检查驾驶证、行驶证和必须随车携带的行车证件是否齐全。

若发现有不符合规定的情况，应立即采取措施排除；若暂时不能排除而影响行驶安全，应暂停出车。

2）行车中检查维护

当汽车运行一段路程或一定时间后，应选择平坦、宽阔、避风或遮阳的地方停车，进行行车中检查维护，驾驶员及乘员也可放松休息。在高速公路上运行时，应事先计划好在某服务区进行行车中检查维护和休息，因为高速公路上禁止随意停车。

行车中检查维护项目如下：检查轮毂、制动鼓或盘、变速器、分动器、主减速器和差速器的温度，一般不得高于 60℃（即手掌所能忍受的温度）。持续下长坡或频繁使用行车制动后，制动盘或鼓的温度高是正常的现象，但不可太高。

检查发动机和底盘的工作情况是否正常。检视各仪表、信号装置工作是否有效。检查转向机构和制动机构各连接部位是否牢靠。检查悬架弹簧及减振器状况、传动轴的连接螺栓有无松动。检查轮胎螺丝的紧定情况和轮胎气压（气压略有升高是正常的），清除轮胎花纹中的夹杂异物。检查有无漏液、漏油、漏气现象。检查货物装载、拖挂装置情况。

如果发现问题应立即解决，实在无法解决应报救急或驶向就近的修理场所进行修理。

3）收车后的检查维护

收车后的检查维护项目如下：

清洁全车外表，清扫驾驶室和车厢；检查发动机运转是否正常，察听有无异响；检查有无漏液、漏油、漏气、漏电现象，视情补充燃油、润滑油、制动液、洗涤液等，按规定对润滑部位进行检查和加注润滑油或润滑脂。

冬季气温低于 0℃时，如汽车未停放于温暖车库内和冷却系统未加防冻液时，应打开散热器和发动机的放水开关及散热器盖放尽积水，然后作短时间发动，随即关好放水开关及散热器盖，以免冻裂散热器和发动机缸体。

严寒地区，气温低于–30℃时，露天放置的车辆或停放于无暖气车库内的车辆，应将蓄电池拆下放入暖室（0℃以上），以免冻裂蓄电池。

放掉储气筒内的积水积污；检查悬架弹簧、轮胎气压情况；视情紧定轮胎螺丝和半轴突缘螺丝。

检查转向装置各部连接情况，检查制动装置各部连接情况。检查整理随车工具和附件，若有缺失应及时补充。

检查维护中发现故障应及时排除，运行途中发现的问题途中未能解决的也应一并处理，以保持车辆技术状况完好。

6.3.1.2 一级维护

汽车一级维护指的是除日常维护作业外，以清洁、润滑、紧固为作业中心内容，并检查有关制动、操纵等安全部件，由维修企业负责执行的车辆维护作业。

一级维护作业的工艺流程，如图 6-6 所示。汽车一级维护的作业项目及技术要求，参见《汽车维护、检测、诊断技术规范》（GB/T 18344－2001）。

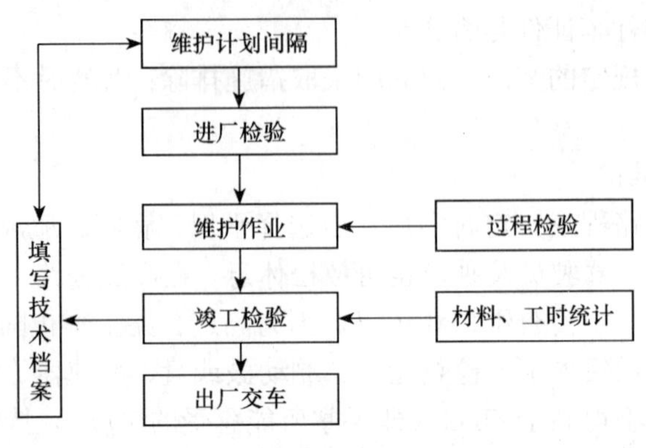

图 6-6　一级维护作业工艺流程

6.3.1.3　二级维护

汽车二级维护指的是除一级维护作业外，以检验、调整为中心内容的作业，以转向节、转向摇臂、制动蹄片、悬架等经过一定时间使用容易磨损或变形的安全部件为主，并拆检轮胎，进行轮胎换位，检验和调整发动机工作状况及排气污染控制装置等，由维修企业负责执行的车辆维护作业。

汽车二级维护是我国现行汽车维护作业中的最高一级。二级维护要求在维护前进行不解体检测诊断，以确定附加作业项目；强调对安全部件、发动机工况和排气污染控制装置的检查和调整。

汽车二级维护时首先要进行检测，汽车进厂后，根据汽车技术档案的记录资料（包括车辆运行记录，维修记录，检测记录，总成修理记录等）和驾驶员反映的车辆使用技术状况（包括汽车动力性，异响，转向，制动及燃、润料消耗等）确定所需检测项目，依据检测结果及车辆实际技术状况进行故障诊断，从而确定附加作业项目。附加作业项目确定后，与基本作业项目一并进行二级维护作业。二级维护过程中要进行过程检验，过程检验项目的技术要求应满足有关的技术标准或规范。二级维护作业完成后，应经维修企业进行竣工检验。竣工检验合格的车辆，由维修企业填写《汽车维护竣工出厂合格证》后方可出厂。汽车二级维护的基本流程如图 6-7 所示。

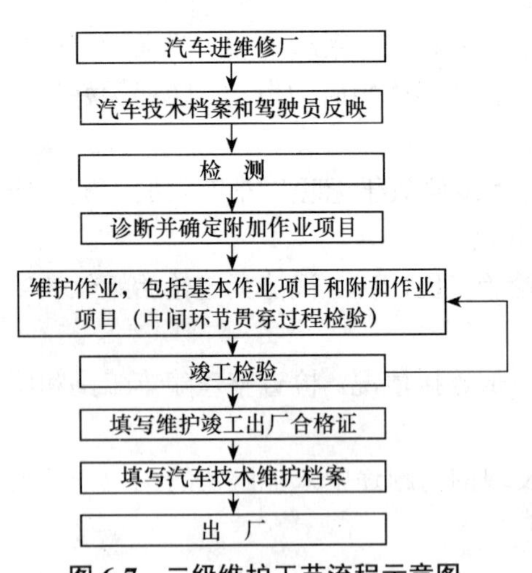

图 6-7　二级维护工艺流程示意图

1）汽车二级维护检测、诊断

对汽车二级维修检测项目进行检测时，应使用该检测项目的专用检测仪器，仪器精度须满足有关规定。汽车二级维护检测项目的技术要求应参照国家有关的技术标准，或原厂要求。汽车二级维护检测项目，见表 6-1。

表 6-1 汽车二级维护检测项目

序号	检 测 项 目
1	发动机功率，汽缸压力
2	汽车排气污染物，三效催化转化装置的作用
3	电控燃油喷射系统
4	柴油车检查供油提前角、供油间隔角和喷油泵供油压力
5	制动性能，检查制动力
6	转向轮定位，主要检查前轮定位角和转向盘自由转动量
7	车轮动平衡
8	前照灯
9	操纵稳定性，有无跑偏、发抖、摆头
10	变速器，有无泄漏、异响、松脱、裂纹等现象，换挡是否轻便灵活
11	离合器，有无打滑、发抖现象，分离是否彻底，接合是否平稳
12	传动轴，有无泄漏、异响、松脱、裂纹等现象
13	后桥，主减速器有无泄漏、异响、松动、过热等现象

2）汽车二级维护附加作业项目的确定

根据检测结果进行汽车故障诊断，确定以消除汽车故障为目的的二级维护附加作业项目和作业内容，恢复汽车的正常技术状况。附加作业项目确定后与基本作业项目一并进行二级维护作业。

3）二级维护过程检验

二级维护过程中，要始终贯穿过程检验，并作检验记录。过程检验中各维护项目的技术要求，须满足相应的有关技术标准或出厂说明书的有关规定。

4）二级维护基本作业项目

二级维护作业内容包含一级维护作业内容。二级维护基本作业项目及技术要求，参见《汽车维护、检测、诊断技术规范》（GB/T 18344－2001）。

5）二级维护竣工检验

汽车在维修企业进行二级维护后，必须进行竣工检验；各项目参数符合国家或行业及地方标准；竣工检验合格的车辆填写维护竣工出厂合格证后方可出厂。

检验不合格的车辆应进行进一步的检测、诊断和维护，直到达到维护竣工技术要求为止。二级维护竣工要求，参见《汽车维护、检测、诊断技术规范》（GB/T 18344－2001）。

6.3.2 汽车修理工艺

汽车修理有许多工艺作业，按规定顺序完成这些作业的过程称为汽车修理工艺过程。由于修理组织的方法不同，汽车修理工艺过程也各不相同。

采用就车修理法时，其汽车大修工艺过程如图 6-8 所示。采用总成互换修理法时，汽车大修工艺过程如图 6-9 所示。

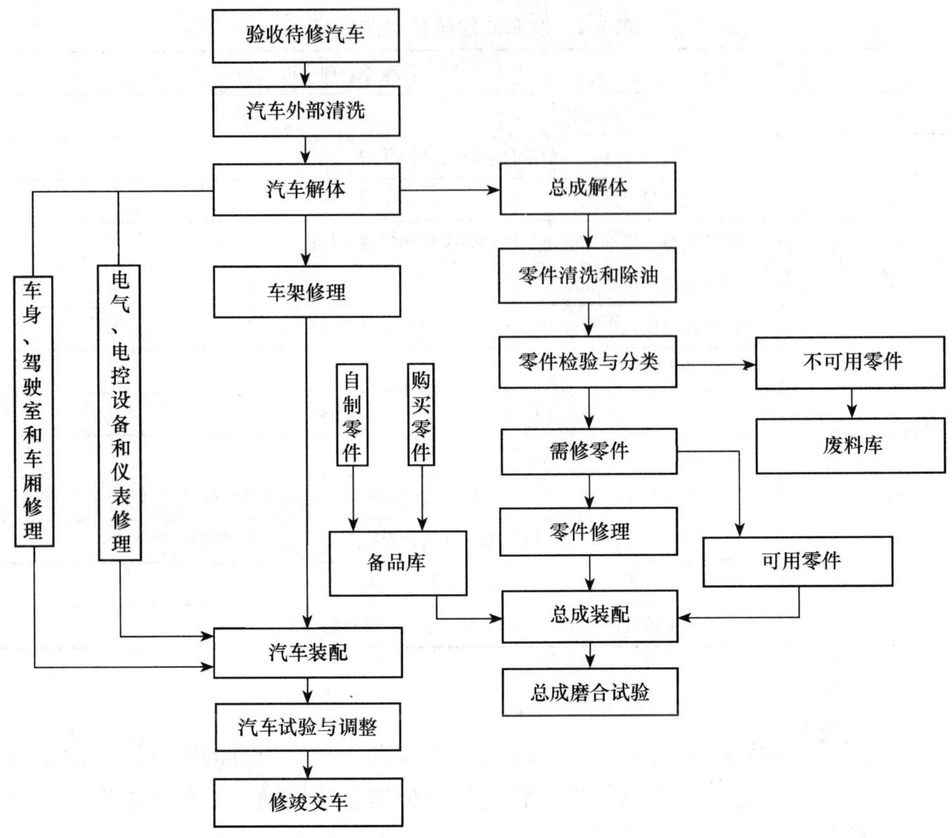

图 6-8 采用就车修理法的汽车大修工艺过程

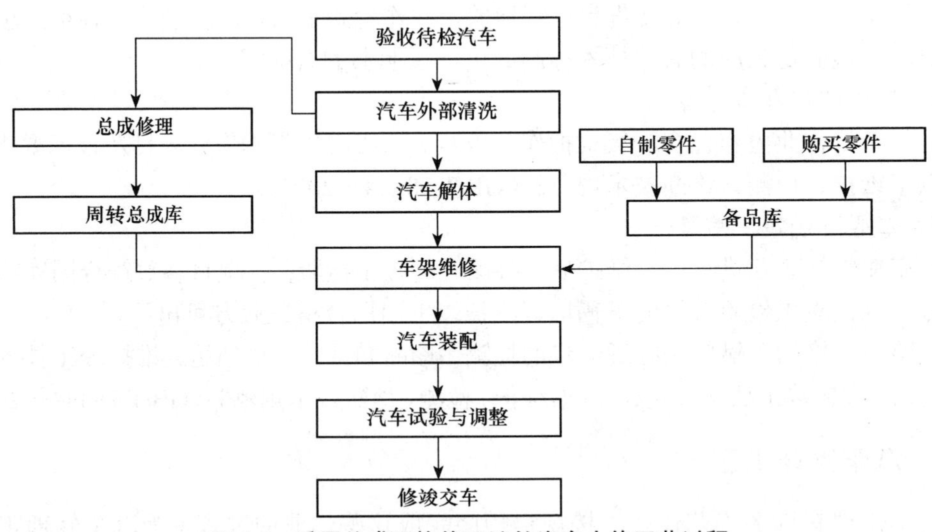

图 6-9 采用总成互换修理法的汽车大修工艺过程

6.3.2.1 入厂接收

汽车的接收、解体、清洗及零件检验是汽车修理工艺流程中的先期阶段，为以后的零件修复、装配等作业提供必要的准备。其工作效果对汽车修理质量、成本和生产效率有重要的影响。

汽车或总成维修时应经检测诊断鉴定技术状况，确定维修作业范围和深度，估计修理工时、材料成本并确定修竣时间，然后办理交车手续以及签订维修合同。

1）汽车整车技术鉴定

检测诊断与技术鉴定就是对汽车和总成在不解体情况下，利用仪器设备或人工对其检测诊断并通过向送修单位、驾驶员了解车辆使用和维修情况以及查阅车辆技术档案等过程，对车辆技术状况进行的综合鉴定，它是确定车辆修理作业范围和深度的依据。各项工作的主要内容包括：

（1）调查汽车使用情况　通过驾驶员或送修人员并查阅车辆技术档案，了解送修（维护）车辆的修理和维护情况、经常发生的故障、燃料的消耗、轮胎的磨损及车辆的动力性等方面的情况，作为判定车辆技术状况的初步依据。

（2）使用仪器设备进行检测诊断　车辆修理的检测诊断应在交通运输管理部门认定的设备比较先进、功能比较齐全的汽车综合性能检测站或维修企业进行，以便能全面检测、准确确定修理作业的深度和范围。检测诊断设备应能满足车辆在不解体情况下确定其工作能力和技术状况，以及查明故障与隐患的部位和原因。

（3）汽车的外部检查与路试　除用仪器设备检测诊断外，还必须由人工进行汽车外部检查。必要时，还应进行汽车路试。在不具备完善的检测诊断设备时，人工检查与路试就成了车辆入厂检验的主要手段。

2）发动机分解前检验

为做到对发动机有针对性地修理，在发动机解体前应对发动机进行外部和动态的检测。

检测的内容为检查发动机的密封情况、异响、汽缸压力等内容。根据检查结果，判断发动机的磨损状况并确定修理作业的内容及深度。

（1）检查密封部位泄漏　检查发动机各个结合面的密封情况，可以帮助确定发动机分解后对泄漏部位的修理内容；检查发动机所有胶管的密封和老化情况，可以确定是否更换；检查发动机漏油情况，确定油封和轴颈配合情况。

（2）异响的判断　起动发动机，逐渐提高发动机转速，注意倾听发动机、传动系等有无异响。

（3）测量汽缸压力　测量汽缸压力，可以确定汽缸密封程度。如果各缸压力均低于规定，说明汽缸磨损严重，需要进行大修；如果某个汽缸压力偏低，可能该缸存在着拉缸或气门密封不严等故障；如果相邻两汽缸压力过低且压力相同时，表明这两汽缸间的缸垫可能损坏。

6.3.2.2 外部清洗

汽车在维修前均需进行外部清洗，清除尘土、油污和泥沙等。外部清洗一般采用压力为 0.2～1.0MPa 的冷水进行冲洗。对于密度较大的厚层污物，在水中加入适量的化学清洗剂并提高喷射压力和温度。清洗过的汽车可保证拆卸质量和工位的清洁。

6.3.2.3 拆卸解体

汽车经外部清洗后，进入拆卸工位，回收所有的润滑油和冷却液，将汽车拆成总成，然后再将总成拆成零件。汽车解体的工作过程，将直接影响到汽车和总成的修理质量和速度。汽车解体的质量和工作效率，在很大程度上取决于工艺程序的安排、劳动组织的形式、拆卸工具设备的选用和工人的操作技术。

1）拆卸程序

汽车的拆卸一般不是按照结构进行分类，而是将汽车划分为若干个拆卸单元按工作部位进行分工，以平行交叉作业的方式进行。这样可以使整个工序相互配合，减少工人在拆卸过程中工作位置的变换，减少了辅助工作时间和工具的数量，使拆卸作业顺利高效地进行。工艺程序如下：

（1）回收发动机、变速器及差速器壳内的润滑油及冷却液。

（2）拆去电气设备及各部分的导线。

（3）拆去发动机总成、变速器总成及传动轴后桥等总成。

（4）再将各总成放至各自的工作台上，接着拆成零件。

2）拆卸原则

（1）拆卸前应熟悉被拆总成的结构，必要时应查阅资料，按拆卸工艺程序进行。严防拆卸工艺程序倒置，从而造成不应有的零件损伤。

（2）经检验鉴定确认技术状况良好、可再用一个大修周期的总成，不再解体。

（3）应遵守正确的拆卸方法，由表及里。按先总成后零件的顺序，先将汽车拆成各总成。然后，再由总成依次拆成组合件、零件。为了保证组合件的装配关系，拆卸时应核对原来的标记并作好记号。

（4）合理地使用拆卸工具和设备。拆卸时所选用的工具要与被拆卸的零件相适应，如拆卸螺母、螺钉应根据尺寸，选取合适的扳手、套筒或螺丝刀，尽可能不用活动扳手；对于衬套、齿轮和轴承等应尽可能用专用拉器或压力机拆卸。

（5）拆卸时应为装配创造条件，对非互换的零件，应核对记号，且成对放置，以防装配时出现差错并应确保精度；对平衡要求较高的旋转零件，也应注意其装配记号；拆下来的零件应分类存放，以利于查找。

6.3.2.4 零件清洗

汽车和总成拆成零件后，由于其表面的污物会直接影响修理质量、使用寿命和修理成本。因此，须进行零件清洗，以清除油污、积炭、水垢和旧漆层等。

1）清除油污

汽车维修企业广泛使用的清洗液大致有3种，分别是碱溶液、化学合成水基金属清洗剂和有机溶剂。汽车零件上的油污大多为不可皂化的矿物油污。

2）清除积炭

零件表面积炭会降低零件的导热能力，使发动机过热并形成炽热点，引起可燃混合气先期燃烧，破坏发动机正常工作。因此，在维修时必须将积炭清除。

清除零件表面积炭广泛应用的是化学方法。它是用化学溶液（俗称退炭剂）浸泡带积炭的零件，使积炭溶解或软化，再辅以洗、擦等办法将积炭清除。用化学方法清除积炭的过程就是氧化的聚合物膨胀和溶解的过程。退炭剂与积炭接触后，首先在积炭层表面形成吸附层，然后由于分子间的运动，以及退炭剂分子和积炭分子极性基的相互作用，就会使退炭剂分子逐渐向积炭层内层扩散，并能在积炭网状分子的极性基间生成键结合，使网状分子之间的极性力减弱，破坏网状聚合物的有序排列，使聚合物的排列逐渐变松。

但是，它只能使积炭产生有限的溶解，积炭并不能自动脱离金属表面而是溶解在退炭剂中，还须配以机械作用清除积炭。

积炭的清除工艺主要有无机退炭剂除炭工艺和有机退炭剂除炭工艺。

（1）无机退炭剂除炭工艺　将原料配成混合液，加热至90℃左右把须除炭的零件放入退炭剂中，浸泡2～3h时，积炭软化后，用毛刷、抹布擦拭，热水冲洗，冲后吹干。

（2）有机退炭剂除炭工艺　将工件放入退炭剂的密闭容器中，用蒸气加热至90℃左右，浸泡2～3h时，待积炭软化后，用毛刷刷掉，洗净。

3）清除水垢

发动机冷却系水垢的成分取决于所用冷却液的成分，通常由碳酸钙、硫酸钙和硅酸盐组成。水垢的清除方法很多，但多数是采用酸洗法和碱洗法。通过酸或碱的作用，使水垢由少溶解的物质转化为可溶性物质。在选用酸或碱溶液时，要适应水垢的性质，最好经过化验确定。如碳酸盐类水垢，可用盐酸溶液或苛性钠溶液除垢。硫酸盐类水垢不易直接溶解于盐酸溶液，应用碳酸钠溶液处理，然后再用盐酸溶液清除。硅酸盐类水垢也不易直接溶解于盐酸溶液，一般用一定浓度（2%～3%）的苛性钠溶液进行清洗。如用盐酸溶液清洗，应添加氟化钠或氟化铵，使硅酸盐变成溶解于盐酸的硅胶。由于硅胶易附在水垢表面，为此，还必须采取循环酸洗来清除全部水垢。

除垢后，一般还有除锈的要求。所以，酸溶液比碱溶液效果好，但酸对金属的腐蚀作用较大。为减少腐蚀而又不削弱盐酸对水垢的作用，常在酸溶液中添加一定分量的缓蚀剂。缓蚀剂的作用主要是基于吸附原理，即它吸附在金属表面形成防止金属继续溶解的保护膜，从而减少酸对金属的腐蚀；也可对铁锈溶解，起到除锈作用。盐酸除垢溶液中，常用的缓蚀剂为六甲基四胺（乌洛托平），一般用量为盐酸用量的0.5%～3%。

4）清除旧漆层

汽车钣金件的旧漆层既影响防锈功能，又不美观。因而在汽车大修时应定量将其除掉，然后再涂上新漆。清除旧漆层可以用单独的溶剂，也可采用各种溶剂的混合液。清除漆层的各种溶液（俗称退漆剂）分为有机退漆剂和碱性退漆剂两种。

（1）有机退漆剂　有机退漆剂主要由溶剂、助溶剂、稀释剂、稠化剂等组成。溶剂有芳烃、氯化衍生烃、醇类、醚类和酮类等；助溶剂可用乙醇、正丁醇等；稀释剂可用甲苯、二甲苯、轻石油溶剂等；稠化剂常用石蜡、乙基纤维素等。在有机返漆剂中加入稠化剂是为了延缓活性成分的蒸发，以保证有机退漆剂使用寿命。退漆剂同时又分低分子溶剂（二氯甲烷）及表面活性剂（甲酸和乙酸），它们可使退漆剂经漆膜时很快扩散并使漆膜和底漆一起剥落。处理时间20～40min，膨胀后用木板刮掉，再用稀释剂或汽油擦拭。

（2）碱性溶液退漆剂　碱性溶液退漆剂主要成分为溶剂、表面活性剂、缓蚀剂和稠化剂，配成水溶液使用。碱类主要用苛性钠、磷酸三钠和碳酸钠等；表面活性剂可用脂肪酸皂、松香水、烷基芳香基磺酸脂等；缓蚀剂用硅酸钠；稠化剂用滑石粉、胶淀粉、乙醇酸钠等。碱性溶液可使漆层软化或溶解。

6.3.2.5 零件检验及分类

1）零件分类

检验分类的目的是通过检验确定零件的技术状况，并分为可用件、需修件或更换件。

（1）可用件　指合乎使用技术标准的零件，即许用件。

（2）需修件　指零件损伤超过容许极限，但通过修理可恢复到技术标准要求。

（3）更换件　指零件损伤超过容许极限，但无法修复到符合技术标准的要求，或虽然可修并能恢复到符合技术标准要求，但所需成本不符合经济要求。

做好零件检验分类工作，必须要有合理的零件检验分类技术条件和正确的检验分类方法，以及能保证检验精度的仪器设备。

2）零件检验内容

零件质量检验的主要内容有：

（1）几何形状精度　检验项目有圆度、圆柱度、平面度、直线度、线轮廓度和面轮廓度。检验时，一般采用通用量具，如游标卡尺、螺旋测微仪、量规和机械杠杆量仪等。

（2）相互位置精度　检验项目有：同轴度、对称度、位置度、平行度、垂直度、斜度以及跳动。检验一般采用心轴、量规与百分表等通用量具互相配合进行测量。

（3）表面质量　主要检查疲劳剥落、腐蚀麻点、裂纹及刮痕等。裂纹可用渗透探伤、磁粉探伤及超声波探伤等方法检查。

（4）内部缺陷　指零件内部有裂纹、气孔、疏松和夹杂等。内部缺陷主要用射线及超声波探伤检查。

（5）机械物理性能　硬度、硬化层深度和磁导率等可用电磁感应法进行无损检验，硬度还可用超声波、剩磁等方法检验。零件的表面应力状态可采用X射线、光弹、磁性及超声波等方法测量。

（6）质量和平衡　活塞、连杆及活塞连杆组的质量差可用称重法检查；对于高速旋转运动的零件可利用平衡机进行静、动平衡检查。

3）隐伤检验

零件的隐伤是指肉眼看不到的隐蔽缺陷。对汽车的主要零件及有关安全性的零件，如缸体、曲轴、连杆、转向节、球头销、传动轴及半轴等。如果有裂纹或疲劳裂纹，若不及时发现，使用时有可能引起断裂而造成重大机械事故。因此，汽车总成大修时，要进行零件隐伤的检验，以保证其使用可靠性。

在汽车零件检验中，根据其结构的不同，应用无损检验的方法有磁粉探伤、荧光探伤、着色探伤和水压试验等。

（1）磁粉探伤　所谓磁粉探伤是指钢铁等强磁性材料磁化后，利用缺陷部位所产生的磁极吸附磁粉的探伤方法。它是检查铁磁性材料零件表面开口裂纹及近表面缺陷的一种无损检测方法。磁力线通过被检验的零件（铁磁性材料）时，零件被磁化。如果零件表面或近表面有缺陷，在缺陷部位的磁力线就会因缺陷不导磁而被中断，使磁力线偏散而形成磁极。此时，在零件表面撒上磁粉或撒上磁悬液，磁粉粒子便被磁化并吸附在缺陷处，显示出其位置形状及大小，如图 6-10 所示。

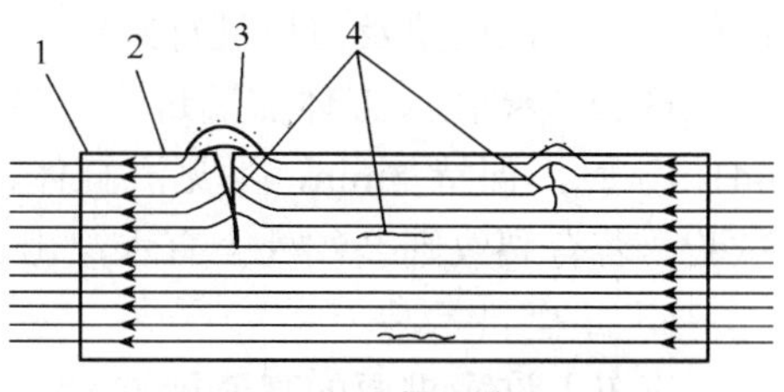

图 6-10　磁粉探伤原理

1. 零件　2. 磁力线　3. 磁粉　4. 缺陷

磁力探伤能比较灵敏地查出铁磁性材料以及它们的合金（奥氏体不锈钢除外）表面裂纹和夹杂等缺陷。对于表面下的近表缺陷（2～5mm）在一定条件下也可以查出。在最佳检验条件下可以检出长度为 1mm 以上，深度 0.3mm 以上的表面裂纹；能检查出的裂纹最小宽度约为 0.1μm。正因为它具有设备简单、测量准确等优点，在汽车修理企业中被广泛应用。

磁粉探伤工艺包括预处理、磁化、施加磁粉（或磁悬液）检查、退磁和后处理等。

（2）荧光探伤　荧光探伤是利用紫外线照射使荧光物质发光来显现零件表面缺陷的一种探伤方法。荧光物质的分子可以吸收和放出光能，当其在紫外线照射时，每个分子都能吸收一定的光能。如果分子所吸收的光能较正常情况时多，则分子可以放出一定的光能，以恢复它的平衡状态，这就是可以见到的荧光。在裂纹处的荧光物质可以发出明亮的光，因此，可以很容易地发现裂纹。

为了检验零件表面的缺陷，在零件表面涂上一层渗透性好的荧光乳化液，它能渗透到最细的裂纹中去。经过一段时间以后，将零件表面的荧光乳化液洗去但缺陷内仍保留有荧光液，在紫外线的照射下而发光，从而可以确定缺陷的位置、形状和大小。

荧光探伤工艺包括：除油去锈、浸润渗透、吹干除湿、照射显像、缺陷识别。

（3）着色探伤　着色法和荧光法相似，只是渗透液内不加荧光染料，一般加入红色或橙色颜料，缺陷在白色显像剂衬托下显色，检查只在白光或日光下进行。

检查零件表面缺陷时，首先要清除被检零件表面的油污，用具有较强渗透能力和渗透速度的着色渗透液涂敷检验部位，渗透液迅速渗入微裂纹中，稍后擦干净被检表面，再涂敷一层碳酸钙乳液（显像剂），溶剂挥发后，碳酸钙粉层便吸收留在裂纹内部的着色渗透液，从而显示出裂纹的位置、形状和大小。

着色法探伤不受材料的限制，能有效地检查出各种表面开口裂纹。其方法简单，探伤准确，成本低，应用极其广泛。

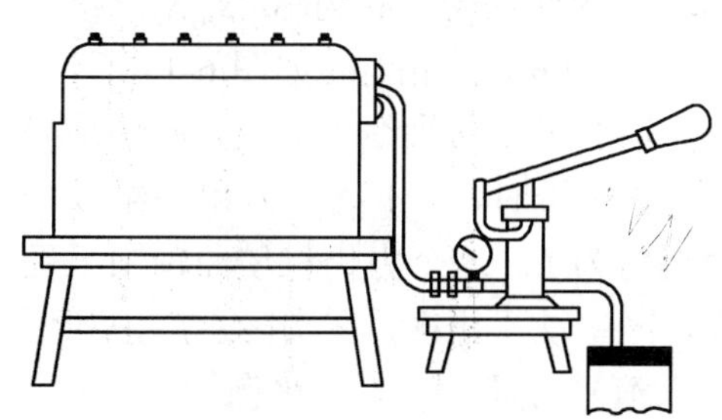

图 6-11　汽缸体与汽缸盖的水压试验

（4）水压试验　水冷式发动机的汽缸体、汽缸盖和排气歧管等零件空腔壁上裂纹的检查所需水压试验装置，如图 6-11 所示。

试验时，先将汽缸盖连同橡胶质试验专用汽缸垫一起装在汽缸体上，缸体水套侧盖及各出水口处也应用橡胶垫及盖板进行封闭。然后，将其上有一与水压机出水管相连的管头的盖板以橡胶垫装在汽缸体前端进水口处，并向水套内压水。当水套内的水压力为 343～441kPa 时，保持 5min，不见汽缸体、汽缸盖、上水套部位有水珠渗出，即通过了水压试验。若有裂纹则裂纹处会有水渗出。

4）平衡性检验

汽车上许多重要的高速旋转零件，如曲轴、飞轮、车轮、传动轴、离合器压板、皮带轮等，其质量不平衡将引起汽车的振动，并给零件本身和轴承造成附加载荷，从而加速零件磨损和产生其他损伤，以至直接影响汽车的使用寿命。

（1）静平衡检验　零件的静不平衡是由零件的重心偏离了它的旋转轴线而产生。当静不平衡零件旋转时，由于重心偏离了它的旋转轴线，因而产生离心力，离心力 F 与转速 n^2 成正比。因而随着转速增加，不平衡零件的离心力也增加，它将导致零件磨损加剧和产生其他损伤。零件的静不平衡检验是在一个专门的检验台架上进行的，如图 6-12 所示。

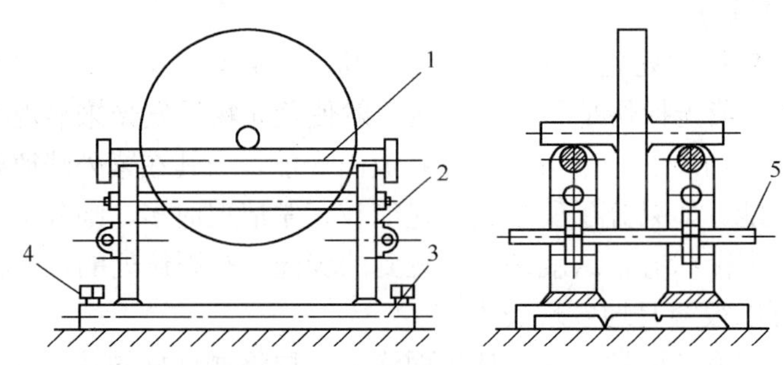

图 6-12　平行台式静平衡检验台架

1．菱形导轨　2．支架　3．支座　4．调整螺钉　5．牵制杆

在检验前应先调整螺钉 4，使支架 2 的菱形导轨 1 处于水平位置，并调整好宽度，然后将装在被检验零件上的心轴平置在两导轨上。如果心轴滚动几圈后，零件始终停在一个静止点，则对应于心轴的最下方是重心偏离位置的方向，表示此零件静不平衡。如果心轴转动几圈后，能静止在任一点上，则表示静平衡。

消除静不平衡可以在与不平衡质量相对称的一侧附加一定的质量，也可以在不平衡质量一侧去掉一部分质量。

（2）动平衡的检验　通过静平衡检验的零件，可能是动不平衡的。两曲拐在同一水平面内的曲轴，两曲拐的重心为 S_1 和 S_2，距曲轴轴线距离为 r_1 和 r_2，且相等，如图 6-13 所示。因此，整个曲轴的重心在轴线上，此时曲轴是静平衡的。但当它旋转时，由于离心力和 F 组成一个力偶，力偶臂为 L。这个力仍将使曲轴轴承受到附加载荷，产生动不平衡。在实际生产中利用配重等方法来消除力偶，获得动平衡。

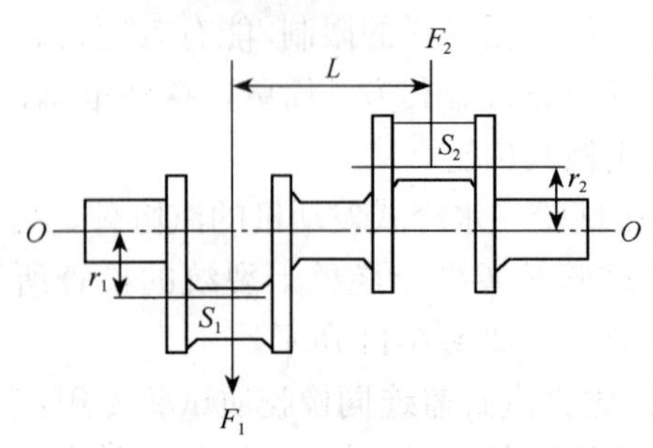

图 6-13　曲轴的动不平衡

如果零件是动平衡的，那么它一定是静平衡

的。但是，零件是静平衡的，它有可能是动不平衡的。当动不平衡零件旋转时，由于零件沿长度方向上质量不均匀而产生的离心力，就是动不平衡零件旋转时所产生的附加力。这些附加力不但会减弱零件的强度，而且会使轴承载荷增加并引起振动。动不平衡零件检验应在专门的动平衡机上进行。

6.3.2.6 零件修复技术

科学技术的发展为汽车零件的修复提供了多种可供选择的修复方法，这些修复方法各自具有一定特点和适用范围，它是根据修复零件的缺陷方法进行分类的。

磨损零件的修复方法基本可分为两类：一是对已磨损零件进行机械加工，使其恢复正确的几何形状和配合特性，并获得新的几何尺寸；二是利用堆焊、喷涂、电镀和化学镀等方法对零件的磨损部位进行增补，或采用胀大（缩小）镦粗等压力加工方法增大（或缩小）磨损部位的尺寸，然后再进行机械加工，恢复其名义尺寸、几何形状及规定的表面粗糙度。

变形零件的变形修复可采用压力校正法和火焰校正法。零件上的裂缝、破损等损伤缺陷采用焊接，钎焊或钳工机械加工法。

零件修复方法分类可归纳如图 6-14 所示。

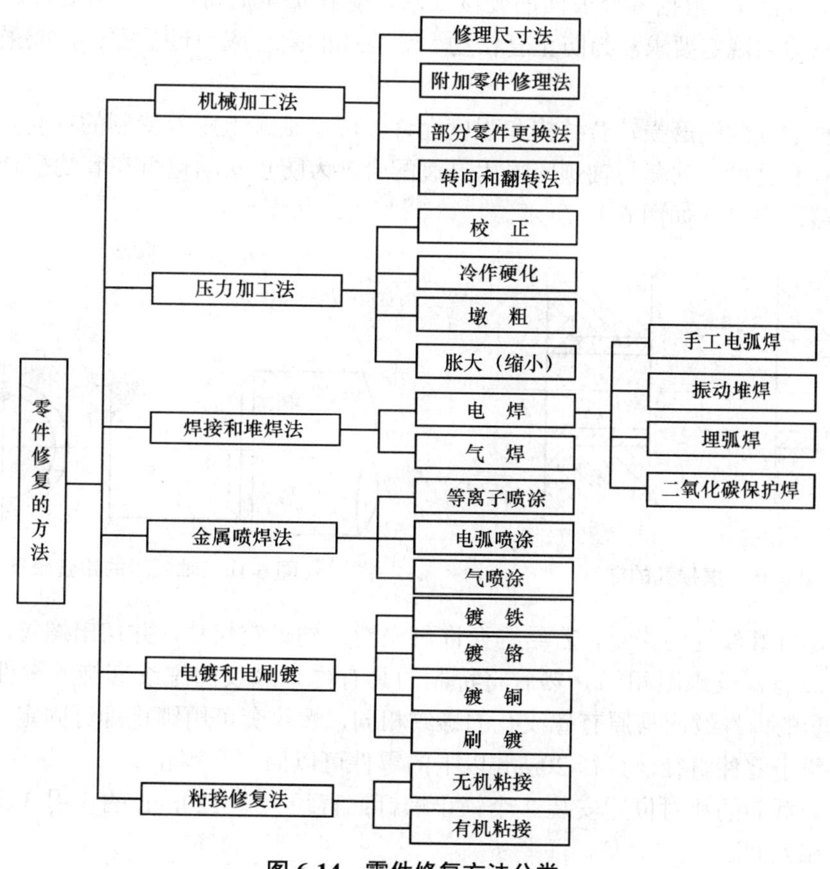

图 6-14 零件修复方法分类

1）机械加工修复法

机械加工修复法是零件修复中最基本、最重要和最常用的修复方法，汽车上许多重要零件都是利用机械加工的方法修复的，它包括修理尺寸法、附加零件修理法、局部更换修理法和转向翻转修理法。

（1）修理尺寸法　修理尺寸法是修复配合副零件磨损的一种方法，它是将待修配合副中的一个零件利用机械加工的方法恢复其正确几何形状并获得新的尺寸（修理尺寸），然后选配具有相应尺寸的另一个配合件与之相配，恢复配合性质的一种修理方法。修理尺寸法可适用于汽车上许多主要零件，如曲轴、凸轮轴、汽缸、转向节主销孔等。

（2）附加零件修理法　附加零件修理法（也称镶套修理法）是通过机械加工方法将磨损部分切去，恢复零件磨损部位的几何形状，然后加工一个套，采用过盈配合的方法将其镶在被切去的部位，以代替零件磨损或损伤的部分，恢复到基本尺寸的一种修复方法。汽车上许多零件都可以采用这种方法修理，如汽缸套、气门座圈、气门导管、飞轮齿圈、变速器轴承孔、后桥和轮毂壳体中滚动轴承的配合孔及壳体零件上的磨损螺纹孔和各类型的端轴轴颈等，如图 6-15 所示。

镶套材料应与总体一致或相近。修理铸铁零件时应采用铸铁套，也可采用钢套。套的厚度应根据选用的材料和零件的磨损量确定。钢套的厚度不应小于 2mm，铸铁套厚度不得小于 4mm。根据零件表面的硬度要求，套在加工后可以进行热处理。配合部位的粗糙度应达到规定要求。为防止套松动，套与孔的配合应为过盈配合，或采用其他固定方法。

对于轴的轴颈端磨损，若结构和强度允许，可将轴颈上压入特制的轴套，并加工至需要的尺寸和精度。轴套与轴颈应采用过渡配合，为防止松动也可在套的配合端面点焊或沿整个截面焊接。如图 6-16 所示。

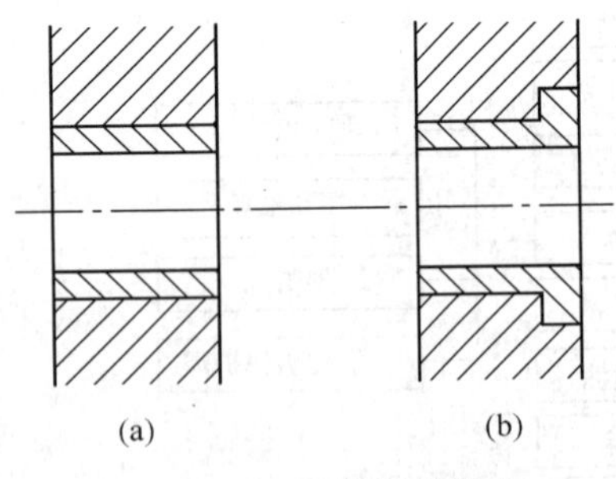

图 6-15　磨损孔的镶套

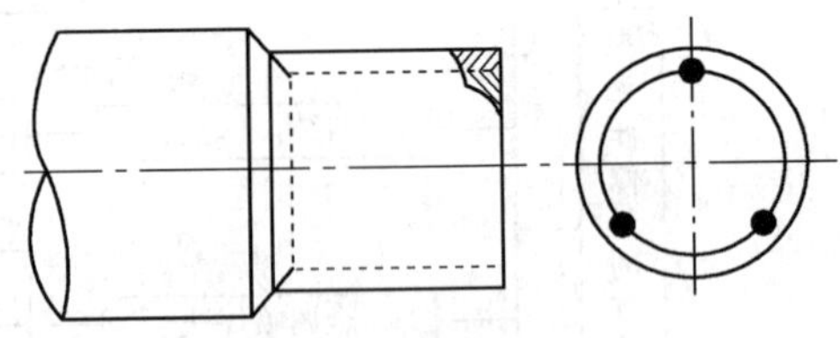

图 6-16　轴颈端的镶套修复

对于零件螺纹孔的修复，若结构允许可先镗大到一定尺寸，并切出螺纹，螺纹的螺距通常与原有螺纹螺距相同。然后将特制的具有内外螺纹的螺纹套旋入零件的螺纹孔中，螺纹套的内螺纹应与原有螺纹孔的螺纹相同，螺纹套可用锁止螺钉固定。锁止螺钉的数量取决于零件直径，直径 20mm 以下的零件可以用一个锁止螺钉，直径 30～50mm 的可在同一截面的相对位置安装 2 个锁止螺钉；直径大于 120mm 的，用 3 个锁止螺钉固定，并相互间隔 120°夹角。

形状复杂的易损部位，有些在结构上已预先镶有附加零件（如汽缸套、气门座圈、气门导管和座圈等），这样在修理时只须更换附加零件，因而可简化修理作业，保证修理质量。

（3）零件的局部更换修理法　具有多个工作面的汽车零件，由于各工作表面在使用中磨损不一致，当某些部位损坏其他部位尚可使用，为防止浪费，可采用局部更换法。局部更换法就是将零件需要修理（磨损或损坏）部分切除，重制这部分零件，再用焊接或螺纹连接方法将新换上的部分与零件基体连在一起，经最后加工恢复零件的原有性能的方法。

这种修理方法常用于修复半轴、变速器第一轴或第二轴齿轮、变速器盖及轮毂等。零件的局部更换法可获得较高的修理质量，节约贵重金属，但修复工艺较复杂。

（4）转向和翻转修理法　转向和翻转修理法是将零件的磨损或损坏部分翻转一定角度，利用零件未磨损部位恢复零件的工作能力的一种修复方法。转向和翻转修理法常用来修复磨损的键槽、螺栓孔和飞轮齿圈等。转向修理法修复磨损键槽和螺栓孔的实例，如图 6-17 所示。

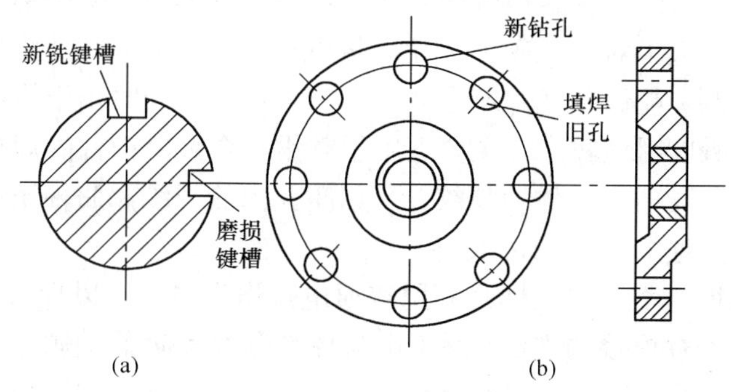

图 6-17　零件的转向修理法

（a）磨损键槽的修理　（b）磨损螺栓孔的修理

翻转修理法修复的典型实例是飞轮齿圈。飞轮齿圈啮入部位磨损严重时，将齿圈压出翻转 180°后再将齿圈压入飞轮，以利用其未磨损部位工作。

转向翻转修理法方便易行，修理成本低，但其应用受到结构条件限制。

2）焊接和堆焊修复法

焊接是汽车修理中广泛使用的一种工艺，它可以修复磨损量较大的零件，能增加零件的尺寸，焊层厚度易控制，设备简单，修复成本低，因此它是一种应用较广的零件修复方法，普遍用在修复零件的磨损、破裂、断裂等缺陷。

焊接修复法修复零件是借助于电弧或气体火焰产生的热量，将基体金属及焊丝金属熔化和熔合，使焊丝金属填补在零件上，以填补零件的磨损和恢复零件的完整。焊接根据使用的热源不同分为气焊和电焊。电焊根据熔剂层的不同又可分为手工电弧焊、振动堆焊。堆焊又可分为二氧化碳气体保护焊、埋弧堆焊、电脉冲堆焊、等离子堆焊。

（1）振动堆焊　振动堆焊是焊丝以一定的频率和振幅振动的脉冲电弧焊，是机械零件修复中广泛应用的一种自动堆焊方法。其实质是在焊丝送进的同时，按一定频率振动，造成焊丝与工件周期地起弧和断弧，电弧使焊丝在较低电压（12～20V）下熔化，并稳定均匀地堆焊到工件表面。其主要特点是堆焊层厚，结合强度高，工件受热变形小，常用于修复一些轴类零件。

振动堆焊层的硬度是不均匀的，这是由于后一焊滴对前一焊滴，或后一圈焊波对前一圈焊波都有回火作用。大量振动堆焊修复的曲轴装车使用表明，这种软硬相间的组织并不影响其耐磨性，与新曲轴相差不多。

堆焊层与基体的结合强度高达 5MPa，这是由于堆焊层与基体的结合是冶金结合，比喷涂修复层的结合强度高得多，使用中很少发现有脱落、掉块现象。

由于振动堆焊层与基体金属间有很大的内应力，因此，堆焊修复后疲劳强度降低较多，一般可高达40%，因此，受大冲击负荷的柴油机曲轴、合金钢及铸铁曲轴不应采用振动堆焊修复。

像蒸气保护下振动堆焊、二氧化碳气体保护焊及埋弧焊的原理与振动堆焊相同，只不过是为了改善焊层的性能，减少焊层的气孔、裂纹和夹碴，堆焊过程是在气体或焊剂保护下的一种振动堆焊。

（2）气焊　气焊火焰热量较电焊分散，工件受热变形大，生产率较低，且焊接质量不如电弧焊接，但是火馅对熔池压力及输入量可控制。熔池冷却速度慢，焊缝形状、尺寸和焊透程度易控制，能做到使焊缝金属与基材相近似。同时由于设备简单，不受电源限制，方便灵活，所以用途较广，主要适用于碳钢、合金薄钣件的焊接，还可用于有色金属和铸铁的焊补。发动机缸体的裂纹、气门座孔内的裂纹、曲轴箱内的裂纹、汽缸体上平面裂纹，以及变速器壳体均可采用。

（3）手工电弧焊　手工电弧焊是利用普通电弧作为热源，以焊条为填充金属材料，采用手工操纵焊条进行焊接的方法。手工电弧焊具有设备简单，操纵方便，连接强度高，施焊速度快，生产率高，零件变形小等优点，广泛应用于碳钢、合金钢及铸铁等金属材料不同厚度、不同位置的焊接，在汽车修理中主要用来修复裂纹、破裂和折断等。但由于其焊缝硬而脆，塑性差，机械加工性能比气焊差，且在焊接应力作用下易产生裂纹或焊缝剥离。为保证焊修质量，必须在工艺上采取措施。

对于较大的零件应进行预热和焊后保温，可以减小焊接应力和防止裂纹的产生。当母材材质较差时，为了防止焊接时裂纹延伸和提高焊补强度，在裂纹两侧钻止裂孔。对于裂纹较深的工件，为保证焊条金属与基体金属很好的结合，增加焊补强度，在工件裂纹处开坡口，可以全部和部分地除去裂纹。施焊时要采取分段、分层，锤击，以减少焊接应力和变形，并限制母材金属成分对焊缝的影响。零件焊完后，应检查有无气孔、裂纹，焊缝是否致密、牢固，如有缺陷，应采取必要的补救措施。

3）喷涂与喷焊修复法

（1）喷涂　金属喷涂是用高速气流将被热源熔化的金属（丝材、棒材或粉末）雾化成细小的金属颗粒，以很高的速度喷敷到已准备好的零件表面上。

根据熔化金属所用热源的不同，喷涂可分为电喷涂、气体火焰喷涂、高频电喷涂、等离子喷涂、爆炸喷涂等。

由于气体火焰喷涂，具有设备简单、操作简便、应用灵活、噪声小等优点。因此在汽车零件修理中应用最广。主要用于修复曲轴、凸轮轴轴颈、传动轴、汽缸等。

（2）喷焊　喷焊是用高速气流将用氧-乙炔火焰加热熔化的自融合金粉末喷涂到准备好的零件表面上，并经再一次重熔处理形成一层薄而平整呈焊合状态的表面层——喷焊层。它可使工件表面具有耐磨、耐蚀、耐热及抗氧化的特殊性能。

它与喷涂工艺相似，但可达到堆焊的效果。一般喷涂的缺点是涂层与工件之间呈机械结合，结合强度低，内应力大；而堆焊层虽与工件是冶金结合，但堆焊时基体的熔池较深且不规则，堆焊层粗糙不平，基体冲淡率大。氧—乙炔焰喷焊能克服以上两缺点，喷涂层薄而均匀，表面光滑，结构致密，冲淡率极小，且焊层与基材结合强度高，因而得到广泛应用，可用于修复旧件，也可用于新件表面强化。由于喷焊层具有高的结合强度和好的耐磨性，目前被广泛用于修复阀门、气门、键轴、凸轮等零件。

4）电镀和电刷镀修复法

电镀是汽车零件修复工艺的重要方法之一，由于电镀过程温度不高，不会使零件受损、变形，也不影响基体组织结构，但可以提高机械零件表面的硬度，改善零件表面性能，同时还可恢复零件的尺寸，因此在汽车修理行业得到广泛应用。例如各种铜套镀铜修复，不但可修复零件，延长零件寿命，还可节约大量贵重金属铜；活塞环多孔镀铬，它的磨损可降低2/3。特别是汽车上许多重要零件，在使用过程中，只磨损0.01～0.05mm就不能使用了，这种情况用电镀修复最为方便。电镀可以采用有槽电镀和无槽电镀等方式进行。

（1）电镀　电镀是将金属工件浸入电解质（酸类、碱类、盐类）的溶液中（刷镀则不浸入），以工件为阴极通以直流电，在电流作用下，溶液中的金属离子（或阳极溶解的金属离子）析出。沉积到工件表面上，形成金属镀层的过程称为电镀。根据零件的结构特点和使用性能，目前用来修复磨损零件的金属电镀有镀铁、镀铬和镀铜等。

电镀工艺过程为：镀前准备、电镀及镀后处理。

镀前准备包括：清洗、机械加工、除锈除油、冲洗等。

电镀包括：表面电化学处理和电镀。表面电化学处理包括阳极刻蚀、交流活化、浸蚀。目的是除去待镀表面的氧化膜、钝化膜，以保证镀层与基体的良好结合。

镀后处理：镀件放在清水中冲洗，然后在70～80℃的10%苛性钠溶液中浸泡5～10min，以中和残留在镀件上的电解液，再放入热水中清洗，最后进行机械加工。

（2）刷镀　刷镀又称涂镀。其特点是设备简单，无须镀槽，可以在不解体或半解体的条件下快速修复零件，可用于对轴、壳体、孔类、花键槽、轴瓦瓦背、平面类及盲孔、深孔等各类零件的修复。刷镀机动灵活，可用于零件的局部修复，且镀层均匀、光滑、致密，尺寸精度容易控制，修理成本低。因此在修理行业得到广泛的应用。

刷镀的基本原理和槽镀相同。刷镀，顾名思义就是利用刷子似的镀笔在被镀工件上来回摩擦而进行电镀的方法。零件作为阴极装在机床的卡盘上，石墨镀笔接阳极，刷镀时用外表吸入纤维的镀笔吸满镀液在工件上相对运动，这时镀液中的金属离子在电场力作用下，向工件表面扩散，镀在工件表面形成镀层，刷笔刷到哪里，哪里就形成镀层，直至达到所需厚度。

刷镀的工艺过程包括：一般预处理—电净—水冲—活化—水冲—镀过渡层—水冲—镀工作层—镀后处理。

5）粘接修复法

粘接修复是应用粘接剂将2个物体或损坏的零件牢固地粘接在一起的一种修复方法，由于它具有工艺简单、设备少、修复成本低、不会引起变形和金属组织的变化等优点，因此在机械修复中得到了广泛的应用。在汽车修理中常用于修复车身零件、粘补散热器水箱、油箱和其他壳体上的穿孔和裂纹，也用于粘接制动蹄、离合器摩擦片及缸体的堵漏等。

粘接剂种类繁多，汽车零件粘接修复中常用的是环氧树脂胶、酚醛树脂胶、氧化铜胶等粘接剂。

（1）环氧树脂胶粘接　环氧树脂胶是一种人工合成的树脂状化合物，它能使多种材料表面产生较大的粘接力，是目前广泛使用的一种粘接剂。环氧树脂本身不能单独作为粘接剂使用，使用时必须加入固化剂、稀释剂、增塑剂和填料等。环氧树脂粘接剂的特点是：粘附力强，固化收缩小，机械强度高，且耐腐蚀、耐油、电绝缘性好，适合工件工作温度在150℃以下使用。它的缺点是性脆，韧性较差。

（2）酚醛树脂粘接　酚醛树脂是由酚醛类在催化剂中经缩合而得到的一类树脂。它可以单独使用，也可以和环氧树脂混合使用。酚醛树脂有较高的粘接强度，耐热性好，但其脆性较大，不耐冲击。汽车修理中常用它来粘接制动蹄片及离合器摩擦片。

（3）氧化铜粘接　氧化铜粘接具有耐热好（耐热温度为600～900℃），粘接工艺简单，使用方便，操纵容易，且固化过程体积略有膨胀，宜采用槽接或套接。适用于缸体上平面、气门室裂纹、管接头防漏等粘接。缺点是粘接脆性大，耐冲击能力差。

6.4　汽车故障诊断

6.4.1　诊断方法及特点

汽车技术状况的诊断是由检查、测试、分析、判断等一系列活动完成的，其基本方法主要分为两种：一种是传统的人工经验诊断法；另一种是现代仪器设备诊断法。

6.4.1.1　人工经验诊断法

人工经验诊断法是诊断人员凭借丰富的实践经验和一定的理论知识，在汽车不解体或局部解体情况下，借助简单工具，用眼看、耳听、手摸、鼻子闻等手段，边检查、边试验、边分析，进而对汽车技术状况作出判断的一种方法。这种诊断方法具有不需要专用检测设备、可随时随地应用和投资少、见效快等优点。但是，也有诊断速度慢、准确性差、不能进行定量分析和需要诊断人员有较高技术水平等缺点。人工经验诊断法多适应于中、小维修企业和汽车队。该方法虽然有一定缺点，但在相当长的时期内仍有十分重要的实用价值。即使普遍使用了现代仪器设备诊断法，也不能完全脱离人工经验诊断法。即使是专家诊断系统，也是把人脑的分析、判断，通过计算机语言变成了微机的分析、判断。

直观诊断汽车故障的常见方法如下：

（1）观察法　凭视觉直接观察汽车的烟色以及有无机件裂痕、折断、变形、松脱、磨损，是否漏气、漏油、漏水等，从而确定故障所在部位。

（2）听诊法　根据声响的特征和规律，凭听觉倾听汽车内部声响，判断出汽车的故障。常用螺丝刀做听诊器或用专用听诊器来辨别敲缸、气门响、曲轴轴承响、活塞销响等，从而确定故障所在部位。

（3）嗅闻法　凭嗅觉辨别汽车在使用过程中散发的某些特殊气味，主要有排气烟味、烧焦臭味等，从而确定故障所在部位。如离合器摩擦片和制动蹄摩擦片烧蚀时会产生煳臭味，据此判断离合器打滑或制动拖滞。电线束烧灼时有橡胶焦臭味，发动机燃烧不良时排气有汽油味等，都可判断故障所在部位。

（4）直观感受法　这种方法是凭检修人员调试车辆时的亲身体验和感觉，判断出汽车的故障。如用手触摸制动鼓，根据温度高低可判断制动有无拖滞；用手触摸高压油管，根据油管的脉动情况，可判断喷油泵工作是否正常。直观感受法还可以检查出发动机不易启动，车辆剧烈震抖，驾驶室抖动，转向盘和前轮晃动，传动轴震抖，离合器打滑或分离不彻底等故障。采用直观感受法的检修人员必须具备一定的诊断技术水平和较丰富的实践经验。

（5）高压试火、高压电检验法　高压试火是察看高压电火花，判断点火系的工作情况最常用的方法。检查时取下火花塞上的高压分线头，对准该火花塞顶约 5mm，然后转动发动机，看跳火情况。若火花强烈并呈天蓝色，为工作正常。若火花微弱发红，为工作不良。高压电检验法是利用点火系的高压电检验某些电气零件是否损坏。如检查分火头，可将分火头反放在缸盖上，用中心高压线头对准分火头孔底约 5mm，然后接通点火开关，拨动断电触点，查看分火头孔内是否跳火。若跳火，表明分火头已击穿而漏电。若不跳火，表明分火头绝缘良好。

（6）短路、通路、断路试验法　又分为以下几种方式：

① 短路试验。用螺丝刀或导线将某段电路短接，查看仪表指针摆动情况，据此判断被短接的电路是否有断路故障，如打开点火开关，在断电触点闭合的情况下，电流表指针不动，因此怀疑点火开关有故障时，可用螺丝刀连通点火开关两个接线柱，若电流表指针向“–”方向摆动，则说明点火开关损坏。

② 通路试火。在电路接通状态下，拆下某接线柱上的接线头，在该接线柱上划擦，根据火花情况判断电路有无断路故障。如判断点火低压电路是否断路时，可拆下点火线圈“–”极接线柱上的接线头，在该接线柱上划擦（此断电器触点必须闭合）。若有火花，则低压电路畅通。若无火花，则低压电路断路。

③ 断路试验。电气设备发生搭铁短路故障时，将怀疑搭铁的某段电路断开，根据搭铁现象是否因此而消除，来判断被断开的电路原来是否搭铁。如行车中听到喇叭长鸣，可将继电器“按钮”接线柱上的导线头拆除，若喇叭停响，则为按钮至继电器“按钮”接线柱的一段电路搭铁。若喇叭仍长鸣，则故障为继电器“按钮”接线柱前至喇叭间的电路搭铁。

（7）试灯检查法　用一只汽车灯泡作试灯，检查电路是否有断路故障。检查时试灯一端与电路中某一接线柱连接，另一端搭铁。若灯亮则电路正常，灯不亮则电路有断路故障。

（8）停止部分机件工作法　停止汽车某一局部机件的工作，改变局部环境条件，观察故障现象有无变化，据此判断故障所在部位。如用断电法停止某缸的工作，可使其故障特征明显变化，据此判断发动机异响或个别缸工作不良故障。这种方法常用于诊断发动机的故障。

（9）分段检查法　采用分段检查法查找汽车故障就是以顺藤摸瓜的方式依次进行，

逐步缩小可疑范围，渐次找出故障部位。这种方法主要用于具有线路性质的系统和装置，如发动机的燃料系、点火系和底盘的传动系、转向系及制动系故障等。每检查一段，即可排除该段的故障可能，也叫分段排除法。

（10）比较法 采用新旧对比、成色对比、印迹对比及工作效果对比等来判断、确定故障的原因和部位，鉴别零部件磨损程度。车辆制动性能检查，经常用制动轮迹比较法。如果四轮拖印长短一致，则制动同时生效，没有制动跑偏。若车头向左偏斜则右轮制动不灵，向右偏斜则左轮制动不灵。离合器压紧弹簧因久经负荷造成疲劳弯曲、折断或弹力减弱，影响动力传递，导致离合器打滑、发抖等故障。若调整后故障仍然存在，应该拆检。将弹簧与新件放在平板上，用钢尺进行高度比较，对过低弹簧予以更换。如怀疑点火线圈工作不良，可换装新点火线圈进行试验。若故障消失，则原点火线圈有故障。若故障仍存在，则原点火线圈良好。

6.4.1.2 仪器设备诊断法

现代仪器设备诊断法是在人工经验诊断法的基础上发展起来的一种诊断法。该法可在不解体情况下，用现代仪器设备检测汽车、总成和机构的诊断参数，为分析、判断汽车技术状况提供定量依据。采用微机控制的仪器设备甚至能自动分析、判断、存储并打印汽车的技术状况。现代仪器设备诊断法的优点是检测速度快、准确性高，能定量分析；缺点是投资大、占用厂房，操作人员需要培训等。该诊断法适用汽车检测站、大型维修企业和特约维修服务站等，是汽车诊断与检测技术的发展方向。

仪器设备诊断法按使用测量仪器和设备的先进程度不同，分为普通仪器设备诊断、微机检测设备诊断和汽车自诊断3种。

（1）普通仪器设备诊断 普通仪器设备诊断是采用专用测量仪具、设备对汽车的某一部位进行技术检测，将测得的结果与标准数据进行比较，从而诊断汽车的技术状况，确定故障原因。

（2）微机检测设备诊断 微机检测设备诊断是利用具有计算机和自动记录功能的诊断设备，对汽车技术状况进行检测。利用计算机诊断可减少操作偏差，能对数据自动处理，确定故障部位，并能自动打印、显示维修作业项目。如微机发动机综合测试仪、计算机车轮定位仪等都是常用的微机检测设备。

（3）汽车自诊断 随着汽车技术的不断进步，电子控制技术在汽车上得到了广泛应用。电控燃油喷射系统（EFI）、巡航控制系统（CCS）、电控自动变速器（EAT）、防抱死制动系统（ABS）、牵引力控制系统（TCS）、安全气囊（SRS）等都应用了电子控制技术。电控单元具有自诊断功能，能记录出现过的故障，并以故障代码的形式存储起来。维修人员通过随车故障诊断装置读取故障码，确定故障的部位，减少维修的盲目性。

6.4.2 诊断参数

为了正确地评价汽车的技术状况，充分发挥汽车的潜力，提高汽车运行的经济和可靠性，不仅要求有完善的检测、监视手段，而且要求有正确的识别理论。为此，必须选择合适的汽车技术状况诊断参数，合理地确定出诊断参数的标准、诊断方法和汽车的最佳诊断周期。

6.4.2.1　汽车常用诊断参数

汽车的故障诊断与检测是确定汽车技术状况的应用性技术，不仅要求有完善的检测、分析、判断手段和方法，而且要有正确的理论指导。为此，在诊断与检测汽车技术状况时，必须选择合适的诊断参数，确定合理的诊断参数标准和最佳诊断周期。汽车诊断参数是指供诊断用的，表征汽车、总成及机构技术状况的量，它包括工作过程参数、伴随过程参数和几何尺寸参数。

（1）工作过程参数　工作过程参数是汽车、总成和机构在工作过程中输出的一些可供测量的物理量和化学量。工作过程参数也是深入诊断的基础。汽车不工作时，工作过程参数无法测得。

（2）伴随过程参数　伴随过程参数是伴随工作过程输出的一些可测量。如振动、噪声、异响、过热等，可提供诊断对象的局部信息，常用于复杂系统的深入诊断。

（3）几何尺寸参数　几何尺寸参数可提供总成、机构中配合零件之间或独立零件的技术状况。如配合间隙、自由行程、圆度、圆柱度、端面圆跳动、径向圆跳动等。提供的信息量有限，但能表明诊断对象的具体状态。汽车常用诊断参数如表 6-2 所示。

表 6-2　汽车常用诊断参数

诊断对象	诊断参数	诊断对象	诊断参数
发动机总成	功率 / kW 曲轴角加速度 / （rad/s^2） 单缸断火时功率下降率 / % 曲轴最高转速 / （r/min） 废气成分和浓度 / %	柴油机供油系	喷油提前角，曲轴转角 / ° 单缸柱塞供油延续时间 / ° 各缸供油均匀度 / % 每一工作循环供油量 / mL 高压油管中压力波增长时间，曲轴转角 / ° 按喷油脉冲相位测定喷油提前角的不均匀度 / ° 喷油嘴初始喷射压力 / MPa 曲轴最小和最大转速 / （r/min） 燃油细滤器出口压力 / MPa
汽缸活塞组	曲轴箱窜气量 / （L/min） 曲轴箱气体压力 / kPa 汽缸与活塞间隙 / mm 汽缸压力 / MPa 汽缸漏气率 / % 发动机异响 机油消耗量 / （L/100km）		
曲柄连杆组	主油道机油压力 / MPa 主轴承间隙 / mm 连杆轴承间隙 / mm	供油系及滤清器	燃油泵清洗前的油压 / MPa 燃油泵清洗后的油压 / MPa 空气滤清器进口压力 / MPa 涡轮压气机的压力 / MPa 涡轮增压器润滑系油压 / MPa
配气机构	气门间隙 / mm 气门行程 / mm 配气相位 / °		
润滑系	润滑系机油压力 / Mpa 曲轴箱机油温度 / ℃ 机油含铁 / % 机油透光度 / % 机油介电常数 / （F/m）	传动系	车轮驱动力 / N 底盘输出功率 / kW 滑行距离 / m 传动系噪声 / dB
冷却系	冷却液工作温度 / ℃ 散热器入口与出口温差 / ℃ 风扇皮带张力 / （N/m） 曲轴与发电机轴转速差 / %	制动系	制动距离 / m 制动力 / N 制动减速度 / （m/s^2） 左右轮制动力差值 / N 制动滞后时间 / s 制动释放时间 / s

（续）

诊断对象	诊断参数	诊断对象	诊断参数
点火系	初级电路电压 / V 初级电路电压降 / V 点火电压 / kV 次级电路开路电压 / kV 点火提前角 / ° 发电机电压/电流 / （V/A）	转向系	主销内倾角 / ° 主销外倾角 / ° 车轮外倾角 / ° 车轮前束 / mm 车轮侧滑量 / mm
起动系	制动状态下，启动机电流 / A；电压 / V； 蓄电池在有负荷状态下的电压 / V；	行驶系	车轮静平衡 车轮动平衡 车轮振动 / m/s^2
		照明系	前照灯发光强度 / cd 光轴偏斜量 / mm

6.4.2.2 诊断参数的选择

正确、合理地选择汽车技术诊断参数，对于快捷、正确无误地判断技术状况和诊断故障有着十分重要的意义。一般按下述方法进行选择：

（1）性能检测　当以车检为目的时，主要应选择综合性较大，且能确保安全和防止公害的参数。主要参数有：前照灯检测参数；制动检测参数；转向轮综合检测参数；发动机排放检测参数。

（2）维修检测　当作为维修检测目的时，既要选择能反映技术状况的参数，也要选择与磨损有关的参数。主要参数有：发动机功率；燃料消耗量；制动检测参数；汽缸漏气率；异响和振动参数；转向轮定位角和侧滑参数。

6.4.2.3 诊断参数值标准

为了定量地评价汽车及其机构的技术状况，确定维护措施和预报其无故障工作寿命，仅有诊断参数是不够的，还必须建立诊断参数值标准。诊断参数值标准是一个比较尺度，将测得的参数值与相应的诊断参数标准相比较，以确定汽车是否能够继续使用或预测在给定行驶里程内汽车的工作能力。汽车诊断参数标准分为 3 类。

（1）国家标准　它是由国家机关制定和颁布的检验标准，具有法制性。如《机动车安全运行技术条件》（GB 7258—2012），《汽车加速行驶车外噪声限值及测量方法》（GB 1495—2002）以及汽、柴油车污染物和烟度排放标准等。这些标准主要用于与汽车行驶安全和产生公害有关的一些机构的检验。一般来说，这类标准可以反映汽车或某些机构系统的工作能力。如制动距离可以反映汽车制动系统的工作能力；废气中 CO，HC 的含量可以反映供给系的调整及燃烧状况。这类标准在使用中需要严格控制，以保证国家标准的严肃性。

（2）整车厂推荐的标准　这类标准一方面与汽车制造中结构参数的工艺性有关，另一方面与汽车工作的最佳可靠性、寿命及经济性的优化指标有关，因此主要是一些结构参数的标准，如气门间隙、分电器触点间隙、火花塞电极间隙、车轮定位角等标准。这些标准一般在设计阶段确定，最终经样车或样机的台架或使用试验修订，并在技术文件中规定下来。

（3）企业标准 这类标准是汽车运输企业根据车辆的实际使用条件制定的，因为在不同使用条件下工作的车辆，不能使用统一的标准。如在平原地区行驶的汽车，其油耗显然比山区行驶的汽车要低；在矿区行驶的汽车，其润滑油的污染程度显然比在公路上行驶的汽车要高。因此，应根据汽车的常用工况，合理地制定油耗标准和润滑油更换标准。

根据汽车维修工艺的需要，又可把诊断参数标准分为：诊断参数的初始标准、诊断参数的极限标准和诊断参数的许用标准。诊断参数的初始标准相当于无故障的新车诊断参数的大小。在使用汽车过程中，一些机构或系统在恢复性作业或调整作业后测定参数值必须达到初始标准，一般在技术文件中给出。对于汽车的某些机构或系统，如点火系和供油系，它的初始诊断标准是按最大经济性原则来确定的，最大经济性是各种不同生产条件下运行的汽车能够广泛采用的一个指标。

诊断参数的极限标准是指汽车技术性能低于这一标准后，就已失去工作能力或其技术性能将变坏或者行驶安全性得不到保证，汽车必须进行维修。诊断参数的极限标准，由国家机关技术部门制定。在汽车使用过程中，通过对汽车进行周期性的诊断，并把诊断结果与诊断参数的极限标准进行比较，可以预测出汽车的使用寿命。

诊断参数的许用标准是汽车维护工作中定期诊断的主要标准。这项标准能保证汽车在确定的间隔里程内具有最佳的无故障概率水平。在汽车使用过程中，许用标准是汽车在确定的间隔里程内是否出现故障的界限。如果诊断参数在许用标准内，表明汽车的技术经济指标处于正常阶段，无须维修，可以继续运行。如果诊断参数超过许用标准，即使汽车还有工作能力，也不能再等到原来的维修间隔里程才进行维修，应适当提前安排维护和修理。否则，汽车的技术经济性能将下降，故障率将上升。

6.4.3 诊断周期

汽车诊断间隔里程的合理确定，应满足技术和经济两方面的条件，即在诊断周期内，技术上应保证车辆的技术完好率最高，经济上应使单位行程的维护费用最小以及因故障引起汽车停驶损耗的费用最少。大量统计资料表明，实现单位行程费用最小和技术完好率最高二者是一致的。因此，最佳诊断周期可以通过统计分析方法来确定。

6.5 汽车维修质量控制

6.5.1 汽车维修质量评定管理

汽车维修质量评定是指对维修竣工的整车、总成件或零件，按照规定对需要检验的项目逐项检验后，将检验结果按照一定的规则进行统计分析，计算出综合性数据，再将此数据与既定标准值进行对比，进一步做出定性（合格、不合格）或定量（缺陷数、缺陷率等）的结论，并按照既定的质量分等规则对其适用性等级进行判定。

根据汽车维修质量的评定对象，可分为对单车的维修作业质量的评定和对维修企业的维修质量的综合评定两种评定方法。

6.5.1.1　单车维修质量评定

汽车整车、总成件都是由若干个零件组成，每个零件又有若干项检验项目。对零件待检验项目的某项进行检测并将检测数据与达标值进行对比，做出该项合格性的判定，这一操作过程称为零件单项检验。单项检验不足以得出零件合格性结论，需要逐项检验后将所有单项定论综合统计并按照该零件规定的合格性、等级性标准进行比较后，才能做出该零件的合格性与等级性的判定，即为零件质量的评定，此全部过程称为零件的质量检验。

维修汽车的总成件由若干个零件装配组合而成，其质量评定是建立在规定需要检验的若干个零件质量评定和装配成总成件后需要增添检验项目的检验基础之上。将零件质量评定与总成件检验的结果综合统计，并对照该总成件既定的合格性、等级性的规定进行比较，对该总成件的合格性、等级质量水平作出定论，这就是总成件的质量评定。零件检验加上总成的检测与评定的全部过程就是汽车总成件的质量检验。

汽车维修质量检测与评定实际上也是维修汽车整车的质量检验，它是单项检验、零部件检验、总成件的检测与评定的继续。其侧重点在零部件、总成件装配调试到位后的新项目的检验上，主要集中在装配调试后新出现的零部件之间相互位置关系、总体尺寸、备重、外观以及各种静态、动态性能的检测检验上。将这些检验结果进行既定统计计算，与质量合格性、等级的标准进行对比，对维修汽车整车的合格性、等级质量水平作出定论，这就是维修汽车整车的检测与评定。因此，严格说，整车的质量检测与评定是若干个检测与评定的子系统的集成。

需要指出的是，汽车整车维修质量评定考核的某些项目检验不是在维修汽车竣工后进行，而是在维修作业过程中进行。它除了为整车质量的评定提供数据外，也起着汽车维修质量把关、预防严重缺陷的出现等作用。通过维修作业过程中的质量检验，还能及时发现并制止不合格工序维修的整车转入下一道工序，提高整车的维修合格率。

单车维修质量的评定指标通常采用“合格”或“不合格”进行定性的评定。维修质量“合格”的车辆可以发给“维修出厂合格证”，维修质量“不合格”的车辆不准出厂。

6.5.1.2　维修企业汽车维修质量的综合评定

对汽车维修企业维修质量的评定是对该企业在一定时期内汽车维修质量的综合评定。它实质上是在单车维修质量评定的基础上，对维修企业在一定时期内维修车辆的维修质量情况进行的综合统计分析。维修企业汽车维修质量的综合评定指标主要有上线检测一次合格率、维修合格率和维修质量保证期内返修率。

（1）上线检测一次合格率　指维修企业在一定时期内，汽车大修、二级维护后上汽车综合性能检测线进行质量检测时，一次性检测合格的车辆数与被检测车辆总数之比。即

$$\text{上线检测一次合格率}=\frac{\text{一次性检测合格的车辆}}{\text{被检测车辆总数}}\times100\%$$

对于不要求上检测线检测的维修作业，可以用“维修合格率”进行评定。

（2）维修合格率　指在一定时期内维修合格的车辆（次）数与维修车辆（次）总数之比。即

$$维修合格率=\frac{维修合格的车辆(次)数}{维修车辆(次)总数}\times100\%$$

维修合格率可以简便直观的反映汽车维修企业总体汽车维修质量水平。汽车维修过程中的工作质量越好，维修合格率就越高。维修合格率指标比较便于企业内部对每个维修岗位、每个维修作业项目的维修质量进行检验与评价。

（3）返修率　即维修质量保证期内的返修率，是指维修企业在一定时期内汽车维修出厂后因维修质量问题而返修的车辆数与维修出厂的车辆总数之比。即

$$返修率=\frac{返修的车辆数}{维修出厂的车辆总数}\times100\%$$

6.5.1.3　汽车维修质量特性的评定参数

汽车维修质量是由一系列质量特性来表征的，其检测评定项目和参数主要有：

（1）一般技术要求　主要包括车辆外观、附件及装备、车身密封情况等。

（2）发动机性能及运转状况　主要包括汽缸压力、发动机功率、发动机转矩、发动机燃料消耗率、机油压力及起动性能、怠速性能、尾气排放性能、异响、四漏（漏油、漏水、漏气、漏电）情况等。

（3）汽车动力性能　主要包括底盘输出功率、汽车加速时间、滑行性能等。

（4）汽车燃料经济性能　用汽车等速百公里油耗量评价。

（5）制动性能　主要包括制动距离或制动力、驻车制动器性能等。

（6）转向操纵性能　主要包括转向轮侧滑量、前轮定位、转弯直径、转向盘操纵力等。

（7）传动系工作状况及噪声等。

（8）灯光与信号状况等。

6.5.2　汽车维修质量保障措施

6.5.2.1　汽车维修质量保证体系

汽车修理质量保证体系是指在汽车修理行业内，为了满足汽车修理技术标准所规定的质量要求，建立与汽车修理质量直接相关的，由技术活动和管理活动所构成的工作系统，并通过一定的制度、规章、方法、程序和机构等，把汽车修理质量保证活动系统化、标准化、制度化和经常化，有效地提高和稳定修理质量。

1）汽车修理质量保证体系的特点

（1）汽车修理质量保证体系是一个有机的整体，它以保证和提高汽车修理质量为目的，运用系统的观念和方法，把汽车修理的各阶段、各环节的质量管理职能组织起来，形成一个既有明确任务、职责、权限，又把工作方法和程序、技术力量、信息等协调起来的有机整体，从而达到保证和提高汽车修理质量的目的。

（2）汽车修理质量保证体系的核心是依靠人的积极性和创造性，发挥科学技术力量，确保汽车修理质量。汽车修理内部质量保证体系的建立是汽车修理质量管理的基础工作。

2）汽车修理质量保证体系的内容

无论哪一级汽车修理质量保证体系，都必须包含以下内容：

（1）明确责任 要有明确的质量方针和质量目标。每一个岗位必须制定在管理活动中必须服从和遵守的行动指南，即质量方针；根据修理质量方针的要求，在企业内开展质量工作所要达到的预期效果，即质量目标。为实现质量方针和质量目标，必须建立严格的责任制，规定各级质量管理人员的责任、任务和权限。

（2）健全专职管理机构 建立与健全专职的汽车修理质量管理机构，认真履行质量管理机构职责。为了使质量保证体系卓有成效地运转，使企业中具有质量管理职能的各个部门能充分发挥作用，就必须建立一个负责组织、协调、督促、检查质量的管理工作，作为质量保证体系的组织保证。根据企业的生产规模和生产组织形式的不同，质量管理的专职机构也可因地制宜，有的组建"质量管理办公室"，有的由"质量检验科"负责。

（3）实现修理质量管理业务标准化、管理流程程序化 把汽车修理企业在管理工作中重复出现的处理方法制定成标准，纳入规章制度，如签订修理合同，施行汽车出厂合格证制度和质量保证期制度等。

修理质量管理程序化是使修理质量管理业务的工作过程合理并固定下来，形成汽车修理质量文件、质量体系图表等。实行质量管理的条理化和规范化，可以避免职责不清、相互脱节、相互推诿的现象。

3）建立高效、灵敏的汽车修理质量信息反馈系统

为保证质量管理体系正常运转，应建立一套完整的质量信息反馈系统，准确、及时地收集包括汽车修理企业内部、汽车修理质量监督检验站及托修方等外部质量的信息反馈。

（1）内部质量信息反馈 包括进厂检验、修理过程检验和竣工出厂检验的质量信息反馈。由专门的汽车修理质量检验组成反馈网络，通过填写各类检验记录表或技术档案来体现。

（2）外部质量信息反馈 包括汽车修理质量监督检验站的检测结果报告（通过检测一次合格率）以及修理汽车返修率和托修方的投诉率等来反馈，还包括道路运政管理机构的统计、考核等方式的反馈。

4）做好配件供应点质量管理工作

汽车修理质量保证是配件管理工作中的重要一环。配件管理是一项繁重的工作，严格把好配件入库质量关，已成为当前质量保证体系中的一个重要内容，必须引起人们的高度重视。

6.5.2.2 维修质量分段管理

为了保证汽车和总成的修理质量，应分段对总成和整车修理质量进行管理和控制。

质量管理的第一阶段是获取有关被管理对象的信息。为此，要检查送修品，检查各工序的规范，检查工艺装备的状况和检查试验手段的状况等。

质量管理的第二阶段是分析有关工艺规程的执行情况，收集和分析信息。

质量管理的第三阶段是制定和修改有关技术措施和管理措施。其主要内容包括加强工艺要求和工艺纪律，提高检验质量，改善对设备状况的预防性检查，改善工艺组织和

管理，加强职工培训等。

质量管理的第四阶段是贯彻执行修改后的技术措施或管理措施。

质量管理的这 4 个阶段是对汽车修理过程实行全面质量控制的主要内容。它是以企业各部门、每个人为主体，以数理统计方法为基础，建立的一整套全面质量管理系统。

为了控制汽车维修质量，分析影响质量的因素，常采用的统计方法有排列图、分层法、因果分析法、直方图法、控制图法、相关图法、统计调查分析表法、系统图法、矩阵图法和关联图法等。这里不详细介绍。

6.5.2.3 质量保证期制度

依照《汽车维护、检测、诊断技术规范》（GB/T 18344—2001）的规定，对竣工出厂的车辆实行质量保证期制度。

质量保证期按以下规定执行：

(1) 汽车和危险货物运输车辆整车修理或总成修理质量保证期为车辆行驶 20 000km 或者 100 日；二级维护质量保证期为车辆行驶 5 000km 或者 30 日；一级维护小修及专项修理质量保证期为车辆行驶 2 000km 或者 10 日。

（2）摩托车整车修理或者总成修理质量保证期为摩托车行驶 7 000km 或者 80 日；维护、小修及专项修理质量保证期为摩托车行驶 800km 或者 10 日。

（3）其他机动车整车修理或者总成修理质量保证期为机动车行驶 6 000km 或者 60 日；维护、小修及专项修理质量保证期为机动车行驶 700km 或者 7 日。

以上质量保证期中行驶里程和日期指标，以先达到者为准。质量保证期从车辆竣工出厂或签发竣工出厂合格证之日起开始计算。

质量保证期内，因维修质量原因造成机动车无法正常使用进厂返修的车辆，免返修工料费；机动车因同一故障或维修项目经 2 次修理仍不能正常使用的，负责联系其他机动车维修业，并承担相应修理费用。

以上质量保证期仅适用于车辆竣工出厂后，托修方严格执行驾驶操作规程和车辆走合期规定，合理使用。

思考题

1. 简述以可靠性为中心的维修思想。
2. 在以可靠性为中心的维修大纲中，预防性维修工作可分为哪几类？
3. 简述汽车维修制度的原则。
4. 汽车维修组织的内容是什么？
5. 汽车日常维护作业的工艺流程是什么？
6. 汽车整车技术鉴定主要内容包括哪些？
7. 直观诊断汽车故障的常见方法有哪些？
8. 汽车常用诊断参数有哪些？
9. 简述汽车修理质量保证体系的特点。
10. 汽车修理质量保证体系的内容是什么？

第 7 章
汽车评估、更新与回收利用

［本章提要］

本章主要介绍汽车寿命、汽车评估、汽车更新以及汽车回收利用。通过本章学习，掌握汽车评估、更新与回收利用的知识。

7.1 汽车寿命

7.1.1 汽车损耗

汽车的损耗有两种形式，即有形损耗和无形损耗。

（1）有形损耗　是指其本身实物形态上的损耗，又称物质损耗。它是汽车在存放和使用过程中由于物理和化学的原因而导致汽车实体发生的价值损耗，即自然力的作用而发生的损耗。有形损耗的发生有两种情况：

① 汽车在使用过程中，由于零部件发生摩擦、冲击、振动、腐蚀、疲劳和日照老化等现象而产生的损耗。这种损耗通常表现为汽车零部件的原始尺寸、间隙发生变化，公差配合性质和精度降低；零部件变形，产生裂纹，以致损坏等。

② 汽车在存放闲置过程中，由于自然力的作用，而使汽车受到腐蚀、老化，或由于管理不善和缺乏必要的维护而使其自然丧失精度和工作能力。这种损耗与闲置时间和保管条件有关。例如，起动用蓄电池在长期闲置中没有定期进行养护，会使其丧失工作能力而报废。发动机在长期的闲置中，首先应进行封存，或至少每年要进行维护保养和发动一次，否则就有可能因缸内锈蚀而影响其使用寿命。

这两种有形损耗通常不是以单一形式表现出来的，而往往是共同作用使汽车的使用性能变差、价值降低，直至汽车完全丧失使用价值。

（2）无形损耗　是由于科学技术的进步和发展，从而导致汽车的损耗与贬值。无形损耗通常也分为两种情况：

① 因为技术不断进步引发劳动生产率的提高，现在再生产制造与原性能和结构相同的汽车，其社会必要劳动时间减少，致使重新生产制造结构相同汽车的成本降低，造成现有汽车的价值损耗而贬值。这种无形损耗并不会影响汽车本身的技术特性和功能，汽车可以继续使用，一般也不需要更新。但是，若汽车的贬值速度比维修汽车的费用提高的速度还快，修理费用高于贬值后的汽车价值，这时就应考虑更新了。

② 因为科学技术的进步，不断出现性能更完善、运输效率更高的汽车而使原有汽车在技术上显得陈旧和落后，而产生损耗和贬值。这时，如果继续使用原有汽车，就会降低经济效益。

7.1.2 汽车寿命量标

汽车寿命是从投入生产开始，经过有形和无形磨损，直到在技术上或经济上不宜继续使用，需要更新所经历的时间。其中包括物理寿命、技术使用寿命、合理使用寿命和经济使用寿命。

（1）汽车物理寿命　又称为自然寿命，它是指汽车从全新状态投入生产开始，经过有形磨损，直到在技术上不能按原有用途继续使用为止的时间。它与汽车的制造质量、运行材料的品质、使用条件、驾驶操作技术及维修质量等因素有关。可以通过恢复性修理延长汽车的物理寿命。

（2）汽车技术使用寿命　是指汽车已达到技术极限状态，而不能通过修理的方法恢复其主要使用性能的使用期限。技术极限状态在结构上表现为零部件的工作尺寸、工作间隙极度超标；在性能上表现为汽车的动力性、使用经济性、使用安全性和可靠性极度下降。达到技术寿命时，汽车应报废处理。

（3）汽车合理使用寿命　是以汽车经济使用寿命为基础，考虑国家经济发展和能源节约的实际情况，所制定出的汽车使用期限。也就是说，汽车已经达到经济寿命，但是是否更新应视国情而定，如更新汽车的来源及更新资金等。

（4）汽车经济使用寿命　是指综合考虑汽车使用中的各种消耗，以取得汽车使用最佳经济效果为出发点进行分析，保证汽车总使用成本最低时的使用期限。随着汽车使用时间和行驶里程的延长，汽车的技术状况不断变坏，汽车维修费、燃料费等经营费用不断增加。当汽车使用到某一年限后，继续使用将使经济性变坏。根据汽车的使用经济效益所确定的汽车寿命即汽车的经济使用寿命。

汽车的经济使用寿命是确定汽车最佳更新时机的依据。汽车经济使用寿命的主要指标有规定使用年限、行驶里程、使用年限和大修次数。

① 规定使用年限。是指从汽车投入运行到报废的年数。这一指标除考虑了运行的时间外，还考虑了汽车停驶闲置期间的自然损耗。

这种计量方法比较简单，但是却没有真实地反映出汽车的使用强度和使用条件对寿命的影响，容易导致同年限的汽车差异较大。如两辆同型号的汽车，一辆每天运行 8 小时，另一辆每天运行只有 2 小时，使用强度较大，但两者的规定使用年限是一样的。

② 行驶里程。是指汽车从开始投入运行到报废期间累计行驶的里程数。这一指标

比较客观地反映了汽车的使用强度，但是它不能反映汽车的使用条件影响，也未考虑停驶闲置期间的自然损耗。如某些汽车常年在城市道路行驶，道路使用条件较好；而某些汽车则长期在山区、边远地区使用，道路使用条件较差。

③ 使用年限。使用年限是指把汽车总的行驶里程与年平均行驶里程之比所得的折算年限，即

$$T_{\text{折}}=\frac{L_{\text{总}}}{L_{\text{年}}} \tag{7-1}$$

式中：$T_{\text{折}}$为折算年限，年；$L_{\text{总}}$为总的累计行驶里程，km；$L_{\text{年}}$为年平均行驶里程，km/年。

年平均行驶里程是用统计方法确定的，与汽车的技术状态、完好率、平均技术速度和道路条件等因素有关。据统计，我国城市和市郊运输汽车年平均行驶里程一般为 4 万 km 左右，长途货运为 5 万 km 左右。对于营运汽车在使用过程中由于汽车的技术状况、平均技术速度和道路条件等因素的不同，年平均行驶里程的差异较大，但汽车的年平均使用强度基本相同。因此，按折算年限基本上可以在全国范围内取得统一指标。

这对于社会专业运输和社会零散使用汽车也是适用的。但由于使用强度相差太大，年平均行驶里程也不相同，其使用年限也不相同。社会零散汽车的管理水平、使用水平、维修水平一般都比较低，所以这些汽车又不能按专业运输汽车的指标要求，应相对于专业运输汽车的使用寿命做适当的修正。

使用年限的表示方法即反映了汽车的使用情况、使用强度，又包括了运行条件和某些停驶时间较长汽车的自然损耗。

④ 大修次数。是指汽车报废之前所经历的大修次数。汽车经过几次大修后报废是否经济；需要综合考虑购买新车的费用、旧车未折完的费用、大修费用和经营费用等。

对于国内情况来说，采用使用年限这个量标比采用行驶里程更为合理些。我国地域辽阔，地理、气候、道路等条件差异较大，管理水平也有高有低。某些城市，即使是相同的使用年限，而汽车总行驶里程又有长有短，汽车技术状况也不相同。综合考评，采用使用年限为汽车寿命的主要考核量标更为确切。

7.2 汽车评估

7.2.1 汽车折旧与残值

汽车折旧是指汽车随着时间的推移或在使用过程中，由于损耗而转移的使用价值。在规定的汽车的合理使用年限之内所剩余的使用价值被称为广义的汽车残值。

汽车折旧根据汽车的价值、使用年限、用所规定的折旧方法计算。常用的方法有等速折旧法和快速折旧法两种。

7.2.1.1 等速折旧法

等速折旧法又称直线折旧法、使用年限法或平均折旧法，是指用汽车的原值除以汽车使用年限，从而求得每年折旧额的方法。计算公式为

$$D_{\mathrm{t}}=\frac{1}{N}(K_{\mathrm{a}}-S_{\mathrm{V}}) \tag{7-2}$$

式中：D_{t}为汽车年折旧额；K_{a}为汽车原值；S_{V}为汽车残值；N为汽车规定的折旧年限。

7.2.1.2 快速折旧法

快速折旧法常分为年份数求和法、余额递减折旧法两种。

1）年份数求和法

年份数求和法是指每年的折旧额可用汽车原值减去残值的差额乘一个逐年变化的递减系数来确定的一种方法。此递减系数的分母为汽车使用年限历年数字的累计之和，即每年递减系数的分母均相等，分子的大小等于当年截止还余有的使用年数。即

$$D_{\mathrm{t}}=(K_{\mathrm{a}}-S_{\mathrm{V}})\times\frac{N+1-t}{\dfrac{N(N+1)}{2}} \tag{7-3}$$

式中：t为汽车在使用期限内某一确定年度；$\dfrac{N+1-t}{N(N+1)/2}$递减系数（或年折旧率），如：当N=5时，则分母为15；在第三年时，分子为2，此年的递减系数为2/15。

2）余额递减法

余额递减法是指任何年的折旧额用现有汽车原值乘以在汽车整个寿命期内恒定的折旧率，接着用汽车原值减去该年折旧额做新的原值，下一年重复这一做法，直到折旧总额分摊完毕。在余额递减中所使用的折旧率通常大于直线折旧率，当使用的折旧率为直线折旧率的2倍时，称为双倍余额递减法。

余额递减折旧法的具体计算方法如下：

$$D_{\mathrm{t}}=K_{\mathrm{a}}a(1-a)^{t-1} \tag{7-4}$$

式中：a为折旧率，直线法的折旧率为a=1/N；T为汽车在使用期限内某一确定年度。

应用该公式计算时，在使用期终仍有余额，为了使折旧总额到使用期终分摊完毕，到一定年度后，要改用等速折旧法。

因两种方法考虑的侧重点不同，故计算出来的折旧率会略有差异。

7.2.2 汽车评估方法及应用

汽车的评估可以分为新汽车评估和旧汽车评估两大类。

7.2.2.1 新汽车评估

对于新汽车的评估方法通常都采用市场价格法，所以评估步骤应遵循市场价格法的评估步骤。具体步骤如下：

（1）采集与被评估汽车同类型汽车的技术参数、性能指标、配置情况及价格。

（2）选择参照车型。

（3）对被评估汽车与参照汽车进行试驾。

（4）被评估汽车与参照汽车的品牌、性能和结构特点、配置的差异比较。

（5）收集被评估汽车与参照汽车的价格走向。

（6）了解与判断被评估汽车定价目标、方法和策略。

（7）差异量化与评估。

7.2.2.2 旧汽车评估

旧汽车评估是指具有专业资质的鉴定评估人员，按照特定的目的、法定或公允的标准和程序，运用科学的方法，对旧汽车进行手续检查、技术鉴定和价格估算的过程。常用的旧汽车评估方法有重置成本法、收益现值法、现行市价法和清算价格法。

1）评估方法的基本概念及计算公式

（1）重置成本法　是指在汽车能够继续使用的前提下，从重新购置一辆全新状态的被评估汽车所需的全部成本中，减去累积应计损耗后，所求及的一个价值指标的方法。其计算公式为：

$$\text{被评估汽车的评估值}=\text{重置成本}-\text{累积应计损耗}$$

从上述公式中可以看出，运用重置成本法估算汽车的评估值时，其准确性主要取决于评估师如何运用基本原理和操作性，来确定汽车的重置成本和累积应计损耗。

（2）收益现值法　是通过估算被评估汽车的未来预期收益，并折算成现值，借此来确定汽车价值的一种评估方法。也就是说，现值在这里被视为汽车的评估值，而且现值的确定依赖于未来预期收益。

运用收益现值来评估汽车的价值反映了这样的含义：即收益现值法把汽车所有者期望的收益转换成现值，这一现值就是购买者未来能得到好处的价值体现。用公式表达即为：

$$\text{被评估汽车的评估值}=\sum_{t=1}^{n}\frac{\text{各期未来预期收益}}{(1+\text{折现率})^{t}}$$

式中：t为收益期，一般以年计。

（3）现行市价法　是以现实市场上同类汽车的现行市场价格为基础，借此确定汽车价值的一种评估方法。从理论上讲，市场价值是假定在一个公开和竞争的市场上的协商价格，是买卖双方在某一时间都认可的价格。

然而，当市场价值运用于汽车评估时，还必须作进一步的规范。如市场化程度的高低，必然影响价格资料的准确性。即使在市场化程度极高的前提下，对所收集的资料仍需作充分分析。尽管理论上认为市场价格具有一致性，但现实中由于种种因素，市场价格的准确性还需评估人员作出判断。此外，当获得了较有效的资料后，鉴于资料的时间性、地域性等，评估人员仍须完成必要的修正。只有当这一系列事项完成之后，才可以相信评估值反映了市场价值，并且能够被买卖双方所接受。

（4）清算价格法　是以清算价格为标准，对汽车进行价格评估的方法。清算价格法在原理上与现行市价法基本相同，所不同的是出售者是在非自愿或被迫情况下出售汽车，而且要求在一定的期限内必须将汽车变现。

从清算的角度来评估汽车的价格，须注意一些特殊条件，比如企业由于种种原因被迫停业或破产，那么作为评估人员必须具有有法律效应的破产处理文件，以及在现实市场中快速出售的要求。此外，还须注意到所卖收入是否足以补偿因出售汽车而附加的支出总额，否则清算将无法实现。

2）评估方法的使用范围

（1）重置成本法是汽车评估中一种常用方法，它适用于继续使用前提下的汽车评估。对在用汽车，可直接运用重置成本法进行评估，无须作较大的调整。

目前，我国汽车交易市场尚需进一步规范和完善，运用现行市价法和收益现值法的客观条件受到一定的制约；而清算价格法仅在特定条件下才能使用。因此，重置成本法在汽车评估中得到了广泛的应用。但在某些情况下，也可运用收益现值法。

（2）收益现值法用于汽车评估的前提是被评估汽车具有独立的、能连续用货币计量的可预期收益。由于在汽车的交易中，购买的目的往往不在于汽车本身，而是汽车的获利能力。因此，该方法较适于从事营运的汽车。

（3）现行市价法的运用首先必须以市场为前提，借助于参照物的市场成交价或变现价（该参照物与被评估汽车相同或相似）来运作。因此，一个发达活跃的汽车交易市场是现行市价法得以广泛运用的前提。

此外，现行市价法的运用还必须以可比性为前提。运用该方法评估汽车市场价值的合理性与公允性，在很大程度上取决于所选取的参照物的可比性如何。可比性包括 2 方面内容：第一，被评估汽车与参照物之间在规格、型号、用途、性能、新旧程度等方面应具有可比性；第二，参照物的交易情况（诸如交易目的、交易条件、交易数量、交易时间、交易结算方式等）与被评估汽车将要发生的情况具有可比性。

以上所述的市场前提和可比前提，既是运用现行市价法进行汽车评估的前提条件，同时也是对运用现行市价法进行汽车评估的范围界定。对于汽车的买卖，以汽车作为投资参股、合作经营，均适用现行市价法。

（4）清算价格法适用于企业破产、抵押/停业清理时要售出的汽车。这类汽车必须同时满足以下 3 个条件，方可利用清算价格法进行出售：具有法律效力的破产处理文件、抵押合同及其他有效文件为依据；汽车在市场上可以快速出售变现；清算价格足以补偿因出售汽车所付出的附加支出总额。

3）评估方法特点的比较

（1）采用重置成本法的优点是，比较充分地考虑了汽车的损耗，评估结果更趋于公平合理。在不易计算汽车未来收益或难以取得市场参照物的条件下，可广泛地使用。采用重置成本法的缺点是工作量较大，且经济性损耗也不易准确计算。

（2）采用收益现值法的优点是与投资决策相结合，容易被交易双方接受；能比较真实准确地反映汽车本金化的价格。采用收益现值法的缺点是预期收益额预测难度大，受主观判断和未来不可预知因素的影响较大。

（3）采用现行市价法的优点是能够客观地反映汽车目前的市场情况，其评估参数指标直接从市场上获得，评估值能反映市场的现实价格，评估结果易于被各方面理解和接受。采用现行市价法的缺点，是由于我国汽车交易市场的发育仍不完善，寻找参照物有一定困难。

（4）清算价格法仅限于在特定条件下使用。在我国，关于清算价格法的理论与实践，都有待进一步总结与完善。

7.2.3　汽车置换与二手车

汽车置换从狭义上来说就是以旧换新，这项活动往往由新车经销商来开展，在其各个 4S 店或各级网点进行，通过满足车主换车的需求开展二手车的收购业务，用二手车的价值来补足车主购买新车的价款，并提供便捷的服务，从而促进新车销售。

广义的汽车置换是在置换业务的基础上，还同时兼营二手车整备翻新、跟踪服务、二手车再销售乃至银行按揭贷款等项目的一系列业务的组合，从而建立起新的营销方式。

7.2.3.1　二手车置换的发展背景

在许多发达国家和地区，新车销售趋于稳定，买新车的人多数原来就有车，为促进新车销售、提高服务，新车制造商和经销商推出了"以旧换新"业务，也就是二手车置换业务。二手车置换业务实质上是将二手车业务和新车销售业务紧密结合的一种产物。

调查统计结果表明，在国外一辆汽车从出厂到报废平均要转手 3 次。而我国近几年的私车保有量增加、新车型开发和上市节奏加快，也让更多的车主不满足一辆车开到底，而想不断地换车，以体现时尚个性。于是，二手车置换也就应市兴起。

在我国最早开展二手车置换业务的是上海通用，2002 年上海通用推出了二手车品牌"诚新二手车"，并在全国各经销商中推广，随后，各大汽车生产商也纷纷推出自己的二手车置换业务品牌。这种由各大汽车生产厂商主导的二手车置换业务是为了提高各自品牌的市场占有率而展开的，各大汽车生产厂商对经销商的置换业务给予扶持。

7.2.3.2　二手车置换的价值和意义

二手车置换业务无论是对新车经销商还是对消费者都是有利的。

对消费者而言，参与二手车置换比其他独立卖掉旧车再买新车能带来更多价值，主要体现在 4 个方面：

（1）交易便捷　二手车置换服务将消费者淘汰旧车和购买新车的过程结合在一起。一次完成甚至是一站完成，为用户解决了先要卖掉旧车再去购买新车的麻烦。

（2）新车经销商的让利置换，旧车增值　与顾客将旧车出售给二手车经纪公司不同，这些经销商通常是以二手车交易市场二手车收购的最高价格甚至高出的价格来确定二手车价格。经双方认可后，置换二手车的钱款直接冲抵新车的价格。

（3）享受"全程一对一"的置换服务　二手车置换经销商提供的车辆置换服务往往会是"全程一对一"的服务模式。从车辆定价、过户手续到新车的贷款、购买、保险、牌照等过程都是由二手车置换经销商内部的专业部门完成，保证效率和服务水准。

（4）完善而有保障的销售服务　通过置换购买的新车，汽车置换授权经销商提供包括保险、替换车，异地租车等服务在内的完善的售后服务。对于符合条件的顾客，有的经销商还提供更加个性化的车辆保值回购计划，使顾客可以无须考虑再次更新时的车辆残值，安心使用车辆。

对新车生产厂商及其经销商而言，开展二手车置换比单纯卖新车有更多的利益和价值。主要体现在以下方面：

（1）促进新车销售　所谓二手车置换率是指二手车置换新车占整个新车销售总量的比例。上海通用“诚新二手车”的许多经销商二手车置换率 2007 年已经超过 10%，许多其他品牌的经销商置换率也基本为 5%左右，二手车置换对新车销售的促进作用日渐凸显。在国外发达市场，这个比例高达 70%，即每销售出去 100 台新车中，有 70 台是通过置换实现的。

（2）获得更大利润　表面上，新车经销商为了开展二手车置换业务往往会推出新车置换、旧车增值的促销活动，收购价格偏高而减少了利润。实际上，新车经销商们通过经营回收的二手车，同样能获得利润，甚至比新车的利润还高。

（3）提升品牌价值　汽车整车制造商积极开展置换业务的另一个主要目的就是提高本品牌的价值。新车生产厂商积极开展置换业务，鼓励经销商们提高价格收购本品牌的二手车，其目的就是提高本品牌车辆的残值，提升品牌价值。增加消费者对其品牌的信任，从而获得更多更长远的利益。

从新车生产厂商进入汽车置换领域的经验看，原有品牌的市场占有率以及规范便捷优惠的二手车置换业务，构成了新车生产厂商与经营商进入品牌二手车市场的核心竞争力之一。随着二手车认证及质量保证体系的逐步建立，二手车置换业务将成为一种全新的交易模式。新的二手车交易模式和二手车交易标准正在由新车生产厂商及其经营商们主导建立。另外，开展二手车置换业务将成为促进新车销售的新模式。在未来还将成为新车生产厂商掌握市场的有力王牌。由此可见，未来汽车市场加强二手车的运作能力、抓住市场机遇，对新车生产厂商与品牌经营商是至关重要的。

7.2.3.3　国内汽车置换程序

品牌二手车的置换业务往往是通过二手车置换授权经营商完成的。二手车置换的服务程序包括旧车出手和新车购买 2 个环节。不同的二手车置换授权经销商对汽车置换流程的规定不完全一样。目前，国内一般的汽车置换程序有两种。

1）以二手车交易为主导

（1）顾客通过电话或者直接到二手车置换经销商处（一般是 4S 店或二级经销网点）进行咨询，也可以在二手车置换授权经销商的网站进行置换登记。

（2）二手车鉴定评估定价。

（3）二手车置换授权经销商的新车销售顾问陪同选定新车。

（4）签订二手车购销协议以及置换协议。

（5）置换二手车的钱款直接冲抵新车的车款，顾客补足新车差价后，办理提车手续，或由二手车置换授权经营商的销售顾问协助在指定的经营商处提取所订车辆，二手车置换授权经营商提供全程服务。

（6）顾客如须贷款购新车，则置换二手车的钱款作为新车的首付款，二手车置换授权经营商为顾客办理购车贷款手续，建立提供因汽车消费信贷所产生的资信管理服务，并建立个人资信数据库。

（7）二手车置换授权经营商办理旧车过户手续，顾客提供必要的协助和资料。

2）二手车置换授权经销商为顾客提供全程后续服务

（1）顾客通过电话或者直接到新车销售店中，由新车销售顾问接待，在介绍新车之后，由新车销售顾问提示客户是否有旧车需要置换。如果有，将邀请本公司的二手车评估师进行二手车鉴定评估定价。

（2）新车销售顾问、二手车评估师与客户共同议定价格，确定差价，陪同选定新车。

（3）签订二手车购销协议以及置换协议。

（4）置换二手车的钱款直接冲抵新车的车款，顾客补足新车差价后，办理提车手续，或由二手车置换授权经营商的销售顾问协助在指定的经营商处提取所订车辆，二手车置换授权经销商提供全程服务。

（5）顾客如需贷款购新车，则置换二手车的钱款作为新车的首付款，二手车置换授权经营商为顾客办理购车贷款手续，建立提供因汽车消费信贷所产生的资信管理服务，并建立个人资信数据库。

（6）二手车置换授权经营商办理旧车过户手续，顾客提供必要的协助和资料。

（7）二手车置换授权经销商为顾客提供全程后续服务。

7.3　汽车更新

7.3.1　影响汽车更新周期因素

以新汽车或高效率、低消耗、性能先进的汽车替换在用车辆称为汽车更新。汽车的更新即包含用同类型的新汽车或性能优越的汽车替换尚未到到报废条件的性能较差的汽车，也包括已达到报废条件的车辆的更新。

汽车的损耗到达一定程度必然需要更新。而汽车的更新受到国家在一定时期的经济和生产技术水平的制约，应符合国家的技术经济政策及社会需要。

目前，我国汽车的更新均以其经济寿命为依据。根据我国汽车工业发展水平、单位经济实力，考虑更新车的来源、更新资金、更新成本、车辆折旧率、燃料供应、维护修理及技术管理人员的培训、维修设备的配套，结合车辆改装、改造等因素综合分析，决定对车辆进行改装、改造还是更新。

7.3.2　汽车最佳更新周期确定

汽车更新周期的确定是通过计算汽车经济使用寿命来决定，汽车经济使用寿命的计算方法主要有最小平均费用法、低劣化数值法、判定大修与更新界限法、面值法、应用现值和资本回收等。

1）最小平均费用法

平均费用也即是平均使用成本或支出，一般由年平均维修费用和年平均折旧费用组成。计算公式为

$$C_{均}=\frac{\sum V+\sum B}{T} \tag{7-5}$$

式中：$C_{均}$为每年的平均费用，即年均使用成本；$\sum V$ 为累计运行中的维修费用；$\sum B$ 为累计折旧费用；T 为使用年数。

汽车每年的平均使用费用在一般情况下，随着使用年限的增长平均运行维修费用增加，而年均折旧费用下降。可把年平均费用最小的那个年份作为最佳的更新周期，也就是汽车的经济使用寿命。

2）低劣化数值法

汽车随着使用年限的增长，有形损耗和无形损耗都不断加剧，运行维修费用相应加大，这就是汽车运行成本低劣化现象。若能按统计资料预测到这种低劣化程度，则可能在汽车使用早期就可预测其最佳更新周期。

假定汽车的原始价值为 K，其使用年限为 T，则每年费用为 K/T，由于使用中汽车性能逐年低劣化，从而导致运行费用每年以 λ 的数值增加。T 年后其残值为 Q，则汽车最佳使用期计算如下：

因低劣化值在汽车使用的第一年年末为 λ，第二年年末则为 2λ，…，第 T 年年末为 $T\lambda$，逐年低劣化值为 λ 的等差数列。其 T 年的平均低劣化值为

$$\frac{\lambda+2\lambda+\cdots+T\lambda}{T}=\frac{(T+1)\lambda}{2} \tag{7-6}$$

则平均总费用 C 为

$$C=\frac{K-Q}{T}+\frac{(T+1)\lambda}{2} \tag{7-7}$$

对上式可用求极值的方法使年均费用为最小，也就是对时间求一阶导数，并令其等于零，即可求出 $C_{\min}$ 值。此值就是汽车的最佳更新周期，也是经济使用寿命期。

若 Q 为常数，对上式求导，并令其等于零，则可求得

$$T=\sqrt{\frac{2(K-Q)}{\lambda}} \tag{7-8}$$

若不计残值，即令 $Q=0$，则上式变化为

$$T=\sqrt{\frac{2K}{\lambda}} \tag{7-9}$$

上式就是计算汽车最佳更新周期的简化公式。

3）应用现值及投资回收系数估算法

在进行汽车经济寿命计算时，年使用费用若考虑到利率的影响，必须把已发生的费用或预期将要发生的费用按现值计算。这样才能将在同一时间基点上，将所涉及的各项费用按现在的价值折算出总的费用，称为年使用现值。其折算公式为

$$P=\frac{S}{(1+i)^T} \tag{7-10}$$

式中：P 为现值；S 为未来值，即第 T 年付出的费用；i 为利率；$\frac{1}{(1+i)^T}$ 为现值系数。

设汽车使用过程中，平均每年陆续付出的费用为 R（称为年当量使用费用），每年陆续付出费用的总和为 P（以现在的费用值表示，称为现值）。则 R 与 P 之间存在下述关系：

$$P=\frac{R}{(1+i)}+\frac{R}{(1+i)^2}+\cdots+\frac{R}{(1+i)^{T-1}}+\frac{R}{(1+i)^T}$$

$$=\frac{R}{(1+i)^T}[(1+i)^{T-1}+\cdots+(1+i)+1]$$

$$=\frac{R}{(1+i)^T}\times\frac{(1+i)^T-1}{i}$$

即

$$R=P\frac{i(1+i)^T}{(1+i)^T-1} \tag{7-11}$$

式中：$\frac{i(1+i)^T}{(1+i)^T-1}$ 为投资回收系数。

年当量使用费用 R，是为使用支出的现值可与每年由更新而获得的效益进行比较而提出的，当列表计算后，选出与年当量使用费用 R 最小的使用年限 T 时，即为经济寿命年限。

7.4 汽车回收利用

7.4.1 汽车报废及其管理

汽车经过长时期使用，车型老旧，性能低劣，物料消耗严重，维修费用过高，继续使用不经济、不安全的应予以报废。汽车报废应该根据汽车报废的技术条件，提前报废会造成运力浪费，过迟报废则又增大运输成本影响运力更新。我国曾颁布的《汽车报废标准》中已经对汽车报废的相关事宜做了严格规定。

1986 年，我国制定最早的《汽车报废标准》。随着我国国民经济的快速发展，人民生活水平普遍提高，作为国民经济的主要支柱产业之一的汽车工业呈现出产销两旺的趋势。因此，该标准已不适应汽车生产和交通运输发展以及交通安全、节能、环保等方面的需要。1997 年，国家有关部委颁布了修订后的《汽车报废标准》；1998 年 7 月，又对该标准中的轻型载货汽车（含越野型）的行驶里程、使用年限及办理延缓报废的标准进行了调整。2000 年 12 月，国家有关部委为了鼓励技术进步、节约资源、促进汽车消费，对非营运汽车和旅游载客汽车的使用年限及办理延缓报废标准再次进行调整。

（1）1997 年制定的《汽车报废标准》及调整后的内容，可以反映出比较完整、系统且适合我国国情的汽车报废标准。

① 微型载货汽车（含越野型）、矿山作业专用车累计行驶 30 万 km，重型、中型、轻型载货汽车（含越野型）累计行驶 40 万 km，特大型、中型、微型客车（含越野型）、

轿车累计行驶 50 万 km，其他车辆累计行驶 45 万 km。

② 微型载货汽车（含越野型）、带拖挂的载货汽车、矿山作业专用车及各类出租汽车使用 8 年，其他车辆使用 10 年。

③ 因各种原因造成车辆严重损坏或技术状况低劣，无法修复。

④ 车型淘汰，已无配件来源。

⑤ 汽车经长期使用，耗油量超过国家定型车出厂标准规定值 15%。

⑥ 经修理和调整仍达不到国家对机动车运行安全技术条件要求。

⑦ 经修理和调整或用排气污染控制技术，排放污染物仍超过国家规定的汽车排放标准。

此外，《汽车报废标准》还规定，除 9 座以下出租车和微型载货车（含越野型）外，对达到上述使用年限的客、货车辆经公安车辆管理部门依据国家机动车安全排放有关规定严格检验，性能符合规定的，可延缓报废，但延长期不得超过本标准第二条规定年限的一半。对 1998 年 7 月 6 日以前已达到 8 年使用年限的轻型载货汽车不得延缓报废。对于吊车、消防车、钻探车等从事专门作业的车辆，还可根据实际使用和检验情况，适当延长使用年限。

凡延长使用年限的车辆，都需要按公安部规定增加检验次数，不符合国家有关汽车安全及废气排放规定的应当强制报废。

（2）原国家经贸委、国家计委、公安部、原国家环保总局于 2000 年 12 月 18 日联合发文《关于调整汽车报废标准若干规定的通知》，决定将 1997 年制定的汽车报废标准中非营运载客汽车和旅行载客汽车的使用年限及办理延续的报废标准调整如下：

① 9 座（含 9 座）以下非营运载客汽车（包括轿车，含越野型）使用 15 年。

② 旅游载客汽车和 9 座以上非营运载客汽车使用 10 年。

③ 上述车辆达到报废年限后须继续使用的，必须依据国家机动车安全、污染物排放有关规定进行严格检验，检验合格后可延长使用年限。但旅游载客汽车和 9 座以上非营运载客汽车可延长使用年限最长不超过 10 年。

④ 对延长使用年限的车辆，应当按照公安交通管理部门和环境保护部门的规定，增加检验次数。一个检验周期内连续 3 次不符合要求的，应注销登记，不允许再上路行驶。

⑤ 营运车辆转为非营运车辆或非营运车辆转为营运车辆，一律按营运车辆的规定报废。

⑥ 本通知没有调整的内容和其他类型的汽车（包括右置方向盘汽车），仍按原国家经贸委等部门《关于发布〈汽车报废标准〉的通知》（原国家经贸委[1997]456 号）和《关于调整轻型载货汽车报废标准的通知》（原国家经贸委[1998]407 号）执行。

⑦ 本通知所称非营运载客汽车是指单位和个人不以获取运输利润为目的的自用载客汽车；旅游载客汽车是指经各级旅游主管部门批准的旅行社专门运载游客的自用载客汽车。

2006 年以前，我国《汽车报废标准》几经修订，根据车型和用途的不同进行了调整，既加速了汽车的报废更新，又活跃了新车销售市场，刺激了私人购车。

2006年9月30日，国家商务部拟定的《机动车强制报废标准规定》（征求意见稿）开始向社会公开征求意见。与2006年以前标准相比，《征求意见稿》取消了非营运小型、微型乘用车以及专项作业车的报废年限规定，对其他车型的报废年限都适当进行了延长，同时强化了车辆的技术状态及安全、环保指标。新的汽车报废标准更加合理，对二手车市场将产生较大影响。

2012年8月24日，商务部第68次部务会议审议通过了商务部、发改委、公安部、环境保护部联合发布的《机动车强制报废标准规定》，自2013年5月1日起施行。其中，根据第四条规定：已注册机动车有下列情形之一的应当强制报废，其所有人应当将机动车交售给报废机动车回收拆解企业，由报废机动车回收拆解企业按规定进行登记、拆解、销毁等处理，并将报废机动车登记证书、号牌、行驶证交公安机关交通管理部门注销：

① 达到本规定第五条规定使用年限的；

② 经修理和调整仍不符合机动车安全技术国家标准对在用车有关要求的；

③ 经修理和调整或者采用控制技术后，向大气排放污染物或者噪声仍不符合国家标准对在用车有关要求的；

④ 在检验有效期届满后连续3个机动车检验周期内未取得机动车检验合格标志的。

新版《机动车强制报废标准规定》中第五条、第七条，关于汽车按使用年限及引导报废行驶里程，见表7-1所示。

表7-1 《机动车强制报废标准规定》（2012版）中汽车使用年限及引导报废行驶里程

类型		用途与特征	使用年限/年	行驶里程/万km
载客汽车	小/微型	非营运载客汽车	无限制	60
		出租客运汽车	8	60
		教练载客汽车	10	50
		租赁载客汽车	15	60
		其他营运载客汽车	10	60
	中/大型	非营运大型轿车	无限制	60
		非营运载客汽车	20	60
		出租客运汽车	10/12	50/60
		教练载客汽车	12/15	50/60
		专用校车	15	40
		公交客运汽车	13	40
		其他营运载客汽车	15	50/80
载货汽车		三轮汽车、装用单缸发动机的低速货车	9	—
		装用多缸发动机的低速货车以及微型载货汽车	12	30/50
		危险品运输载货汽车	10	40
		其他载货汽车（包括半挂牵引车和全挂牵引车）	15	70

（续）

类　型	用途与特征	使用年限/年	行驶里程/万 km
载货汽车	有载货功能的专项作业车	15	50
	无载货功能的专项作业车	30	50
	全挂车、危险品运输半挂车	10	—
	集装箱半挂车	20	—
	其他半挂车	15	—
摩托车	正三轮摩托车	12	10
	其他摩托车	13	12
其他	轮式专用机械车	无限制	50

注：微型载货汽车行驶 50 万 km，中、轻型载货汽车行驶 60 万 km，重型载货汽车（包括半挂牵引车和全挂牵引车）行驶 70 万 km。

对小、微型出租客运汽车（纯电动汽车除外）和摩托车，省、自治区、直辖市人民政府有关部门可结合本地实际情况，制定严于上述使用年限的规定，但小、微型出租客运汽车不得低于 6 年，正三轮摩托车不得低于 10 年，其他摩托车不得低于 11 年。

机动车使用年限起始日期按照注册登记日期计算，但自出厂之日起超过两年未办理注册登记手续的，按照出厂日期计算。

《汽车报废标准》确定汽车报废的主要依据是使用年限。国家对达到一定行驶里程的机动车引导报废，其所有人可以将机动车交售给报废机动车回收拆解企业，由报废机动车回收拆解企业按规定进行登记、拆解、销毁等处理，并将报废的机动车登记证书、号牌、行驶证交公安机关交通管理部门注销。

规定所称机动车是指上道路行驶的汽车、挂车、摩托车和轮式专用机械车；非营运载客汽车是指个人或者单位不以获取利润为目的的自用载客汽车；危险品运输载货汽车是指专门用于运输剧毒化学品、爆炸品、放射性物品、腐蚀性物品等危险品的车辆；变更使用性质是指使用性质由营运转为非营运或者由非营运转为营运，小、微型出租、租赁、教练等不同类型的营运载客汽车之间的相互转换，以及危险品运输载货汽车转为其他载货汽车。

7.4.2 汽车回收方式

7.4.2.1 国内

报废汽车回收拆解再利用是节约原生资源、实现环境保护、保证国家资源合理利用的重要途径，是我国经济可持续发展的重要措施之一。所谓报废汽车回收，是指有车单位和个人将其报废汽车交给特定的单位，由该单位按照国家有关规定进行收购。

经过 20 余年的发展，我国的报废汽车回收已经形成了一定的规模，全国报废汽车回收拆解资质企业回收网点已达 1 000 余个。我国的报废汽车回收要严格按照以下方式进行：

（1）根据《中华人民共和国道路安全法实施条例》（国务院第 405 号令）第九条规定：已注册登记的机动车达到国家规定的强制报废标准的，公安机关交通管理部门应该在报废期满的 2 个月前通知机动车所有人办理注销登记。机动车所有人应当在报废期满前将机动车交售给机动车回收企业，由机动车回收企业将报废的机动车登记证书、号牌、行驶证交公安机关交通管理部门注销。

（2）在《机动车修理、报废机动车回收业治安管理办法》第八条规定：报废机动车回收企业回收报废机动车时应如实登记下列项目：

① 报废机动车车主名称或姓名、送车人姓名、居民身份证号码；

② 按照公安交通管理部门出具的机动车报废证明登记报废车车牌号码、车型、发动机号码、车架号码、车身颜色。

（3）报废机动车企业在接收报废机动车后，必须查验“五大总成”（发动机、大梁、方向机、前后桥、变速器）是否齐全；查验发动机号、大梁号、过磅支付残值，并开具《报废汽车回收证明》。

（4）报废机动车一旦进入待拆区，则应该在公安交通管理部门的监督下进行解体。

我国目前报废汽车回收的特点是：报废汽车进场后，拆卸可利用的零配件，利用氧气切割、机械剪切工具对无利用零配件价值的车体进行破碎加工。其优点是：就业人员多、废弃物少、资源综合利用率高（可达 90%）。缺点是：生产效率低、零部件利用率低、因气割造成的废气污染严重、达不到清洁生产而造成二次污染的问题还比较突出。

7.4.1.2 国外

世界发达国家对机动车回收等也进行全面管理，各政府部门以分工协作方式，各司其职。在主管部门的授权和指导下，由政府代理机构（如车辆检查机构、环保机构）实行对车辆检测、报废机动车回收、拆解和破碎企业及有关工作流程的认可、监管，并且制定相应的具体标准法规。

以英国为例，其汽车回收方式为：

（1）主管部门及管理模式　国家贸易工业部负责管理，包括车辆的年检、制造商和销售商协会、回收及拆解企业等。英国环境、食品和乡村事务部通过其政府代理机构——英国环境署（EA）实施车辆回收和拆解的资质认证、环保许可。

（2）政策法规　2005 年颁布了《报废车辆规定（制造商责任）》法规（2005 年法定文件第 263 号），明确了各部门、机构及相关组织的责任，该法规是对欧盟指令的具体化（如管理部门或者机构、制造商责任、回收网点要求等）。

（3）报废机动车回收处理企业基本情况　英国机动车保有量达 2 900 万辆，每年报废机动车约 200 万辆（销售量略高于报废量）。英国法规规定制造商建立回收网点和体系，或者与已有回收机构［预处理机构（AFT）］签约（要求签约时间为 10 年）。

目前英国有大约 900 家 AFT，估计今后可发展到 1 400 家。但是根据制造商的要求及网点布置情况，预计最多有 30%的 AFT 成为各制造商的签约机构。对于未与制造商签约的 AFT，只要经过许可（达到场地及设备要求），可以独立开展回收工作。

（4）按照法规对回收企业进行许可管理　为指导回收拆解企业恰当地拆解和处理报废车辆，英国环境、食品和乡村事务部和贸易工业部联合提出了《报废车辆的无害化处理（认可的拆解机构指南）》，对回收拆解企业资质提出了相关要求。

（5）报废机动车回收处理过程　回收企业在收到车辆后给车辆所有者发放销毁证书，并通知贸易工业部。

拆解企业是将零部件从车辆上拆卸下来，并对车辆进行无害化处理，即清除燃油和液体、电池、气囊等，以进行后续的再利用或处理，剩余的车辆残骸直接由挤压设备压成扁体。

破碎企业将挤压后的车辆送入大型破碎机，切成碎块后进行筛选、分类，达到分别回收利用的目的。

目前世界发达国家报废汽车回收的特点是：采取报废汽车进场后，首先将可利用的零部件（包括五大总成）拆卸、保养、入库、销售，车体压扁后集中到机械破碎厂进行破碎加工，即零部件拆卸与车体破碎加工工序分开进行。但车体进行压扁破碎工序前必须经过拆卸轮胎、玻璃、回收残油等清洁工序（政府的强制规定）；破碎工序均采用大型机械自动化破碎机加工，效率高，从业人员少。但由于破碎处理产生的不易分选的再生资源（铜、铝、铅、锌及不锈钢等非磁性混合金属）和非金属废弃物多，资源回收率仅为 75%。

7.4.3 汽车回收利用技术

回收利用是指经过对废料的再加工处理，使其能够满足其原来的使用要求或者用于其他用途，包括使其产生能量的处理过程。

根据不同用途，汽车设计、制造时所选用的材料也有所不同，而且性能优良、安全、轻量、强度高的新材料不断被用于新型汽车。但总的来说，现阶段世界上的汽车制造材料中钢铁占的比例仍然最大，达 80%（包括铸铁件 3%～5%），其他材料还有有色金属、塑料、橡胶、玻璃、纤维等，这些材料经过一定的处理大部分均可以回收利用。

7.4.3.1 汽车黑色金属材料的回收利用

黑色金属是汽车材料中使用比例最大的，主要包括灰铸铁、球墨铸铁、可锻铸铁、碳素钢、合金钢等。根据钢材在汽车的应用部位和加工成型方法，可把汽车用钢分为特殊钢和钢板两大类。特殊钢是指具有特殊用途的钢，汽车发动机和传动系统的许多零件均使用特殊钢制造，如弹簧钢、齿轮钢、调质钢、非调质钢、不锈钢、易切削钢、渗碳钢、氮化钢等。钢板在汽车制造中占有很重要的地位，载重汽车钢板用量占钢材消耗量的 50%左右，轿车则占 70%左右。按加工工艺，钢板可分为热轧钢板、冷冲压钢板、涂镀层钢板、复合减震钢板等。

废旧汽车经拆卸、分类后作为材料回收的必须经机械处理，然后将钢材送钢厂冶炼，铸铁送铸造厂，有色金属送相应的冶炼炉。当前机械处理的方法有剪切、打包、压扁和粉碎等。国内回收的典型流程见图 7-1。

国外回收废旧汽车生产线主体是破碎机，辅助设备是输送、分选、清洗装置。先由破碎机用锤击方法将废钢铁破碎成小块，再经磁选、分选、清洗，把有色金属和非金属、塑料、油漆等杂物分离出去，得到的洁净废钢铁是优质炼钢原料。这样处理废旧汽车的生产线在世界上有 600 多条，但大多集中在汽车工业发达的国家。从废旧汽车回收金属材料的莱茵哈特法工艺流程（美国专利 4014681 号）见图 7-2。

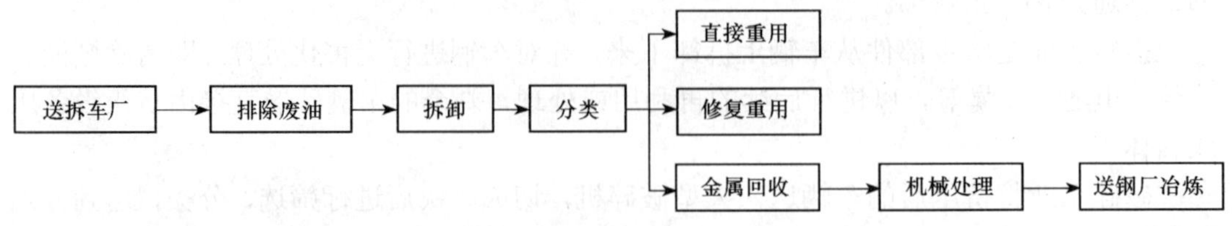

图 7-1　国内汽车回收的典型流程

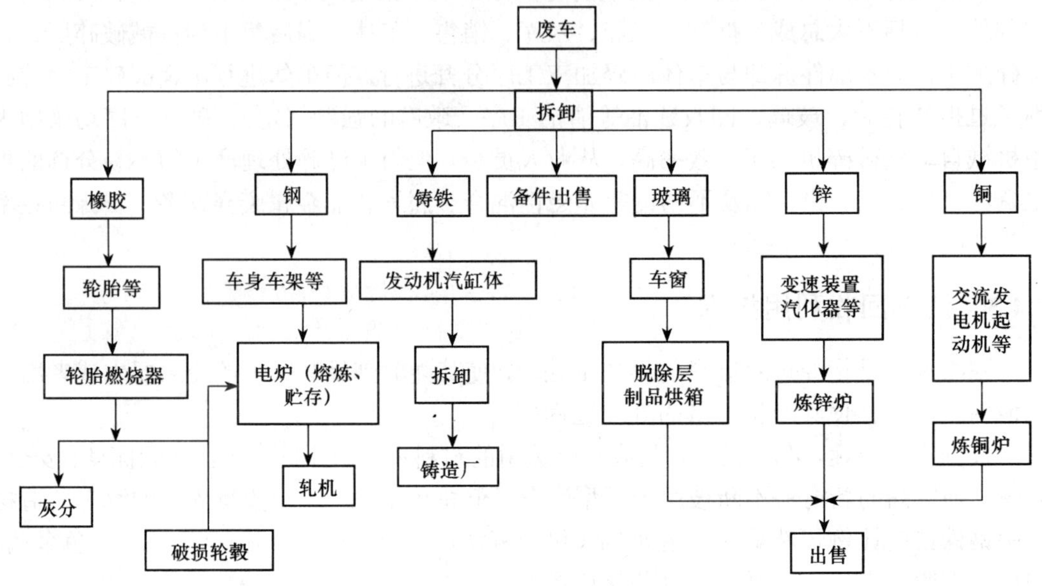

图 7-2　莱茵哈特法工艺流程

7.4.3.2　汽车有色金属的回收利用

汽车使用的有色金属材料占 3%～4.7%，主要有铝、铜、镁合金、少量的锌、铅及轴承合金等。随着汽车轻量化的发展趋势，这些材料的用量还在不断地加大。

一般认为，最理想的有色金属回收方法是原零件的重用，即采用人工分解汽车，然后将各种材料和零部件分类回收再生。但这种方法的人工拆卸成本过高，且拆卸下来的零部件直接利用性不大，所以这种方法已经很少再使用。

目前对于有色金属的回收利用已经从人工拆卸零部件转向了机械化、半自动化回收原材料，即采用切碎机切碎旧车主体后再分别回收不同的原材料，主要方法如下：

（1）将旧车内所有液态物质排放集中处置；

（2）先局部地将易拆卸下来的大件（如车身板、车轮、底盘等）拆卸下来；

（3）将旧车拆卸下的大件和未拆卸的旧车剩余体，分别进入切碎机系统流水线，先压扁，然后在多刃旋转切碎装置上切成碎块；

（4）流水线对其进行进一步处理：全部碎块通过空气吸道，利用空气吸力吸走轻质塑料碎片；通过磁选机，吸走钢和铁碎块；通过悬浮装置，利用不同浓度的浮选介质分别选走密度不同的镁合金和铝合金；由于铅、锌和铜的密度大，浮选方法不太适用，利用熔点不同分别熔化分离出铅和锌，最终余下来的是高熔点铜。

这种方法的流程合理，成本相对不高，但对于铝镁合金的分离还存在一定的缺陷。铝镁合金属于不同的合金系，经破碎和浮选后不能再进一步分离，形成了不同合金的混合物，只能作为重熔铸造合金使用，降低了回收的价值和广泛性。随着汽车设计及材料技术的发展，这些问题也在被逐步解决，如铝合金液化分离法等。

7.4.3.3 汽车轮胎的回收利用

废旧轮胎被称为“黑色污染”，据统计，目前全世界每年约有 15 亿条轮胎报废，废旧轮胎带来的环保压力越来越大。1986 年，苏联首次出版了关于废旧轮胎回收利用的专著，并于 1991 年由 Ellis Horwood 出版社以英文出版了其译著，内容共分为 6 部分，分别讨论了废旧轮胎的回收、处理、利用以及胶粉与再生胶制造与性能等问题。1993 年 3 月在瑞士召开了 Recycle′93 Davos International Forum and Exposition 会议。会议收到了大量论文，研究了废旧轮胎、废旧橡胶和塑料的回收与再利用问题。1991 年日本也公布了本国的废旧轮胎回收利用的状况。到目前为止，废旧轮胎的处理利用方法主要有轮胎翻新、热解、生产胶粉、再生胶等几种。

（1）废旧轮胎翻新　有专家认为，翻新胎可以按照新胎同样的合法速度行驶，在安全、性能和舒适程度上不亚于新胎，因此，在很多发达国家都在大量地使用翻新胎，轿车尤为显著。欧盟在轿车胎维修厂销售中翻新胎销售量约为 18.8%，而中国翻新轿车胎数量几乎为零。

传统的轮胎翻新方式是将混合胶粘在经磨锉的轮胎胎体上，然后放入固定尺寸的钢质模型内，经过温度高达 150℃以上硫化的加工方法，俗称“热翻新”，或热硫化法。该法目前仍是中国翻胎业的主导工艺，但在美国、法国、日本等发达国家已逐渐被淘汰，代用的是一种新型的“预硫化翻新”，俗称“冷翻新”技术。

“预硫化翻新”是由意大利马朗贡尼（Marangoni）集团研发并于 1973 年投放市场。“预硫化翻新”技术是将预先经过高温硫化而成的花纹胎面胶粘在经过磨锉的轮胎胎体上，然后安装在充气轮辋；套上具有伸缩性的耐热胶套，置入温度在 100℃以上的硫化室内进一步硫化翻新，这项技术可确保轮胎更耐用，提高每条轮胎的翻新次数，使轮胎的行驶里程更长，平衡性更好，使用更加安全。

（2）生产胶粉　生产胶粉是目前国际上使用较多的一种汽车轮胎回收利用方式。

通过机械方式将废旧轮胎粉碎后得到的粉末状物质就是胶粉，其生产工艺有常温粉碎法、低温冷冻粉碎法、水冲击法等。与再生胶相比，胶粉无须脱硫，所以生产过程耗费能源较少，工艺较再生胶简单得多，能有效减低污染环境，而且胶粉性能优异、用途广泛。通过生产胶粉来回收废旧轮胎是集环保与资源再利用于一体的很有前途的方式，这也是发达国家摒弃再生胶生产，将废旧轮胎利用重点由再生胶转向胶粉和开辟其他利用领域的根源。

胶粉有许多重要用途，譬如掺入胶料中可代替部分生胶，降低产品成本；活化胶粉或改性胶粉可用来制造各种橡胶制品（汽车轮胎、汽车配件、运输带、挡泥板、防尘罩、鞋底和鞋芯、弹性砖、圈和垫等）；与沥青或水泥混合，用于公路建设和房屋建筑；与塑料并用可制作防水卷材、农用节水渗灌管、消音板和地板、水管和油管、包装材料、框架、周转箱、浴缸、水箱；制作涂料、油漆和黏合剂；生产活性炭等。

（3）废轮胎用于建筑材料　近年来，废旧轮胎用于土木（岩土）工程中的应用在逐步增加，通常是将整条轮胎切成50～300mm的碎片。

在岩土工程中使用碎轮胎的益处是，碎轮胎的单位体积重量只是常用回填土的1/3，因而用其作填料所产生的上覆压力要比泥土回填材料所产生的小得多。这对软弱地基而言，将会明显地减少沉降，增强整体稳定性。并且碎轮胎填料施加在挡土结构上的水平应力不到泥土回填材料的一半，为大幅降低挡土结构的造价提供了前提。

橡胶土是一种新的轻质多孔隙建筑材料。该材料主要由碎橡胶、水泥、煤灰或粉煤灰（PFA）、橡胶粉或聚合物纤维和水制成。碎橡胶主要来自去掉钢丝的废旧橡胶轮胎，也可从其他回收的橡胶制品中获得。将上述原料以预定比例充分混合制浆即可浇筑成轻质多孔隙的建筑材料。同样，也可将制成的浆倒入铸模浇筑成轻质建筑块。

应用的领域包括路堤、挡土结构、山坡填土、地下厂房回填、道路填土、土地开垦及其他的土木工程应用。

（4）轮胎原形改制　原形改制是通过捆绑、裁剪、冲切等方式将废旧轮胎改造成有利用价值的物品。最常见的是用作码头和船舶的护舷、沉入海底充当人工渔礁、用作航标灯的漂浮灯塔等。原形改制是一种非常有价值的回收利用方法，但该方法消耗的废旧轮胎量并不大，所以只能当作是一种辅助途径。

（5）热能利用　废旧轮胎是一种高热值材料，每公斤的发热量比木材高69%，比烟煤高10%，比焦炭高4%。

以废旧轮胎当作燃料使用，一是直接燃烧回收热能，此法虽然简单，但会造成大气污染，不宜提倡；二是将废旧轮胎破碎，然后按一定比例与各种可燃废旧物混合，配制成固体垃圾燃料（RDF），供高炉喷吹代替煤、油和焦炭作烧水泥的燃料或代替煤以及火力发电用。同时，该方法还有副产品——炭黑生成，经活化后可作为补强剂再次用于橡胶制品生产。在综合利用中，热能利用是目前能够最大量消耗废旧轮胎的唯一途径，不仅方便、简洁，而且设备投资最少。

（6）再生胶　通过化学方法，使废旧轮胎橡胶脱硫，得到再生橡胶是综合利用废旧轮胎最古老的方法。目前采用的再生胶生产技术有动态脱硫法（恩格尔科法）、常温再生法、低温再生法（TCR法）、低温相转移催化脱硫法、微波再生法、辐射再生法和压出再生法。

由于再生胶的生产严重污染环境，国外已经淘汰，而中国再生胶仍是利用废轮胎的主要方法。不少企业还处于技术水平低、二次污染重的作坊式生产阶段，胶粉产品也未形成规模。

（7）热分解　热分解就是用高温加热废旧轮胎，促使其分解成油、可燃气体、碳粉。热分解所得的油与商业燃油特性相近，可用于直接燃烧或与石油提取的燃油混合后使用，也可以用作橡胶加工软化剂；所得的可燃气体主要由氢和甲烷等组成，可作燃料使用，也可以就地燃烧供热分解过程需要；所得的碳粉可代替炭黑使用，或经处理后制成特种吸附剂。这种吸附剂对水中污物，尤其是水银等有毒金属有极强的滤清作用。此外，热分解产物还有废钢丝。

（8）掩埋储能 掩埋储能是一种最简单的方法，即将废旧轮胎直接掩埋于水土中，它不会或很少会析出污水或释放废气，将其储存于地下期待有朝一日会冒出某种潜藏着的能重新利用的能源。但是，由于掩埋场地的数量不断减少，掩埋成本急剧上涨，其应用前景极其暗淡。

生物降解废旧轮胎比较困难。最近一项专利采用一种矿物质化学营养细菌的含水悬浮液，对粉末状聚合物的表面进行侵蚀脱硫，在随后和生胶混炼时，可溶性的聚合物分子链就会很容易地扩散，在硫化期间又有可能交联。日本、德国则开展利用放线菌生物降解橡胶材料的研究，已取得重大进展。

7.4.3.4 汽车玻璃的回收利用

汽车玻璃主要来自车灯、反射镜和驾驶室上的挡风玻璃，这些部件主要使用的是钢化玻璃和夹层玻璃。这些玻璃的回收还处于手工拆卸阶段，成本过高且易混入杂质，同时人们对汽车主动安全及美观性的追求使玻璃材料也在不断变化，这些都给汽车玻璃的回收造成较大难度。设计人员如何从开始设计时就考虑到回收再利用的问题，变现在的被迫回收为将来的主动利用，将是汽车制造工业所面临的一个重要问题。

玻璃回收后大多仅限于将碎玻璃回炉，重新熔融再制成其他玻璃器皿。或将碎玻璃和碳粉混合后再加入少量化工原料，经烧结制成可替代矿棉的均质泡沫玻璃建筑材料。还有将玻璃和塑料作为混凝料添加到混凝土和沥青中，用于建筑方面。

汽车玻璃的回收利用用途有：日用玻璃和建筑玻璃的回用料；制造陶粒生产原材料；用于沥青混凝土生产“玻璃沥青”；生产玻璃晶化砖；制备建筑面砖；生产实心玻璃微珠；生产玻璃陶瓷装饰板、玻璃花岗石装饰材料及玻璃马赛克；生产泡沫玻璃制品；混凝土的掺和料；经处理在农业生产可以起到保持土壤水分及渗水的作用等很多方面。

7.4.3.5 汽车塑料的回收利用

从现代汽车使用的材料看，无论是外装饰件、内装饰件，还是功能与结构件，到处都可以看到塑料制件的影子。外装饰件的应用特点是以塑料代钢，减轻汽车自重，主要部件有保险杆、挡泥板、车轮罩、导流板等；内装饰件的主要部件有仪表板、车门内板、副仪表板、杂物箱盖、座椅、后护板等；功能与结构件主要有油箱、散热器水室、空气过滤器罩、风扇叶片等。随着汽车轻量化的发展趋势，汽车中塑料的应用范围还会逐渐扩大。

塑料是一种难以自燃、分解的物质，有些改性后的塑料材料使用寿命更长。通过焚烧的方式来处理会造成严重的大气污染，报废汽车的塑料最理想的出路是回收、再利用，但其回收处理工艺十分复杂，即使在一些回收处理技术较先进的国家，对于塑料件的回收和再生利用也尚在研究开发之中。

目前，国外回收利用的方法包括分类回收、燃烧利用热能、制取单体原材料、生产清洁燃油和用于发电等，并通过一定的清洁装置，将不能利用的废气和废渣进行清洁处理。日本及欧洲各国在几年前已分别提出了对汽车废旧塑料的利用要求，并规定了具体的年限，汽车废塑料制品的实际利用率在 2000 年已达 85%，预计到 2015 年可达到 95%。目前，汽车废旧塑料的回收、再生与利用技术，在国外已成为一个热点并逐步形成为一种新兴的产业。

国内对汽车上旧塑料零部件的回收处理有如下几种做法：与建筑废料或其他行业废塑料填埋、直接送至焚烧炉焚烧、直接出售给个体企业生产儿童玩具或其他用品。

7.4.3.6 汽车润滑油的回收利用

汽车润滑油的再生能够节约能源、变废为宝，利于石油资源的充分利用。国外对润滑油的再生利用多从环境保护角度考虑，使其再生时不再产生二次污染，而我国的侧重点则是以获得经济效益为主，处理废油产生的二次污染环境问题考虑较少。这样两个不同的侧重点促使了废油再生加工工艺朝着两个不同的方向发展。

国外常用的汽车废旧润滑油回收利用技术有：Meinken 工艺、IFP 工艺、Snamprogetti 工艺、KTI 工艺、DCH 工艺、DCH 与炼油厂联合工艺、BERC 工艺、Recyclon 工艺等。

国内主要的回收利用技术有：蒸馏—酸洗—白土精制工艺；沉降—酸洗—白土蒸馏工艺；沉降—蒸馏—酸洗—钙土精制工艺；白土高温接触无酸再生工艺；蒸馏—乙醇抽提—白土精制工艺；蒸馏—糠醛精制—白土精制工艺；沉降—絮凝—白土精制工艺；XXS 废油再生新工艺等。

7.4.3.7 汽车冷却剂的回收利用

汽车发动机的冷却液是汽车发动机循环冷却的主要工作介质。有试验表明，经过回收之后的冷却剂完全可以满足车用要求，且经过测试完全符合 GM 公司关于冷却剂的技术标准。在我国的汽车报废行业中因报废量的原因对冷却剂是不回收的，没有引起足够的重视。国外却十分重视冷却剂的回收并制定相应的法律和条款，规定废冷却剂不经处理不得随意排到地面和地下水道。

现有一种反渗透（reverse osmosis，RO）技术被用于回收发动机冷却剂。具体方法是：废冷却剂被装入集中器，经低压泵（低压泵可提供 350kPa 的压力）以满足下一步的过滤要求，经过过滤器之后，被送入高压泵（最理想的功能工作压力为 2 800kPa），冷却剂经过反渗透膜之后，浓度增大，这时冷却剂溶液通过压力控制阀，再经过散热器，然后回到集中器，开始新的循环，直到符合要求为止。

在处理过程中乙二醇被处理为无害物质需要在紫外线下照射几周，时间过长。

7.4.3.8 汽车安全气囊的回收利用

汽车安全气囊是一种能够有效保护车内成员安全的被动安全装置。安全气囊系统主要由传感器、气袋、电子控制单元和气体发生器等部分组成。随着安全气囊系统的使用越来越多，其回收就显得越来越重要。

安全气囊的回收主要包括以下 3 个方面：

（1）金属的回收 气体发生器的壳体由钢板或铝合金板冲压制成，过滤装置也用金属或复合材料制成。对气体发生器金属的回收有两种方法：一是加热熔化，但须先清洗残余物；二是综合回收，仅将燃烧残余物作熔渣清除，效率提高。

（2）叠氮钠的回收　叠氮钠是气体发生器中使用的一种推进剂，其使用后有毒固体残渣留存，故应回收。美国 TRW 公司发明了独特的回收技术，可将叠氮钠通过再结晶的方法回收。

（3）塑料件及气袋的回收　安全气囊系统中的所有零件几乎均为塑料件，可经粉碎、机械及化学方法再加工而变成热塑材料的原料。而尼龙织布气袋取出之后，经粉碎、挤压成型等工序制成料粒，经与纯净的树脂及添加剂混合，用于注塑成型。

思考题

1．汽车使用寿命的定义是什么？
2．汽车使用寿命的评价指标及其含义是什么？
3．评估方法的基本概念及计算公式是什么？
4．比较几种评估方法特点。
5．汽车更新理论的基础是什么？
6．简述汽车更新时刻是如何确定的。
7．回收利用的含义及常见汽车回收利用技术有哪几种？
8．图示并描述国内汽车回收的典型流程。

第 8 章 汽车运用管理及相关要求

［本章提要］

本章主要介绍汽车运输企业车辆技术管理、汽车运用人员管理、汽车运用物资管理、车辆运用信息管理、汽车使用合法性要求、汽车保险及管理要求以及汽车事故预防与处理要求。通过本章学习，掌握汽车运用管理知识及相关要求。

8.1 汽车运输企业车辆技术管理

随着公路运输车辆的不断增加，加强车辆技术管理，推动车辆技术进步，已成为当前道路运输企业一项十分重要的任务。根据国家统计局 2011 年国民经济和社会发展统计公报，2011 年年末我国民用汽车保有量达到 10 578 万辆（包括三轮汽车和低速货车 1 228 万辆），比上年年末增长 16.4%。其中，私人汽车保有量 7 872 万辆，增长 20.4%；私人轿车保有量 4 322 万辆，增长 25.5%。此外，由于社会经济的发展，车辆技术、管理体制以及人们交通行为结构等都在不断变化，车辆技术管理所依托的制度体系、运行模式和标准化等都对提高我国车辆技术管理水平有着直接的影响。

8.1.1 概述

车辆是汽车运输企业的主要生产工具，是公路运输事业的物质基础。加强车辆管理工作，采取科学的管理制度和管理手段，是汽车运输取得良好投资效益和提高社会效益的基础工作，必须给予高度重视，认真做好。

车辆技术管理是指对从事道路运输的车辆从选购直至报废的全过程的管理。广义上讲，是指对车辆规划、选配使用、检测、维修、改装、改造、更新与报废全过程的综合性管理。其中车辆规划、选配、新车接收以及车辆使用前的准备等是车辆的前期管理；车辆使用、检测维护修理等是车辆的中期管理；

车辆改装、改造更新、报废等是车辆的后期管理。车辆技术装备管理、车辆技术档案管理、车辆技术状况等级鉴定管理、车辆技术经济定额指标管理以及车辆停放、租赁、停驶、封存和折旧等，都属于车辆技术管理的范畴。

车辆技术管理的目的是为运输提供安全、优质、高效、低耗、及时、舒适的运输力，保证车辆在使用中的良性循环，确保车辆运行安全，使车辆更好地为运输生产和人们生活服务。

车辆技术管理由交通运输部主管，县级以上交通运输主管部门负责组织领导本行政区域内道路运输车辆技术的监督管理工作。为加强汽车技术管理，国家相关部门在车辆的户籍管理、汽车的技术等级评定、车辆的维护与维修、车辆检验以及车辆的排放性能等领域出台了一系列的标准或法规。如 1990 年交通部就颁布了《汽车运输业车辆技术管理规定》（交通部 1990 年第 13 号令）。交通部在 1995 年组织制订并颁布了《汽车技术等级评定标准》（JT/T 198—1995）和《汽车技术等级评定的检测方法》（JT/T 199—1995）两项行业标准。后来又出台《营运车辆技术等级划分和评定要求》（JT/T 198—2004），代替 JT/T 198—1995 和 JT/T 199—1995。《中华人民共和国道路运输条例》（国务院 2004 年第 406 号令）及配套的《机动车维修管理规定》（交通部 2005 年第 7 号令）等付诸实施。

1）技术管理的基本任务

车辆技术管理的基本任务是：

（1）贯彻技术管理制度，制订和贯彻有关技术标准、规范、工艺和操作规程。

（2）采取有效技术措施保持或恢复车辆的使用性能，使车辆经常具备良好的技术状况。

（3）确保行车安全，搞好环境保护。

（4）建立和健全车辆的技术档案制度，保证技术档案的记录及时、准确、完整。

（5）积极采用新技术、新工艺、新材料、新设备（包括检测设备），加强科学研究和技术革新活动。

（6）依靠科技进步，采用现代化管理方法，总结交流推广先进经验，努力节约运行和维修材料，保证达到各项技术经济定额指标的要求，降低运输和生产成本。

（7）加强职工安全、法制教育和专业技术培训，提高职工素质。

2）技术管理的基本原则

汽车运输业技术车辆管理应坚持预防为主，技术与经济相结合，专业管理与群众管理相结合的原则，对车辆进行择优选配，正确使用，定期检测，强制维护，视情修理，合理改造，适时更新和报废，实行全过程综合性管理，依靠科技进步，努力提高车辆的管理水平和技术水平。技术管理的原则概括就是预防为主和技术与经济相结合的全过程综合性管理。

8.1.2　车辆技术管理制度

在加强车辆技术管理的过程中，国家及行业部门出台的相关标准、规定、规范是开展工作的基本依据，保证了车辆技术管理工作得以科学有序的开展。

车辆技术管理应坚持和贯彻落实的主要制度有：

（1）定期检测制度　定期检测制度是科学技术进步与技术管理相结合的产物。它包含两重含义：一是对所有从事运输的汽车，视其类型、新旧程度、使用条件和使用强度等，在车辆行驶一定里程或时间后，定期进行综合性能检测，通过这种检测，达到控制运输车辆技术状况的目的，同时也可监督车辆检测前的维修竣工质量；二是结合汽车二级维护定期进行诊断检测，以掌握汽车技术状况变化规律，确定是否需要在常规维护的同时附加修理作业项目及附加哪些修理项目，从而实现视情修理的目的。“定期检测”分别由道路运政管理机构组织的汽车综合性能检测和汽车维修企业在二级维护作业前的诊断检测落实。

建立定期汽车检测制度，通过综合性能检测对车辆技术状况进行诊断，及时了解和掌控车辆的使用性能和技术状态。因此，定期检测制度是车辆技术管理的核心，是实施强制维护、视情修理的前提，是贯彻预防为主和技术与经济相结合原则的重要环节。

汽车在开展二级维护时依据汽车技术档案的记录材料和驾驶员反映的车辆实际技术状况确定所需检测项目，依据检测结果和车辆实际技术状况进行故障诊断。汽车二级维护检测分为二级维护前的检测、二级维护作业过程中的检测和二级维护竣工检测 3 类。可根据《汽车维护、检测、诊断技术规范》（GB/T 18344—2001）开展执行。

（2）强制维护制度　根据预防为主的原则，对车辆按规定的行驶里程或时间间隔进行强制维护，是为了及时发现和消除故障、隐患，防止车辆早期损坏。强制维护是在计划预防维护的基础上进行状态检测的维护制度，也就是说在执行计划维护时结合状态检测，确定附加维护作业项目。

根据《汽车维护、检测、诊断技术规范》（GB/T 18344—2001），汽车维护分为定期维护和非定期维护两大类。定期维护又分为日常维护、一级维护和二级维护 3 类。

（3）视情修理制度　视情修理制度是随着现代汽车高科技特征和汽车检测技术的发展而提出的。根据车辆诊断检测后的技术评定，按不同作业范围和作业深度进行修理。“视情修理”体现了以下基本实质：一是改定性判断为定量判断，确定修理作业的方式由以车辆行驶里程为基础，改变为以车辆实际技术状况为基础；二是使用高科技检测手段，送修车辆的检测诊断和技术评定，是实现车辆视情修理的重要保证；三是体现了技术经济原则，避免了拖延修理造成车况恶化，也防止了提前修理造成的浪费。“视情修理”落实的关键，是检测诊断仪器、设备的应用。近年来，汽车综合性能检测站的建立和部分具备检测诊断仪器、设备条件的维修企业，已为“视情修理”创造了客观条件，落实“视情修理”，要依靠汽车运输、维修、检测企业认真执行《汽车运输业车辆技术管理规定》及相关管理规章和技术标准。

经过检测诊断，根据需要确定车辆修理的时间和项目（包括作业范围、作业深度）。只有对车辆进行定期检测，才能实现以技术状况为基础的修理方式，检测诊断技术是实现“视情修理”的重要保证。“视情修理”体现了技术与经济相结合的原则，反映了汽车维修技术的发展。

汽车修理质量检查评定是对整车大修、发动机大修、车身大修竣工质量及其基本检验技术文件完善程度的综合评价。遵循《汽车修理质量检查评定方法》（GB/T 15746—2011）标准。

（4）安全运行制度　严格落实各项安全生产制度，定期开展教育培训，增强从业人员的安全忧患意识，经常性开展安全警示教育，道路运输主管部门要加强各道路运输企业的经营资格审查，开展安全生产主体责任落实情况、安全管理机构、安全管理人员配备、履行职责等情况的检查。严查超载、超速、酒后驾驶以及疲劳驾驶等违规现象。

汽车安全性评价包括汽车本身防止或减少道路交通事故的性能（主动安全性能）和发生事故后汽车本身减轻人员伤亡或货物受损的保护性能（被动安全性）。汽车制动系、转向系应符合《汽车制动系统结构、性能和试验方法》（GB 12676—1999）、《汽车转向系基本要求》（GB 17675—1999）的规定；汽车照明、信号装置应符合《汽车及挂车外部照明和光信号装置的安装规定》（GB 4785—2007）的要求。营运车辆的外部装置完整性也影响到车辆运输的安全性，应根据《客车结构安全要求》（GB 13094—2007）、《货运全挂车通用技术条件》（GB/T 17275—1998）的有关规定，保证齐全、完好，不得任意增减。通过建立安全运行制度，加强驾驶员、安管员、维修检测人员的安全教育、管理和考核，确保车辆安全运行。

（5）节能减排制度 运输企业或个人在选购汽车时要比较同类汽车的燃料经济性，要注意汽车燃料经济性新的测量方法。柴油车与汽油车相比可节省燃料 30%左右，因此汽车选型时应注意对发动机类型的评价（包括新能源汽车）。在汽车使用过程中，合理确定汽车的燃料消耗定额，开展节油比赛活动，最大程度地实现汽车的节能目标。

在用车辆的排放检测与控制对汽车的环保性能和节能效果有着重要影响。定期检测和强制维护的制度保证了汽车发动机处于良好燃烧和排放状况。严格执行《轻型汽车污染物排放值及测量方法（中国Ⅲ、Ⅳ阶段）》（GB 18352.3—2005）、《点燃式发动机汽车排气污染排放限值及测量方法》（GB 18285—2005）、《车用压燃式发动机和压燃式发动机汽车排放烟度限值及测量方法》（GB 3847—2005）、《汽车加速行驶车外噪声限值及测量方法》（GB 1495—2002）等标准，使汽车公害减少到最低限度。

（6）定额管理制度 定额管理是对车辆运行过程的材料消耗实行量化管理。行车燃料消耗定额是指汽车每行驶百公里或完成百吨公里周转量所消耗燃料的定额。可依据《载货汽车运行燃料消耗量》（GB 4352—2007）和《载客汽车运行燃料消耗量》（GB 4353—2007）的规定，按车型、使用条件、载客（货）量和燃料种类分别制定。其他须制定的定额还包括：轮胎行驶里程定额、车辆维护和小修费用定额、车辆大修间隔里程定额、发动机大修间隔里程定额、车辆大修费用定额等。对企业营运车辆实行定额管理制度，有利于降低运行材料消耗，节约使用成本，提高运输企业经济效益；同时车辆的运行安全得到了基本保障。

定额的制定要遵循定额水平要尽量合理、定额要有科学依据、定额要采用科学方法等原则。车辆技术管理部门应加强车辆使用过程中各定额的制定、考核及管理，同时根据自身的实际特点制定定额，不断修订、完善定额，保持定额处于合理水平。

（7）科技创新制度 道路运输业车辆技术管理应依靠科技进步，采用现代化管理方法，通过信息化、网络化的管理手段，提高管理水平，增强运输保障能力。

鼓励发展使用燃气、电力等清洁能源及符合道路运输市场需要的先进适用车型。鼓励道路货物运输使用封闭厢式车、多轴重型车。鼓励道路危险货物运输使用厢式、罐式和集装箱等专用运输车。大力推广绿色节能驾驶技术，组织实施绿色维修工程。

8.1.3 车辆运用基础管理

车辆技术管理主要包括车辆基础管理与车辆过程管理。车辆基础管理包括车辆的装备、车辆技术档案管理、技术经济定额管理、车辆的租赁、停驶和封存以及车辆折旧；车辆过程管理包括车辆选购、车辆使用、检测诊断、维修、改装与改造、更新以及报废。

8.1.3.1 车辆装备

车辆装备的具体要求如下：

（1）车辆的经常性装备应符合《机动车运行安全技术条件》（GB 7258—2012）、《营运车辆综合性能要求和检验方法》（GB 18565—2001）、《汽车及挂车外部照明和光信号装置的安装规定》（GB 4785—2007）、《客车结构安全要求》（GB 13094—2007）、《货运全挂车通用技术条件》（GB/T 17275—1998）的有关规定，并保证齐全、完好，不得任意增减。

（2）车辆在特定条件下使用时，根据需要配备保温、预热、防滑、牵引等临时性装备。

（3）车辆运输超长、超宽、超高或保鲜等特殊货物时，应根据需要增减临时性装备。

（4）运输危险货物的车辆装备、应符合《汽车运输危险货物规则》（JT 617—2004）的规定。

8.1.3.2 车辆技术档案管理

车辆技术档案是指车辆从新车购置到报废整个运用过程所记载车辆基本情况、主要性能、运行使用情况、主要部件更换情况、检测和维修记录以及事故处理等相关车辆资料的历史档案。它的作用是了解车辆性能、技术状况及原因，掌握车辆使用、维修规律。为车辆维修、改造和配件储备提供技术数据和科学依据；为评价技术管理水平的高低提供依据；还可为汽车制造厂提高制造质量提供反馈信息。因此，它是车辆技术管理中的一项重要的基础管理工作，应认真做好这一项工作。

从事营运的车辆必须逐车建立车辆技术档案，并应认真填写，妥善保管。车辆技术档案的格式由各省、市、自治区、直辖市交通厅（局）统一制定，使其内容与格式做到统一，便于管理。

1）车辆技术档案的作用

（1）掌握车辆的使用性能，作为使用车辆的依据，有利于车辆性能的充分利用和发挥。

（2）掌握车辆技术状况及其变化规律，以便适时进行车辆检测和维修作业，有利于主动保持和及时恢复车辆的技术状况。

（3）掌握车辆运行材料和维修材料、工时的消耗情况，作为制定定额、实行定额管理以及编制材料供应计划的依据，有利于减少人力、物力的消耗。

（4）为改进车辆结构、性能和配件生产以及科学研究工作提供有关技术资料，提高产品质量进行信息反馈。

（5）车辆技术档案是运输行业管理部门发放、审核营运证的依据之一。

2）车辆技术档案的内容

（1）车辆基本情况和主要性能：记载车辆的装备、主要性能、总成改装等情况。

（2）车辆运行使用情况：记载车辆的行驶里程、燃料消耗、轮胎使用等情况。

（3）检测和维修情况：记载车辆检测时间、检测内容、检测结果，记载车辆各级维护和小修情况，记载车辆和总成大修情况。

（4）车辆技术状况：记载车辆技术等级评定日期和评定等级。

（5）事故处理情况：记载车辆机械事故发生的状况、原因和处理情况。

3）车辆技术档案的建立

（1）车辆技术档案应逐车建立。新车未建档或档案不完善、不允许运行。

（2）车辆技术档案实行专人负责、分级管理，基层运输单位的车管技术员具体负责档案的填写、保管和资料的分析报告，各级技术管理部门负责检查督促。

（3）车辆技术档案的记载应做到及时、完整和准确。

（4）为更好地发挥车辆技术档案为生产服务的作用，各级技术管理部门应建立定期分析报告制度。

（5）车辆办理过户手续时，车辆技术档案应完整移交。

8.1.3.3 技术经济定额管理

技术经济定额是运输经营者在一定的生产条件下，进行生产和经济活动所应遵守或达到的限额，是实行经济核算、分析经济效益和考核经营管理水平的依据。

1）技术经济定额的制定和修订

技术经济定额的制定和修订应满足以下要求：

（1）依据国家方针政策，综合分析当地运输业的具体情况，重点考虑使用环境及条件、人员技术素质等因素，把定额制定在当地专业运输单位平均先进水平之上，从而体现先进合理的原则，不断促进生产水平的提高。

（2）技术经济定额应保持相对稳定。但随着使用条件的改善和技术进步，也可进行必要的修订，以保证定额经常处于先进合理的水平上。

（3）运输经营者应将技术经济定额和指标的实现情况按期统计，并按规定报送当地交通运输管理部门，以作为加强行业管理的一项重要依据。随着客货运输单位和个体运输户的迅速发展，及时统计和报送技术定额是交通运输管理部门的一项重要工作。

2）主要技术经济定额

（1）行车燃料消耗定额　汽车每行驶百车公里或完成百吨公里所消耗燃料的限额。根据《载货汽车运行燃料消耗量》（GB/T 4352—2007）和《载客汽车运行燃料消耗量》（GB/T 4353—2007）的规定，按车型、使用条件、载质（客）量和燃料种类等分别制定。

（2）轮胎行驶里程定额　新胎从开始装用，经翻新到报废总行驶里程的限额，根据车型、使用条件和轮胎性能分别制定。

（3）车辆维护与小修费用定额　车辆每行驶一定里程，维护与小修耗用的工时和物料费用的限额，根据车型和使用条件等分别制定。

（4）车辆大修间隔里程定额　新车到大修，或大修到大修之间所使用的里程限额，按型号和使用燃料类别等分别制定。

（5）发动机大修间隔里程定额　新发动机到大修，或两次大修之间所使用的里程限额，按型号和使用燃料类别等分别制定。

（6）车辆大修费用定额　车辆大修所耗工时和物料总费用的限额，按车辆类别和型号等分别制定。

3）主要技术经济指标

（1）完好率　完好车日在总车日中所占的百分比。

（2）车辆平均技术等级　所有运输车辆技术状况的平均等级。

（3）车辆二级维护计划执行率　期内实际完成车辆二级维护车次与期内需要完成车辆二级维护总车次之比。

（4）维护返工率　车辆维护出厂后，返工车辆次占维护竣工总辆次的百分比。

（5）车辆新度系数　综合评价运输单位车辆新旧程度的指标。年末车辆固定资产净值占车辆资产原值的百分比。

（6）小修频率　每年车辆发生小修的次数（包括各级维护作业中的小修）。

（7）轮胎翻新率　在统计期内经过翻新的报废轮胎数占全部报废轮胎数的百分比。

技术经济定额和指标是车辆管理的主要内容之一，交通运输主管部门、运输和维修经营者应重视并加强技术经济定额和指标的管理。车辆完好率、平均技术等级、车辆二级维护计划执行率、新度系数等主要技术经济指标是对运输经营者考核的主要内容。

8.1.3.4　车辆停驶、封存和租赁

车辆停驶、封存和租赁是车辆技术管理的一项经常性工作，也是关系到保护好运力、避免运力浪费的一项比较重要的工作。

1）车辆租赁

根据中华人民共和国交通部、国家发展计划委员会 1998 年第 4 号令《汽车租赁业管理暂行规定》中的第二条，汽车租赁是指在约定时间内租赁经营人将租赁汽车交付承租人使用，收取租赁费用，不提供驾驶劳务的经营方式。《汽车租赁业管理暂行规定》的核心管理制度是对汽车租赁企业设立的行政许可制度，但是《行政许可法》颁布实施后，因为缺乏法律和行政法规依据，不再具有合法性。因此，交通部 2007 年将该规定废止。汽车租赁企业的管理工作可纳入交通行业管理，将管理切入点由资格准入管理转变为对经营性运输车辆的管理。

车辆租赁按照租赁期长短划分为长期租赁和短期租赁，按照经营目的划分为融资租赁和经营租赁。

（1）长期租赁　是租赁企业与用户签订长期（一般以年计算）租赁合同，按长期租赁期间发生的费用（通常包括车辆价格、维修费用、各种税费开支、保险费及利息等）扣除预计剩存价后，按合同月数平均收取租赁费用，并提供汽车功能、税费、保险、维

修及配件等综合服务的租赁形式。

（2）短期租赁　是租赁企业根据用户要求签订合同，为用户提供短期内（一般以小时、日、月计算）的用车服务，收取短期租赁费，解决用户在租赁期间的各项服务要求的租赁形式。在实际经营中，一般15日以下为短期租赁，15～90日为中期租赁，90日以上为长期租赁。

（3）融资租赁　是指承租人以取得汽车产品的所有权为目的，经营者则是以租赁的形式实现物的所有权的转移，其实质是一种带有销售性质的长期租赁业务。

（4）经营租赁　是指承租人以取得汽车产品的使用权为目的，经营者则是通过提供车辆功能、税费、保险、维修、配件等服务来实现投资的增值。

车辆租赁是车辆经营的一种方式，加强租赁车辆管理，对于保持良好的技术状况、避免运力浪费具有重要作用。在车辆租赁期间，应按规定填写车辆技术档案，认真执行车辆检测诊断与维修制度，保持汽车技术状况良好。租赁车辆的技术档案、技术经济指标的完成情况和技术状况等级情况由出租和承租双方记录和考核，并应在签订租赁协议时予以明确。

2）车辆停驶

车辆停驶管理的具体内容如下：

（1）车辆停驶须由车辆使用管理单位作出技术鉴定，将车型、数量、停驶原因和日期上报主管部门批准。

（2）经批准停驶的车辆由专人负责保管，并积极修复以恢复运力。

（3）车辆停驶期间应选择适当地点停放，原车机件不得拆借、丢失。

（4）停驶车辆恢复行驶前，应进行一次维护作业，并在检测合格后才能参加营运。

3）车辆封存

车辆封存管理的具体内容：

（1）车辆确定封存后，应报上级主管部门备案。

（2）封存期间不执行指标考核，但应妥善保管，定期维护。

（3）启封使用时，应进行一次维护作业，经检验合格后，方可参加运营。

8.1.3.5 车辆改装与改造

车辆的改装、改造是车辆技术管理的组成部分，是提高运输装备技术性能和取得良好经济效益的手段。车辆改装、改造应符合“法规上允许、技术上可靠、经济上合理”的原则，其将对充分发挥车辆运输效率，满足市场运输需要，改善车辆技术状况和提高经济效益起到促进作用。本节所阐述的车辆改装、改造是指在用车辆的改装、改造，不包括新底盘在改装厂直接改装成新车型的车辆。

1）车辆改装

为适应运输的需要，经过设计、计算、试验，将原车型改制成其他用途的车辆，称为车辆技术改装。在我国汽车品种比较单一的时期，车辆改装的法规限制较少。但是，现在我国对于汽车改装有着严格的法规限制。

根据中华人民共和国主席令（第47号）发布的《中华人民共和国道路交通安全法》

（自2011年5月1日起施行）、国务院令第405号发布的《道路交通安全法实施条例》（自2004年5月1日起施行）和中华人民共和国公安部第102号令发布的《机动车登记规定》（自2008年10月1日起施行）的规定：

（1）任何单位或者个人不得有下列行为：拼装机动车或者擅自改变机动车已登记的结构、构造或者特征；改变机动车型号、发动机号、车架号或者车辆识别代号等。

（2）已注册登记的机动车有下列情形之一的，机动车所有人应当向登记该机动车的公安机关交通管理部门申请变更登记。主要情形包括：改变机动车车身颜色，更换发动机，更换车身或者车架，营运机动车改为非营运机动车或者非营运机动车改为营运机动车等情形。

（3）有下列情形之一的，不予办理变更登记：改变机动车的品牌、型号和发动机型号的，但经国务院机动车产品主管部门许可选装的发动机除外；改变已登记的机动车外形和有关技术数据的，但法律、法规和国家强制性标准另有规定的除外；有本规定第九条第一项、第七项、第八项、第九项规定情形的。

（4）有下列情形之一，在不影响安全和识别号牌的情况下，机动车所有人不需要办理变更登记：小型、微型载客汽车加装前后防撞装置的；货运机动车加装防风罩、水箱、工具箱、备胎架等的；增加机动车车内装饰的。

此外，还规定：不属于国务院机动车产品主管部门规定免予安全技术检验的车型的，还应当提供机动车安全技术检验合格证明；驾驶拼装的机动车或者已达到报废标准的机动车上道路行驶的，公安机关交通管理部门应当予以收缴，强制报废。

由此可见，在我国汽车产品类型越来越多的情况下，车辆改装有法规上的严格限制。特别应注意，非法改装的车辆对交通安全有着严重影响，已成为导致交通事故的重大隐患。

2）车辆改造

为改善车辆性能或延长其使用寿命，经过设计、计算、试验，改变原车辆的零部件或总成，称为车辆技术改造。如经过设计、计算和试验，对已行驶多年的旧车、进口车，由于配件供应困难或技术性能指标（经济性等）落后，可改变其个别总成、主要零件来延长使用寿命或将原车辆的发动机换装其他型号的发动机、换装高压缩比的汽缸盖及凸轮轴等零件，提高其动力性，增加车辆的装载质量，改善性能等。由此可见，所谓车辆改造必须满足2个条件：一是必须改变车辆的部分结构以达到改善其技术性能或技术状况，二是必须有设计、计算和试验等程序。

车辆技术改造的主要目的是为延长车辆使用寿命，或用先进的技术取代老旧技术，使车辆经过改造后性能有所提高，消耗有所下降，经济效益显著。

车辆改造必须事前进行技术经济论证，符合“法规上允许，技术上可靠，经济上合理”的原则。也就是说通过对改造方案的定性、定量分析，说明其法规上是允许的，技术上是可行的，经济上是合理的之后，才能进行车辆改造。

对营运车辆提出改造的单位，应将改造方案及数量报交通运输管理部门审批。交通运输管理部门应对运输市场是否需要，改造的数量是否合适，设计方案是否符合法规上允许、技术上可靠、经济上合理的原则，对车辆改造的单位在技术上是否具有相应的条件等内容进行审查。审批后，运输单位方能进行车辆改造。

主要总成改造后的车辆必须经过一定的道路里程试验和综合性能检测站测试。检验实际效果，发现存在的问题，然后加以改进，最后由主管部门专家进行技术鉴定。认定达到设计目标，满足使用要求后方能成批生产或出厂。车辆改造完成后，应到车辆监管部门办理车辆变更手续。非营运车辆改造后，须按照相关规定到公安交通管理部门变更登记。改造车辆应有计划、有步骤地进行，改造后的车辆车型应尽可能向运输单位原有车型靠拢。一般不应增加车型，且车辆改造不可过多的改变原车结构。

8.1.3.6 车辆折旧、更新与报废

对运输企业而言，加强车辆折旧、更新与报废管理，能使每辆车经济寿命的最大化、每辆车产生经济效益的最大化，能有效地提高汽车平均技术等级，同时也能提高整个车队车辆的环保水平。因此，车辆折旧、更新与报废管理是车辆技术管理的重要内容之一。

8.1.4 车辆技术状况等级评定

汽车经过一段时期的使用以后，技术状况将发生变化。变化程度随行驶里程的长短不同及运行条件、使用强度、维修质量的不同而各有差异。为了及时掌握车辆的状况，合理的组织安排运输能力，正确的编制车辆维修计划，运输企业应定期对汽车性能进行综合评定，核定其技术状况，并根据国家有关标准将车辆技术状况划分等级，以便于车辆的合理运用和科学管理。

8.1.4.1 车辆技术状况等级划分标准

按照中华人民共和国交通部颁布的《汽车运输业车辆技术管理规定》第十七条，运行车辆技术状况等级分为以下 4 类：

1）一级，完好车

新车行驶到第一次定额大修间隔里程的 2/3 和第二次定额大修间隔里程的 2/3 以前，汽车主要总成的基础件和主要零部件紧固可靠，技术性能良好；发动机运转稳定，无异响，动力性能良好，燃润料消耗不超过定额指标，废气排放、噪声符合国家标准；各项装备齐全、完好，在运行中无任何保留条件。概括起来，一级车的标准有 3 条：

（1）车辆技术性能良好，各项主要技术指标符合定额要求；

（2）车辆行驶里程必须是在其相应定额大修间隔里程的 2/3 以内；

（3）车辆状况良好，能随时行驶参加运输生产。

凡有一项达不到要求的不能核为一级车。凡同时符合上述 3 项条件的车辆核为一级车。

从这个规定可看出，一级车不仅受车辆的技术状况和性能的定性指标制约，而且还受到车辆行驶里程即新旧程度的定量指标制约。因为新车或第一次大修后的汽车，其行驶里程超过其相应定额大修间隔里程的 2/3 以上，其技术状况和性能必然随里程增加而下降，虽其下降程度未低于上述规定的技术性能要求，也不能列入一级车。

2）二级，基本完好车

车辆主要技术性能和状况或行驶里程低于完好车的要求，但符合《机动车运行安全技术条件》（GB 7258—2012）的规定，能随时参加运输，均列为二级车。

3）三级，需修车

大修前最后一次二级维护后的车辆和正在大修或待更新尚在行驶的车辆。三级车主要指下列车辆：

（1）凡技术状况和性能较差，不再计划做二级维护作业，即将送大修，但仍行驶的车辆；

（2）正在大修的车辆；

（3）技术状况和性能变坏，预计近期更新，但仍在行驶的汽车。

4）四级，停驶车

预计在短期内不能修复或无修复价值的车辆。四级车的含义是指已不能行驶，短期内不能修复或无修复价值，但又尚未报废的车辆，列为四级车。

8.1.4.2 车辆平均技术状况等级

车辆平均技术状况等级是综合体现汽车运输企业技术管理水平、技术装备素质和企业发展潜力的主要技术经济指标之一，标志着汽车运输企业所有车辆的平均技术状况。对一个企业所拥有的每辆汽车等级评定后，统计出一级车、二级车、三级车和四级车的数量，企业所有车辆平均技术状况等级可按下式计算：

$$\text{车辆平均技术状况等级}=\frac{(1\times\text{一级车数})+(2\times\text{二级车数})+(3\times\text{三级车数})+(4\times\text{四级车数})}{\text{各级车数总和}}$$

运行车辆的技术状况等级评定后，其结果应记入《车辆技术档案》中。

8.1.4.3 营运车辆技术状况等级的评定

营运车辆技术状况等级评定的依据是《营运车辆技术等级划分和评定要求》（JT/T 198—2004），该标准适用于营运车辆，规定了营运车辆技术状况等级的评定内容、评定规则、等级划分、评定检测项目和技术要求。

车辆技术状况等级的评定，至少每半年进行一次。车辆技术状况等级的主要评定内容有：营运车辆整车装备及外观检查、动力性、燃料经济性、制动性、转向操纵性、前照灯发光强度和光束照射位置、排放污染物限值、车速表示值误差等。

1）评定依据

《汽车动力性台架试验方法和评价指标》（GB/T 18276—2000），《营运车辆综合性能要求和检验方法》（GB 18565—2001），《运输车辆能源利用检测评价方法》（GB 18566—2001）及《客车防雨密封性限值及试验方法》（QC/T 476—2007）。

2）等级划分

营运车辆技术状况等级划分为一级、二级和三级。根据汽车技术状况检验结果，就可以对车辆进行技术状况等级评定，评定标准如表 8-1 所示。

表 8-1 营运车辆技术状况等级的标准

技术等级	评 定 依 据
一级车	按照《营运车辆技术等级划分和评定要求》（JT/T 198—2004）中所有评定项目均达到规定的技术要求
二级车	①车架、车身、驾驶室应达到规定的技术要求；②车轮轮胎应达到规定的技术要求；③制动力平衡应达到规定的技术要求；④整车装备与标识、车门与车窗、驱动轮输出功率、等速百公里油耗、车轮阻滞力、转向盘最大自由转动量、排放污染物和车速表示值误差 8 个项目中至少有 3 项应达到规定的一级车技术要求；⑤没分级的项目应为合格
三级车	①分级的项目应达到三级技术要求；②没分级的项目应为合格

8.2 汽车运用人员管理

8.2.1 管理内容

车辆运用管理的要点是：定人、定车、定责任。可以看出，人员管理是车辆运用管理的重要内容之一。加强人员管理可使得车辆保持良好的技术特性，获得更大的经济效益。同时，人力资源管理也是企业管理的一个重要组成部分。在人力资源的使用上，必须建立制度和文化体系，用制度来管好人和用好人，用文化来提高人员素质和树立企业形象。建立完善的制度体系，包括岗位责任制、考核激励、薪资、晋升、奖励等各项制度。

1）劳动定额管理

劳动定额是指在一定的生产技术条件下，生产单位合格产品所消耗的时间或在单位时间内生产合格产品的数量。劳动定额的制定是人员考核管理的前提。

2）劳动定员管理

定员工作是劳动管理的一个重要部分，企业定员一般分为管理人员、生产人员、技术人员和后勤服务人员。要合理确定各类人员的比例关系。

3）员工素质管理

人员素质是强化车辆技术管理的关键。按有关规定，各岗位的汽车使用人员都必须经过相应工种的职业资格培训，持证上岗。

4）员工报酬管理

常见的分配形式有计件（次）工资制、岗位工资制、专项奖励或津贴制。

5）员工考勤管理

完善劳动出勤制度，维护正常生产，制定员工考勤制度。

6）技术职称评定

包括工程技术系列和技术工人系列。

7）劳动保护管理

如烤漆工、电焊工等特殊职业工种人员的劳动保护用品及津贴发放管理等。

8.2.2 人员配置

对从事客运的运输企业，驾驶员的配备可按每辆车 1.33～1.50 人，调度员的人数按驻站客车数配备。对 30 辆及 30 辆以下的一般配备 2～3 人，当高于 30 辆时，每增加 30 辆增配 1 人。负责车站建制客车一级维护和小修作业的维修人员，按维修作业工作量计算，每一维修车位配备 2～3 人。公交公司的机务系统员工数量与车辆数的比例一般为 0.4∶1～0.5∶1。

根据有关部门规定，运输企业应单独设置安全生产管理机构，配备专职安全生产管理人员。一级汽车客运站配备专职安全管理人员不少于 3 人，二级汽车客运站不少于 2 人。货运企业有关岗位的人员配备可参照客运企业的配比作适当微调。

8.2.3 人员培训

汽车使用人员培训包括上岗培训与技术培训。培训的内容包括机动车驾驶证培训、维修人员的技能培训、安全教育、驾驶员职业道德教育等。

8.2.3.1 机动车驾驶证

机动车驾驶证，简称 “驾照”，是机动车辆驾驶人员依照法律所需申领的证照。

（1）机动车驾驶证的类型，见表 8-2 所示。

表 8-2　机动车驾驶证的类型

准驾车型	代号	准驾的车辆	准予驾驶的其他准驾车型
大型客车	A1	大型载客汽车	A3、B1、B2、C1、C2、C3、C4、M
牵引车	A2	重型、中型全挂或半挂汽车列车	B1、B2、C1、C2、C3、C4、M
城市公交车	A3	核载 10 人以上的城市公共汽车	C1、C2、C3、C4
中型客车	B1	中型载客汽车（10 人以上、19 人以下）	C1、C2、C3、C4、M
大型货车	B2	重型、中型载货汽车；大、重、中型专项作业车	C1、C2、C3、C4、M
小型汽车	C1	小型、微型载客汽车以及轻型、微型载货汽车；轻、小、微型专项作业车	C2、C3、C4
小型自动挡汽车	C2	小型、微型自动挡载客汽车以及轻型、微型自动挡载货汽车	—
低速载货汽车	C3	低速载货汽车（原四轮农用运输车）	C4
三轮汽车	C4	三轮汽车（原三轮农用运输车）	—
普通三轮摩托车	D	发动机排量大于 50mL 或者最大设计车速大于 50km/h 的三轮摩托车	E、F
普通二轮摩托车	E	发动机排量大于 50mL 或者最大设计车速大于 50km/h 的二轮摩托车	F
轻便摩托车	F	发动机排量小于等于 50mL，最大设计车速小于等于 50km/h 的摩托车	—
轮式自行机械车	M	轮式自行机械车	—
无轨电车	N	无轨电车	—
有轨电车	P	有轨电车	—

（2）驾驶证培训及考试流程。考试科目包括交通法规及相关驾驶知识、场地驾驶、道路驾驶 3 项。考试科目的顺序按交通法规及相关知识（科目一：理论）、场地驾驶（科目二：桩考）、道路驾驶 （科目三：路考）依次进行。

8.2.3.2 安全教育

（1）管理人员教育培训　企业主要负责人和专职安全生产管理人员应按国家有关规定参加安监部门开展的安全教育培训考核。

（2）驾驶员教育培训　道路运输企业要把驾驶员的安全教育培训工作作为安全生产工作的重中之重来抓，围绕提高安全意识和提高操作技能展开培训。

（3）其他人员教育培训　按照安全教育培训的有关规定，定期组织从业人员开展安全生产教育培训。

8.2.3.3 技术教育

（1）基础理论知识　包括汽车理论基础及新技术应用方面知识。

（2）基本技能方面　培养技工的实际操作能力。

不同岗位的汽车使用人员应根据交通行业职业（工种）技能鉴定范围确定个人的发展、进修方向。通过等级培训，提高实际操作能力。当前，交通行业工种鉴定等级分为高级技师（一级）、技师（二级）、高级工（三级）、中级工（四级）、初级工（五级）5 个等级。涉及汽车使用主要的工种有汽车驾驶员、超重型汽车列车驾驶员、超重型汽车列车挂车工、公路运输起重工、汽车维修工等工种。

各职业（工种）技能鉴定的主要内容：职业知识、操作技能和职业道德。

8.3 汽车运用物资管理

8.3.1 物资管理的任务

物资管理的主要任务有：计划采购、合理储备、科学保管、及时供应、修旧利用、降低成本，以减少资金占用，加速资金周转，保证道路运输生产的顺利进行。具体来说，物资管理的主要任务有：

（1）根据运输生产，维修、配件生产计划对各类物资的需要，编拟物资供应计划，合理组织采购、储备、供应，保证按规格、品种、数量、质量和期限供应运输生产和车辆维修的各种物资；确保道路运输生产经营所需的各种物资，适时、适量、齐备而经济地供应。

（2）严格入库物资的验收、仓储保管和物资发放以及盘存工作，建立和健全物资管理制度和责任制度，保证物资的规格、质量符合使用要求，减少物资库存损耗。

（3）监督生产用料部门，合理地、节约地使用物资；制定合理的物资消耗定额和储备定额，并促进生产部门节约使用物资。

（4）做好清仓查库和废旧物资的回收、利用等工作，做到账物相符，物尽其用，减少物资超储、积压，提高物资使用的经济效果。

8.3.2　物资定额管理

一般包括物资消耗定额与储备定额管理。

8.3.2.1　物资消耗定额

物资消耗定额是企业监督生产用料部门合理使用物资，提高企业经济效益的依据；先进合理的物资消耗定额，可以促进运输企业提高生产技术管理水平。它的高低，反映一个企业的生产技术、科学管理水平。物资消耗定额的制定方法主要有：

（1）技术计算法　根据技术文件所设计的定额消耗量，结合具体情况计算制定；

（2）经验估计法　根据技术人员和工人的实践经验及历史资料，估计各类物资消耗定额；

（3）实际测定法　通过对现场操作的实际测定，计算确定物资消耗定额；

（4）统计分析法　根据物资消耗历史统计资料，计算确定各种物资消耗定额。

由于这 4 种方法各有优缺点，运输企业可视自身的不同情况，采用不同的定额制定方法。道路运输企业物资消耗定额主要包括：

1）汽车运行物资消耗定额

汽车运行物资消耗定额包括：车辆运行所需要的燃、润料定额；轮胎行驶里程定额；随车工具、附件消耗定额。

制定燃料消耗定额通常是以车辆空驶综合百车公里耗油量为基数，对不同的因素进行附加。其计算公式为

$$\text{综合平均百车公里油耗}=\sum(\text{各级路面平均百车公里油耗}\times\text{各级路面行程占总行程比重})\ (\text{L})$$

润滑油定额一般是按运行燃料消耗总量一定比例作为定额。如汽车发动机润滑油耗量为汽油消耗量的 2%，这样，计算出汽油需用量后，便可间接计算润滑油需用量。

在正常的运输生产过程中，轮胎的消耗费用仅次于运行燃料费用。车辆在行驶中，由于外胎磨损较快，且价值较高，所以只拟定外胎的消耗定额。轮胎耗量计算公式如下：

$$\text{某型轮胎消耗量}=\frac{\text{某型轮胎计划总行程}\times\text{每辆车装用轮胎数}}{\text{某型轮胎行驶综合里程定额}}$$

2）车辆维护、修理材料消耗定额

由于车辆的各级技术维护是对车辆各部位进行清洗、检查、调整、紧固、更换和加注各种润滑油脂以及轮胎拆检与换位等，因而各级技术维护的物资消耗定额主要是润滑油脂的消耗定额和轮胎拆检与换位的消耗定额，至于各级技术维护所需的辅助材料和某些标准件的耗用量，一般是以价值量作为定额。

小修材料消耗定额一般是分车型规定每车千公里消耗的费用为若干元。车辆大修的物资消耗定额是除润滑油脂、洗涤剂、轮胎采用实物定额之外，其他各种零、部件、辅助材料依据以往实际消耗量的价值分车型平均计算。

8.3.2.2 储备定额管理

1）物资储备定额的作用

物资储备定额是指在一定条件下，为保证生产顺利进行所必需的、最经济合理的物资储备数量的标准。按储备构成分成经常储备定额、保险储备定额和季节储备定额。

企业物资储备定额是掌握和调节库存量变化，使企业物资储备经常保持在合理水平上的必要指标；是编制物资供应计划，组织采购订货、核定企业储备资金定额依据；是确定企业仓库规模和仓库定员的重要手段；也是掌握和监督库存动态，督促合理采购，保持合理储备水平的重要手段。

2）物资储备定额的制定

一般来说，物资储备定额主要决定于订购次数和订购数量 2 个因素。在一定时期内，订货次数越多，或订购批量越少，则物资储备量越少；反之，物资储备量越大。

经常储备定额是指企业前后两批物资到货间隔期内，保证正常生产所需要物资储备数量。保险储备定额是指在物资供应工作中发生到货误期等不正常的情况下，保证生产正常进行所需要的物资储备数量。季节储备定额是由于自然条件的影响，使物资供应具有季节性而必须储备的物资数量标准。

（1）经常储备定额的制定　经常储备定额主要由前后两批物资到货的间隔时间和平均每天需要量来决定的。用计算公式表示为：

经常储备定额=到货间隔时间×平均每天需要量

（2）保险储备定额的制定　保险储备定额主要由保险储备天数（一般按上年度统计资料，实际到货平均误期天数来确定）和平均每天需要量来决定的。

保险储备定额=保险储备天数×平均每天需要量

（3）季节储备定额的制定　季节储备定额主要由季节储备天数和平均每天需要量来决定。用计算公式表示为

季节储备定额=季节储备天数×平均每天需要量

在季节性储备定额时间内，一般不需要再建立经常储备和保险储备。

（4）最高储备定额和最低储备定额的制定　企业的物资储备定额是由经常储备、保险储备及季节储备组成。但经常储备和保险储备是物资储备定额的主要组成部分。由于经常储备是一个变量，物资储备定额就有上限和下限，上限称为最高储备定额，即为经常储备定额和保险储备定额之和；下限称为最低储备定额，即保险储备量。其关系如图 8-1 所示。

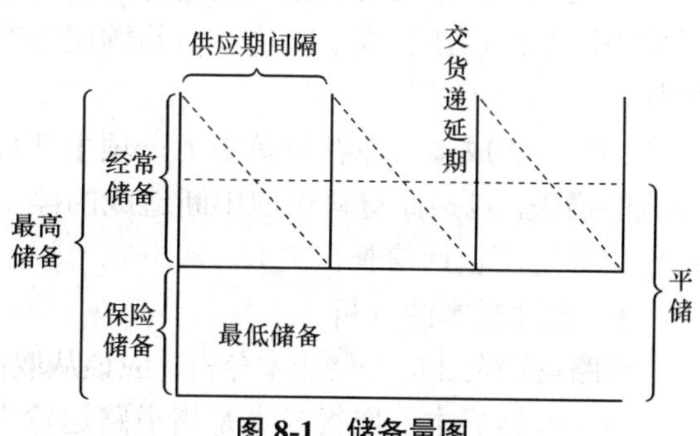

图 8-1　储备量图

道路运输生产的行车用燃料、轮胎、维修配件的消耗，燃料属一次性消耗；轮胎是递延性消耗；储备数量与车辆技术状况和维修标准有关，在制定储备定额时，必须结合

具体情况来确定。企业物资供应部门，将各种物资的最高与最低储备定额的数量填入相应物资的卡片和账本上。当库存物资接近最高储备量时，要立即控制进货，以防超储积压，占用资金；当库存物资接近最低储备量时，要催办下批物资到货时间，以防供应脱节，影响运输生产。

8.3.3　库存管理

1）库存管理的意义

库存管理的任务是用最低的费用在适当的时间和适当的地点取得适当数量的存货。从而实现降低车辆零配件及汽车运行生产资料的存储成本，提高了物品的周转效率，同时也保证了车辆技术维护正常有序的开展。

2）仓储成本的构成

仓储成本主要包括以下几个方面：仓储持有成本、订货或生产准备成本、缺货成本。

（1）仓储持有成本　仓储持有成本是指为保持适当的库存而发生的成本，它可以分为固定成本和变动成本。固定成本与一定限度内的仓储数量无关，变动成本与仓储数量的多少相关。变动成本主要包括以下 4 项成本：资金占用成本、仓储维护成本、仓储运作成本、仓储风险成本。

随着库存水平的提高，年储存成本将随之增加，也就是说，储存成本是可变动成本，与平均存货数量或存货平均值成正比。

（2）订货成本　订货成本或生产准备成本是指企业向外部的供应商发出采购订单的成本或指企业内部的生产准备成本。

订货成本是指道路运输企业为了实现一次订货而进行的各种活动的费用。具体来讲，订货成本包括与下列活动相关的费用：①检查存货费用；②编制并提出订货申请；③对多个供应商进行调查比较，选择最合适的供应商；④填写并发出订单；⑤填写并核对收货单；⑥验收发来的货物；⑦筹集资金并进行付款。这些成本很容易被忽视，但在考虑涉及订货、收货的全部活动时，这些成本很重要。

订货成本与仓储持有成本随着订货次数或订货规模的变化呈反方向变化，起初随着订货批量的增加，订货成本的下降比持有成本的增加要快，即订货成本的边际节约额比持有成本的边际增加额要多，使得总成本下降。当订货批量增加到某一临界点时，订货成本的边际节约额与持有成本的边际增加额相等，这时总成本最小。此后，随着订货批量的不断增加，订货成本的边际节约额比持有成本的边际增加额要小，导致总成本不断增加。

（3）缺货成本　库存决策中另一项主要成本是缺货成本，是指由于库存供应中断而造成的损失，包括原材料供应中断造成的停工损失和产成品库存缺货造成的延迟工期交付损失（还应包括信誉损失）。

3）仓储成本的分析

道路运输企业的仓储成本分析，应该从取得成本、储存成本、缺货成本 3 个方面进行。

（1）取得成本　取得成本是指道路运输企业为取得存货而支出的成本。取得成本又

可以分为订货成本和购置成本，前者是指取得订单的成本，与订货次数有关；后者是存货本身的价值。因此取得成本为

$$TC_a=F_1+\frac{K_aD}{Q}+DU \tag{8-1}$$

式中：TC_a为取得成本，元；F_1为订货固定成本，元；K_a为每次订货的变动成本，元；D为年需求量，件；Q为每次订货量，件；U为单价，元／件。

（2）储存成本　储存成本是指企业为保持存货而发生的成本，如仓储费、搬运费、保险费、占用资金的利息等。储存成本可以分为变动成本和固定成本两部分，前者与存货数量的多少有关，后者与存货数量无关。因此，储存成本为

$$TC_c=F_2+\frac{K_cQ}{2} \tag{8-2}$$

式中：TC_c为储存成本，元；F_2为固定储存成本，元；K_c为单位变动储存成本，元／件。

（3）缺货成本　缺货成本是指由于存货不能满足生产经营活动的需要而造成的损失，如停工损失、延期交付车辆停产损失、信誉损失、紧急采购额外支出等。缺货成本用TC_s表示。

$$\begin{aligned}总成本（TC）&= 取得成本+储存成本+缺货成本\\&=TC_a+TC_c+TC_s\end{aligned}$$

$$TC=F_1+\frac{K_aD}{Q}+DU+F_2+\frac{K_cQ}{2}+TC_s \tag{8-3}$$

如果存货量大，可以防止因缺货造成的损失，减少缺货成本，但相应要增加储存成本；反之，如果存货量小，可以减少储存成本，但相应会增加订货成本和缺货成本。存货管理的目标是使存货的总成本达到最小，即确定经济批量。

4）经济批量的基本模型

经济批量基本模型的假设条件：①企业能及时补充存货，不考虑缺货成本；②集中到货；③存货单价不变，不考虑现金折扣和数量折扣。

$$\begin{aligned}总成本（TC）&= 取得成本+储存成本\\&=TC_a+TC_c\end{aligned}$$

$$TC=\left(F_1+\frac{K_aD}{Q}+DU\right)+\left(F_2+\frac{K_cQ}{2}\right) \tag{8-4}$$

总成本中F_1、D、F_2均为常量，则总成本TC大小完全由订货变动成本和储存成本决定，与批量有关的总成本公式为

$$TC=\frac{K_aD}{Q}+\frac{K_cQ}{2} \tag{8-5}$$

在K_a、D、K_c为已知常数时，TC的大小取决于Q，经计算，经济批量公式为

$$Q^* = \sqrt{\frac{2K_aD}{K_c}} \tag{8-6}$$

根据经济批量公式，还可以推算出以下公式

每年最佳订货次数：

$$N^* = \frac{D}{Q^*} \tag{8-7}$$

最佳仓储总成本：

$$TC^* = \sqrt{2DK_aK_c} \tag{8-8}$$

5）存货的 ABC 分析控制法

ABC 分析控制法是一种存货分类管理方法，它是运用数理统计的方法，对事物、问题分类排队，以抓住事物的主要矛盾的一种定量的科学管理技术。ABC 分析控制法的基本原理是“关键的是少数，次要的是多数”，根据各项存货在全部存货中重要程度的大小，将存货分为 ABC 三类：A 类存货数量较少，资金占用多，应重点实行管理；B 类存货为一般存货，数量较多，资金占用一般，应实行常规管理；C 类存货数量繁多，资金占用少，不必花费太多精力，一般凭经验管理即可。

随着科学技术进步和社会生产的发展，物资品种、规格、性能和价格都在不断地发生变化，这对物流过程的各管理环节提出了更高的要求。因此，在仓储成本管理中，采用 ABC 分析法。对于 A 类物资，由于占用资金较大，应该严格按照最佳库存量的办法，采取定期订货方式，设法将物资库存降到最低限度，并对库存变动实行经常或定期检查，严格盘存等；C 类物资虽然数量较多，但占用的资金不大，因此在采购订货方式上，可以用定量不定期的办法，即按订货点组织订货，在仓库管理上可采取定期盘点，并适当控制库存；B 类物资，可分别按不同情况，对金额较高的物资可按 A 类物资管理，对金额较低的物资可按 C 类物资管理。

6）零库存管理

零库存也就是指物料（包括原材料、半成品和产成品等）在采购、生产、销售、配送等一个或几个经营环节中，不以仓库存储的形式存在，而均是处于周转的状态。零库存是一种特殊的库存概念，零库存并不是等于不要储备和没有储备。

美国的企业从上世纪 80 年代开始逐步了解并认识了零库存管理理论。现在，零库存管理已从最初的一种减少库存水平的方法，发展成为内涵丰富，包括特定知识、技术、方法的管理哲学。如 Dell计算机公司运用直销模式以实现产成品的零库存，通过“供应商管理库存”（vendor management inventory，VMI）的方式，实现原材料的零库存管理。

实现零库存的方法有以下几点：①委托保管方式；②协作分包方式；③拉动方式；④准时供应系统（JIT）。

8.4 车辆运用信息管理

8.4.1 车辆运用信息及分类

信息资源是指信息的生产、分配、运输（流通）、消费过程中，除信息内容本身外，还包括与其紧密相连的信息设备、信息人员、信息系统、信息网络等。信息也是一种宝贵的战略资源，它与物质、能源一起成为当今社会发展的三大战略资源。信息资源的作用主要体现在：信息对生产要素起优化作用；信息对资源起补充作用；信息对财富起增值作用。

车辆运用信息包括车辆使用性能保障信息和车辆运输效率信息。现代信息技术把各类信息进行了有机地整合，形成了车辆信息管理系统。车辆使用性能保障信息主要指保障车辆状态完好以及维持车辆性能而开展的技术服务信息；车辆的运输效率信息主要指运输企业为开展车辆营运、对其运行定额、指标完成情况进行考核和管理所产生的信息。

计算机网络基础设施是推进车辆信息化管理的前提。借助通信技术、企业计算机管理信息技术（CMS）和电子数据交换（EDI）技术、全球定位技术（GPS）、移动通信技术（MCS）和地理信息系统（GIS）技术等实现车辆使用信息平台的搭建和管理。

8.4.2 汽车运用信息管理内容及方法

车辆技术管理主要集中在车辆状态、车辆档案、车辆营运、驾驶员及维修人员管理等方面。车辆运用信息管理可以通过车辆使用信息平台实现有效数据采集、数据的录入、统计、分析、打印等功能。车辆管理信息化在成本控制、车辆调度、维修与保养、人工成本、安全管理、外租车辆管理等方面都有着巨大的作用，能产生良好的经济效益。

8.4.2.1 汽车运用信息管理内容

1）车辆使用性能保障信息管理

车辆使用性能保障信息管理对更有效地开展车辆的技术保障服务有着不可替代的作用。随着我国汽车产业的发展，信息处理技术在汽车维修业中的应用前景广阔，我国汽车维修业对维修资料信息的需求日益强烈。依托车辆故障自诊断系统，借助现代故障检测设备，可实现汽车技术保障服务的智能化、信息化、自动化。从国际汽车维修行业看，维修行业技术资料查询、故障检测诊断、技术培训网络化已经普及。以美国汽车维修业为例，在维修信息综合管理、专家集体会诊、网上查询资料、网上解答疑难杂症、网上开展技术咨询、网上购买汽车维修资料，已经成为维修行业的基本特征。其中，汽车维修专业互联网络打破了资讯传递在空间、时间上的局限，能在第一时间最全面、最快速地将资讯迅速地传递到地球上的每一个角落。通过汽车使用性能保障信息的提取与分析，也可实现车辆预防性维修，车辆使用性能信息的有效管理和利用，可大大提高汽车的完好率，确保车辆良好技术状况最大限度的投入运输工作。

网上的远程维修技术培训，也给需要不断吸取新技术和新知识的维修技术人员的再培训提供了又一条途径。计算机管理系统软件与技术的应用，也是车辆使用性能保障信息管理智能化的体现。它有着诸多优点：

（1）上层管理者可以通过计算机管理网络系统及时了解企业的运作情况，从而对企业各部门的工作进行统筹安排。

（2）准确及时的统计报表，大大减少了管理者主观判断上可能造成的失误，这样就增强了全体员工的工作积极性，形成良好的企业文化，增强企业的凝聚力。

（3）可以使汽车维修企业彻底改变手工作坊式的工作模式，实现一个质的飞跃，以此来解决作为企业领导每天面对庞大的客户资料、维修记录、凌乱的库存管理以及因此而产生的诸多客户纠纷和纷杂事务。厂长经理们可以从繁琐的管理工作、生产调度、统计报表中解脱出来，去争取更多的客户，带来更多更好的效益。

（4）标准规范的计算机化管理能够提高企业在顾客心目中的形象，计算机管理下的客户及车辆档案，为长期、灵活的客户服务奠定了基础。

（5）车辆、客户的动态跟踪可以让业务部具体掌握所有车辆以及客户的每一个细节，随时提醒客户进行维修、保养和零件的更换，更体现了服务的完整性。

（6）图表分析功能可以为厂长、经理等企业管理人员提供一个简单直观的查询功能。

（7）对于顾客提出的询问能作出迅速确实的反应，尽可能少占用顾客的宝贵时间。

2）车辆运输效率信息管理

车辆运输效率信息化可实现与车辆动态运行效果方面的信息搜索，是企业营运过程和车辆利用有效监控的关键环节，通过车辆运行效率信息管理以达到企业内部监管的目的。

以往由于信息不通畅，车辆管理基础工作较差，数据采集既困难又复杂。随着信息技术、网络技术以及车辆管理信息系统的投入使用，使得车辆的营运调度以及各种费用能得到有效控制；该系统能够迅速查询到车辆、驾驶员的各种详细信息及车辆的运行指标与费用情况，并且自动生成各种报表，提供所需的各项数据，为降低运输成本、提高运输效率提供了有力的信息支撑。高效的车辆管理信息系统，可实现人、财、物的合理利用。

（1）核查公里数　利用车辆管理系统的信息功能，对车辆实行单车核算，对车辆运行公里数进行核对，做到行程和实际运行公里数一致，为核算费用分摊、运行补贴提供了可靠的依据。

（2）准确核算油料消耗　利用车辆管理系统确认公里数，对百公里油料消耗进行准确计量，对控制单车成本，节约油料消耗、备查单车油料明细等起到了很好的控制作用。

（3）修理及原材料消耗控制　利用该系统的初始资料及统计分析，对预测车辆的运行里程，大修理、二级维护材料消耗情况，提供了准确的基础数据。信息系统的使用可实现对维修材料消耗的有效控制。

（4）人工成本的节约　便于开展人员绩效的考核，便于建立与车辆利用、运行效率等定额指标挂钩的员工考核体系，实现人工成本的节约。

8.4.2.2 汽车运用信息管理方法

当前，我国网络技术、通信技术等 IT 技术都有了长足的发展，为开展汽车运用信息管理提供了良好的外部环境和技术支持。

1）车辆使用性能保障信息管理系统

车辆使用性能保障信息管理系统可有效的规范维修市场经营行为，及时获取管辖范围内企业的总体生产经营状况及维修质量管理、营运车辆强制维护等信息，以此进行准确有效的统计分析和辅助决策，具有高度的管理和监督功能；企业应用该系统对生产经营业务进行数字化管理，实现了企业内部的人、财、物三维立体化管理，车辆维护、车辆修理、配件进销存、财务、人事、客户、供应商一体化管理，便于统一规划、降低管理成本。

车辆使用性能保障信息管理系统使得车辆档案信息等其他基础信息实现了完全的数据共享，也可实现与《道路运政基础档案系统》《计划统计管理系统》《交通行政执法管理系统》等系统数据的接口统一。

以某车辆管理信息系统为例，开放的车辆管理模块可完成车辆档案管理和自有车辆日常维护工作管理等。车辆档案管理模块可以新增车辆信息、删除车辆信息、修改车辆信息，其界面如图 8-2 所示。

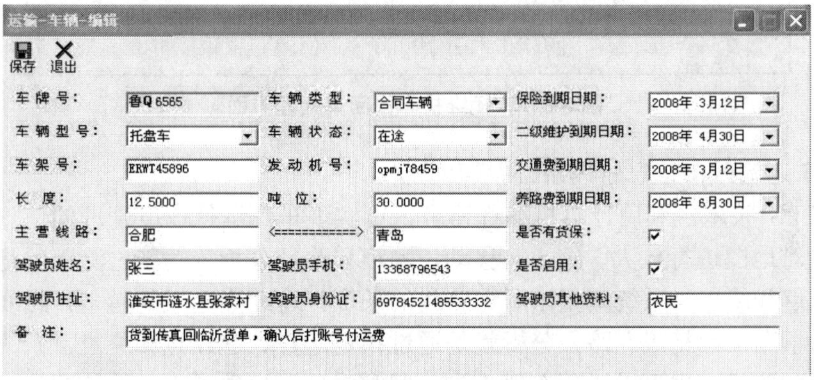

图 8-2 车辆档案管理模块界面

车辆日常维护工作管理模块主要包括：维护申请、经理批准、回单处理、状态跟踪等功能模块。各界面分别如图 8-3～图 8-5 所示。

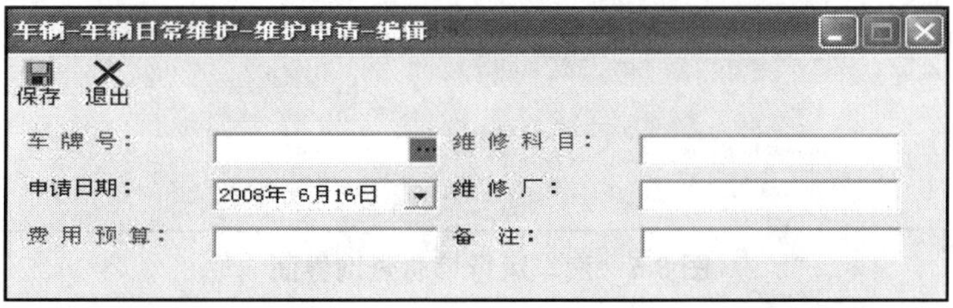

图 8-3 车辆维护申请界面

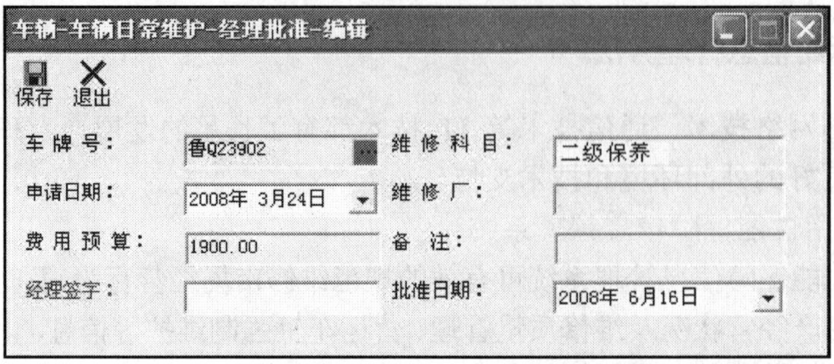

图 8-4 车辆维护申请经理批准界面

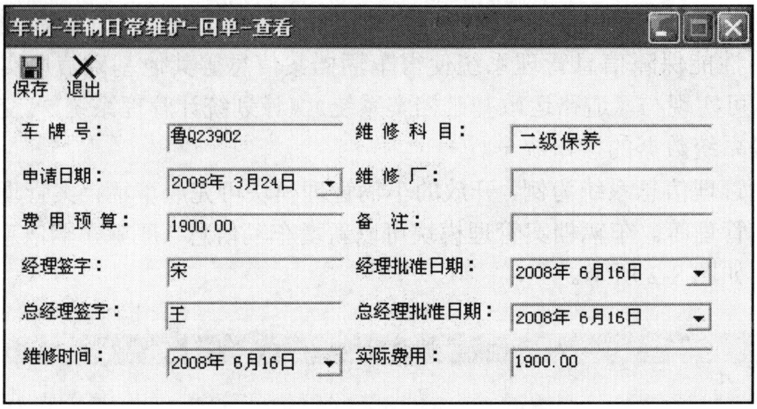

图 8-5 车辆维护申请回单处理界面

2）汽车运输效率信息管理系统

依托 GPS 技术，利用计算机编程语言，可实现车辆运行调度管理的信息化平台。比如可实现对地图进行放大、缩小、移动、测距和路径分析等功能。测距就是通过指定起点、途经点和终点，系统测量出所选路线的长度。途经点选取的越多，路线越接近实际路线，测量结果越精确。路径分析就是通过指定起点、途经点和终点，系统自动分析确定一条行驶路线。也可以进行车辆查询、跟踪定位、报警处理、轨迹回放、历史分布等功能操作。界面操作如图 8-6～图 8-8 所示。

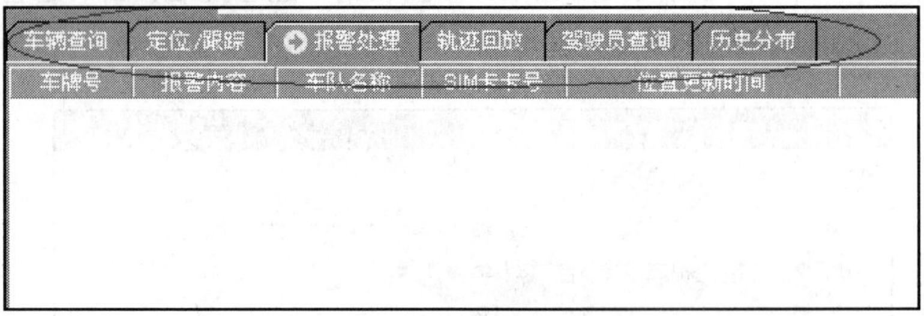

图 8-6 汽车运行信息查询界面

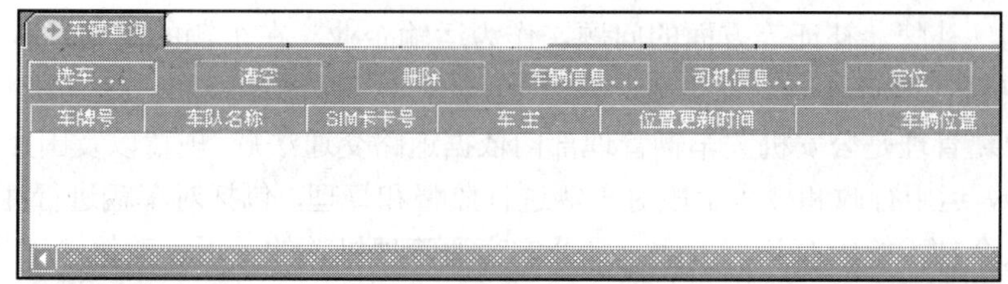

图 8-7　车辆查询界面

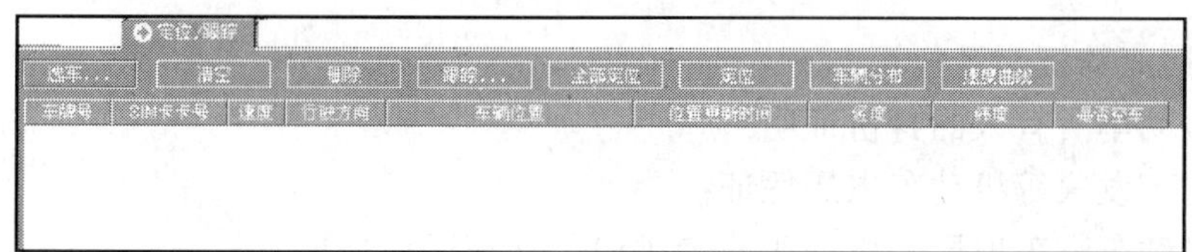

图 8-8　车辆定位查询界面

通过选择日期、选择车辆、设定开始时间和结束时间，信息平台可以绘制出车辆运行速度变化图，便于掌握车辆运行动态，保证行车安全，如图 8-9 所示。通过“线路回放”功能，可以在地图区域逐点显示车辆位置并形成运行轨迹，并显示当时的速度、方向、经纬度、时间、行驶轨迹大约里程数等信息。

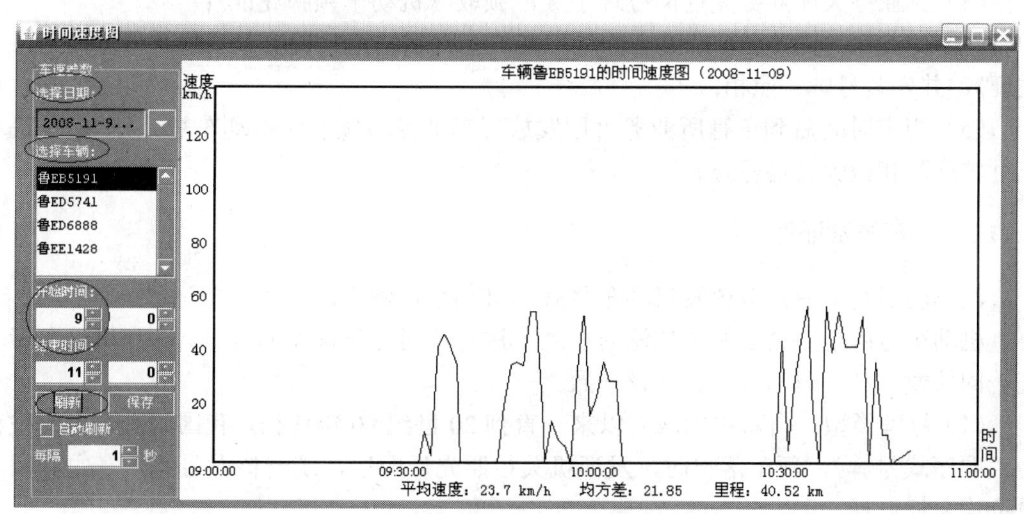

图 8-9　车辆运行时间速度查询界面

通过在车辆安装车载记录仪、GPS 接收终端等设备，可获得运行车辆的其他运输信息，以报表的形式进行统计、上报。

8.5　汽车使用合法性要求

8.5.1　户籍管理

随着社会经济的发展，汽车逐步进入家庭并呈逐年增长趋势，其中涉及车辆注册、交易、检测、补牌、补证等方面的问题。作为运输企业，在车辆的更新过程中，同样涉及汽车的户籍管理问题。

车辆户籍管理是公安机关车辆管理部门依据道路交通法规、规章以及国家有关的政策和技术标准，运用行政和技术手段对车辆进行监督和管理，包括对车辆进行注册登记、核发牌照和安全技术检验等几个方面，是公安交通管理机关的一项行政执法工作。

8.5.1.1 新车注册登记

1）应提交的证明及凭证

（1）机动车所有人的身份证明；

（2）购车发票等机动车来历凭证；

（3）机动车整车出厂合格证明或者进口机动车进口凭证；

（4）车辆购置税证明或者免税凭证；

（5）机动车第三者责任强制保险凭证。

2）办理程序

（1）领取并填写或打印《机动车注册登记/转入申请表》《被盗抢机动车查询表》；

（2）在车辆检验岗拓印车架号和发动机号，并检验机动车；

（3）到业务大厅业务受理岗办理手续，领取《机动车领牌凭证》；

（4）交费后，凭《机动车领牌凭证》在发放牌照处领取机动车号牌和《机动车待办凭证》，并安装号牌、照相；

（5）规定时间后到车管所业务大厅发放行车证窗口领取《机动车登记证书》《机动车行驶证》和检验合格标志。

8.5.1.2 汽车核发证件

汽车注册登记后，应核发机动车号牌，机动车行驶证，机动车登记证书等。

机动车号牌是由公安机关依法对机动车进行注册登记核发的号牌，它和机动车行驶证一同核发，其号码与行驶证应该一致。

（1）号牌类型　自新中国成立以来一直到 20 世纪 90 年代初，我国的汽车号牌被称为“顺序式号牌”，新车落户时，发证机关按照先后顺序，统一核发号牌，车主和用车单位均无权选择。

自 1992 年起，我国在部分北方城市试点推广“九二式”小型汽车号牌，到 1994 年夏天正式在全国范围内推行，并沿用至今。

2002 年 8 月 12 日，公安部曾在北京、天津、杭州、深圳 4 个城市试点推广“二〇〇二式”汽车号牌。这项新措施实施 10 天之后，就被公安部以“技术原因”为由紧急叫停。

（2）号牌的安装　按照《道路交通安全法》和《中华人民共和国机动车号牌》（GA 36—2007）的规定，机动车可使用牌照架辅助安装号牌，但应是固定式牌照架，不包括外置锁式、内藏锁式、电子自动遮挡和更换式等便于更换拆卸的活动牌照架，不允许使用可拆卸活动号牌架和可翻转号牌架。同时，机动车号牌架外框不得带有标志、字母、装饰图案，更不得遮挡号牌字符，否则视为涉牌涉证违法行为。

8.5.1.3 机动车转移登记

1）证明材料

（1）提供双方机动车所有人身份证明；

（2）提交机动车登记证书；

（3）提交机动车行驶证；

（4）提交机动车所有权转移的证明、凭证；

（5）超过检验有效期的机动车应当进行安全技术检验，取得检验合格证明。

2）办理程序

（1）领取并填写《机动车转移登记申请表》；

（2）经档案审核岗审核车辆档案后，办理交易票；

（3）若须更换号牌的，还应到牌照发放处交回原号牌；

（4）到业务大厅业务受理岗办理转移登记，并领取受理凭证和待办凭证；

（5）交费后，规定时间后凭受理凭证和待办凭证到业务窗口领取新的行驶证和机动车登记证书；

（6）若属于转出辖区的车辆，还须填写《被盗抢机动车查询表》，并拓印车架号和发动机号，检验机动车，规定时间后到业务窗口领取机动车档案和临时号牌。

8.5.1.4 机动车注销登记

机动车注销分为因被盗抢、灭失等原因而注销和正常报废注销 2 种情况。

1）被盗抢、灭失的机动车

被盗抢、灭失的机动车应提供以下资料：

（1）机动车登记证书；

（2）机动车行驶证；

（3）机动车所有人的身份证明及复印件；

（4）公安局刑警支队机动车案件证明；

（5）机动车灭失的证明材料；

（6）登报公告机动车登记证书、号牌、行驶证丢失作废的凭证。

2）报废机动车

报废机动车应提供以下资料：

（1）机动车登记证书；

（2）机动车行驶证；

（3）机动车号牌；

（4）机动车所有人的身份证明及复印件；

（5）《报废机动车回收证明》副本。

3）办理程序

（1）领取并填写《机动车停驶、复驶/注销登记申请表》；

（2）到报废审核岗办理相关手续。

8.5.1.5 补办机动车登记证书、行驶证和牌照

1）补领机动车登记证书

提供机动车所有人的身份证明材料。办理程序如下：

（1）领取并填写《机动车补领、换领机动车牌证申请表》；

（2）拓印机动车发动机号和车架号，检验机动车；

（3）到档案管理窗口核对档案无误后，到业务窗口办理受理业务并领取受理凭证；

（4）在收费岗交费后，由档案管理窗口在受理凭证上签注领取机动车登记证书时间；

（5）15 日后到档案管理窗口领取机动车登记证书。

2）补领机动车行驶证、牌照

提供机动车所有人的身份证明，补领行车证车辆照片一张，同时申请补二面牌照由所辖区或丢失地派出所出具丢失证明。办理程序如下：

（1）领取并填写《补领、换领机动车牌证申请表》；

（2）丢失一面牌照的，需将另一面牌照交车管部门；

（3）在业务窗口办理补领手续，并领取受理凭证；

（4）到收费岗交费后，领取行车证或临时牌照；

（5）补领牌照的 15 日后，凭临时牌照和受理凭证到牌照发放处领取号牌。

8.5.2 机动车检验

为确保车辆运行安全和技术状况良好，必须对在用车辆进行技术检测。在用车辆的技术检测分为自检和强制性检测。车辆所属单位的自检，以确保车辆具有良好的动力性、经济性和安全性为主要目的；车辆管理部门对在用车辆进行的强制性检验，是通过检查其是否符合国家规定的技术条件，以确定被检车辆的技术状况是否满足运行安全和营运的基本要求。车辆的检验主要依据《机动车安全运行技术条件》（GB 7258—2012）、《点燃式发动机排放污染物限值及测量方法》（GB 18285—2005）、《车用压燃式发动机和压燃式发动机汽车排放烟度限值及测量方法》（GB 3847—2005）等有关标准。

8.5.2.1 根据检验时间分类

根据检验时间，可分为年度检验和临时检验。

1）年度检验

年检是指按照公安车辆管理部门规定的期限对在用车辆进行的安全技术检验，或根据交通运输管理部门制定的车辆检测制度对营运车辆进行的综合性能检测，以及根据环保部门规定的期限对在用车辆进行的环保性能检验。

车辆安全技术性能检验的目的是检验车辆的主要技术性能是否满足《机动车运行安全技术条件》（GB 7258—2012）的规定，督促车属单位和车辆所有人对车辆进行维修和更新，确保车辆具有良好的技术状况。消除事故隐患，确保行车安全。

根据《道路交通安全法实施条例》有关规定，机动车应当从注册登记之日起，按照

下列期限进行安全技术检验：

（1）营运载客汽车 5 年以内每年检验 1 次；超过 5 年的，每 6 个月检验 1 次；

（2）载货汽车和大型、中型非营运载客汽车 10 年以内每年检验 1 次；超过 10 年的，每 6 个月检验 1 次；

（3）小型、微型非营运载客汽车 6 年以内每 2 年检验 1 次；超过 6 年的，每年检验 1 次；超过 15 年的，每 6 个月检验 1 次；

（4）摩托车 4 年以内每 2 年检验 1 次；超过 4 年的，每年检验 1 次；

（5）拖拉机和其他机动车每年检验 1 次。营运机动车在规定检验期限内经安全技术检验合格的，不再重复进行安全技术检验。

（6）超过报废年限的车辆不可以再过户（买卖），但可以继续使用；买卖的话可以先到车管所办理该车的报废单（注销该车的档案），然后买卖。

2）临时检验

临时检验是指除对车辆年检和正常检验之外的车辆检验。车辆临时性检验的内容与年检基本相同，其目的是评价车辆是否满足《机动车运行安全技术条件》（GB 7258—2012）的要求，以确定其能否在道路上行驶，或车辆技术状况是否满足参加营运的基本要求。

8.5.2.2 根据检验的目的分类

汽车年检和审验可分为安全环保检测、综合性能检测、维修检测和特殊检测等。

1）安全技术检测

车辆安全技术检测是指对汽车实行定期和不定期的车辆运行安全技术状况所进行的检测。目的是在汽车不解体情况下建立安全监控体系，确保车辆具有符合要求的外观容貌和良好的安全性能，使其在良好的安全技术状况下运行。

2）环保性能检测

车辆环保性能检测是指对汽车实行定期和不定期的车辆环保性能所进行的检测。目的是在汽车不解体情况下建立车辆环保性能监控体系，确保车辆具有符合要求的性能，以控制车辆对环境的污染程度，使其在低污染状态下运行。

3）综合性能检测

综合性能检测的目的是在汽车不解体情况下，确定车辆工作能力和技术状况，查明故障或隐患部位及原因，对维修车辆实行质量监督，建立质量监控体系，确保车辆具有良好的安全性、可靠性、动力性、经济性、排气净化性和噪声污染性，以创造更大的经济效益和社会效益。

4）维修检测

维修检测是以汽车性能检测和故障诊断为主要内容，其目的是对汽车维修前进行技术状况检测和故障诊断，据此确定附加作业和小修项目以及是否需要大修，同时对汽车维修后的质量进行检测。

5）特殊检测

特殊检测是指为了不同的目的和要求对在用车辆进行的检验。在检验内容和重点上与上述各类检验有所不同。

8.6　汽车保险及管理要求

8.6.1　汽车保险的作用

汽车保险除具有保险的一般作用以外，还具有一些特殊的作用：

（1）促进汽车工业发展　一方面，机动车辆保险业务自身的发展对于汽车工业的发展起到了有力的推动作用，机动车辆保险的出现，解除了企业和个人对在使用汽车过程中可能出现的风险的担心，扩大了对汽车的需求；另一方面，机动车辆保险的保险人从自身和社会效益的角度出发，联合汽车生产厂家开展对于汽车事故原因的统计分析，研究和应用汽车安全新技术并为此投入大量人力和财力，从而促进了汽车安全性能方面的提高。此外，汽车消费贷款保证保险和汽车售车信用保险对促进汽车消费有重要作用。

（2）减少事故的发生，降低事故发生率　世界各国对机动车辆保险业务一般都有严格的监管规定，尤其对其中的第三者责任险，绝大部分国家通过立法的形式，将其规定为法定保险。由于每辆机动车都必须投保这一险种，并且赔偿标准不断提高。此外，还采取措施降低了交通事故的发生，使交通事故的发生率呈下降的趋势。

（3）扩大保险利益　机动车辆保险中，针对机动车辆的所有者与使用者往往不是同一人的特点，机动车辆保险条款一般规定：不仅被保险人本人使用车辆时发生保险事故保险人要承担赔偿责任，而且凡是被保险人允许的合格驾驶员使用车辆时，也视为对保险标的具有保险利益。如果发生保险单上约定的事故，保险人同样要承担赔偿责任。此规定是为了对被保险人和第三者提供更充分的保障，并非是对保险利益原则的违背。但如果在保险合同有效期内，保险车辆转卖、转让、赠送他人，被保险人应当书面通知保险人并申请办理批改。否则，保险事故发生时，保险人对被保险人不承担赔偿责任。

（4）保障被害人权益，降低事故对于个体的伤害影响　通过汽车保险，在保险事故发生后，投保人能够获得赔偿金，取得恢复生产的必要资金。对于被伤害的第三者，同样也避免了加害人无力赔偿的风险。

（5）机动车辆保险的重要性　首先，由于机动车辆保险有被保险人的广泛性，机动车辆保险不再是以企业和单位为主要对象的业务，而是以个人为主要对象的业务，机动车辆保险正在成为与人们生活息息相关的保险。其次，机动车辆保险，尤其是第三者责任险在稳定社会关系和维护社会公共秩序方面的特殊作用，使其不仅是合同方的经济活动，而逐渐成为社会法制体系的一个组成部分。再次，与其他保险不同，大多数发达国家的机动车辆保险业务在整个财产保险业务领域均占有十分重要的地位。

8.6.2　汽车保险条款类型

目前，各保险公司的车险条款是由中国保险行业协会制定，中国保监会批准。保险条款分为 A、B、C 3 款，保险公司根据需要选择。各保险公司在选择保险条款时只能全部选择 A，或者 B，或者 C。

作为行业标准产品，A、B、C 3 款的保障范围、费率结构、费率水平和费率调节系数基本一致、略有差异。最大的不同在于条款体例，A 款是分客户群、分车种、分险种的个性化产品体系；B 款是综合条款体例；C 款为分险种的条款体例。其他的不同还表现在赔偿的范围、不赔偿的范围以及免责范围（第三者）。

8.6.3 汽车保险类型及特点

车险种类按性质可以分为强制保险与商业险。强制保险（简称交强险）是国家规定强制购买的保险；商业险是非强制购买的保险，车主可以根据实际情况进行选择。

车险种类根据保障的责任范围还可以分为基本险和附加险。基本险包括商业第三者责任保险、车辆损失险、全车盗抢险、车上人员责任险共 4 个独立的险种。投保人可以选择投保其中部分险种，也可以选择投保全部险种。

玻璃单独破碎险、自燃损失险、新增加设备损失险，是车辆损失险的附加险，必须先投保车辆损失险后才能投保附加险。车上责任险、无过错责任险、车载货物掉落责任险等，是第三者责任险的附加险，必须先投保第三者责任险后才能投保这几个附加险；每个险别不计免赔，是独立投保。

8.6.3.1 强制性保险——交强险

交强险是我国首个由国家法律规定实行的强制保险制度，是由保险公司对被保险机动车发生道路交通事故造成受害人（不包括本车人员和被保险人）的人身伤亡、财产损失，在责任限额内予以赔偿的强制性责任保险，目的是为交通事故受害人提供基本的保障。而交通事故受害人获得赔偿的渠道是多样的，交强险只是最基本的渠道之一。交强险实行 12.2 万元的总责任限额。

交强险具有强制性、广覆盖性及公益性的特点，主要表现在以下方面：

（1）实行强制性投保和强制性承保　交强险其强制性一方面体现在所有上道路行驶的机动车的所有人或管理人必须依法投保该险种。区别于现行的机动车第三者责任险，要求具有经营交强险资格的保险公司不能拒绝承保和随意解除合同。

（2）赔偿原则发生变化　商业机动车第三者责任险是根据被保险人在交通事故中所承担的事故责任，来确定保险公司的赔偿责任。交强险是无论被保险人是否在交通事故中负有责任，保险公司均将按照交强险条款的具体要求在责任限额内予以赔偿。

（3）保障范围宽　为有效控制风险、减少损失，商业机动车第三者责任险规定有不同的责任免除事项和免赔率（额）。而交强险除被保险人故意造成交通事故等少数几项情况外，其保险责任几乎涵盖了所有道路交通风险，且不设免赔率与免赔额。

（4）按不盈不亏原则制定保险费率　交强险不以盈利为目的，并实行与其他保险业务分开管理、单独核算。而商业机动车第三者责任险则无须与其他险种分开管理、单独核算。

（5）实行分项责任限额　商业机动车第三者责任险即无论人伤还是物损均在一个限额下进行赔偿，并由保险公司自行制定责任限额水平。交强险由法律规定实行分项责任限额，即分为死亡伤残赔偿限额、医疗费用赔偿限额、财产损失赔偿限额以及被保险人在道路交通事故中无责任的赔偿限额。

（6）实行统一条款和基础费率，并且费率与交通违章挂钩 在商业机动车第三者责任险中不同保险公司的条款费率相互存在差异。交强险实行统一的保险条款和基础费率。

8.6.3.2 非强制性保险——商业险

1）车辆损失险

车辆损失险是指保险车辆遭受保险责任范围内的自然灾害（不包括地震）或意外事故，造成保险车辆本身损失，保险人依据保险合同的规定给予赔偿。这与第三者责任险相反，是惠顾自己的。

注意地震造成的毁损不在保险责任中，除非买了地震附加险。其他自然灾害在保险责任之中，如风霜雨雪、滑坡、泥石流等造成的损毁。

2）第三者责任险

第三者责任险是指被保险人或其允许的合法驾驶人在使用保险车辆过程中发生意外事故，致使第三者遭受人身伤亡或财产的直接损毁，依法应当由被保险人支付的赔偿金额，保险人依照保险合同的规定给予赔偿。同时，第三者责任险也是交强险的很好补充。一般有 10 万元、20 万元、50 万元以及 100 万元等标准。

3）盗抢险

盗抢险是指因被盗窃、被抢劫、被抢夺造成的保险车辆的损失。盗抢险全称是机动车辆全车盗抢险，机动车辆全车盗抢险的保险责任为全车被盗窃、被抢劫、被抢夺造成的车辆损失以及在被盗窃、被抢劫、被抢夺期间受到损坏或车上零部件、附属设备丢失需要修复的合理费用。保险车辆全车被盗窃、被抢夺，经县级以上公安刑侦部门立案核实，满 60 天未查明下落的，保险公司负责赔偿保险车辆全车被盗窃、被抢夺后受到损坏或车上零部件、附属设备丢失需要修复的合理费用。

4）车上人员责任险

车辆商业险主险的一种，负责赔偿保险车辆交通意外造成的本车人员伤亡。

5）玻璃单独破碎险

玻璃单独破碎险，即保险公司负责赔偿保险车辆在使用过程中，发生本车玻璃单独破碎损失的一种商业保险。玻璃单独破碎，是指被保车辆只有挡风玻璃和车窗玻璃（不包括车灯、车镜玻璃）出现破损的情况。

6）自燃险

车辆在行驶过程中，因本车电器、线路、供油系统发生故障及载运货物自燃原因起火燃烧，造成车辆损失以及施救所支付的合理费用。车辆附加自燃损失险，在保险期间内，保险车辆在使用过程中，因本车电器、线路、油路、供油系统、货物自身发生问题、机动车运转摩擦起火引起火灾，造成保险车辆的损失，以及被保险人在发生本保险事故时，为减少保险车辆损失所支出的必要合理的施救费用，保险人负责赔偿。

7）划痕险

车辆在使用过程中，被他人刮划（无明显碰撞痕迹）车身需要修复的费用。

8）不计免赔特约险

“不计免赔特约险”正式名称为不计免赔率特约条款，是车险的一个附加险种。只要投保这个险种，就能把本应由被保险人负责的5%～20%的赔偿责任由保险公司承担。这个附加险保障全面，而且费率却相对较低。但是，不计免赔险只将车损险与第三者责任险的事故责任免赔率由保险公司承担。在购买车险时，应给车损险与第三者责任险分别投保不计免赔险，使被保险人的理赔权益达到最大。

根据机动车辆保险条款规定，在车损险和第三者责任险中，保险公司都有按照保险车辆驾驶员在事故中的责任，只赔偿实际损失的80%～95%的约定。保险公司不赔付的部分就被称为免赔率，免赔率的变化依据保险车辆驾驶员的责任程度而定。一般保险车辆驾驶员负全责的免赔20%；负主要责任的免赔15%；负同等责任的免赔10%；负次要责任的免赔5%；单方肇事事故的绝对免赔率为20%。

9）新增设备损失险

当为车辆重新安装了防盗器、真皮座椅等不是车辆出厂时所带的设备时，可以考虑投保新增加设备损失险。投保后，在这些设备因事故受损时可以得到保险公司的赔偿。这些设备一般都安装在车内，发生事故时很少能被撞到。所以，投保的价值不大。

10）无过失责任险

撞人或车后，保险车辆一方无过错，不应承担赔偿责任。但出于某种原因，实际已经支付了对方而无法追回的费用，由保险公司负责赔偿。但每次有20%的免赔率，即最多赔80%。一般家庭用车投保的实际意义不大。

8.6.4 车险保费计算

（1）车辆损失险保费=基本保险费+本险种保险金额×费率

（2）第三者责任险保费=固定档次赔偿限额对应的固定保险费

（3）全车盗抢险保费=车辆实际价值×费率

（4）新增加设备损失险保费=本险种保险金额×费率

（5）玻璃单独破碎险保费=新车购置价×费率

（6）自燃损失险保费=本险种保险金额×费率

（7）车上责任险保费=本险种赔偿限额×费率

（8）车载货物掉落责任险保费=本险种赔偿限额×费率

（9）不计免赔特约险保费=（车辆损失险保险费+第三者责任险保险费）×费率

8.6.5 出险及理赔

8.6.5.1 出险类型

车险事故分单车、两车、多车、机动车与非机动车、机动车与自然人等类型的事故。

1）单车事故

被保险车辆撞到墙壁、护栏、花坛、大石头等不涉及第三方车辆的情况，由交警出具事故认定书并且拨打保险公司报案电话进行备案。

理赔所需材料包括：事故认定书、维修发票及清单（须盖修车厂的章）、行驶证复印件、当时驾驶员的驾驶证复印件（如果该驾驶证是 B 照还需提供体检证明）、保单复印件、保险公司的出险通知书、定损员开具的定损单。

2）两车及多车事故

两车相撞或多车相撞，由交警鉴定事故责任，保险公司据此定出赔付比例，在报警的同时拨打保险公司电话报案，定损员现场定损。

理赔所需材料包括：除单车事故中所需材料都要外，还要提供对方的保单复印件、对方行驶证复印件、对方驾驶证复印件（如果对方驾驶证是 B 照还须提供体检证明）、对方车辆维修清单及发票（可以是复印件）。

3）机动车与非机动车、机动车与自然人事故

我国法律规定机动车负全责或是主要责任。理赔所需材料包括：提供单车事故所需的材料，以及造成人员伤亡而赔付的相关费用的票据。

8.6.5.2 保险理赔方法

（1）报案方式　电话报案、网上报案、到保险公司报案以及理赔员转达报案。

（2）报案时间　保险事故发生后，应在 24 小时之内通知派出所或交警队，在 48 小时内通知保险公司。

（3）理赔时限　被保险人自保险车辆修复或事故处理结案之日起，3 个月内不向保险公司提出理赔申请，或自保险公司通知被保险人领取保险赔款之日起 1 年内不领取应得的赔款，即视为自动放弃权益。

车辆发生撞墙、台阶、水泥柱及树等不涉及向他人赔偿的事故时，可以不向交警等部门报案，及时向保险公司报案就可以。在事故现场附近等候保险公司来人查勘，或将车开到保险公司报案、验车。

（4）理赔基本流程　发生交通事故除向交通管理部门报案外，还要及时向保险公司报案。一方面让保险公司知道投保人出了交通事故，另一方面也可以向保险公司咨询如何处理、保护现场以及如何向对方索要事故证明等。

保险理赔的基本流程如下：

（1）出示保险单证、行驶证、驾驶证、被保险人身份证、保险单；

（2）填写出险报案表；

（3）详细填写出险经过；

（4）详细填写报案人、驾驶员和联系电话；

（5）理赔员带领车主进行车辆外观检查，拍照定损；

（6）根据车主填写的报案内容拍照核损；

（7）理赔员提醒车主车辆上有无贵重物品，交付维修站修理；

（8）理赔员开具任务委托单确定维修项目及维修时间；

（9）车主签字认可；

（10）车主将车辆交于维修站维修。

8.6.6 企业车辆保险管理要求

8.6.6.1 企业应建立车辆保险管理制度

为规范企业各类参保机动车辆的保险种类和统一保险额度，避免车辆发生事故时对存在较多有争议的理赔事项所导致的理赔程序繁琐的现象；防范因保险险种不全、保险赔付不到位所带给企业的经营风险，实现保险赔付最大化的目标，企业应制定车辆保险管理制度。

运输企业的车辆保险管理制度的主要内容一般为：

1）由专人或部门统一负责企业的机动车辆保险

保险管理人员的职责为：

（1）建立企业机动车辆保险台账；

（2）审核企业机动车辆保险原始保单资料；

（3）办理新增机动车辆保险和到期续保手续；

（4）检查租赁车辆保险办理情况，督促其按时到指定保险公司办理续保手续；

（5）审核租赁车辆续保相关保险资料；

（6）协调与各保险公司业务关系；

（7）审核事故索赔资料，事故的理赔、索赔协调工作；

（8）其他与机动车辆统一保险有关工作。

2）车辆投保要求

企业可以根据自身的经营特点，确定投保标的。例如，一般车辆投保的标的为：

（1）1～3 年（含新入户）车辆按新车购置价（含车辆购置税）100%投保；4 年以上（含 4 年）车辆按新车购置价减去按保险条款确定的折旧率计算的折旧额后的价值投保。

（2）营业性客车和营业性货车第三者责任险的责任限额不低于 50 万元；公务车的第三者责任险的责任限额不低于 30 万元；公务车车价在 5 万元以下的，不设盗抢险、玻璃破碎险。

（3）营运车辆的车上人员险统一办理。公务车的车上人员险集中单列与保险人签订协议，最大限度地提高车上人员险赔偿限额。

3）保险办理程序

（1）新购车辆、公务车由企业负责统一办理。

（2）其他营运车辆按保险人提供的保险费率资料计算保险费，经审核批准后，到指定的保险公司办理保险。

（3）在保险手续办理完毕后 2 日内，保险单原件应建档留存。

（4）由于保险公司已实行“见费出单”制度，对租赁车的续保费应在保险到期前的 1 个月内向承租人收取。

4）事故报告程序

（1）发生交通事故造成人员伤亡和财产损失的，无论事故大小或肇事地点远近，驾驶员应及时向当地公安交警部门报案，同时拨打保险人提供的报案、查勘专用电话。

（2）一般事故应在 24 小时内通知企业负责保险的管理人员，并且保险管理人员应及时向企业主管领导报告；重大事故在了解情况后，管理员应立即向企业主管和分管领导报告。

5）理赔处理要求

投保车辆发生事故后，负责保险管理人员应及时整理索赔文件，并向投保公司索赔。

8.6.6.2　对企业车辆保险管理人员的要求

（1）掌握国家车辆保险法律、法规及规章的各项规定，熟悉保险理赔程序。

（2）做好国家《保险法》《保险条例》和道路交通第三者强制责任险等的宣传工作，增强企业相关人员对保险作用的认识，以降低企业的经营风险。

（3）办理机动车辆投保时，必须严格按照《保险条例》和企业关于机动车保险的有关规定投保。

（4）熟悉和掌握车辆保险动态，制定保险月计划，对未按时投保的车辆及时通知安全管理员协助督促办理保险手续，防止车辆脱保、漏保。

（5）主动调查出险车辆的事故原因，对重大事故进行现场勘察；掌握出险情况，进行事故分析，及时确定事故责任。

（6）积极要求保险理赔人员进行定损处理，及时得到理赔。

（7）在理赔工作过程中，要本着实事求是的精神，坚持按条款办事。在许多情况下，要结合具体案情准确定性，尤其是在对事故车辆进行定损过程中，要合理确定事故车辆维修方案。

8.7　汽车事故预防与处理要求

8.7.1　汽车事故预防

8.7.1.1　安全隐患排查和治理

1）隐患排查

企业应组织安全隐患排查工作。对安全隐患进行分析、评估并登记建档，及时采取有效的治理措施。若有法律法规、标准规范的变更或有新的发布，企业车辆技术性能、运行线路、场站条件等发生改变，组织机构发生重大调整时，应及时进行隐患排查工作。隐患排查前，应制定排查方案，明确排查的目的、范围，选择合适的排查方法。

（1）制定排查方案　依据有关安全生产法律、法规要求，设计规范、管理标准、技术标准以及企业的安全生产目标等制定排查方案。

（2）排查范围与方法　企业隐患排查的范围应包括所有与运营相关的场所、环境、人员、车辆、设施和活动。企业应根据安全运营的需要和特点，采用综合检查、专业检查、季节性检查、节假日检查、日常检查等方式进行隐患排查。

2）隐患治理

企业应根据安全隐患排查的结果，制定隐患治理方案，对隐患及时进行治理。安全隐患治理方案应包括目标和任务、方法和措施、经费和物资、机构和人员、时限和要求。重大安全隐患在治理前，应采取临时控制措施并制定应急预案。

（1）隐患治理措施 包括工程技术措施、管理措施、教育措施、防护措施和应急措施。治理完成后，应对治理情况进行验证和效果评估。

（2）预测预警 企业应根据运营状况及安全隐患排查治理情况，运用定量的运营安全预测预警技术，建立体现企业安全运营状况及发展趋势的预警监测系统。

8.7.1.2 重大危险源监控

企业应依据有关标准对危险设施或设备进行重大危险源辨识与安全评估。应当对确认的重大危险源及时登记建档，并按规定备案。建立健全重大危险源安全管理制度，制定重大危险源安全管理技术措施。

8.7.1.3 行车事故预防

（1）建立安全行车的管理部门，配备专业管理人员。

（2）按照安全管理规定和技术标准，结合企业安全工作特点，建立行车安全规章制度，将行车安全事故预防列入企业营运计划，并组织实施。

（3）加强行车过程安全管理，对违反操作规程的行为及时纠正。

（4）定期进行全员安全技术教育培训，特别对涉及安全行车的驾驶员、乘务员，以及事故预防、事故处理、运行管理和安全检查的各类人员进行重点教育和指导。

（5）做好安全行车的检查、评估工作。及时、准确地做好行车安全信息报告和数据统计工作，并根据检查资料，掌握驾驶员的思想、业务和技术操作状况，定期对行车人员进行分析，及时采取预防措施。

（6）制定切实可行的行车安全事故预防措施和应急救援预案，并定期组织演练；其中应急救援预案应当报上级主管部门备案。

（7）被有关部门确定为行车安全危险隐患的线路、设施和设备，应当制定危险隐患解决方案和措施，在规定期限内消除危险隐患。

（8）进行节假日及季节、气候变化时的行车安全教育，对新进驾驶员、行车安全状况不稳定的驾驶员，应当采取切实有效的防范措施。

（9）及时了解营运车辆的运行情况，纠正各类违章、违纪、违反操作规程的现象，同时通过安全管理信息网络及时反馈行车安全信息。

（10）节假日期间，企业应当专门组织力量，加强运行过程安全管理。遇异常气候，也应当加强运营过程安全管理，并且定人、定时、定地点，及时掌握营运动态。

8.7.2 汽车事故处理

8.7.2.1 事故现场处置

（1）发生行车事故后，驾驶员、乘务员应及时按应急程序规定采取相应处理措施。

（2）企业负责人应迅速赶到现场，了解情况、上报事态、组织救援、协助调查和进行善后处理工作。

8.7.2.2 事故调查

发生事故后，应按规定及时向有关部门报告，并妥善保护事故现场及有关证据。发生下列情形之一时，除及时进行现场处置外，企业负责人须在到达现场后及时上报发生的事故；特大事故应当在知情后第一时间上报，并在事发后的规定的工作日内将事故报告书面送达有关管理机构。

（1）构成重大、特大的事故；

（2）造成3人以上的伤亡事故；

（3）车辆驶出路面，发生侧翻、翻车等事故；

（4）在铁路道口、隧道、车辆渡口和越江大桥发生的事故；

（5）营运车辆发生火灾；

（6）含涉外因素的事故；

（7）危及知名人士安全或可能造成较大社会影响的事故。

8.7.2.3 事故上报

事故现场处置后，应按规定成立事故调查组，明确其职责与权限，进行事故调查或配合上级部门的事故调查。

（1）事故调查应查明事故发生时间、经过、原因、人员伤亡情况及直接经济损失等。

（2）事故调查组应根据有关证据、资料，分析事故的直接、间接原因和事故责任，提出整改措施和处理建议，编制事故调查报告。

（3）行车安全事故发生后，企业负责人和当事人不得隐瞒不报、谎报或者拖延报告，并应当立即配合事故调查，不得以任何方式阻碍、干涉事故调查。

8.7.2.4 事故处理

1）事故类型

汽车安全事故分3类：行车事故、客伤事故和设备事故。

（1）行车事故　是指营运车辆在行驶中或停放时，发生碰、擦、撞、侧、翻等情形，造成人员伤亡、车辆财物损毁事件。

（2）客伤事故　是指车辆在营运过程中，因紧急制动、车辆颠覆或车门的开关造成乘客伤、亡或者财物损毁的事件。

（3）设备事故　是指营运车辆在行驶中或停放时，由于车辆机件设备故障直接导致人伤、物损的事件。

2）处理方法

（1）行车交通事故由公安交通管理部门按照道路交通事故处理办法处理。

（2）客伤事故应当通过乘客意外伤害保险，按保险理赔方式处理。

（3）设备事故导致车外伤人，按第（1）条处理；设备事故导致车内客伤，按第（2）条处理。

违反相关规定发生重大行车安全责任事故，按照法律、法规规定予以追究责任。

8.7.3 突发事件应急处置要求

1）建立应急机构和队伍

（1）企业应按规定建立突发事件应急管理机构或指定专人负责应急管理工作。

（2）企业应建立与本单位安全运营特点相适应的专兼职应急救援队伍，或指定专兼职应急救援人员，并组织进行演练。

2）编制应急预案

运输企业必须编制突发事件应急预案，上报上级主管部门备案，并通报有关应急协作单位。应急预案应定期评审，并根据评审结果或实际情况的变化进行修订和完善。

突发事件应急预案应依据法律、法规和规范性文件编制。应急预案编制基本要求是：

（1）统一指挥，分级负责，尽量减少层次；

（2）组织机构完整，人员和物资配备充足；

（3）保证应急行动迅速启动和有序进行；

（4）监督管理有效。

应急预案主要包括组织机构、预警预防机制、应急响应、应急处置、后期处置、应急保障及监督管理等内容。

3）应急处置工作要求

（1）突发事件应急工作坚持“统一领导、分级负责；统筹安排、分工合作；长效管理、落实责任”的原则。

（2）应急处置过程的原则是：迅速组织抢险救援；协调联动处理事态；严格保护事故现场；服从统一指挥调度。

（3）应急处理完毕后，有关部门应及时向应急处置指挥机构做出书面总结报告；根据总结报告完善现有的安全与应急预防机制，不断提高公共交通安全与应急管理水平。

4）应急保障工作要求

（1）进行全员培训，强化应急意识，熟悉和掌握应急预案。

（2）建立应急处理演练制度，并对演练效果进行评估。根据评估结果，修订、完善应急预案，改进应急管理工作。

（3）定期检查应急预案所需装备、物资的有效性，确保其完好、可靠。

（4）建立重大活动期间的值班制度，确保应急响应机制能够畅通有效，并在突发应急事件发生后，确保应急人员、设备、器材及时到位。

8.7.4 汽车运用安全绩效评定和持续改进

1）绩效评定

企业应对本单位安全生产标准化的实施情况进行评定，每年至少进行一次，验证各项安全生产制度措施的适宜性、充分性和有效性，检查安全生产工作目标、指标的完成情况。

企业主要负责人应对绩效评定工作全面负责。评定工作应形成正式文件，并将结果向所有部门、所属单位和从业人员通报，作为年度考评的重要依据。

企业发生死亡事故后应重新进行评定。

2）持续改进

企业应根据安全运营评定结果和安全预警所反映的趋势，对安全运营目标、指标、规章制度、操作规程等进行修改完善，以持续改进并不断提高安全运营绩效。

思考题

1．车辆技术管理的意义是什么？

2．车辆技术管理的基本任务是什么？

3．车辆运用管理的要点是什么？

4．道路运输企业物资消耗定额主要包括哪些内容？

5．简述库存管理的意义。

6．简述汽车运用信息管理内容及方法。

7．汽车年检和审验的内容是什么？

8．简述汽车保险类型及特点。

9．车险保费是如何计算的？

10．汽车事故如何分类？怎样处置？

11．汽车事故突发事件应急处置有何要求？

参 考 文 献

陈焕江．汽车运用基础[M]．北京：机械工业出版社，2001．

储江伟．汽车维修工程[M]．北京：人民交通出版社，2008．

刁立福．汽车性能与使用技术[M]．北京：中国水利水电出版社，2010．

高延龄．汽车运用工程[M]．北京：人民交通出版社，2006．

郭宏亮．汽车使用与管理[M]．北京：北京大学出版社，2011．

郭孔辉．汽车操纵动力学[M]．长春：吉林科学技术出版社，1991．

洪水，郭玲．汽车理论[M]．北京：清华大学出版社，2000．

姜立标，张黎骅．汽车运用工程基础[M]．北京：北京大学出版社，2008．

雷雨成．汽车系统动力学及仿真[M]．北京：国防工业出版社，1997．

李卫平．汽车运用基础教程[M]．北京：人民交通出版社，1997．

凌永成，李雪飞．汽车运用基础[M]．北京：北京大学出版社，2008．

鲁植雄．汽车运用工程[M]．南京：东南大学出版社，2008．

马天山．汽车运输企业管理[M]．北京：人民交通出版社，2009．

庞远智．汽车运输企业机务管理[M]．重庆：重庆大学出版社，2008．

日本技术协会．汽车强度[M]．北京：机械工业出版社，1971．

宋玉，赵由才．废汽车回收处理技术的研究进展[J]．有色冶金设计与研究，2007，28（3）：103-112．

王德丰，陈玉润．汽车运用学[M]．北京：中国 林业出版社，1998．

王耀斌，宋年秀．汽车维修工程[M]．北京：北京理工大学出版社，2007．

王耀斌．汽车运输企业设计[M]．北京：机械工业出版社，2004．

王永盛．汽车评估[M]．北京：机械工业出版社，2006．

吴明．汽车维修工程[M]．北京：机械工业出版社，2009．

夏长明．现代汽车维护与保养[M]．北京：机械工业出版社，2010．

夏训峰，席北斗．报废汽车回收拆解与利用[M]．北京：国防工业出版社，2008．

许洪国．汽车运用工程 [M]．4 版．北京：人民交通出版社，2009．

许洪国．汽车运用工程基础[M]．北京：清华大学出版社，2004．

张洪欣．汽车系统动力学[M]．上海：同济大学出版社，1996．

张金柱．汽车维修工程[M]．北京：机械工业出版社，2005．

张克明．汽车评估[M]．北京：机械工业出版社，2002．

张南峰，陈述官，黄军辉．二手车评估与交易[M]．北京：人民邮电出版社，2010．

张学利，何勇．在用汽车传动系阻力的研究[J]．公路交通科技，2001，6（18）：91-93．

左付山．汽车维修工程[M]．南京：东南大学出版社，2008．

参考文献